KB184347

자폐 범주성 아동을 위한
상호작용 중재

자폐 범주성 아동의 마음과
재활에 답하다

자폐 범주성 아동을 위한
상호작용 중재

자폐 범주성 아동의 마음과
재활에 답하다

민용아 저

Social Interaction Intervention
for Autism Spectrum Children

Answering for Mind and Rehabilitation
of Autism Spectrum Children

학지사

머리말
"내가 만난 자폐 범주성 아이들과 상호작용 중재 이야기"

나는 다수의 자폐 범주성 아이들을 오랫동안 만나 왔습니다. 그들은 비슷하나 서로 다른 어려움을 가졌고, 금방 성인의 나이가 되었습니다. 30여 년 동안 여러 가지 방법으로 이 아이들을 돕고자 했으나, 아이들 각자의 다양성과 고유한 특성으로 인해 포괄적인 재활을 유도할 만한 프로그램을 발견하기가 쉽지 않았습니다. 실제로 자폐성 장애라는 범주성의 이름을 가지고 만나는 아이들 가운데는 순수 자폐 증상을 가진 아이들도 있지만 반응성 애착장애 혹은 인터넷 과몰입 증상 등의 유사 자폐 증상을 가진 아이들도 상당수 포함되어 있었습니다. 또한 생애 초기부터 발달의 어려움을 갖게 된 자폐 범주성 아이들 중에는 정신장애의 범주에 포함될 만한 심각한 정서와 행동의 어려움을 가진 경우가 매우 많았습니다. 결국 내가 만난 수많은 자폐 범주성 아이들은 생애 초기부터 상호작용의 어려움을 가지고 있었으며 불안한 심리 정서, 심각한 행동 문제, 낮은 언어와 학습 능력 등의 기능적 문제를 복합적으로 가지고 있었습니다. 그리고 이들은 거의 제각각의 심리적 상태와 발달 수준을 가지고 있었습니다.

이와 같은 포괄적인 문제를 가진 자폐 범주성 아이들과 부모들과의 만남이 임상 현장에서 지속되면서 나는 여러 접근을 해 보려고 노력했습니다. 그러나 자폐 범주성 아이들의 행동 문제를 다루기 위한 행동 수정 혹은 지원 기법은 장소와 대상이 일반화된 상황에서 좌절되며, 또 다른 행동 문제를 양산하는 결과로 이어지는 경우가 많았습니다. 또 자폐 범주성 아이들의 언어 능력과 학습 능력을 향상하도록 설계된 접근은 이들의 학습된 무기력과 대인관계 형성의 어려움으로 인해 매우 제한된 수준까지의 접근만을 가능하게 했습니다. 흔히 소개되는 자폐 범주성 아이들의 상호작용 능력을 위한 접근들은 결국 그들의 불안정한 정서와 심각한 행동 문제 앞에 진정한 대인관계로의 진입 자체를 불가능하게 했습니다. 또한 가정, 유치원 및 학교, 치료 및 재활 센터 등에서 제각기 분리된 신념과 방법으로 한 명의 아이에게 접근된 여러 재활 혹은 교육적 접근은 아이를 더욱 혼란스럽게 하는 것으로 나타났습니다. 결국 대부분의 자폐 범주성 아이는 혼란스러운 발달기를 거치면서 나아지지 않은 모습으로 성인이 되고 부모들은 애쓴 시간과 노력, 경제적 손실만큼의 실망스러움과 좌절의 시간을 보내는 경우를 많이 보아 왔습니다.

이전부터 오랫동안 학문적으로 고민하고 박사 학위 논문에 적용했던 프로그램을 바탕으로 한 상호작용 중재를 현장에서 자폐 범주성 아이들에게 지속적으로 적용하면서 몇 가지 핵심 쟁점을 해결하게 되었습니다. 고민해 온 핵심 쟁점의 해결방안은 다음과 같습니다.

- 자폐 범주성 아이들은 특별한 요인에도 불구하고 비자폐성 아이들과 동일한 발달을 이루어 간다. 따라서 인간 발달에 근거하여 '통합적인 발달'을 지원해 줄 수 있는 접근이 필요하다. 통합적인 발달은 반드시 '사고 능력 성장'을 포함해야 한다.
- 비자폐 성향의 사람들에게 적합화된 세상에서 자폐 범주성 아이들과 성인들은 일상 속에서 우선적으로 심리적 어려움을 경험할 수밖에 없으므로 이들에 대한 '심리적·정서적 안정'에 대한 조명이 매우 절실하다. 심리적 고충은 삶을 포기하게끔 하기도 한다. 이것은 자폐인들에게도 마찬가지로 일어나고 있다. 그러므로 이들의 심리적·정서적 안정을 고려하는 접근이 필요하다.
- 자폐 범주성 아이들의 수많은 '행동 문제'는 매우 어린 시기부터 출현하며 지속적으로 부모의 양육 스트레스를 가중시킨다. 또 행동 문제의 심각성은 매우 크며 평생 지속될 가능성이 크다. 그러므로 자폐 범주성 아이들의 행동 문제를 문제 자체보다 좀 더 근본적인 측면에서 살펴볼 필요가 있다.
- 자폐 범주성 아이들의 핵심적인 어려움은 대인관계, 즉 '사회적 상호작용의 결함'에서 비롯된다. 그러므로 자폐 범주성 아이들을 위한 재활의 처음과 끝은 사회적 상호작용 능력의 해결이다. 상호작용 능력에 대한 명확한 정의와 상호작용 능력 향상을 일차적인 목표로 둔 접근이 절실하다. 특히 모든 차원의 상호작용, 즉 주변의 성인과 또래를 대상으로 한 상호작용 중재가 전 생애적 관점에서 접근되어야 한다.

- 자폐 범주성 아이들의 발달과제, 즉 언어, 학습 등의 기능적·기술적 능력은 상호 작용 능력의 향상에 따라 자연스럽게 발달된다. 중재와 교육, 치료 현장에서 기능·기술은 중요하나 우선적인 과제로 삼지 않도록 주의해야 한다.
- 자폐 범주성 아이들의 상호작용 능력을 확장하는 것은 결코 쉬운 일이 아니다. 이들의 상호작용을 향상하기 위해 훈련된 상호작용 중재가가 절실하다. 아이들의 치료와 교육, 재활을 앞당기기 위해 부모 혹은 교사, 가까운 이웃이 중재가가 될 수 있는 환경이 매우 필요하다.

　결국 현재 자폐 범주성 아이들에게 가장 필요한 접근은 광범위한 상호작용 중재임을 확신하게 되었습니다. 이 책은 자폐 범주성과 같은 상호작용의 장애가 있는 아동 및 청소년을 대상으로, 관련 이론을 참고하여 저자가 만들고 적용해 온 상호작용 중재에 관련된 책입니다. 나의 임상 현장에서의 연구와 결과물이 아이들에게서 더욱 입증되기를 원하고 많은 현장에서도 상호작용 중재의 결과가 입증되어 아이들과 그들의 부모, 교사에게 '길'이 되면 너무나 좋을 것 같습니다.

　긴 시간을 지나며 나의 진정한 상호작용의 대상이 된 남편과 자녀들, 종혁과 시후를 비롯한 무지개연구소를 거쳐 간 수많은 자폐성 아이들과 아이들의 부모님들께 깊은 애정과 감사를 드립니다. 임상의 현장이 학문의 길이 되도록 눈을 열게 하신 강위영 교수님과 순천향대학교 김진호 교수님께 깊은 감사를 드립니다. 현장의 수고와 중요성을 아시고 선뜻 출판의 기회를 열어 주신 학지사 김진환 사장님과 편집부 여러분께 진심 어린 감사를 드립니다. 이 모든 일을 매체 삼아 가장 좋은 길로 저를 인도하시는 하나님의 상호작용 중재를 더욱 사모하며 쫓아가겠습니다.

저자 민용아

일러 두기

이 책은 자폐 범주성 아동의 양육, 교육, 재활을 돕기 위한 상호작용 중재의 이론과 실제에 관련된 내용을 다루고 있습니다. 상호작용 중재는 자폐 범주성 장애의 근본적 어려움인 사회적 상호작용 능력 자체를 높이는 중재 프로그램입니다. 이 중재 프로그램은 인간발달학, 상담학, 교육학, 교육심리학, 유아교육학, 특수교육학, 언어재활학 등 다학문과 저자의 오랜 기간의 임상 경험과 통찰을 바탕으로 이루어졌습니다.

상호작용 중재 프로그램은 총 5개의 장과 부록으로 구성되어 있습니다. 제1~4장은 이론 장으로서, 자폐 범주성 아동을 둔 부모, 교사 등이 충분히 고찰함으로써 대상 자녀나 학생을 심리적으로 수용함과 동시에 상호작용 중재의 필요성을 알고 중재에 대한 심리적 준비를 할 수 있도록 구성하였습니다. 그러므로 상호작용 중재의 전략을 활용하기 위해서 제1~4장에 대한 심도 있는 고찰은 필수적이라고 할 수 있습니다. 또한 그림을 붙여 관련 글의 이해를 더 깊이 돕고자 하였습니다. 특히 각 이론 장의 내용에 대해 상호작용 중재 전문가의 코칭을 받거나 함께할 소그룹을 형성하고 고찰해 간다면 양육자 혹은 교사의 상호작용 중재 전략 사용을 위해 매우 도움이 될 것입니다. 제5장과 제6장은 전략과 관련된 장으로서, 제5장은 1차적 상호작용 중재, 제6장은 2차적 상호작용 중재로 구성되었습니다. 1차적 상호작용 중재는 부모, 교사 등 성인과 개별적 상호작용 장면에서 상호작용 능력을 돕는 전략으로 구성되어 있습니다. 2차적 상호작용 중재는 한 명 이상의 또래와의 상호작용을 통해 대상 아동의 상호작용 능력을 돕는 전략으로 구성되어 있습니다. 각 장에 따른 내용은 다음과 같습니다.

제1장 '발달의 원리'에서는 통합적 발달의 중요성과 발달의 방향과 방법 등 발달 혹은 장애 아동을 가진 부모나 교사가 꼭 알고 있어야 하는 발달 특성 관련 지식을 순차적으로 구성하였습니다. 자폐 범주성 아동에게 발달이 무엇인가에 대해 얻게 된 저자의 답을 여러 이론과 접목해서 이해하기 쉽게 설명하였습니다.

제2장 '자폐 범주성 아동'에서는 자폐 범주성 아동의 여러 특성에 대해 설명하였

습니다. 자폐 범주성 장애는 쉽게 설명하기 어려운 다차원적인 특성을 가진 장애라고 할 수 있습니다. 그러므로 이들에 대한 이해는 다차원적으로 접근할 수밖에 없습니다. 현장에서 알게 된 바를 기존 자폐 범주성 아동 관련 지식에 근거하여 심도 있게 다루었습니다.

제3장 '사회적 상호작용'에서는 저자가 밝혀 낸 사회적 상호작용의 정의와 발달과 관련된 여러 측면을 설명하였습니다. 사회적 상호작용은 자폐 범주성 아동의 발달을 통합적으로 도울 수 있는 가장 필요한 재활 도구로 내적이고 정신적인 측면에 관련된 분야로서의 명확한 개념 이해가 필요합니다.

제4장 '상호작용 중재'에서는 상호작용 중재의 정의와 단계, 또한 상호작용 중재를 통해 변화되는 발달 영역의 변화 과정과 중재 상황에서의 실제적인 측면을 실었습니다. 상호작용 중재 실제 이전에 중재에 대한 이해를 돕도록 설명하였습니다.

제5장과 제6장은 '상호작용 중재의 전략'과 관련된 장으로서 1차적 상호작용 전략 4단계 63개 전략과 2차적 상호작용 4단계 132개의 전략을 설명하였습니다. 또한 제5장과 제6장에서는 각 단계에 해당하는 상호작용 에피소드 일지와 상호작용 중재 점검 일지를 삽입하여 일상생활 가운데 상호작용 중재를 진행할 수 있도록 돕고자 하였습니다.

부록에서는 저자가 계발하고 활용 중인 상호작용 행동 평가지와 실제 사례를 제시하여 실제 프로그램 진행 전과 후의 진전을 확인할 때 활용할 수 있도록 하였습니다.

자폐 범주성 아동들은 성공적인 재활, 교육, 양육이 비교적 어려운 대상이므로 전생애적으로 접근할 만한 뚜렷한 가이드가 없는 실정입니다. 자폐 범주성 아동을 자녀로 둔 부모나 학생으로서 자폐 범주성 아동을 만났을 때, 올바른 양육과 교육에 대한 욕구가 매우 크지만 현실 상황에서 적절한 대처를 하기가 쉽지 않습니다. 이러한 시점에서 이 상호작용 중재가 자폐 성향을 가진 자녀 혹은 학생을 위한 부모 혹은 교사들의 초기 대응과 전 생애적인 방향성 설정, 현장 적용 등을 위해 적절한 가이드가 되었으면 합니다. 많은 자폐 범주성 아동의 근본적인 문제를 해결할 수 있는 프로그램이 되기를 진심으로 기대합니다. 이 책은 자폐 범주성 아동이 통합적으로 '발달'하는 것과 동시에 '내'가 좋은 '상호작용 중재가'가 되는 길을 안내하고 있습니다.

차례

제01장

발달의 원리

우리는 발달시키고 싶다.

나의 아이를 발달시키고 싶습니다.
특히 내 아이의 발달이 늦어질 때
나는 더욱 절실한 마음으로 내 아이를 '빨리' 발달시키고 싶습니다.
이 장은 아이의 발달이 필요하다고 생각하는
부모나 교사와 함께 발달에 대해 생각하고 싶은 내용입니다.
아이의 발달을 강요하기 전에
발달이 무엇인지 따져 보는 것이
가장 현명한 지름길입니다.

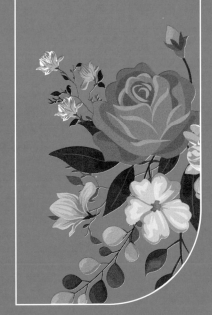

이 장의 구성은 다음과 같습니다.

1. 발달은 통합적으로 일어난다

20세 이전의 매우 왕성한 발달의 시기를 인간의 발달기라고 할 수 있습니다. 인간 발달 과정에서 생애 초기 발달은 매우 중요합니다. 생애 초기 발달기를 통하여 성인기 자립 생활을 준비할 수 있기 때문입니다. 일반적으로 생애 초기 발달의 영역은 신체, 정서, 인지, 언어, 사회성 등이라고 할 수 있습니다. 신체 발달 영역에는 대소 근육 사용 능력, 감각 능력 등이 속하며, 정서 발달 영역은 감정의 이해와 표현 능력 등이 속합니다. 인지 발달 영역은 지능, 학습, 기억, 문제해결 등이 포함됩니다. 사회성 발달 영역은 신변 자립과 대인관계 능력이 포함됩니다. 또 언어 발달 영역은 이해언어와 표현 언어, 의사소통 능력 등이 포함됩니다. 이처럼 발달은 여러 영역으로 분리해서 설명될 수 있습니다. 그러나 실제적으로 발달은 서로의 영역이 유기적으로 관계하여 이루어지며, 나선형으로 발달되어 갑니다. 신체의 발달이 이루어지는 듯싶다가 말이 늘고, 어느덧 문제해결 능력이 성장해 있습니다. 또 개념의 발달이 갑자기 확대된 듯하다가 또래 관계가 확장된 모습을 발견하기도 합니다. 성인기 이후에는 발달의 영역에 대한 경계 없이 자신의 문제를 통합적으로 해결하는 능력이 뚜렷이 나타납니다. 우리는 자녀 혹은 아동의 발달을 돕는 사람으로서 발달의 영역은 다양하지만 통합적으로 이루어지며 성인기 자립 생활의 근간이 된다는 것을 기억할 필요가 있습니다.

[그림 1-1]을 볼 때 통합적 발달을 잘 이해할 수 있습니다. 한 송이의 꽃이 여러 장의 꽃잎으로 이루어져 있듯이 발달도 하나이지만 여러 영역이 중첩되어 이루어집니다. 한

장의 꽃잎이 상처가 나서 떨어져 버린다면 다른 꽃잎 역시 영향을 받을 것이며, 꽃은 금세 시들어 버릴 것입니다. 이와 같이 한 송이의 꽃에 달린 모든 꽃잎, 즉 발달의 여러 영역은 서로 맞물려서 함께 성장하는 유기적인 구조로 이루어져 있습니다. 여기서 주목할 점은 발달 상태를 뚜렷이 확인할 수 있는 영역이 있는 반면 확인하기 어려운 영역도 있다는 것입니다. 예를 들어, 신체, 인지(학습), 언어 발달에 비해 정서와 사회성은 쉽게 발달을 확인하기 어렵습니다. 그러나 정서와 사회성 영역 역시 영유아기부터 발달될 뿐 아니라 전체 인간의 발달을 이끌어 가는 매우 중요한 영역으로 통합적으로 다루어져야 한다는 것입니다.

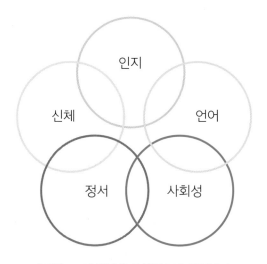

[그림 1-1] 발달은 통합적으로 일어난다

통합적 발달 관점에서 살펴볼 때 발달 지연 혹은 발달의 장애가 있는 아동은 자주 어려운 상황에 놓이곤 합니다. 몇 가지 상황을 살펴보면 다음과 같습니다.

첫째, 다섯 가지 발달의 영역 중 초기에는 한 가지 영역의 발달만 지연되었는데 점점 다른 영역의 발달도 함께 지연되는 현상입니다. 이는 어느 한 영역의 발달이 지연될 때 다른 영역의 발달에도 부정적 영향을 끼치기 때문에 자연스럽게 일어나는 현상입니다. 예를 들어, 언어 발달의 어려움을 가진 아동이 언어 발달 문제만 가지고 있는 경우는 드물다고 할 수 있습니다. 대부분은 심리적인 위축감을 함께 동반하고 있습니다. 뿐만 아니라 언어 발달 장애는 곧바로 또래 간의 사회성 발달에도 영향을 미칠 수 있습니다.

2. 발달의 목표를 설정하다

둘째, 어린 연령의 시기에는 비교적 적은 폭의 발달 지연이 일어났다고 하더라도 짧은 기간에 큰 폭의 장애로 발전할 수 있습니다. 또래 아동에 비해 6개월 이하의 언어 능력 지연을 보이는 아동이 3개월 뒤에는 또래 아동보다 12개월 이상의 언어 능력 지연을 나타낼 수 있습니다. 왜냐하면 이 시기는 전 생애에서 가장 빠른 속도로 발달이 일어나는 시기이기 때문입니다.

이런 상황들은 생애 초기 발달의 어려움이 있는 아동의 부모를 매우 절망스럽게 합니다. 자녀의 발달 문제를 극복하고자 열심히 노력했으나 시간이 갈수록 지연되는 발달의 영역들이 또 발생하거나 발달의 속도가 전체적으로 너무 늦어지기 때문입니다.

그러므로 우리는 생애 초기 발달의 어려움이 있는 자녀나 학생을 만나게 되었을 때 심사숙고함으로써 그들이 잘, 또 빨리 발달하여 성인기의 자립 생활에 도달할 수 있는 지름길을 고민해야만 합니다. 이를 위한 가장 큰 방향은 통합적으로 발달할 수 있는 중재 혹은 치료의 방법을 찾고 선택해야 한다는 것입니다. 뿐만 아니라 현재 늦어진 발달의 원인을 통합적인 발달의 관점에서 찾아볼 수 있어야 한다는 것입니다.

이미 발달에 대한 동기나 의지를 가진 성인들이라면 부족한 한 가지 영역만을 치료 혹은 중재해도 충분합니다. 이들은 자신의 어려움이나 필요를 잘 표현할 수 있고 극복하려는 의도를 가진 사람들입니다. 어린 연령의 아동은 나의 어느 부분이 아프다고 정확하게 설명하지 못합니다. 주 양육자를 포함한 주변의 어른들을 그저 쫓아올 뿐입니다. 그러므로 발달 지연이나 발달장애 아동을 양육 또는 교육하는 사람은 아동 발달의 성격을 알고 있어야 하고, 발달이 이루어지는 원리에 맞춰 지도해야 합니다. 아동이 발달의 한 영역이 지연되었거나 장애를 입었을 때 우선적으로 우리는 '모든 발달', 즉 발달이 '통합적으로' 일어나는 길을 모색하고 안내해 주어야만 할 것입니다.

2. 발달의 목표를 설정하다

우리는 열심히 아동을 성장시키기 위해 노력합니다. 이때 성장 혹은 발달의 목표를 설정한다는 것은 양육과 교육 과정에서 나침반을 설정한 것이라고 볼 수 있습니다. 발달을 돕기 위해 어떤 방향을 설정할 것인가는 매우 중요한 문제입니다. 목표를 설정한다는 것은 '대상 아동이 어떤 상태에 도달할 것인가'와 같은 말입니다. 우리는 누군가의 양육이나 교육, 재활을 위해 무엇인가를 할 때 목표를 생각하고 행동해야만 합니다. 발달의 목표에 대한 고려는 양육, 교육, 재활의 의미를 지속적으로 부여하고 추진하도록 하는 유일한 방법입니다.

발달의 주체는 아동이지만 사실상 그 발달을 이끌어 가는 주체는 주 양육자 혹은 교사입니다. 성장기의 아동은 자신의 환경을 잘 모르며 스스로 조정하지 못합니다. 그러므로 주 양육자 혹은 교사가 발달의 목표를 고민하고, 세우고, 이끌어 가는 것은 발달을 위해 매우 중요합니다.

일반적인 발달을 하는 아동일 경우, 주 양육자가 발달의 목표를 심각하게 고려하지 않는다고 할지라도 타인 혹은 자신의 노력 등을 통해 대부분 어느 정도 수준의 발달의 목표를 달성할 수도 있습니다. 그러나 발달의 지연 혹은 장애가 있는 아동일 경우, 발달의 목표를 고민하지 않고 양육이나 교육을 한다면 결국 원하는 성장을 이루지 못할 가능성이 커집니다. 예를 들어, 생애 초기 아동의 발달 지연 혹은 장애를 진단받은 후 늦어진 발달 문제를 빨리 개선시키고자 많은 종류의 치료(재활) 수업에 아동을 몰아붙이는 경우가 있습니다. 이때 발달의 목표에 대한 적합성을 확인하지 않는다면 많은 노력에도 불구하고 시간이 지날수록 원치 않는 결과가 나타날 가능성이 높습니다. 양육이나 교육, 혹은 재활의 길은 멀고 험합니다. 아동이 발달에 어려움이 있다면 그 길은 몇 배나 멀고 험해집니다. 그러므로 초기부터 발달의 목표를 설정하고 가는 것이 더욱 필요합니다. 잘 설정된 방향은 아동에게 가장 유익한 길일 뿐 아니라 양육자나 교육자가 일관성 있게 올바른 길을 선택할 수 있는 든든한 기준이 됩니다. 그래서 멀고 험한 길을 보다 빨리, 안전하게 가도록 할 것입니다.

그렇다면 발달의 목표는 무엇입니까? 발달의 목표는 일차적으로 '성인기 자립 생활'입니다. 다른 말로 표현하면 '성인기에 자신이 속한 사회에서 자립적으로 살아가기'입니다. '성인기 자립 생활'은 최소한 두 가지의 의미를 내포하고 있다고 볼 수 있습니다. 첫번째는 성인기라는 시기입니다. 성인기는 영유아와 아동·청소년 시기를 보낸 후에 찾아오는 시기입니다. 또 성인기는 만 20세부터 오랫동안 지속되는 시기로서 보통 인간은 인생의 많은 시기를 성인기로 보내게 됩니다. 그러므로 성인기의 시기를 어떻게 살아가도록 해야 할지 고민하면서 영유아 시기부터 아동·청소년 시기까지 잘 보내도록 도울 필요가 있습니다. 두 번째는 자립 생활에 대한 정의입니다. 자립 생활은 자신의 생활에 필요한 것을 스스로 할 수 있는 것을 의미합니다. 단지 기능의 숙달이나 직업의 유무, 독립 생활 등을 의미하지는 않습니다. 자신에게 필요한 것을 스스로 생각하여 자신의 자원을 활용하여 해결할 수 있을 때 자립 생활이 가능합니다. 자립 생활이 어렵게 되면 타인의 도움이 지속적으로 필요해집니다. 또래가 속한 지역사회에서 자립적으로 살아가기는 많은 종류의 필요를 내포하고 있습니다. 무엇보다 자신의 필요를 돌아볼 수 있어야 하며 그것을 목적에 맞게 다룰 수 있는 능력이 필요합니다. 아동을 위한 양육과 교육은 성인기 자립 생활을 거시적인 목표로 두고 방향을 잘 잡으면서 가는 길이라고 할 수 있습니다.

[그림 1-2]는 동그라미 밖에서 존재하던 여러 모양의 개체들이 동그라미 안으로 들어가는 것을 표현한 것입니다. 이 동그라미는 개체가 속한 가정, 지역사회, 또래 집단을 의미합니다. 여러 모양으로 표현된 각 개체는 각기 다른 기질적, 환경적, 발달적인 차이를 의미합니다. 서로 다른 차이를 가지고 있지만 결국 대상은 자신이 속한 가족, 지역사회, 또래 생활로 진입하여 그곳에서 자립적으로 살아갈 수 있도록 인도되어야 합니다.

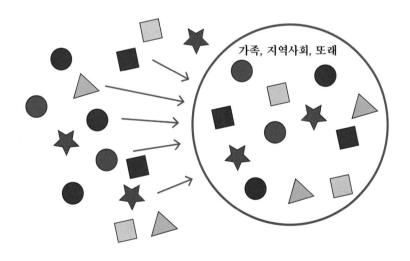

[그림 1-2] 발달의 목표

결국 발달의 목표는 사회 안에서 자립적으로 살아가는 것이고, 우리는 그 방법을 찾아 목표대로 가도록 노력해야만 합니다. 특히 발달적 어려움을 가지고 살아가는 아동에게 발달의 방향을 선명하게 제시하고 안내하는 것은 더욱 필요합니다. 아동이 가지고 있는 상황적 어려움으로 인해서 발달의 목표가 다르게 인식되거나 양육자에 따라서 발달의 목표를 전혀 고려하지 않기도 합니다. 그러나 모든 아동이 살아가야 하는 환경과 방법은 동일할 뿐만 아니라 아이들은 모두 인격성을 가진 존재입니다. 당연히 발달의 목표는 발달적 어려움이 있는 아동에게도 해당되는 목표가 되어 아동을 이끌어 가도록 도와야 할 것입니다.

3. 발달의 목표를 이루기 위해 조건이 필요하다

발달의 목표는 성인기 또래 사회에서의 자립 생활입니다. 발달의 목표는 매우 광범위할 뿐 아니라 많은 필요를 충족할 때 달성할 수 있는 것으로 결코 쉬운 과정이 아닙니다. 그러므로 생후 첫 이십 년 이상의 긴 시간이 발달의 목표를 위해 노력해야 하는 기간이라고 할 수 있습니다. 그렇다면 광범위한 발달의 목표를 이루기 위해 긴 시간 동안 집중해야 할 조건은 무엇일까요? 발달기 동안 이루어 가야 할 다음과 같은 조건들을 생각해 볼 수 있습니다.

성인기의 자립 생활을 위해 첫 번째 필요한 것은 '통합적인 사고 능력'이라고 할 수 있습니다. 발달은 양적인 변화와 질적인 변화 모두를 포함해야 하는데, 양적인 변화는 신체나 능력, 기술의 변화로써 눈으로 확인 가능한 반면 질적인 변화는 지적 구조의 변화, 본질의 변화와 같이 눈으로 확인하기는 쉽지 않지만 인간을 이끌고 주도해 가는 기제라고 할 수 있습니다. 자립 생활이라는 매우 복잡한 과정을 처리하기 위해서 질적인 변화가 반드시 필요한데, 통합적 사고 능력은 질적인 변화 혹은 성장을 바탕으로 이루어집니다. 통합적인 사고 능력은 문제해결 능력이라고도 할 수 있으며 타고난 지능과 인지 능력, 경험 등을 통해 반성하고 실행하고 예측하는 사고 처리 과정을 포함합니다. 내가 할 일이 무엇인지, 어떻게 해결해야 하는지, 왜 해야 하는지 등의 통합적인 사고 능력이 없다면 내 문제를 스스로 해결해 나가야 하는 자립 생활은 불가능할 것입니다.

두 번째 발달의 목표를 달성하기 위해 필요한 조건은 '사회성 능력'이라고 할 수 있습니다. 사회성 능력이란 자신이 속한 사회의 일원이 되기 위해 필요한 능력이라고 할 수 있습니다. 사회성 역시 내면적이고 질적인 능력으로, 이 능력 없이 개인은 자신이 속한 사회 속에서 살아가기가 쉽지 않습니다. 물론 고립된 삶을 살아가는 사람들도 있지만 보편적으로 우리의 삶은 자신이 살고 있는 사회 안에 바탕을 두고 있습니다. 사회성 능력을 높이기 위해 사회의 여러 규범을 알고 지켜야 하며 사회에 속한 나와 타인을 인식하고 함께 살아가는 방법을 서서히 익히도록 해야 합니다. 사회성 능력은 두 가지를 충족해야 한다고 할 수 있습니다. 첫째, 사회 안에 속한 사람들과 상호작용하는 것입니다. 이를 위해 생애 초기부터 주 양육자와의 상호작용은 매우 중요하며 또래와의 상호작용도 경험해야 합니다. 둘째, 사회성 능력을 위해서는 그 사회에서 살아갈 수 있는 기능과 기술을 익혀야 하는데 그 사회에서 사용되는 말이나 글 등은 대표적인 기능과 기술이라고 할 수 있습니다.

성인기 자립 생활이라는 발달의 목표를 달성한다는 것에 대해 뚜렷한 기준을 제시하기는 어렵습니다. 예를 들어, 경제적으로는 매우 낮은 생활을 하지만 나름의 자립 생활을 할 수 있습니다. 높은 기능과 기술을 가지고 있지만 은둔형 외톨이와 같은 생활을 하기도 합니다. 또 장애가 있더라도 사회 안에서 자립적인 삶을 살아갈 수 있습니다. 그러므로 여러 형태의 자립 생활이 나타날 수 있습니다. 성인기 자립 생활이라는 것은 반드시 경제 활동을 포함한다고 할 수는 없습니다. 간단히 표현하자면, 가족의 구성원으로 또는 사회의 일원으로 자신의 역할을 스스로 감당해 나가는 것이라고 할 수 있습니다. 발달의 목표를 이루는 것은 한 사람의 개인적 삶에 가장 기본적이고 중요한 것이라고 할 수 있으므로 이를 위해 필요한 조건을 설정하고 지속적으로 돕는 것은 양육과 교육의 과정에서 매우 필요합니다.

발달의 목표를 이루기 위한 기본적인 조건은 통합적인 사고 능력과 사회성 능력이라고 할 수 있습니다. 발달의 목표는 모든 인간 세상에서 적용되고 있고 앞으로도 적용될 것입니다. 그러므로 인간을 양육하고 교육하는 과정은 이 두 가지의 조건을 고려해야만 할 것입니다.

4. 발달이 일어나는 방법을 적용하자

발달의 목표는 우선적으로 성인기 자립 생활에 있습니다. 자신을 둘러싼 생태학적 환경인 가족, 또래 집단, 지역사회로의 자립적인 진입을 위해 개인은 성장해야 합니다. 또 자립 생활을 위한 조건은 통합적인 사고 능력과 사회성이라고 할 수 있습니다. 자립 생활은 인간 내면 정신에서의 성장과 성숙을 바탕으로 사회 안에서 필요한 기술 기능이 촉진됨으로써 이루어진다고 볼 수 있습니다. 그렇다면 성인기 자립 생활과 사회성을 충족할 수 있는 실제적인 방법은 무엇일까요?

첫째, 사물 혹은 사람과의 상호작용을 '경험'하도록 하는 것입니다. 통합적인 사고는 외부 자극이 주어졌을 때 자신의 인지 처리 능력이 발휘되면서 필요한 기능을 사용하고 새로운 인식 세계가 형성되는 과정이 반복되면서 이루어진다고 할 수 있습니다. 그러므로 통합적 사고는 외부의 자극들을 '내'가 직접 혹은 간접적으로 '경험'함으로써 이루어지고 확대됩니다. 경험을 통해 형성된 사고 능력은 자신의 문제를 스스로 인식하고 자신의 기능을 사용하게 할 뿐 아니라 문제해결을 위해 주변의 것들을 시기적절하게 활용하도록 합니다. 특히 직접 경험은 영유아 시기에 왕성하게 일어나서 이후의 사회성 발달에 큰 영향을 끼칩니다. 영유아가 무엇인가를 배우는 과정을 볼 때, 자신의 직접 경험을 통해 정신적 성장을 이루는 과정이 명확해집니다. 감각 기관을 통해 어떤 자극을 지각하게 되고, 자신에게 유의미한 자극이라면 그것을 기억의 방에 넣어 둡니다. 이때 기존의 기억을 소환시켜 새로운 경험과 조합하고 또 다른 새로운 지식으로 기억의 방에 다시 저장합니다. 이와 같은 과정을 반복적으로 경험함으로써 외부 세계에 대한 인식 세계가 넓어지고 통합적인 사고 능력이 향상됩니다. 이때 경험은 물리적 세계와 사회적 관계에 대한 모든 것을 포함하는 개념입니다. 다만 어린 연령일수록 사물을 통한 직접 경험이 우세하고 연령이 증가할수록 대인 간 관계를 통한 경험이 발달에 영향을 미칠 것입니다. 이 두 가지의 경험은 자신이 속한 사회를 인식하고 배우도록 함으로써 통합적인 사고와 사회화의 향상을 돕습니다. 직접 혹은 간접적인 무수한 경험들은 발달의 목표를 이루는 가장 중요한 방법입니다.

둘째, 경험에서 오는 '내적 갈등'이 통합적 사고와 사회성 발달을 촉진시킵니다. 원래 갈등은 나와 반대되거나 맞지 않은 것들과의 충돌을 의미하는 것으로 불편하고 힘들기 때문에 회피하고 싶은 것입니다. 갈등은 외적 갈등과 내면적 갈등 모두를 포함하는데, 보통 외적 갈등을 통해 내적 갈등이 이루어집니다. 그러나 외적 갈등이 단순히 갈등으로 끝나 버리면 나에게 의미 있는 발달은 일어나지 않을 것입니다. 외적 갈등이 내적 갈등으로 이어지면서 자신의 정신 세계에 영향을 미치게 됩니다. 이것은 단순한 갈등이 자신에게 유의미해지는 중요한 과정입니다. 심적으로 고통스러운 시간을 많이 필요로 하거나 실제 갈등이 해결되지 않은 상태로 끝나 버릴 수도 있습니다. 그러나 그 과정은 분명히 자신을 깊이 인식하며 더불어 자신을 둘러싼 환경 혹은 타인과의 관계 등에 함께 주목할 수 있는 기회를 제공합니다. 이 과정에서 정신작용이 이루어지게 되는데 이것은 통합적인 사고와 사회성 발달에 필요한 영향을 주게 됩니다. 내적인 갈등은 발달에 필요하며 결정적인 역할을 하게 됩니다.

셋째, 문제해결을 위한 '인지적 갈등'을 필요로 합니다. 내적 갈등은 인지적 갈등과 정서적 갈등으로 나눌 수 있습니다. 어떤 갈등을 통해 새로운 '앎' 또는 '개념'의 변화가 이루어지는 과정이 '인지적 갈등'이라면, '정서적 갈등'은 부정적인 감정이 얽혀 있는 상태라고 할 수 있습니다. 인지적 갈등이 새로운 앎이 발생하는 데 지속적으로 필요한 갈등이라면, 정서적 갈등은 필요하지만 축소되어야 하는 갈등이라고 할 수 있습니다. 아동이 새로운 개념을 배우거나 기술을 습득할 때 자신의 선호나 수준에 맞지 않는다면 부정적인 감정을 경험하기 쉬울 것입니다. 이때 양육자나 교사는 아동이 정서적 갈등을 심각하게 경험하기보다 인지적 갈등을 할 수 있도록 조력해야 할 것입니다. 특히 사람과의 상호작용에서 정서적 갈등이 계속 이어진다면 새로운 앎은 어려워지게 됩니다. 예를 들어, 무엇인가를 배울 때 양육자나 교사가 짜증 혹은 화를 내거나 지나치게 재촉한다면 아동은 타인과의 관계에서 좋지 않은 정서적 갈등을 경험하게 될 것입니다. 이때의 경험은 이후 비슷한 계열의 학습을 받아들여야 할 때 정서적 갈등을 경험하도록 합니다. 새로운 개념을 끊임없이 배워야 하는 아동에게 남겨진 부정적인 정서 갈등의 경험은 인지적 갈등을 회피하고자 하는 태도를 양산하게 할 가능성이 큽니다. 외부적인 자극을 받아들일 때 우리의 뇌는 그 자극을 먼저 정서적으로 받아들이도록 설계되어 있습니다. 어떤 자극이 불안하거나 무섭거나 부끄러운 감정을 줄 때 그 자극을 인지적으로 받아들이는 것은 어려워집니다. 반대로 어떤 자극이 행복한 감정을 가져다준다면 보다 편안하게 인지적 갈등을 받아들이게 됩니다. 무엇인가를 배울 때 편안하고 좋은 정서 경험은 통합적인 사고와 사회성 능력을 이끌 수 있는 통로의 역할을 합니다. 편안한 정서를 바탕으로 하는 인지적 갈등은 발달의 목표를 달성할 수 있는 방법이 됩니다.

발달의 목표와 그 조건을 충족하기 위해 필요한 것은 많은 상황에서의 인지적인 갈등을 직접 혹은 간접적으로 경험해 보는 것입니다. 이를 위해 인지적 갈등을 경험할 수 있는 환경을 제공할 뿐 아니라 인지적 갈등을 하도록 안내하고 조력할 수 있는 중재가 필요하다고 할 수 있습니다. [그림 1-3]은 여러 모양의 개체인 아동들이 자신이 속한 사회 안으로 들어가기 위해 인지적 갈등을 하는 것을 표현하고 있는데, 이것은 발달을 일으키는 방법이 됩니다.

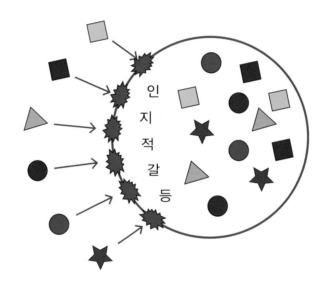

[그림 1-3] 발달의 방법

5. 발달이 진행될 때 인식의 변화가 일어난다

인간의 인식은 인간 정신의 가장 깊숙이 형성된 내부 세계라고 할 수 있습니다. 인식은 무의식적, 의식적인 양면을 모두 포함하는 개념입니다. 인간은 자신의 인식 세계를 인지하고 있는 부분도 있고 인지하지 못하고 있는 부분도 있는데, 필요시 의식 작용을 통해 자신의 인식 세계를 떠올리기도 합니다. 그러므로 인간의 생각이나 행동은 대부분 자신이 가지고 있는 인식의 영향을 받습니다. 또 인식은 개인마다 고유하게 형성되지만 자신이 존재하는 시대와 장소의 영향을 강력하게 받게 되며 보통 연령의 증가에 따라 인식 세계도 넓어집니다. 발달의 목표는 자신의 문제를 해결하며 사회 속에서 <u>스스로</u> 살아가는 것입니다. 또 발달의 방법은 외부의 자극을 내가 유의미하게 경험하는 것이며 그것은 나에게 인지적 갈등을 일으키는 것이어야 합니다. 이때 개인이 겪는 무수한 경험과 인지적 갈등을 통해서 자기 고유의 인식 세계가 넓어지는데, 이는 다음의 발달을 위한 기초 역할을 하게 됩니다. 인간의 인식 세계는 자신과 관련된 인식 세계와 타인을 포함한 외부 세계와 관련된 인식 세계로 나누어 생각해 볼 수 있습니다. 이 장에서는 발달이 진행될 때 일어나는 인식의 변화를 살펴보고자 합니다.

첫째, 발달이 진행되면서 자아 인식이 일어납니다. 자아에 대한 인식은 자율성과 주도성에서 발생합니다. 생애 초기 유아는 자율성이 발달하면서 자신에게 자극을 주는 것을 향해 매우 활발하게 이동하고 그것을 얻으려고 합니다. 또 곧이어 "내가 할 거야."라는 주장을 하면서 스스로 해 보려는 의지를 세우고 성취하기 위해 왕성하게 행동합니다. 이 과정을 통해 생애 초기의 인간은 '자신에 대한 표현'을 하게 되는데, 이는 앞으로의 '자아 인식' 혹은 '자아 개념' 형성을 위한 토대가 됩니다. 뿐만 아니라 유아의 주도적인 행동은 양육자로 하여금 유아의 욕구, 감정, 생각 등을 잘 알게 함으로써 유아의 욕구를 해소해 줄 수 있는 통로가 되는데 이를 통해 더욱 확대된 자아 개념을 가지게 됩니다. 자신을 표현하는 내용은 감정에 관한 것일 수도 있고 생각에 관한 것일 수도 있습니다. 과거의 일일 수도 있고 미래의 일일 수도 있으며, 매우 중요한 의미가 있을 수도 있고 별 의미가 없는 내용일 수도 있습니다. 그 형태에 있어서도 매우 다양한데, 표정, 눈맞춤, 신체 행동, 언어 등의 여러 가지 통로를 통해 자신을 표현하게 됩니다. 이처럼 발달은 자아 인식의 발생과 변화를 포함하게 됩니다.

둘째, 발달이 진행될 때 타인을 포함한 외부 세계에 대한 인식의 변화가 일어납니다. 외부 세계를 알게 된다는 것은 아동의 인식 능력이 더 이상 '자신'에게만 집중되는 것이 아니라 타인을 포함한 '외부'의 세계로 확대된다는 의미입니다. 특히 영아기를 지나면서 외부 세계로의 인식 전환이 급격히 이루어지는데, 이 시기부터 외부 세계에 대한 주의 능력이 확대되기 시작합니다. 그렇다면 외부 세계에 대한 주의 능력은 어떤 과정을 통해 형성될까요? 영유아는 주 양육자를 비롯한 타인과의 상호작용이 빈번해지게 됩니다. 또 자신의 필요나 요구를 위해 시작한 상호작용에서 상대와의 공유를 위한 상호작용 또한 빈번해지면서 타인의 세계에 민감해지기 시작합니다. 유아의 지나친 자율성과 주도성은 주 양육자에 의해 강력한 통제를 받게 하는데 이는 외부 세계를 더욱 뚜렷이 인식하도록 만들기도 합니다. 외부 세계에 대한 자신의 민감성과 외부의 통제를 통해 유아는 점점 자기 중심적인 인식에서 외부 세계에 대한 인식을 경험하게 됩니다. 이처럼 유아기는 외부의 통제를 자신의 내면적 주의로 받아들이면서 외부 세계에 대한 인식 능력을 높이는 시기가 됩니다. 결국 유아는 타인을 포함한 외부 세계를 인식하는 내면적 과정을 통해 더욱 성장하게 되는데 이것은 인간 발달에서 매우 중요한 과정입니다.

셋째, 발달이 진행될 때 자아 인식과 외부 인식의 통합이 조화롭게 이루어집니다. 인식의 통합을 통해 선택과 결정, 반성과 계획, 실행이라는 보다 높은 수준의 사고 기능을 사용하게 됩니다. 어린 연령에서는 자아 인식과 타인 인식이 수없이 충돌하지만 연령이 높아지면서 좀 더 통합된 인식 행동으로 자리 잡아 가게 됩니다. 통합된 인식을 통해 자신의 문제를 깨닫고 문제해결을 스스로 할 수 있는 힘이 길러집니다.

이처럼 발달이 진행될 때 자기 인식, 타인 인식, 또 인식의 통합 현상 등의 변화가 일어납니다. 보통 자기 인식이 먼저 이루어지면서 타인 인식이 이루어지지만 연령이 높아지면서 타인 인식을 통해 자기 인식이 더욱 확고해지기도 합니다. 그러므로 발달이 진행될 때 인식의 변화는 필수적으로 발생하며 삶의 시기에 따라 분리와 통합을 반복하면서 지속적인 정신적, 질적인 성장을 만들어 간다고 할 수 있습니다. [그림 1-4]는 인식의 변화를 그림으로 표현해 놓은 것입니다. 타고난 지능과 기질을 바탕으로 양육의 과정이 이루어지며 이를 통해 자아 인식과 타인 인식이 성장합니다. 또 자아 인식과 타인 인식의 통합 과정을 통해 고등적인 사고 능력이 발휘되며 이를 바탕으로 직업이나 학업, 친구, 취미 등을 스스로 선택, 조절할 수 있게 됩니다. 이처럼 인식이 발생하고 확대되는 과정은 발달의 목표인 자립 생활을 이루어 가는 과정이라고 할 수 있습니다. 그러므로 인식의 발달은 양육과 교육 과정에서 중요한 결과물이라고 할 수 있습니다.

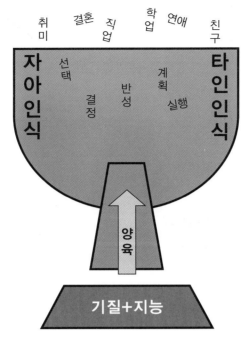

[그림 1-4] 인식의 형성과 변화

6. 발달의 속도를 앞당길 수 있다

발달이 지연될 때 발달의 속도를 높임으로써 좀 더 안정적인 발달로 인도할 필요가 있습니다. 혹은 더 이상 발달이 뒤처지지 않도록 발달의 속도를 높일 필요도 있습니다. 발달의 속도를 높이도록 돕는 길은 자신에 대해 긍정적인 인식, 즉 '자기효능감'을 가지도록 하는 것입니다. 자기효능감을 통해 발달은 가속화됩니다. 자신의 능력에 대한 긍정적 인식은 자신이 하는 것에 대한 효능감을 주면서 발달의 속도를 높입니다. 자기효능감을 높이기 위해서는 자신이 한 일에 대한 긍정적 경험이 다수 필요합니다. 이때 긍정적 경험이란 타인의 칭찬에 의한 기분 좋은 정서감과 자신이 원하는 것에 대한 관철의 경험을 의미한다고 볼 수 있습니다. 그러므로 자기효능감은 자신에 대한 성취, 주변인과 자신에 의한 강화까지를 포함한 복합적인 과정에서 출현하는 것이라고 할 수 있습니다. 자기효능감이 형성되고 확장되기 위해서는 몇 가지의 과정을 통과해야 합니다. 자기효능감이 확장되는 과정은 다음과 같습니다.

첫 번째 과정은 자신의 자발적인 흥미와 호기심이 인정되고 수용되는 것입니다. 흥미와 호기심을 인정받고 수용되는 것은 긍정적인 자아 개념 발달의 첫 과정이 됩니다. 그러므로 자기효능감 형성을 위해 아동의 흥미와 호기심을 따라가는 것은 매우 중요합니다. 자기 표현이 어려운 아동은 무엇인가에 흥미와 호기심을 보이기 어렵습니다. 특히 자폐 범주성 아동의 흥미와 호기심은 감각 추구 혹은 상동 행동으로 착각될 수 있습니다. 그러므로 나의 판단을 내려놓고 매우 조심스럽게 대상 아동의 진정한 선호도를 관찰하는 것은 발달의 가속화에 매우 중요하다고 할 수 있습니다.

두 번째 과정은 자발적인 흥미와 호기심에 대한 직접 경험을 할 수 있는 환경입니다. 직접 경험을 통해 흥미와 호기심이 더욱 의미 있게 형성되거나 촉진됩니다. 흥미와 호기심이 감정 혹은 정서에 기반한 자기 표현이라면, 직접 경험은 이를 행동으로 옮기는 과정입니다. 행동으로 옮김으로써 호기심과 흥미는 눈으로 확인할 수 있는 실체로 드러납니다. 실체를 통해 확인될 때 흥미와 호기심이 유지될 수도 있고 사라질 수도 있습니다. 이러한 과정의 반복을 통해 자신의 생각이 더 분명하게 표출될 뿐 아니라 자신에 대한 효능감이 높아집니다.

세 번째 과정은 재미의 확장입니다. 재미는 앞선 흥미와 호기심, 직접 경험을 통해 자신의 내면 세계를 좀 더 풍성하게 만들도록 합니다. 어떤 장난감 혹은 활동에 대한 호기심은 직접 경험을 통해 재미로 이어지기도 하고 그렇지 않기도 합니다. 흥미와 호기심만 있고 재미를 경험하지 못한다면 자기 자발성과 주도성은 약해지기 쉽습니다. 재미는 그 일에 대한 결과가 자신의 내면의 무언가를 충족하게 되는 과정이므로 나의 적극성이 결과로 나타나는 과정이 되기도 합니다. 재미는 자발성과 주도성을 지속적으로 일으킴으로써 문제해결에 대한 동기를 확장하는 중요한 기제가 됩니다.

네 번째 과정은 활동에 대한 자신감입니다. 흥미와 호기심은 재미를 갖게 하고 재미는 활동을 통해 자신감을 일으키도록 합니다. 그러므로 자신감은 자신의 선호와 깊은 관련이 있습니다. 자신이 좋아하거나 잘하는 것에 대한 마음의 자연스러운 추동이 자신감을 형성하는 데 결정적 역할을 하게 됩니다.

다섯 번째 과정은 동기 형성입니다. 동기는 흥미와 호기심, 직접 경험, 재미, 자신감이라는 비교적 긴 과정을 통해 형성됩니다. 동기는 '자기 자신' 혹은 '자신의 욕구'가 뚜렷하게 나타나는 과정입니다. 동기에서 중요한 부분은 자아의 역할이며, 그것이 확대되는 것입니다. 동기는 자신이 원하는 것을 분명히 알고 그것을 추구하려는 욕구가 강렬해지는 과정입니다. 자발적인 동기가 뚜렷해질 때 그다음 단계의 획득이 가능해집니다.

　여섯 번째 과정은 내적인 의지입니다. 지금까지의 과정 가운데 의지는 더욱 자발성을 띠게 됩니다. 의지는 자신이 원하는 것을 성취하기 위해 끝까지 행동하는 과정입니다. 결과의 승패보다 자신의 욕구와 그것을 성취하려는 마음이 분명해집니다. 이전의 과정과는 달리, 의지는 자기 조절을 절대적으로 필요로 합니다. 의지는 자신을 시험할 뿐 아니라 자기 자신과의 갈등이 벌어지는 과정으로, 쉽게 획득하기 어렵습니다. 자기 조절 과정에서는 욕구 혹은 동기에 대한 정당성을 스스로 확인해야 하는 과정이 필수적입니다. 자신에게 정당성이 확인될 때 비로소 확실하게 행동을 취할 수 있습니다. 내적인 의지는 이전 단계의 심리적 추동과 사고 능력, 행동 등이 복합적으로 포함된 개념이라고 할 수 있습니다.

　이처럼 결국 발달의 속도를 올릴 수 있는 열쇠는 자신에 대한 효능감을 높이는 것입니다. 이것은 자신이 자신의 행동의 주인공이 되는 것과 같습니다. 자기효능감을 획득하는 과정은 쉽지 않은 과정입니다. 비교적 많은 시간이 소요됩니다. 또 자기효능감은 주관적인 과정이므로 외부에서 도움을 주기가 어렵습니다. 자기효능감이 형성되는 과정에서 자발성과 주도성은 가장 중요한 요소로 작용합니다. 외부에서 줄 수 있는 도움은 자발성이 형성되고 유지되도록 세심한 노력을 하는 것밖에는 없습니다. 발달을 촉진하기 위해 자기효능감을 가질 수 있도록 환경 조성과 조력을 해야 할 것입니다. [그림 1-5]는 자기효능감을 증가시키는 과정을 표현하고 있습니다.

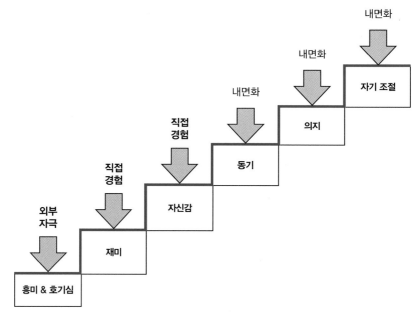

[그림 1-5] 발달의 속도 내기–자기효능감 발달 과정

7. 발달이 진행될 때 '주의 행동'이 나타난다

발달은 통합적으로 일어납니다. 진정한 의미에서의 발달은 정서, 인지, 사회성, 언어 능력 등이 통합적으로 발달하는 것입니다. 발달의 목표는 성인기의 자립적인 삶입니다. 이를 위해서 자신을 중심으로 한 문제해결 능력이 필요하며 이것은 인지적 갈등을 통한 사고 능력을 바탕으로 이루어집니다. 발달은 복잡한 과정을 거쳐 통합적으로 이루어지 므로 발달이 일어나는 뚜렷한 증거를 찾기는 어려울 수 있습니다. 더욱이 언어 표현 능력이나 학습 능력 등 발달 능력이 낮은 아동의 경우 발달이 잘 이루어지고 있는지 확인 하는 것은 어렵습니다. 그러나 아동의 행동을 관찰해 봄으로써 발달이 잘 이루어지고 있는지 알 수 있습니다. 특히 아동의 주의 행동(attention behavior) 출현을 통해 발달 여부를 살펴볼 수 있습니다. 발달과 관련되는 주의 행동은 다음과 같습니다.

첫째, 발달이 일어날 때 눈동자의 정위 반응(orienting response)이 나타납니다. 정위반응은 신경생리적으로 자극에 대한 주의 반응 행동이라고 할 수 있습니다. 아주 어린 영아기의 아동은 새로운 자극에 대해서 주의 반응을 나타내기 어렵습니다. 성장할수록 새로운 자극에 대한 주의 반응이 뚜렷이 나타납니다. 이때 일반적인 시각 능력을 가지고 있다면 주의 반응은 눈동자의 정위로 이어집니다. 영유아는 새로운 자극 자체를 강렬하게 쳐다봄으로써 자신의 주의를 집중합니다. 쳐다봄으로써 사고 능력이 확장되므로 눈동자의 정위 반응은 발달의 증거가 됩니다. 사물이 주는 외부 자극에 대한 정위 반응이 제대로 이루어지지 않는다면 발달이 이루어지지 않고 있다고 볼 수 있습니다.

둘째, 발달이 일어날 때 사람과의 눈 맞춤(eye contact)이 잘 일어납니다. 영아기의 사람과의 눈 맞춤은 사물에 대한 눈동자의 정위 반응과 마찬가지로 사람이라는 외부 자극에 대한 주의 행동입니다. 자신을 주시하거나 주시하지 않는 등 친밀성에 관계없이 사람을 강렬하게 쳐다보는 영아들을 쉽게 볼 수 있습니다. 유아기의 눈 맞춤은 의사 표현을 위한 자발성으로 확대됩니다. 어떤 요구나 제시 혹은 거부 등 자신의 의사 표현을 위해 사람에게 눈 맞춤을 합니다. 또 상대방의 의사를 알기 위해 눈 맞춤을 시도하기도 합니다. 눈 맞춤이 일어남으로써 주의가 그 사람에게 집중되고 그 사람의 행동이나 말을 통해 나의 생각이 움직입니다. 사람과의 관계에서 자발적인 눈 맞춤은 발달이 일어나고 있다는 중요한 신호입니다.

셋째, 발달이 이루어질 때 자발성과 주도성을 통한 주의집중 행동이 증가합니다. 자발성은 어떤 것에 호기심을 느끼고 스스로 무엇을 해 보려고 하는 마음에서 비롯됩니다. 그 마음은 주도적인 행동으로 이어집니다. 주도성은 자발적인 행동을 통해 주의 집중 능력의 향상을 가져옵니다. 지적 능력과 외부 환경만으로는 그 사회에서 필요한 것을 배우고 활용할 수 있는 능력이 주어지지 않습니다. 주어진 환경에서 지적 능력을 사용할 수 있도록 하는 연결고리는 바로 개인의 자발성과 주도성에서 비롯된 주의집중 능력입니다. 자발성과 주도성에서 비롯된 주의집중 능력은 자신에게 유의미한 자극을 탐색하고 조정해 가도록 만들어 줍니다. 인간의 성장 과정에서 주의집중 행동이 증가하는 것은 발달의 증거가 됩니다.

넷째, 발달은 자발적인 문제해결 동기와 의지의 향상으로 나타나는데 이것은 주의 유지 행동으로도 표현될 수 있습니다. 영유아기의 어린 아동에게 자발적인 문제해결을 기대하기는 어렵습니다. 연령이 증가하면서 직·간접적인 경험을 통해 자신의 문제를 해결하기 시작합니다. 발달이 잘 일어난다면 자신의 문제를 해결하기 위해 자신의 문제를 살피고 해결 방법에 대해 주의를 유지하여 행동으로 옮기는 횟수가 많아질 것입니다. 자신의 문제를 스스로 해결하는 행동은 자발적인 주의 유지를 보여 주는 신호가 됩니다.

앞에서 살펴본 바대로 눈동자의 정위, 사람에의 눈 맞춤, 자발성과 주도성, 문제해결과 관련된 행동은 모두 주의 행동으로 발달과 관련된 증거가 됩니다. 눈동자의 정위와 사람과의 눈 맞춤은 외부 자극에 대한 '주의'가 형성된다는 것입니다. 주의가 형성됨으로써 사고가 시작됩니다. 이것은 자신의 문제를 해결하기 위한 주의 전환과 주의 유지 행동으로 나타납니다. 만일 발달이 정상적으로 일어나지 않고 있다면 이와 같은 행동이 나타나지 않을 가능성이 많습니다. 반면에 발달의 어려움이 있는 아동에게 앞의 행동들이 나타나기 시작한다면 발달의 목표가 잘 이루어지고 있다는 증거가 될 것입니다. 속도는 좀 늦어져도 상관없습니다. 이러한 행동들이 나타나는지 살펴보는 노력을 통해 발달에 대한 목표 달성 여부를 미리 알아차릴 수 있게 되며 발달을 더욱 잘 조력할 수 있게 될 것입니다.

8. 욕구: 발달을 돕기 위해 인정하자

인간을 이해하기 위한 여러 가지 방법이 있지만 인간의 욕구를 아는 것은 매우 중요합니다. 발달의 시기에 있는 아동을 이해하기 위해서도 당연히 인간으로서 그들의 욕구를 이해하는 것은 중요합니다. 욕구는 말 그대로 '욕구'입니다. 이것은 억지로 성장시킬 수도, 제거할 수도 없습니다. 욕구는 자기 마음대로 조정 가능한 것이 아닙니다. 욕구는 생명이 존속하는 한 내재적으로 존재하는 것이라고 할 수 있습니다.

발달 과정에 있는 인간으로서의 욕구를 인정하지 않으면 아동을 통합적으로 이해하고 인정하는 것은 어렵습니다. 발달의 어려움은 거의 기능과 기술 혹은 능력의 어려움을 뜻합니다. 그렇지만 발달의 어려움이 이러한 외현적인 어려움으로 모두 설명될 수 없습니다. 오히려 외현적인 어려움은 내면적 어려움을 반드시 수반한다고 할 수 있습니다. 아동의 내면을 이해하기 위해서는 인간이 가지고 있는 보편적인 욕구를 먼저 이해할 필요가 있습니다. 매슬로(Maslow)의 욕구 이론(Need Hierarchy Theory)을 바탕으로 인간의 발달을 이해해 볼 수 있습니다(Maslow, 1965).

인간이 가진 욕구를 단계적으로 살펴본 매슬로는 욕구의 첫 번째 단계로 '생리적' 욕구를 말했습니다. 생리적 욕구는 일상적인 생활을 할 때 가장 기본적인 욕구를 말합니다. 생리적 욕구는 가장 일차적인 욕구이지만 가장 기본적인 욕구입니다. 생리적 욕구를 가지고 있지 않은 인간은 없습니다. 이때 생리적 욕구는 섭식, 배설, 수면 등의 욕구를 말합니다. 생리적 욕구가 원활히 해소되지 않을 때 아동은 매우 힘든 상황을 경험합니다. 이 욕구가 해결되지 않은 상태에서 발달을 위한 연습이나 교육 등은 원활히 이루어지지 않을 가능성이 많습니다. 특히 섭식, 배설, 수면 등의 어려움이 있는 아동을 대상으로 기능과 기술을 향상시키는 학습이나 치료를 진행하기는 거의 불가능합니다. 그러므로 이들을 위한 중재는 먼저 생리적 욕구를 인정하고 해결해 갈 수 있는 중재가 되어야 할 것입니다.

두 번째 단계로 '안전'에 대한 욕구가 있습니다. 안전 욕구는 신체적, 경제적, 감정적 위험으로부터 보호받고 싶어 하는 욕구를 의미합니다. 부모나 교육자는 이것을 이해하고 수용할 필요가 있습니다. 아동이 불안과 두려움 등의 감정을 보일 때 그 원인을 다각적으로 살펴보려는 노력이 필요합니다. '안전'이 위협받는 상황에서의 정서적 안정감은 이루어질 수 없습니다. 정서적 안정감은 발달을 이루는 바탕이 되므로 발달을 위해 안전에 대한 욕구를 살펴보는 것은 매우 중요합니다.

세 번째 단계로 인간이 보편적으로 가지는 욕구는 '사회적' 욕구입니다. 사회적 욕구는 소속과 애정의 욕구입니다. 소속과 애정의 욕구는 사람과의 상호작용에서 발생하는 욕구로 자신이 속하거나 속하고 싶은 집단에서 소속감과 애정을 주고받고 싶은 욕구라고 할 수 있습니다. 자신이 속한 가정에서 소속감과 애정을 느끼고 자라면서 또래 집단과 사회에서도 소속감과 애정을 느끼고 싶은 것은 매우 자연스러운 감정이라고 할 수 있습니다. 그러므로 만 5세 이상의 연령이 되었다면 또래와 함께하는 활동은 필요하다고 할 수 있습니다. 또 적절한 연령이 되면 학교를 비롯한 지역사회를 어느 정도 이해할 수 있습니다. 음식을 파는 곳, 음식을 사기 위한 화폐 등에 대한 관심도 높아집니다. 그러므로 아동을 위한 교육은 이들의 욕구를 고려하여 자신이 속한 또래와 지역사회를 포함하여야 할 것입니다.

네 번째 단계의 욕구는 '존경'의 욕구로서 명예나 권력에 대한 욕구를 포함합니다. 존경의 욕구는 자신에 대한 타인의 인정에 대한 욕구라고 할 수 있습니다. 다른 욕구들과 마찬가지로 인정받고 싶어 하는 마음은 원초적인 것이며 조절이 불가합니다. 발달의 어려움이 있는 아동의 내면에도 당연히 인정받고 싶은 욕구가 있습니다. 인정받고 싶어 하는 마음을 인정할 때 이들의 욕구가 해소되면서 원활한 발달이 이루어짐을 기억해야 합니다.

마지막 단계로 '자아실현'의 욕구가 있습니다. 자아실현의 욕구는 자신의 소망을 성취하고자 하는 것을 의미하지만 좀 더 좁은 의미로 자신의 뜻을 관철하고자 하는 것을 의미하는 것이라고 할 수 있습니다. 이것 역시 욕구이므로 자아실현은 선택 사항이 아니라 필수 사항이라고 할 수 있습니다. 보통 자아실현에 대한 욕구는 십대 이후에 뚜렷이 발달하는 것으로 보입니다. 이전 시기에서는 자신의 뜻을 '관철'하려는 욕구가 발달하는데 이것은 매우 어린 연령부터 나타납니다. 자신이 원하는 것을 얻기 위해 엄마가 보는 앞에서 땅바닥에 드러누워 소리치는 유아들을 많이 볼 수 있습니다. 모든 것을 다 관철시켜 줄 수 없으나 자아실현이 욕구임을 기억한다면 이 욕구를 어떻게 해소해 줄 것인가는 중요한 문제라고 할 수 있습니다. 아동의 양육과 교육 과정에서 자기관철과 실현은 반드시 포함되어야 할 것입니다.

아동의 인간성을 인정한다는 것은 그 아동의 인간적인 욕구를 인정한다는 말과 같습니다. 인간으로서 가지는 욕구가 아동의 발달적인 어려움보다 더 앞서 있음을 기억해야 합니다. 그러므로 교육이나 양육의 현장에서 무엇보다도 이를 먼저 존중하고 풀어 가는 것은 당연한 일입니다.

9. 애착 형성: 발달의 기초 공사

생애 초기 인간은 안정된 애착 형성을 통해 좋은 상호작용을 할 수 있습니다. 자신이 선택한 애착 상대를 통해 정서적 안정감이 형성되고 애착 상대의 안내에 따라 자신이 속한 세상을 알아 가게 됩니다. 자연스럽게 사고 능력이 발달하고 자신의 문제해결을 위한 언어 기술, 사회성 기술, 여러 운동 협응 기술들을 배워 사용하게 됩니다. 그러므로 안정된 애착을 형성한다는 것은 인간 발달에 매우 중요하다고 할 수 있습니다.

애착 형성에 대한 가장 기본적인 접근은 인간의 '자기 결정권'을 이해하는 데에 있습니다. 애착감을 가져야 하는 대상이 아무리 어린 영아, 유아라 할지라도 애착 형성은 '그 자신'이 결정합니다. 그러므로 좋은 상호작용을 하고 싶은 누군가가 있다면 그로부터 애착 상대가 되도록 노력해야 합니다. [그림 1-6]은 주 양육자가 주는 애정과 그 애정을 받게 되는 대상 아동의 애착 형성의 관계를 보여 주고 있습니다. 내가 원하는 대상 아동의 애착감을 받기 위해 필요한 조건 몇 가지가 있습니다.

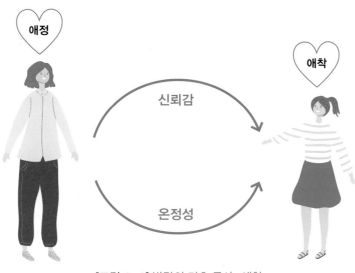

[그림 1-6] 발달의 기초 공사-애착

첫째, 애착 형성의 조건은 '신뢰감'입니다. 애착 형성은 그가 제공하는 행동들이 나에게 '신뢰감'을 보여 줄 때 발생합니다. 애착은 일관성 있게 자신의 필요를 적시에 채워 주는, 즉 자신에게 신뢰감을 보여 주는 그 사람에게 형성됩니다. 그러므로 신뢰감 형성은 '민감성' '일관성' '적절한 시기'를 필요로 합니다. 대상 아동은 자신의 필요나 요구에 맞게 채워 달라는 신호를 보이게 되고 적절한 반응을 보여 주는 그 상대에게 '애착'을 형성하게 됩니다.

신뢰감 형성을 위해서는 대상 아동의 요구나 필요를 민감하게 알아야 합니다. 민감하게 알기 위해서는 반드시 대상 아동의 내면 세계 속으로 들어갈 수 있어야 합니다. 대상 아동의 내면 세계 속으로 들어가는 것은 그 대상 아동을 가급적 '완전 수용'함으로써 이해하고 받아들이려는 것을 의미합니다. 완전 수용하려는 마음은 '내'가 아닌 '그 아동'

의 세계 안에서 그의 욕구나 필요를 알아차리려고 하는 것입니다. 또 완전 수용하려고 하는 마음은 '그'에 대한 '내'가 가진 모든 판단을 중지하는 것을 의미합니다. 그러므로 내가 '그'의 애착 상대가 되기 위해서는 내가 가진 기준이나 판단을 내려놓고 그의 감정, 생각, 입장 속으로 몰입하도록 해야 합니다. 영아기에는 그 필요가 비교적 단순하고 확인 가능한 요구이므로 쉽게 알 수 있습니다. 하지만 대상 아동의 연령이 높아진 경우라면 결코 쉬운 일이 아닐 것입니다. 여러 가지 상처로 인해 다른 사람이 자기 세계로 들어오지 못하도록 마음의 벽을 세워 놓은 경우가 많기 때문입니다. 또는 높은 연령이 되었다는 것은 단지 신체적 필요뿐만 아니라 지적, 정서적인 필요 등도 커져서 쉽게 알아차리기 어려울 수 있기 때문입니다. 애착감을 나에게 형성시키고 싶은 누군가가 있을 때, 가장 먼저 필요한 행동은 그 대상 아동의 내면 세계 속으로 들어가서 대상 아동의 요구나 필요를 민감히 알아차리려고 노력하는 것입니다.

또 신뢰감은 '일관성'을 전제로 합니다. 자신이 요구하거나 필요로 할 때 일관성 있게 제공되어야 합니다. 기준이나 설명 없이 한 번은 제공되고 한 번은 제공되지 않는 등의 행동 패턴은 애착을 형성해야 하는 그 사람에게 애정의 확신을 주기 어렵습니다. 도리어 대상 아동으로 하여금 불안이 짙어지게 할 수 있습니다. 그리고 신뢰감은 '적절한 시기'를 필요로 합니다. 영유아에게 적절한 시기는 보통 요구한 '즉시'일 것입니다. 그러나 연령이 높아질수록 요구가 즉시 바로 이루어지는 것은 어려울 수 있으므로 설명을 해 주는 등의 방법을 통해 자신의 욕구나 필요가 이미 전달되었음을 알려 주고 상황을 설명해 주는 것이 애착 형성을 위해 필요하다고 할 수 있습니다.

둘째, 애착 형성에 영향을 주는 조건은 온정성입니다. 온정성은 상대방에 대한 편안하고 따뜻한 정서입니다. 필요를 채워 주되 자신을 쳐다봐 주지 않거나 미소 짓지 않거나 따뜻한 신체적 접촉을 하지 않는 사람에게 애착을 형성하는 것은 어렵습니다. 특히 이것은 영유아기의 대상을 위한 애착 형성을 위해서 매우 필요한 요인입니다. 그러므로 애착의 상대가 되려면 자신의 정서 상태를 살피고 온정적인 정서를 유지하도록 노력해야 합니다. 수시로 변하는 부정적인 감정을 표현하는 상대에게 애착을 형성하기는 어렵습니다. 기질적, 상황적으로 온정적인 정서를 보이기 어렵다면 일관성 있는 편안한 정서도 좋습니다. 이때 편안한 정서는 짜증, 화 등의 부정적인 정서 표출 없이 일관성 있게 상호작용하는 정도의 정서입니다. 비교적 연령이 높은 대상 아동일 때도 여전히 필요한 정서는 '편안함'이라고 할 수 있습니다.

　앞에서와 같은 노력이 어렵다면 '그' 대상 아동에게 '내'가 애착 형성의 상대방이 되는 것은 어려운 일입니다. 그러나 그 아동의 발달을 일으키고자 하는 보호자, 교사라면 애착 형성의 상대가 되도록 노력해야 할 것입니다.

10. 불안: 아동기 발달을 방해하다

　심각한 불안 증상은 발달기에 놓인 아동의 발달을 방해하는 대표적인 부정적 정서입니다. 불안은 심리적으로 편안하지 못한 상태입니다. 심리적인 불안감이 있을 때 어떤 일에 몰두하기 어렵습니다. 이때 어떤 일이란 아이들에게는 놀이요, 어른들에게는 해야 할 일일 것입니다. 대부분의 사람은 자신의 심리적 불안감을 극복하며 살아가기 위해 노력하는데, 이는 인생의 중요한 과업이기도 합니다. 생애 초기 불안은 주로 주 양육자와의 애착 형성의 어려움에서 발생하며 이후 불안정한 정서를 형성하는 요인이 됩니다. 좋은 애착 형성은 타인에게 자신을 솔직하게 표현하고 상대방을 편안하게 인식하게 함으로써 심리적 안정감을 가져다줍니다. 반면에 애착 형성의 어려움은 편안한 자아 인식을 어렵게 하며 타인을 편안하게 인식하거나 수용하는 것을 방해함으로써 지속적인 불안감을 양산하게 합니다. 크고 작은 갈등이 혼재하는 사회 안에서 자신의 불안을 해결하지 못한 상태로 살아가는 것은 매우 불편한 일입니다. 불안은 발달의 초기 과정에 심각한 영향을 끼칠 뿐 아니라 심각한 불안이 있는 경우, 일반적인 삶을 살아가는 것을 방해받기도 합니다.

　불안은 불쾌한 일이 예상되거나 위험이 닥칠 것처럼 느껴지는 정동 또는 정서적 상태로, 그 강도와 지속 시간은 다양합니다(미국정신분석학회, 2002). 특히 불안의 정서적 상태는 무력감을 지나치게 느끼고 걱정하면서 자기 자신을 부정적 감정으로 몰입하는 현상으로 나타납니다. 한편 프로이트(Freud)는 불안을 현실 불안과 신경증 불안, 도덕 불안 등으로 나누어 설명하고 있습니다. 현실 불안은 현실에서 발생하는 다양한 위험과 충돌에 대해 느끼는 불안으로 심리적 방어기제에 의해 처리되는 것입니다. 이 불안은 현실과 이상적인 욕구 사이의 불일치, 자아의 능력과 현실 사이의 갈등을 포함할 수 있습니다. 이에 비해 신경증 불안은 자아와 원초아 사이의 인식되지 못한 충동이나 욕구가 의식적인 수준으로 떠오르지 않고, 불안의 형태로 자아에 영향을 미치는 상태를 의미합니다. 프로이트의 불안 개념은 개인이 현실적인 위험과 충돌에 대해 어떻게 대응하고 처리하는지를 이해하는 데 도움을 주며, 심리적인 방어기제와 갈등의 역할을 강조합니다.

이에 비해 에릭슨(Erikson)은 출생에서 12개월 사이에 어머니의 따뜻한 애정적인 보살핌을 받게 되지 못하면 신뢰의 감정 대신 불신감을 경험하게 되면서 자아 정체감 발달에 어려움이 발생한다고 하였습니다. 배고프고, 기저귀가 젖었을 때 적절한 욕구 충족이 되지 않음으로써 유아들은 외부 세계에 대한 불신감과 동시에 불안을 비롯한 부정적인 감정을 경험하게 되고 이는 평생에 걸쳐 극복하기 어려운 과제로 남을 수 있습니다.

인간이 기질적으로 가지고 있는 욕구와 삶에서 경험하는 여러 가지 종류의 기제들은 인간이 태생적으로 불안을 경험할 수밖에 없으며 인간의 중요한 본질로 불안을 염두에 두어야만 하는 이유를 설명하고 있습니다.

때로 불안으로 인한 긴장감과 공포는 생존을 위해 몹시 필요한 기제입니다. 그러나 불안은 대체로 심리적 혹은 신체적으로 불쾌감을 형성하도록 합니다. 불안을 극복하는 가장 좋은 해결책은 긍정적인 자아 개념을 형성하도록 하는 것입니다. 이를 통해 자신의 불안에 대한 심리적인 방어 능력을 기르고 사용하도록 할 수 있습니다. 아동기 불안을 이해하고 잘 극복하도록 돕는 것은 아동의 순조로운 발달을 위해 매우 필요한 과정입니다.

11. 수치심: 전 생애 발달을 방해하다

부정적인 정서가 발생하는 원인에 대한 이해가 없다면 아동의 발달을 이끌어 내기 어렵습니다. 부정적인 정서는 부정적인 감정과 행동을 양산함으로써 초기 발달에 어려움을 주기 때문입니다. 앞서 살펴본 불안감 외에 인간이 가진 또 하나의 부정적인 정서로 수치심을 생각할 수 있습니다. 수치심은 불안감과 마찬가지로 부정적인 감정과 행동 발생에 만연한 영향을 끼칩니다. 수치심은 보통 "나는 안 돼." "나는 못해." "나는 안 될 거야." "해도 못할 거야." 또는 "그래서 나는 이렇게 해야만 해." "저 정도로 할 수 없으면 잘못한 거야." 등의 말로 설명될 수 있는 감정입니다. 수치심은 자신의 존재 혹은 자신의 능력에 대해 회의적이거나 부끄러워하는 마음이라고 설명할 수 있습니다.

수치심은 발달의 어려움이 있는 아동에게 매우 쉽게 발견되는 부정적인 정서입니다. 학습 과정에서의 실수 혹은 실패는 쉽게 수치심을 양산할 수 있으며 자신감을 떨어뜨리고 학습에 대한 동기를 낮추게 하는 심리적 원인이 되기 때문입니다. 많은 것을 배우고 학습해야 하는 발달기에 형성된 수치심은 앞으로의 학습을 방해하는 주된 원인이 될 수 있으며 긍정적인 자아 인식의 발달 또한 방해하는 요인이 됩니다. 그러므로 수치심을 극복하는 것은 발달을 촉진하기 위해 매우 중요한 과제라고 할 수 있습니다.

에릭슨(Erikson)은 전 생애 자아 형성에 관한 모델을 통해 생애 초기에 형성될 수 있는 부정적인 정서의 하나로 수치심을 주장하였습니다. 에릭슨은 자아 형성의 두 번째 단계로 2세에서 4세경 자율성 형성의 과제가 달성되지 못할 때, 자신에 대한 수치심 혹은 의심의 정서를 가지게 된다고 하였습니다. 자율적 행동은 자유롭게 자신의 마음이 가는 대로 행동하는 것입니다. 2세 아동은 걸음마를 시작한 연령으로 자신의 의사를 표현하는 데 거리낌이 없습니다. 약 4세까지 자신이 하고 싶은 대로 행동하는 자율적 행동은 유아들에게 쉽게 나타나는 행동 특성입니다. 자기 고유의 호기심대로, 흥미대로, 재미대로 외부적 자극을 자유롭게 느끼고 즐기는 경험은 그 자체로 자신에게 행복감을 줍니다. 특히 이 시기는 위험에 대한 두려움이 없으며 결과에 대한 책임이나 부담도 없습니다. 그저 자신이 하고자 하는 것을 끊임없이 탐색하고 즐기는 시기입니다. 이 과정에서 중요한 점은 자율성을 통해 자신과의 관계에서 직접적인 친밀성을 가질 수 있다는 것입니다. 의식적, 무의식적으로 자신이 하고자 하는 것에 대한 탐색과 관철이 발생함으로써 자신 고유의 즐거움이 확장됩니다. 이 시기의 자율성은 생각 없이 돌아다니는 것을 의미하지 않습니다. 외부적 자극에 대해 '자기' 내면의 무엇이 발동되고 그것을 추구함으로써 자신을 인식하도록 합니다. 자신이 궁금한 것, 하고 싶은 것, 가고 싶은 곳을 탐색하고 자신의 뜻을 관철하려고 노력하는 경험은 자기에 대한 인식을 긍정적으로 만들어 갑니다. 그러므로 이 시기의 자율성은 자기에 대한 긍정적인 인식 형성에 큰 영향을 미치며, 이것은 장차 긍정적인 자아 개념의 형성과 직결되는 부분이 됩니다. 그러나 이때 자신의 자율성이 방해받게 되는 영유아는 자기에 대한 수치심과 회의감을 느끼기 쉽습니다. 자율성을 충분히 누리지 못함으로써 자기의 존재 가치에 대한 부끄러움을 느끼게 됩니다. 또 자신이 원하는 것을 성취하기 위해 노력하는 과정이 없을 때 자신의 능력에 대한 회의감이 발생합니다. 뿐만 아니라 자신이 자율적으로 선택하고 하려는 것이 지속적으로 누군가에 의해 아니거나 틀렸다 식의 피드백을 받게 될 때 부정적인 자아 인식이 형성될 수 있습니다.

한편 루이스(Lewis)와 레일스(Reyles)는 사회적 맥락 등에서 오는 수치심이 인간의 심리적 특성에 미치는 영향을 설명하였습니다. 개인을 둘러싼 사회적 맥락뿐만 아니라 개인 자신도 완전함을 추구하는 욕구를 가지고 있는데, 이는 자연스럽게 모든 인간에게 수치심이라는 감정을 일으키게 합니다. 개인에게 영향을 주는 사회적 맥락으로 주변 사람들의 존재 자체와 그들의 평가들, 또 평가하는 사람의 태도가 개인에게 수치심을 일으킨다는 것입니다. 사회적 맥락과 자기 자신으로부터 나오는 완전함 추구는 자신에 대한 수치심을 일으킴으로써 무가치함, 무능함, 열등감 등의 만연한 부정적인 정서로 발전합니다. 그러므로 수치심은 인간의 욕구로 인한 완전함 추구, 미해결된 욕구로 인한 불안 등과 직접 관계된다고 할 수 있습니다. 이와 같이 완전함을 추구하는 성향은 인간의 본능이며, 이에 따른 수치심도 인간에게는 피할 수 없는 정서임을 직시할 필요가 있습니다.

유아기에 형성된 아동의 수치심은 자율성의 회복으로 이루어질 수 있습니다. 아동 자신이 본연의 욕구를 인정하고 성취할 수 있도록 도움을 줌으로써 수치심이 극복될 수 있습니다. 이를 위해 아동의 상태 혹은 상황에 관계없이 아동 존재 자체를 수용하는 것은 매우 중요하다고 할 수 있습니다. 아동에게 중요한 사회적 맥락으로서의 우리가 아동을 있는 그대로 수용해 주는 것은 아동의 수치심을 줄이고 전 생애 발달을 촉진해 줄 수 있는 중요한 방법입니다. 또 우리는 모두 완전할 수 없다는 합리적인 사고를 가지게 될 때 아동의 수치심이 극복될 수 있습니다. 우리의 양육 혹은 교육 대상인 아동은 완전해질 수 없습니다. 완전해지고 싶은 그들의 인간적인 욕구를 인정하되 결코 완전해질 수 없다는 것을 동시에 인정하지 않는다면 그들을 제대로 이해하기 어려울 것입니다. 모든 것을 잘해 내고 싶은 그들의 욕구와 그 욕구로 인한 수치심까지도 인정힐 때 비로소 아이들의 수치심이 해결되기 시작할 것입니다. 이 과정의 반복을 통해 나와 대상 아동은 자신의 대한 환상을 깨고 자신의 상태와 관계없이 자신을 수용하는 과정을 밟아

갈 것입니다. 결국 수치심의 치유는 있는 그대로 자신을 수용해 주려고 하는 타인과 자신을 통해 해결될 수 있을 것입니다.

12. 발달의 순서와 원리, 우리가 해야 할 일

인간은 혼자서는 어떤 것도 할 수 없는 연약한 존재로 태어납니다. 그러므로 독립된 삶을 영위해 갈 수 있는 존재로 성장하기 위해 비교적 긴 시간의 발달기를 거치게 됩니다. 뿐만 아니라 인간의 발달은 한 가지 영역의 발달만으로 이루어지지 않습니다. 즉 '한꺼번에' 여러 영역의 발달이 '큰' 폭으로 이루어질 때 인간은 비로소 자립적인 개체로 삶을 살아갈 수 있게 됩니다. 또 인간의 발달 초기에는 신체 영역의 발달이 매우 중요하지만 연령이 증가함에 따라 정서와 사회성, 사고와 같은 내면적인 성장이 중요해지는 등 발달은 여러 가지 측면을 가지고 있습니다. 인간의 발달을 돕고자 한다면 인간 발달에 대한 원리를 생각해 보는 것은 매우 중요합니다.

발달의 순서는 [그림 1-7]과 같습니다. 그림에서 살펴볼 때 발달은 아래쪽에서 위쪽으로 전개됩니다. 발달은 애착 형성에서 시작되며 자립 생활을 위한 자기 문제해결 능력을 갖추는 단계로 나아가게 됩니다. 발달의 마지막 단계는 아동을 인도하여야 할 발달의 목표가 되며 각 단계는 과업이 된다고 할 수 있습니다. 발달은 대략적인 순서가 있으며 각 단계는 과업 수행이 이루어질 때 다음 단계로 나가게 됩니다. 발달의 순서는 연령에 영향을 받기도 하지만 더 중요한 것은 '각 단계의 과업 완성'이라고 할 수 있습니다. 발달의 확장적인 측면에서 볼 때 순서와 각 단계의 과업 수행은 매우 중요하다고 할 수 있습니다.

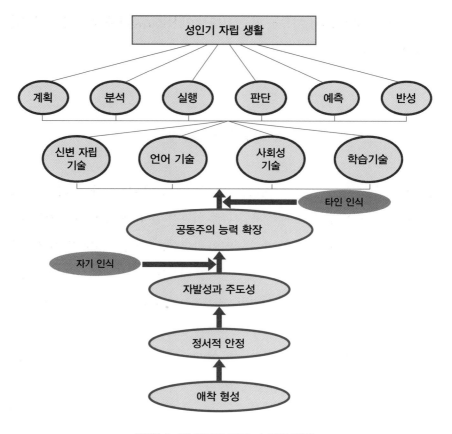

[그림 1-7] 발달의 확장: 순서와 원리

[그림 1-7]을 통해 발달의 순서와 원리를 좀 더 자세히 살펴보면 다음과 같습니다. 애착 형성에서 비롯된 정서적 안정은 자발성과 주도성의 확장을 촉진합니다. 자발성과 주도성은 자기 인식의 형성과 깊은 관련이 있습니다. 자기 인식은 모든 발달에서 가장 중요한 과정으로 여러 형태의 자발적인 자기 표현을 통해 형성됩니다. 또 자발성과 주도성의 확장은 관심 있는 사물에의 주의집중 능력의 확장을 가져옵니다. 이때 주목할 것은 관심 있는 사물로의 주의집중인데, 이것은 나와 다른 타인과의 공동주의 능력의 확장을 돕게 되는 열쇠가 됩니다. 관심 있는 사물과 활동에 대한 요구, 제시, 공유는 타인의 존재를 인식하게 할 뿐 아니라 그와 함께 주의를 모으는 공동주의 활동을 가능하게 하기 때문입니다. 그리고 타인 세계와의 관계성을 통해 자신을 둘러싼 세계에 대한 지식과 정보를 습득함으로써 변별, 분류, 범주화, 기억 등의 인지 발달이 촉진됩니다. 이

를 통해 외부 세계에 대한 인식이 구체화되며 신변 자립, 언어, 사회성, 학습 등의 기능도 급격히 향상됩니다. 이후 교육과 직·간접 경험을 통해 더욱 확장된 인지 능력이 발휘되는데, 이는 성인기 자립 생활을 위한 문제해결 능력을 촉진해 주는 것이라고 할 수 있습니다. 이때의 확장된 인지 능력이란 계획, 분석, 실행, 판단, 결과 예측, 반성 등의 높은 수준의 통합적 사고 능력을 의미합니다.

발달의 순서와 원리를 살펴볼 때 우리가 해야 할 일은 뚜렷해집니다. 첫째, 애착 형성을 통한 정서적인 안정을 돕는 것입니다. 정서적 안정은 자연스럽게 아동의 자발성과 주도성 행동을 확장하면서 자기 인식을 형성하도록 할 것입니다. 둘째, 아동의 공동주의 능력을 확장하는 것입니다. 공동주의 능력은 자기 고유의 내면화 능력으로 직접 가르칠 수는 없지만 유도할 수 있습니다. 공동주의를 통해서 타인을 인식하며 타인을 포함한 외부 세계에 대한 통제를 경험하고 수용하도록 도울 때, 아동은 통합적으로 발달할 수 있으며 성인기 자립 생활이라는 목표를 달성할 수 있습니다.

발달은 쉽거나 빨리 끝마칠 수 있는 과정이 결코 아닙니다. 이것은 아동을 둘러싼 모두에게 많은 시간과 노력을 필요로 하는 과정입니다. 발달적 어려움이 없는 아동의 경우 발달은 쉽게 이룰 수 있으며 순서가 바뀌어도 목표 달성의 기회가 충분히 찾아올 수 있습니다. 그러나 자폐 범주성 장애뿐만 아니라 기타의 발달장애가 있는 아동의 경우에는 적절한 도움이 없다면 발달의 확장을 경험하기 어려워질 것입니다.

지금 아동의 발달이 잘 이루어지고 있는지 살펴보려면 먼저 몇 가지를 체크해 볼 필요가 있습니다. 혼자 옷을 입어야 하는 연령이 되었을 때, 스스로 옷을 찾아 선택할 수 있는지, 계절에 맞는 옷을 선택할 수 있는지, 옷을 사러 가서 자신이 원하는 옷을 고를 수 있는지를 살펴보십시오. 단순한 옷 입기는 매우 제한된 한 가지의 기능일 뿐입니다. 발달이 잘 이루어질 때 자신이 원하는 옷을 입을 수 있고 상황에 적절한 옷을 스스로 입을 수 있게 됩니다. 발달의 순서를 따르지 않는다면 스스로 생각하고 행동하는 사고 능력은 이루어질 수 없을 것입니다. 이것은 옷 입기를 가르치거나 한글을 가르치는 것이 중요하지 않다는 말이 아닙니다. 기술이나 기능은 연속적인 발달의 결과로 자연스럽게 주어진다는 것입니다. 성인기 자립 생활이라는 발달의 목표를 앞에 두고 양육과 교육을 시작할 때, 발달의 원리와 순서를 고려한 중재와 교육은 매우 필요하다고 할 수 있습니다.

제**02**장

자폐 범주성 아동

자폐 범주성 아동

자폐 범주성 장애는 지적장애로만 설명될 수 없습니다.
자폐 범주성 장애는 의사소통장애로만 설명될 수 없습니다.
자폐 범주성 장애는 정서 · 행동장애로만 설명될 수 없습니다.
자폐 범주성 장애는 사회적 상호작용 능력 장애입니다.

이 장의 구성은 다음과 같습니다.

1. 인지 특성: 자폐 범주성 아동을 결정짓다

자폐 범주성 아동은 생득적인 독특한 인지 특성을 가지므로 일반적인 인지 발달을 이루기 어렵다고 알려져 있습니다. [그림 2-1]은 자폐 범주성 아동의 인지 특성을 보여 주고 있는데 자폐 범주성 아동의 인지 특성(별 모양)은 비자폐 아동의 인지 특성(동그라미 모양)과 뚜렷이 구별됩니다. 단지 자폐성의 짙기에 따라 크기의 차이가 있다고 알려져 있습니다. 자폐 범주성 아동을 결정짓는 독특한 인지적 특성과 이에 따른 결과적인 현상을 몇 가지로 생각해 볼 수 있습니다.

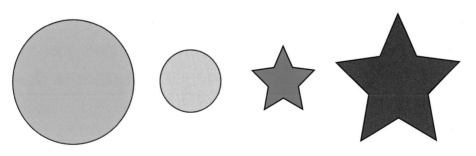

[그림 2-1] 자폐 범주성 아동의 인지 특성

첫째, 자폐 범주성 아동은 사물과 관련된 인지 능력보다는 사람과의 관계에 관련된 인지 능력이 매우 낮다고 할 수 있습니다. 이는 이들의 인지 처리 과정에서의 불균형을 초래할 가능성을 높입니다. 즉, 자폐 범주성 아동에게 심각하게 결여된 부분은 사회적 인지 능력이라고 할 수 있는데 이것은 문제를 해결해야 하는 상황에서의 통합적인 인지 처리를 어렵게 합니다. 이 현상은 자폐 범주성 아동의 낮은 마음 이론(mind theory)과 직접적으로 관련된 부분으로 볼 수 있습니다. 마음 이론은 타인이 자신과 다른 신념, 욕구, 의도, 관점을 가지고 있다는 것을 이해하는 것이라고 할 수 있으며 사회성 지능과 연결된 개념입니다. 사물에 대한 인지 처리 과정과 사회적 영역에서 사용되는 인지 처리 과정은 다소 다른 양상을 가집니다. 물리적 세계에 대한 인지 능력은 대부분 자연법칙에 기초하며 거의 생득적이며 불변의 성질을 갖는 경우가 많습니다. 그러나 사회적 인지 능력은 대부분 인간과 관련되고 후천적이며 가변적인 성질을 가집니다. 연령이 높아질수록 가변적인 사회적 관계의 양과 질은 확장됩니다. 인간은 생애 초기부터 물리적 인지 능력보다 사회적 인지 능력이 더 빨리 발달하며 더 오랫동안 발달하는 경향이 있습니다. 예를 들어, 옹알이를 하는 영아가 사물에 대한 분류 능력을 가졌다고 하기는 어렵지만 주 양육자를 기억하고 웃고 상호작용을 할 수 있습니다. 사회적 인지 능력은 자아와 타인의 '다름'에 대한 인식이며 사회적 눈치(social sense)로 발달합니다. 특히 자신과 타인이 다르다는 개념의 형성은 인간의 인식 세계에서 자기 중심성을 벗어나게 만드는 매우 중요한 인지 능력입니다. 자폐 범주성 아동의 경우 사물과 관련된 인지 처리와 사람과 관련된 인지 처리에서 불균형이 일어나기 때문에 통합적인 인지 능력을 발휘하기가 어렵다고 할 수 있습니다.

둘째, 자폐 범주성 아동은 타고난 지적 능력(intelligence ability)에 비해 문제해결을 위한 인지 능력(cognitive ability)의 발달이 현저하게 지연됩니다. 인지 능력은 지적 능력을 바탕으로 문제해결을 위해 외부의 정보를 획득하고 파지하고 활용하는 능력이라고 할 수 있습니다. 자폐 범주성 아동은 선천적이고 잠재적인 지적 능력을 가지고 있음에도 불구하고 이를 활용하여 문제를 처리하는 과정에서 필요한 인지 능력이 크게 지연된다고 할 수 있습니다. 이것은 자폐 범주성 아동이 보이는 중앙응집(central coherence) 기능 저하와 관계가 있는 것으로 보입니다. 중앙응집 능력은 외부의 자극에서 입력된 정보에 의미를 부여하고 연결하여 하나의 전체적인 형태로 치리하는 능력이라고 할 수 있습니다. 많은 자폐 범주성 아동이 기억력, 변별, 분류, 문자인식 등의 지적 능력을 가졌거나 어떤 분야에서는 천재성을 보일 때도 있습니다. 그러나 자신의 문제를 해결하기 위해 외부의 정보를 맥락 안에서 추론하거나 전체적으로 파악하고 처리하는 능력에서 매우 낮은 수준을 보입니다. 즉, 자폐 범주성 아동은 타고난 지능 때문이라기보다는 지능을 활용하여 외부의 정보를 처리해 가는 과정에서의 어려움으로 독특한 인지 능력을 보일 가능성이 많습니다.

셋째, 결과적으로 자폐 범주성 아동은 상위의 사고 처리 과정에서 특이성을 보입니다. 통합적인 인지 능력은 결국 자기 점검(self-monitoring) 능력과 자기 조절(self-regulation) 능력 등의 상위의 사고 능력으로 이어집니다. 연령이 높아질수록 상위의 사고 능력을 발휘함으로써 폭넓게 자신의 문제를 해결해 갈 수 있습니다. 자기 점검 능력은 즐기거나 이용하거나 해결하는 등의 활동을 위해 자신을 살펴볼 때 필요한 기제입니다. 또 자기 조절 능력은 문제를 해결하는 과정에서 자신의 감정과 생각, 행동 등을 조절하는 능력입니다. 자기 점검과 자기 조절 능력은 자기 객관화라는 사고 과정을 필요로 하며 이를 통해 실행기능(executive functions)을 높이도록 합니다. 문제해결 과정에서는 자신이 현재 어떤 상태, 어떤 상황에 있는가에 대한 자기 점검과 자기 조절 등이 지속적으로 필요합니다. 자폐 범주성 아동의 경우 어떤 문제를 처리하려고 할 때 나와 타인, 또 상황에 대한 객관화와 행동 조절이 동시다발적으로 이루어지기가 어려우므로 상위의 사고 처리에서의 혼란을 경험하기 쉽습니다.

넷째, 자폐 범주성 아동은 자신의 현실적인 문제해결을 처리하는 인지 처리 과정에서 자발성과 주도성이 떨어집니다. 자발성과 주도성은 인지 능력을 촉진하는 기본적 요소이며 원동력입니다. 자발성과 주도성을 통해 타고난 지적 능력이 발휘되며 이는 곧 기능과 기술의 발달로 이어집니다. 앞에서 열거한 자폐 범주성 아동의 인지적 특성은 이들이 해결해야 할 문제처리 과정에서 자신감을 떨어뜨리게 할 가능성이 많으며, 이런 상황은 다음 문제해결에 대한 자발성과 주도성을 발휘하기 어렵게 만듭니다. 이 현상은 연령이 증가할수록 뚜렷이 나타납니다. 자발성과 주도성의 결여는 환경에서 유의미한 자극을 스스로 발견하고 추구하는 인지 능력의 계발을 어렵게 합니다.

다섯째, 자폐 범주성 아동의 인지 특성의 어려움은 인식 세계를 확장하는 데 어려움을 줍니다. 인식은 주변 세계에서 살아갈 수 있는 기본적인 지식으로 사고 능력을 확장하는 데 바탕이 됩니다. 인간은 축적된 자신의 인식을 바탕으로 자신이 속한 사회에서 살아갈 수 있게 됩니다. 자폐 범주성 아동은 주변 지식을 습득함으로써 인식을 형성하고 확장하는 데 어려움이 있을 수 있습니다. 이것은 인지 능력을 발휘할 수 있는 기회를 줄이는 악순환을 가져오며 이들의 인지 발달을 지속적으로 취약하게 만들게 됩니다.

　자폐 범주성 아동의 인지적 특성은 이들의 양육, 교육, 재활을 저해하는 가장 핵심적인 부분입니다. 자폐 범주성 아동의 감각장애, 언어장애, 학습장애, 사회성 기술 장애 등은 모두 이들의 독특한 인지 특성에서 기인한다고 볼 수 있습니다. 그러므로 자폐 범주성 아동의 양육, 교육, 재활을 위해서는 이들의 독특한 인지 특성에 대한 도전이 필요합니다. 자폐 범주성 아동의 인지 특성을 수용하되 자신이 속한 사회에서 자립적으로 살아갈 수 있는 인지적 변화를 모색해 보는 것이 필요합니다. 이때 기억해야 할 것은 자폐 범주성 아동의 인지 능력의 변화는 단순한 기능, 기술적인 변화가 아닌, 더 내면적이고 정신적 변화여야 한다는 것입니다.

2. 감각 통합의 어려움: 생애 초기 자폐 범주성 아동을 위협하다

　자폐 범주성 아동은 생애 초기부터 몇 가지 구별되는 특성을 보입니다. 물론 영유아기는 개인차가 크고 서로 다른 특성을 크게 나타내는 시기입니다. 그러나 자폐 범주성 아동은 비자폐 아동에 비해 보다 더 구별되는 특성을 보입니다. 이 장에서는 생애 초기 자폐 범주성 아동의 발달을 위협하는 특성 중의 하나인 감각 통합의 특성을 살펴보고자 합니다. 물론 이러한 특성은 연령, 혹은 심리적 환경의 여부에 따라 옅어지기도 하며 변화되기도 합니다.

　감각 통합은 신체의 신경적인 기능을 발달시키거나 외부 환경에 적절히 반응하기 위하여, 감각 기관으로 들어온 다양한 자극을 조직화하는 과정입니다. 인간을 비롯한 생명체의 여러 가지 행동이 다양한 감각 간의 협력을 필요로 하고 있으며 이는 대부분 무의식적으로 이루어지기 때문에, 이상이 생길 경우 자연스럽게 학습하고 행동하는 데 문제가 나타나게 됩니다. 역치를 생물체가 감각 자극에 대한 반응을 일으키는 데 필요한 최소한의 자극 세기를 니타내는 값이라고 할 때, 역치가 낮을 경우 그 감각 자극에 대한 예민성이 커져서 그 자극을 피하기 위한 행동을 할 수 있습니다. 또 역치가 높을 경우 그 감각 자극에 대해 둔감하므로 그 자극을 추구하는 행동이 나타날 것입니다. 자폐 범주성 아동은 감각의 역치가 높거나 낮음으로 인해 여러 종류의 감각 추구 행동을 나타내는 경우가 많습니다.

시각 처리의 문제가 있는 자폐 범주성 아동의 경우 의미 있는 응시보다는 주변 자극에 대한 부자연스러운 응시 몰입이 나타날 수 있습니다. 또 빛에 대해 예민한 반응을 보이고 회피하는 반응을 나타내기도 합니다. 자신의 손가락을 이용하거나 흔들 수 있는 사물을 이용하여 시각 자극을 추구하는 경우는 자폐 범주성 아동에게 흔히 나타나는 행동입니다. 후각 처리의 어려움이 있는 자폐 범주성 아동의 경우 냄새에 대해 지나치게 무감각하거나 반대로 지나치게 냄새를 추구하는 성향을 가질 수 있습니다. 청각 처리의 어려움이 있는 아동의 경우 소리에 예민하여 귀를 막고 다니거나, 반대로 소리를 추구하기 위해 특이한 소리를 내고 다니는 경우가 있습니다.

미각 처리의 어려움이 있는 자폐 범주성 아동의 경우 특이한 것만을 먹으려고 하거나 모든 것을 먹으려고 하는 행동을 보입니다. 모래, 종이까지 먹으려고 하거나 지나치게 편식하는 아동의 경우도 종종 보게 됩니다. 촉각 처리의 어려움이 있는 아동은 무엇인가 자신의 신체에 닿는 것에 대해 지나치게 예민해하거나 불쾌해하거나 거부하는 경우가 있습니다. 반대로 자신의 촉각을 추구하기 위해 특이한 촉감만을 찾고 지나치게 접촉하려고 하기도 합니다. 또 고유수용감각 처리의 문제가 있는 경우 손이나 손가락으로 하는 활동을 잘하지 못함으로써 도구를 사용해야 하는 등의 조작 활동을 어려워합니다. 또 전정감각 처리의 어려움을 보이는 자폐 범주성 아동의 경우 잘 넘어지거나 활동을 잘 해내지 못하기도 하며, 반대로 매우 높은 곳이나 위험한 활동을 지나치게 추구하기도 합니다. 자폐 범주성 아동의 경우 한꺼번에 모든 종류의 감각 통합의 어려움을 가지지는 않지만, 개인 특유의 감각 처리 혹은 통합의 어려움을 가짐으로써 매우 불편한 생의 초기를 보낼 수 있습니다.

감각 통합의 어려움에서 발생할 수 있는 가장 큰 발달적 어려움은 '자기주의 몰입 현상'이라고 할 수 있습니다. 자기주의 몰입 현상은 자신의 특정 감각 추구에 주의를 몰입하는 현상으로, 이 현상이 지속될 경우 외부의 자극에 주의를 전환하거나 집중하거나 유지하는 등의 일반적인 주의 활동이 어렵게 됩니다. 외부 자극에 대한 주의 전환과 집중, 유지를 통해 아동은 외부 세계의 자극을 내면화하며 발달해 갈 수 있습니다. 외부 자극에 대한 주의 활동이 어려울 경우 수많은 외부의 자극과 정보를 놓치게 됨으로써 일반적인 발달을 이루는 데 어려움을 겪게 됩니다. 그러므로 자기주의 몰입 현상이 생애 초기에 지속적으로 일어날 때 아이의 발달은 심각하게 방해받을 수 있습니다. 그러므로 자폐 범주성 아동이 보이는 감각 통합의 어려움은 감각 통합 자체의 문제라기보다 주의 몰입의 어려움으로 인식하고 도울 필요가 있습니다. 즉, 감각 추구 행동 자체를 소거하기보다는 감각 통합적인 필요를 채워 주되, 자신만의 주의 몰입이 지속되지 않도록 하는 데 중재의 초점을 두어야 할 것입니다.

임상에서 살펴본 바로는 감각 통합의 어려움이 생애 초기처럼 매우 심각한 상태로 지속되지는 않는 것으로 보입니다. 연령의 증가에 따라 감각 통합 능력이 자연스럽게 좋아지거나 중재를 통해 자기 조절 능력으로 향상되는 경우가 많았습니다. 그러나 적절한 중재가 이루어지지 않을 때 감각 추구 행동이 상동 행동 등의 비전형적인 행동으로 진행됨으로써 아동의 발달이 퇴행하는 경우를 많이 볼 수 있었습니다. 감각 통합의 어려움은 자폐 범주성 아동의 생애 초기에 나타날 수 있지만 전 생애 발달을 위협하는 원인이 될 수 있음을 기억해야 합니다.

3. 사회적 상호작용 특성: 자폐 범주성 아동의 진단과 재활의 핵심 키

사회적 상호작용은 사람과의 관계에서 이루어지는 것으로 사회성 발달의 기초가 됩니다. 우리나라에서 개정되고 시행되고 있는 「장애인 등에 대한 특수교육법」(2008)에서는 정서 및 행동장애에서 사회적 상호작용의 어려움이 있는 자폐 범주성 장애를 분리하여 특수교육 대상으로 규정하고 있습니다. 또한 미국정신의학회의 『정신질환의 진단 및 통계편람 5판 수정판(DSM-5-TR)』에서는 자폐 범주성 장애 아동의 진단에 사회적 상호작용을 중요한 진단 기준으로 제시하고 있습니다. 자폐 범주성 아동을 진단하는 가장 핵심적인 키는 사회적 상호작용입니다. 이 장에서는 자폐 범주성 아동의 사회적 상호작용에 대한 특성을 살펴보려고 합니다.

첫째, 자폐 범주성 아동은 대인 간 관계에서 공동주의(joint attention) 능력이 매우 낮습니다. 공동주의 능력은 사회적 상호작용에 있어 필수적 요소입니다. 자폐 범주성 아동은 감각 통합의 이상, 낮은 마음 이론 능력과 중앙응집 기능 저하 등으로 생애 초기부터 공동주의 형성에 어려움을 가지게 됩니다. 인간은 타인과 공동의 주의 형성을 통해 상대방에게 자신을 표현하고 상대방을 이해할 수 있습니다. 또 공동주의 형성을 통해 함께 협력하거나 의미 있게 갈등할 수 있습니다. 기능과 기술이 대부분 누군가를 통해 배우고 연습함으로써 습득하는 것이라고 할 때 공동주의 기술은 스스로 형성되어 자연스럽게 발전하는 것이라고 볼 수 있습니다. 자폐 범주성 아동의 공동주의 중재에 관한 문헌들은 공동주의 기술이 쉽게 훈련될 수 없는 능력이며 유지와 일반화에 실패를 보고하고 있습니다. 자폐 범주성 아동은 타인과 자연스럽게 공동의 주의를 형성하는 것이 어려우므로 생애 초기부터 사회적 상호작용의 어려움을 겪게 될 가능성이 큽니다. 또는 어느 정도 사회적 상호작용 능력이 형성된 자폐 범주성 아동일 경우에도 주의 전환의 속도, 방향 및 상호작용 상대의 제한 등으로 인해 지속적이거나 다양한 공동주의를 경험하기가 쉽지 않습니다. 자폐 범주성 아동의 공동주의 능력을 향상하도록 돕는 것은 이들의 사회적 상호작용 능력의 향상과 발달을 위한 핵심적인 부분입니다.

둘째, 자폐 범주성 아동은 생애 초기부터 부모를 포함한 주 양육자와의 관계에서 긍정적인 상호작용을 경험할 가능성이 매우 낮습니다. 주 양육자와의 긍정적인 상호작용은 애착 형성에서 비롯됩니다. 자폐 범주성 아동의 감각과 인지의 특이성은 주 양육자와의 애착 형성을 방해합니다. 애착 형성은 일차적으로 상호작용하는 양자에게 긍정적인 정서를 가져다줍니다. 이것은 혼자 추구할 수 있는 행복감과는 다른 것으로, 상호작용을 하는 양자가 함께 느낄 수 있는 정서입니다. 긍정적 정서의 경험으로 인해 부정적인 욕구가 해소되고 외부 세계에 대한 흥미와 호기심을 갖게 됩니다. 자폐 범주성 아동은 생애 초기 주 양육자와의 애착 형성 과정에서 수용, 공감, 인정을 충분히 경험하지 못함으로써 상호작용 욕구가 제한되는 경험을 할 가능성이 높습니다.

셋째, 자폐 범주성 아동의 공동주의의 결함은 부모와의 상호작용에 이어 또래와의 상호작용에 매우 부정적인 영향을 끼칩니다. 또래는 성인과는 매우 다른 상호작용 대상자입니다. 또래는 자신을 이해해 주기도 어렵고 적절한 도움을 받기도 어려운 상대입니다. 성인과의 상호작용에서는 도움을 받을 수 있지만 또래와의 상호작용에서는 쉽게 피해를 보기도 합니다. 그럼에도 불구하고 또래와의 상호작용에 대한 욕구는 매우 크며 연령의 증가에 따라 높아집니다. 자폐 범주성 아동의 경우 중요한 상호작용의 상대인 또래와의 상호작용은 필수적이지만 이들과 상호작용할 수 있는 기회를 찾기는 쉽지 않습니다.

넷째, 자폐 범주성 아동의 상호작용 특성으로 지역사회와의 낮은 상호작용 능력을 말할 수 있습니다. 연령이 증가함에 따라 개인에게 지역사회는 매우 중요한 상호작용의 대상이 됩니다. 특히 집과 가까운 마트, 공원, 식당, 은행 등은 성인기 자립 생활을 위해 사용해야만 하는 지역사회 기관이라고 할 수 있습니다. 자신의 필요나 요구를 위해 지역사회의 기관을 적절하게 이용하여 문제를 해결할 수 있는 능력이 형성되어야 합니다. 자폐 범주성 아동의 경우 지역사회와 독립적으로 상호작용하는 것은 매우 제한적입니다. 이들의 행동적, 의사소통적, 학습적 어려움은 지역사회 기관을 자발적으로 이용하는 데 어려움을 줍니다.

[그림 2-2]는 자폐 범주성 아동의 상호작용 특성을 보여 주는데, 이들이 보이는 공동 주의의 결함은 부모, 또래, 지역사회와의 상호작용을 순서적으로 방해하는 요인으로 확대됩니다. 비자폐 아동은 주 양육자와의 상호작용이 다소 어렵다 하더라도 또래 혹은 지역사회에서 이차적인 사회적 관계를 형성할 수 있습니다. 이차적인 사회적 관계를 통해 또 다른 인간관계를 맺고 살아갈 수 있습니다. 그러나 자폐 범주성 아동의 경우 일차적인 상호작용의 어려움은 필연적으로 이차적 상호작용을 어렵게 합니다. 일차적인 관계 형성이 어렵게 되면 그 이상의 관계에서 실패를 경험할 가능성이 높습니다. 그러므로 주 양육자와의 관계가 잘 이루어질 때 또래, 지역사회 등의 생태학적인 환경에서의 관계 형성도 긍정적으로 받아들여지거나 변화될 가능성이 커집니다. 자폐 범주성 아동에게 일차적인 상호작용은 앞으로의 사회성을 위해 협소하지만 매우 중요한 통로입니다. 이것이 자폐 범주성 아이를 둔 부모가 자녀와의 좋은 상호작용을 해야만 하는 이유가 됩니다.

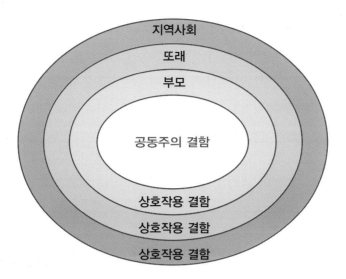

[그림 2-2] 자폐 범주성 아동의 상호작용 특성

4. 정서 특성: 자폐 범주성 아동을 깊이 이해하다

정서란 외부 자극에 직면하여 발생하는 반응으로 여러 가지 감정으로 표현되며 기쁨, 슬픔, 공포 등이 정서 표현의 예라고 할 수 있습니다. 영아기에는 정서 표현을 통해 자신의 상태를 양육자에게 알림으로써 보살핌을 받게 됩니다. 또한 유아기에는 부모와의 상호작용을 통해 서로의 정서나 느낌을 공유하고 공감해 가는 과정을 갖게 됩니다. 점차 자신의 정서를 타인에게 표현하게 되며 타인의 정서에 반응하는 것을 배우게 됩니다. 정서 발달은 생애 발달에서 가장 기본적이고 중요한 역할을 하게 됩니다.

자폐 범주성 아동이 긍정적인 정서감을 가지는 것은 매우 드문 일로 보입니다. 임상의 현장에서 긍정적인 정서, 즉 밝고 즐거운 자폐 범주성 아동을 거의 만나지 못했습니다. 유아기 혹은 아동기의 가장 큰 특징은 솔직함과 즉각성에서 나오는 긍정적인 정서입니다. 이 시기의 아동들은 대부분 쉽게 재미있어 합니다. 누군가와 함께 있는 것을 즐거워합니다. 화를 내기도 하지만 기분이 금방 풀어집니다. 이에 비해 자폐 범주성 아동들은 재미있어 보이지 않습니다. 신경질적이고 쉽게 화를 냅니다. 사람과 있을 때 눈치를 많이 살피고 위축감을 보입니다. 사람과 함께 무언가를 할 때 불안하고 불편해 보입니다. 자신의 선호물에 대해 몰입을 보일 때도 있지만 그것을 일반적인 정서적 편안함이라고 보기는 어렵습니다. [그림 2-3]은 자폐 범주성 아동의 정서 특성(별 모양)을 나타내는 그림입니다. 비자폐 아동이 크기의 차이는 있으나 비슷한 정서 특성을 나타낸다면 자폐 범주성 아동은 크고 이질적인 정서 특성을 나타낸다고 볼 수 있습니다. 즉, 자폐성의 길기에 관계없이 대부분 부정적인 정서를 가지고 있을 가능성이 큽니다. 자폐 범주성 아동의 정서적 특성을 몇 가지로 살펴보면 다음과 같습니다.

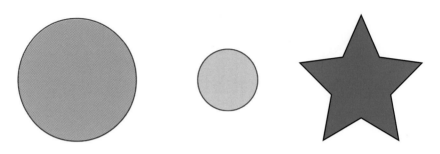

[그림 2-3] 자폐 범주성 아동의 정서 특성

첫째, 자폐 범주성 아동은 부정적인 정서를 감정 행동으로 주로 표현합니다. 생애 초기의 자폐 범주성 아동은 대인관계에서 매우 예민한 기질을 나타냅니다. 그러므로 자폐 범주성 아동이 양육자에게 자신의 상태를 알리기 위해 사용하는 정서 표현 기제는 주로 울음, 짜증, 화 등 부정적인 행동일 수 있습니다. 이는 주 양육자와의 관계 형성에서도 매우 부정적인 영향을 미치게 되는데 주 양육자 역시 자녀와의 관계에서 부정적인 정서를 경험하기 쉽습니다. 따라서 부모-자녀로서 애착과 애정의 관계를 형성하기가 어려워집니다. 생애 초기 형성해야 할 애착 관계의 부재는 대인관계에서 신뢰감 형성의 실패로 이어지며, 이후의 삶에서 타인과의 상호작용에 대한 불안감으로 형성될 가능성을 높입니다. 뿐만 아니라 이들의 문제 행동은 타인으로부터 부정적인 피드백을 가져오는데, 이를 통해 대인 간 관계에서 자신에 대한 수치심이 확대되기도 합니다. 대인관계에서 만성화된 부정적인 정서감을 극복하는 것은 자폐 범주성 아동과 주 양육자에게 매우 필요한 과제라고 할 수 있습니다.

둘째, 자폐 범주성 아동은 타인과의 관계에서 공감을 형성하기 어렵습니다. 이들의 독특한 인지 특성, 특히 자신의 선호에 대한 자기 중심성으로 인해 타인의 단순한 감정에도 공감을 보이기 어렵습니다. 연령이 높아질수록 자신의 정서를 객관화하거나 타인의 정서를 이해하기 위해서 어느 정도의 타인 인식이 필요해집니다. 즉, 자신의 정서를 이해할 때는 '느낌'만으로도 알아차릴 수 있으나 타인의 정서를 이해할 때는 타인의 정서를 이해하는 '사고' 과정을 필요로 합니다. 자폐 범주성 아동은 타인의 정서를 인지하고 이해하기 어렵기 때문에 타인과의 공감을 형성하기 어려울 수 있습니다.

셋째, 자폐 범주성 아동은 학습된 무력감의 정서를 가지기 쉽습니다. 자폐 범주성 아동의 여러 영역의 발달 지연 양상은 주 양육자 혹은 교사로 하여금 때 이른 학습으로 이들을 내몰 가능성을 줍니다. 이때 학습에 해당하는 것은 언어, 인지, 사회성, 행동, 학습 등의 기술 습득을 요구하는 모든 것이라고 할 수 있습니다. 요즘 자폐 범주성 아동의 기능 기술을 위한 치료 혹은 학습을 시작하는 시기는 더욱 빨라졌고 때로 지나친 치료 혹은 학습을 해야 하기도 합니다. 발달적인 어려움이 없는 아동의 경우도 자신의 동기 없이 이루어진 학습은 이후의 발달을 방해하기 쉽습니다. 영유아기의 자폐 범주성 아동이 학습에 대한 자발적인 동기를 가지기는 어렵습니다. 본인의 동기가 거의 없는 상태에서의 학습은 아동에게 상당한 정신적 부담으로 작용할 가능성이 큽니다. 이것은 결국 부정적인 학습 결과를 낳을 뿐 아니라 자신에 대한 '무능함' 혹은 '무력감'이라는 정서를 만들기도 합니다. 자폐 범주성 아동에게 학습된 무력감은 이미 형성된 이들의 수치심을 극대화시키며 학습 의욕을 더욱 낮추게 합니다. 자폐 범주성 아동에 대한 학습은 매우 필요하지만 최대한 부정적인 정서를 최대한 자극하지 않는 상황에서 이루어질 필요가 있습니다.

넷째, 자폐 범주성 아동은 정서 안정에 의한 심리적인 방어 능력이 매우 낮습니다. 앞서 말한 자폐 범주성 아동의 부정적인 정서는 거의 생애 초기 형성되는 것으로 보여집니다. 자신의 정서를 스스로 감지하고 자신의 정서 상태를 인식하는 것은 자신의 심리적 방어를 위한 중요한 방법입니다. 내적인 방어기제 형성은 스트레스의 해소와 승화에 중요합니다. 스트레스를 경험할 때 보통 타인을 통해 방어기제를 형성하거나 자신의 심리적 에너지를 통해 해소하려고 노력하는데 이는 정서적 안정에 매우 필요한 과정입니다. 자폐 범주성 아동은 자신의 정서를 알아차리기가 매우 어려울 뿐 아니라 알아차리더라도 스스로 스트레스를 풀어 갈 수 있는 능력은 매우 낮습니다. 또 자신의 정서 상태를 누군가에게 표현하는 능력이 낮기 때문에 주변인이 그 스트레스를 해소해 주기도 어렵습니다. 자폐 범주성 아동의 낮은 정서적 방어 능력은 자신의 부정적인 정서를 심화시키고 대인 간 관계에서 고립되는 역할을 만들 수 있습니다.

마지막으로, 자폐 범주성 아동의 부정적인 정서는 결과적으로 부정적인 자아 개념을 형성할 가능성을 높입니다. 부정적인 자아 개념을 형성하는 대표적인 부정적 정서는 불안, 수치심, 죄책감 등입니다. 불안전한 애착에서 오는 불안감, 타인이 주는 부정적인 피드백으로 인한 수치심, 타인에게 자신을 제대로 표현하지 못함으로써 형성되는 회의감, 기술 성취의 연속적인 실패 등이 지속되며 부정적인 자아 개념이 형성될 가능성이 높습니다.

자폐 범주성에 속하는 모든 아동 혹은 성인은 정서적으로 매우 힘든 삶을 살아가고 있다고 볼 수 있습니다. 이들의 부정적인 정서 특성은 본인뿐만 아니라 부모를 포함한 주변인들로 하여금 양육이나 교육을 포기하도록 하는 심각한 방해물이 됩니다. 자폐 범주성 아동의 부모는 자녀들의 연령이 높아질수록 자녀의 발달 문제보다 부정적인 정서와 행동적인 문제를 더욱 힘들어하는 경향이 많습니다. 불안정한 정서는 '발달' 혹은 '성장'을 방해합니다. 자폐 범주성 아동을 위한 양육이나 교육은 반드시 이들의 정서적 안정을 바탕으로 이루어져야 합니다.

5. 행동 특성 Ⅰ: 가장 수용하기 어려운 문제

[그림 2-4]는 자폐 범주성 아동의 행동 특성을 보여 주는 그림입니다. 비자폐 아동이 일반적인 행동 특성(동그라미 모양)을 보인다고 할 때 자폐 범주성 아동은 자폐성의 짙기에 따라 심각도의 차이는 있지만 일반적이지 않은 행동 특성(별 모양)을 보입니다. 자폐 범주성 장애는 행동장애라고 해도 과언이 아닙니다. 자폐 범주성 아동의 행동적인 특성을 살펴보는 것은 이들을 이해하는 데 도움이 됩니다.

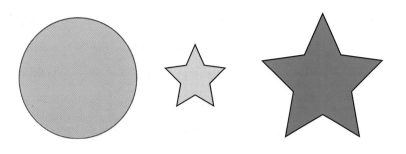

[그림 2-4] 자폐 범주성 아동의 행동 특성

첫째, 자폐 범주성 아동은 감각 추구 행동을 합니다. 보통 영유아기는 감각 경험을 통해 외부의 자극을 경험하고 지각하는 시기이므로 감각의 투입과 이에 따른 활동이 자연스럽게 이루어집니다. 그러나 영유아기의 많은 자폐 범주성 아동은 여러 감각이 외부에서 투입될 때 그 감각을 처리하는 과정에서 어려움을 경험할 가능성이 높습니다. 감각 처리 과정은 감각과 지각으로 이루어집니다. 감각이란 외부에서 들어온 자극을 내적인 여러 신경계가 알아차리는 과정이라고 할 수 있습니다. 자폐 범주성 아동은 감각 자극에 대해 정상적인 역치를 가지지 못함으로써 이를 충족하기 위해 감각 활동이 지나치게 둔해지거나 예민해진다고 알려져 있습니다. 자신에게 지나치게 부족하거나 높은 감각 역치를 추구하는 행동을 '감각 추구' 행동이라고 하며, 이것은 자폐 범주성 장애 아동의 생애 초기에 일어나는 일반적인 행동 특성입니다. 외부 자극은 감각 처리 과정을 통해 '행동'을 결정하도록 하므로 감각 처리 과정은 우리의 행동을 결정하는 첫 관문입니다. 자폐 범주성 아동은 감각이 투입되는 첫 관문에서 어려움이 있으므로 지각에 대한 능력을 발휘할 기회가 매우 낮아지게 됩니다. 뿐만 아니라 감각 처리 과정의 어려움으로 생애 초기에 완수해야 할 많은 과업을 놓치게 될 수 있습니다. 이들의 감각 처리 과정에서의 어려움은 기질적인 예민함으로 발전할 가능성도 높습니다. 자폐 범주성 아동의 감각적 어려움은 이들의 일반적인 행동이나 적응 능력을 저해하는 큰 원인이 됩니다.

둘째, 자폐 범주성 아동은 자기자극 행동을 합니다. 자기자극 행동은 단지 동일한 행동을 반복한다는 의미에서 상동 행동이라고 불려졌으나, 최근에는 자신의 특정 감각의 불균형을 해소하기 위해 아동이 자기 스스로 특정 감각 자극을 만들어 내는 행동이라고 설명되고 있습니다. 감각 추구가 자신의 불균형된 감각에 대한 생리적인 행동이라고 할 때 자기자극 행동은 보다 더 진보된 행동으로서 감각 추구에서 시작된 행동이지만 자신의 의도가 좀 더 포함된 행동이라고 할 수 있습니다. 그러므로 자기자극 행동은 감각 추구 행동에 비해 자신의 심리적 안정을 목적으로 하거나 자신의 지적, 심리적 에너지를 채우기 위한 목적으로 하는 행동으로 보입니다. 자폐 범주성 아동의 경우, 생애 초기에 발생하는 기질적인 특성으로 인해 자기자극 행동의 고착화는 당연한 것일 수 있습니다. 자기자극 행동은 아동에 따라 다양하게 나타나지만 연령이 높아지면서 비슷한 행동 패턴을 보이기도 합니다. 예를 들어, 아스퍼거 아동의 경우 혼잣말, 같은 말 등을 반복하거나 비슷한 주제를 반복해서 말함으로써 자기자극 행동을 하기도 합니다. 보통 감각 추구 행동은 학령기 전까지 활성화되다가 환경에 적응하면서 감소하고 그 이후로는 자기자극 행동으로 전환되는 것으로 보입니다.

이런 측면에서 살펴볼 때 감각 추구 행동이 감각 처리의 어려움으로 발생한 행동으로 자발적인 통제가 어려운 측면을 가지고 있다면 자기자극 행동은 어느 정도 자발적인 조절이 가능하지만 고착된 행동이라고 할 수 있습니다. 감각 추구 행동은 사람과의 상호작용을 매우 어렵게 하는 기질적인 행동일 수 있지만 자기자극 행동은 사람과의 상호작용을 회피하는 방법이 될 수 있습니다. 감각 추구 행동을 통해 자신의 감정을 나타내기 어려우나 자기자극 행동은 무료함, 속상함, 싫음, 힘듦 등의 감정을 나타내는 통로가 될 수 있습니다.

셋째, 자폐 범주성 아동의 행동 특성으로 지나친 화 행동을 들 수 있습니다. 초기 이들의 화 행동의 출현은 비자폐인과 다를 바 없습니다. 고집부리기, 토라짐 등의 소극적 화 행동이 나타납니다. 또 소리 지르기, 물건 던지기, 자해하기 등의 적극적 화 행동이 나타납니다. 보통 화 행동의 원인은 해결되지 않은 욕구로 인한 불만과 고집 혹은 습관화된 행동 패턴 때문이라고 할 수 있습니다. 감각 처리의 어려움이 있는 유아기의 자폐 범주성 아동은 때로 화 폭발이라는 현상을 보이는데, 이것도 자신의 감각적 혹은 심리적 어려움이 제대로 분출되지 못하고 해소되지 못할 때 나타나는 화 감정의 표출로 보입니다. 특히 주변인들이 감정적인 수용을 해 주지 못하고 억지로 소거시키려고 하거나 부정적 피드백을 줄 때 심각한 화 행동을 보이기도 합니다. 뿐만 아니라 갑자기 대소변을 가리지 못하게 되거나 소리를 지르거나 자해를 하고 공격의 의도가 있는 행동으로 발전할 수 있습니다. 자폐 범주성 아이들의 낮은 공동주의 능력은 화 행동에 대한 누군가의 개입을 매우 어렵게 합니다. 일반적인 사람들이 보이는 화 행동은 시간이 지남에 따라 자연스럽게 소멸될 수 있습니다. 그러나 자폐 범주성 아동은 화 행동에 대한 자발적인 해결 능력이 거의 없다고 할 수 있습니다. 그러므로 자폐 범주성 아동의 화 행동은 원초적이고 자기 중심적이며 누군가의 개입 혹은 문제해결 자체로 끝나기 어려운 특성을 가집니다. 이들의 화 행동은 감정에서 시작해서 감정으로 끝나므로 그 행동 양상이 계속 증폭되고 더 심각한 행동 문제로 발전하기 쉬운 것으로 보입니다.

　넷째, 자폐 범주성 아동의 사회적 상호작용의 실패는 결과적으로 '위축된 상호작용 행동'을 형성하도록 합니다. 사람과의 상호작용에서 위축된 심리 행동은 위축 행동 외에 산만한 행동과 이중적 메시지를 사용하는 행동으로도 발전합니다. 위축된 상호작용 행동의 가장 큰 문제는 솔직한 자기 표현의 제한입니다. 솔직한 자기 표현이 제한될 때 심리적 욕구의 해소가 어려우며 이에 따른 부정적인 행동이 나타나기 쉽습니다. 특히 자폐 범주성 아동이 보이는 산만함과 이중적 메시지는 발달의 문제로 치부되며 이들의 위축된 상호작용의 심각성은 외면당하기 쉽습니다.

　연령이 증가할수록 자폐 범주성 아동의 행동은 감각 추구, 자기자극, 화 행동, 위축 행동 등이 복합적으로 나타나므로 주 양육자를 포함한 주변인들은 이들을 감당하기 힘들어집니다. 그러므로 행동에 대한 중재는 자폐 범주성 아동의 교육이나 양육에서 가장 먼저 이루어져야 할 영역이라고 할 수 있습니다.

6. 행동 특성 Ⅱ: 행동 문제를 해결하기 위한 접근 방향

　자폐 범주성 아동을 위한 우선적인 중재는 행동 문제의 해결이라고 할 수 있습니다. 자폐 범주성 아동의 행동 문제는 이들의 기질적이고 본질적인 어려움은 아니지만 모든 자폐 범주성 아동에게 나타나며 연령의 증가에 따라 다양해지고 쉽게 다루기 어려워지는 특성을 보입니다. 대부분의 자폐 범주성 아동은 장기화되고 복합적인 행동 문제를 가질 가능성이 큽니다. 자폐 범주성 아동을 위한 행동 문제는 원인에 대한 이해에서부터 통합적으로 접근할 필요가 있습니다. 자폐 범주성 아동의 행동 문제해결을 위한 몇 가지 방향은 다음과 같습니다.

　첫째, 자폐 범주성 아동이 가진 기질적 어려움을 인정하고 이해하는 것입니다. 문제 행동 그 자체만을 보면 안 됩니다. 자폐 범주성 아동은 비자폐 아동과는 다른 기질적 어려움을 가지고 있습니다. 그 문제를 일으키는 근본적인 원인을 알고 인정해야 합니다. 시각장애인의 행동 문제는 일차적으로 그들의 시각적 어려움에서 발생합니다. 이를 인정할 때 이들의 행동 문제의 원인을 확실히 알고 적절한 도움을 줄 수 있습니다. 마찬가지로 자폐 범주성 아동의 비일반적인 행동 문제를 해결하기 위한 가장 첫 번째 일은 이들의 기질적 어려움을 충분히 알고 인정해 주는 것입니다. 자폐 범주성 아동의 기질적 어려움은 먼저 이들의 감각의 통합적 어려움에서 발생할 수 있습니다. 감각 통합의 어려움이 있다면 보다 균형 잡힌 감각 능력을 가지도록 도움을 주어야 합니다. 자폐 범주성 아동이 가지는 또 다른 기질적 어려움은 독특한 인지 특성이라고 할 수 있습니다. 낮은 마음 이론과 중앙응집 기능, 실행기능 등으로 인해 이들은 외부 자극의 처리와 표출 과정에서 심각한 양상을 보입니다. 이 두 가지의 어려움으로 인해 자기 중심적인 인지 특성이 형성되는데, 이는 타인과의 상호작용에서의 심각한 어려움과 행동 문제를 연속적으로 야기시킵니다. 자폐 범주성 아동의 이러한 기질적 어려움은 행동 문제의 근본적인 원인이 됨을 이해하고 인정해 줄 때 좀 더 포괄적이고 장기적으로 중재로 접근될 수 있습니다.

둘째, 자폐 범주성 아동의 경우 정서 혹은 기능적인 교육보다 행동 문제에 대한 중재를 우선적으로 진행해야 합니다. 인간은 행동을 통해 자신을 표현하고 타인으로부터 인정받습니다. 자폐 범주성 아동의 행동적 어려움은 이들의 장애를 외부 세계로 알림으로써 이들에 대한 선입견을 가지게 할 뿐 아니라 외부 세계가 아동을 수용하는 것을 방해합니다. 특히 자폐 범주성 아동의 산만한 행동이나 공격적인 행동은 주변인을 몹시 힘들게 하고 또래 사회로의 진입을 가로막는 중요 원인이 됩니다. 그러므로 자폐 범주성 아동의 중재는 일차적으로 '행동 문제'에서 시작될 필요가 있습니다.

셋째, 자폐 범주성 아동을 위한 행동 문제해결의 목표는 결국 사회적 상호작용 행동이 향상되는 것이어야 합니다. 자폐 범주성 아동의 행동 통제의 목표는 행동 문제만을 소거시키는 것이 되어서는 안 됩니다. 행동 문제는 일시적으로 소거될 수 있지만 또 다른 행동 문제로 나타날 수 있습니다. 사회적 상호작용 능력은 자폐 범주성 아동의 핵심적 어려움입니다. 그러므로 감각 추구 행동, 자기자극 행동, 화 행동이 사회적 상호작용 행동으로 변환될 때 특유의 행동 문제는 소거되면서 통합적인 성장이 이루어질 것입니다. 사회적 상호작용은 타인에게 자신을 솔직하게 표현하며 타인의 통제를 수용하는 과정입니다. 솔직한 자기 표현을 위해 자발적이고 편안한 행동이 나타나도록 해야 할 것입니다. 또 타인의 통제를 수용하는 과정을 통해 자발적인 행동 조절 능력을 가지도록 도와야 할 것입니다.

그러므로 넷째, 자폐 범주성 아동의 행동 문제가 해결되는 신호는 자발적인 '타인 응시' 행동의 출현이라고 할 수 있습니다. 타인에 대한 자발적 응시는 공동주의의 대표적인 기술입니다. 상호작용 능력이 발달하게 된 자폐 범주성 아동은 다른 사람과 직접적인 눈 맞춤도 일어나지만, 자신을 쳐다보지 않는 사람의 행동도 스스로 지켜보게 됩니다. 응시 행동을 통해 타인이 하는 행동을 인식하고 모방하게 됩니다. 또 타인 행동 모방을 통해 자연스러운 사회적 행동을 하게 됩니다. 자발적인 응시 행동을 통해 축적된 인식과 경험은 중요한 사회성 능력이 될 뿐 아니라 응시 행동 자체가 자발적 학습을 일으킵니다. 자폐 범주성 아동에게 응시 행동이 나타나고 증가하는 것은 이들의 행동 문제가 근본적으로 변화하는 신호이며 동시에 자폐 범주성 장애에서 해방되는 신호이기도 합니다.

행동은 감정과 사고에서 발생하는 것입니다. 그러므로 이유 없는 행동 문제는 존재하지 않습니다. 행동의 이상이 있다면 이유를 살펴보고 적합한 도움을 제공해야 합니다. 행동 문제 자체만을 위한 치료는 일반화된 행동 변화를 가져오지 못합니다. 행동 문제의 원인을 인정해 주고 감정과 사고의 변화를 꾀할 때 자연스러운 행동 변화를 기대할 수 있습니다. 자폐 범주성 아동은 기질적인 어려움으로 많은 행동 문제를 가지고 있을 수밖에 없으므로 이들의 행동 문제는 우선적으로 중재되어야 하며 사회적 상호작용 능력을 통해 일반화된 행동으로 변화되어야 할 것입니다.

7. 사회성 특성: 넓게 살펴봐야 하는 어려움

사회성 능력은 좁은 의미에서는 사회적 상호작용 능력으로 사용되지만 넓은 의미에서 그가 속한 사회에서 살아갈 수 있는 능력을 의미합니다. 자신이 속한 사회에서 살아가기 위해서는 그 사회에 나를 적응시키고 관리하는 능력이 필요합니다. 이런 의미에서 사회성의 발달은 인간 발달의 지향점이기도 합니다. 사람이 속한 사회는 물리적 환경과 타인과의 관계적 환경으로 구성되어 있습니다. 이 두 가지 측면을 고려해서 사회에서 나를 적응시키고 관리해야 하며 문제를 해결해야 합니다. 자폐 범주성 아동은 낮은 상호작용 능력으로 두 가지의 사회성 능력이 모두 결여될 가능성이 큽니다. 임상 현장에서 살펴본 바를 토대로 자폐 범주성 아동의 사회성 특성을 살펴보고자 합니다.

첫째, 자폐 범주성 아동은 사회성의 중요 영역인 신변 자립에서 매우 낮은 능력을 가지고 있을 가능성이 큽니다. 신변 자립은 자신이 속한 사회에 살아가기 위한 물리적인 환경에 대한 적응 능력이라고 할 수 있습니다. 물론 자폐 범주성 아동 가운데는 신변 자립 기술이 좋은 경우도 있습니다. 그러나 대부분의 자폐 범주성 아동은 신변 자립 기술의 어려움을 가지고 있습니다. 생애 초기 수행해야 할 신변 자립 기술은 먹기, 잠자기, 입기, 배설 후 처리하기, 독립적 보행하기 등입니다. 보통 신변 자립 기술은 주 양육자와의 상호작용을 통해 쉽게 배울 수 있습니다. 그러나 자폐 범주성 아동의 경우, 주 양육자와의 상호작용의 어려움이 있으므로 쉬운 신변 자립의 기술조차 익히기가 어렵습니다. 연령의 증가에도 불구하고 신변 자립 기술이 발달하지 못할 때 주 양육자 혹은 주변인이 받는 심리적 스트레스는 심각해집니다. 신변 자립의 어려움은 자폐 범주성 아동의 사회성 발달에서 우선적으로 고려되어야 할 부분입니다.

둘째, 자폐 범주성 아동은 낮은 상호작용 기술을 보이지만 타인과의 상호작용에 대한 욕구는 일반적입니다. 반면에 이들은 상호작용에 대한 자신의 욕구를 쉽게 표현할 수 없습니다. 뿐만 아니라 연령이 높아질수록 상호작용에 대한 기술을 습득하고 발휘하기가 어렵습니다. 그러므로 실제 이들의 인간관계의 폭은 매우 좁고 관계의 강도도 약합니다. 사회적 상호작용에 대한 욕구와 기술적 부족에서 오는 차이로 인해 이들의 정서와 행동 사이의 갈등은 매우 큽니다. 자폐 범주성 아동의 상호작용에 대한 욕구는 이들을 위한 양육과 교육에서 중요하게 고려되어야 할 부분입니다.

셋째, 앞선 두 가지의 사회성 특성으로 인해 자폐 범주성 아동은 사회적 상호작용에서 높은 자존심과 낮은 자존감을 가지기 쉽습니다. 이들은 누군가 자신을 틀렸다고 할 때 매우 속상해합니다. 자신이 기대한 만큼 성공하지 못했을 때 자존심이 상합니다. 누군가 자신의 기대만큼 반응해 주지 않을 때 힘들어합니다. 뿐만 아니라 아스퍼거 장애 등 고기능 자폐 범주성 아동은 다른 사람들이 자신을 평가절하하고 있다고 생각하기도 합니다. 낮은 공동주의 능력과 자기 중심적인 기질적 성향은 사회 안에서 자기 자신을 객관화하는 능력을 저하시킵니다. 상호작용 실패의 반복된 경험은 이들로 하여금 주변인에 대한 실망과 원망, 분노로 이어지게 할 가능성을 높입니다. 결국 사회적 문제해결의 시도, 성취 등에 대한 낮은 자발성으로 이어집니다. 또 타인의 시선을 지나치게 의식하면서 인간관계를 시도하지 않으려고 하는 성향도 보입니다. 이런 결과로 대부분의 자폐인은 타인과의 상호작용에서 오해하고 오해받는 일을 많이 경험하게 됩니다.

　앞에서와 같이 자폐 범주성 아동의 사회적 특성으로 낮은 신변 자립 능력에 비해 타인과의 상호작용에 대한 높은 욕구, 낮은 자존감과 높은 자존심에서 비롯된 제한된 사회성 특성을 가질 수 있습니다.

8. 학습 특성: 발달을 위한 가장 큰 관문

　인간은 기술과 기능의 학습을 통해 자립적인 삶을 살아갈 수 있습니다. 이때 기술과 기능이란 사물을 잘 다룰 수 있는 방법과 능력이라고 할 수 있습니다. 생애 초기부터 습득해야만 하는 기술 영역은 언어 표현 기술과 신변 자립 기술 또 사물 조작 기술, 학업과 관련된 다양한 분야의 기술이라고 할 수 있습니다. 기술과 기능을 익히는 과정을 학습이라고 할 때, 인간은 학습을 위해 보통 가르침과 모델링, 연습 등의 방법을 사용하게 됩니다. 생애 초기의 학습은 주로 타인에 의해 이루어지지만 연령이 높아지면서 자발적인 학습이 중요해집니다. 대부분의 자폐 범주성 아동이 지연된 기술을 학습하도록 여러 가지 수업을 제공받고 있습니다. 그러나 우리는 그 결과에 만족한다고 쉽게 말할 수 없습니다. 임상에서 만난 자폐 범주성 아동이 보이는 학습 특성을 몇 가지로 살펴보면 다음과 같습니다.

　첫째, 지속적으로 낮은 학습 능력을 보입니다. 비교적 어린 연령부터 많은 양의 학습이 이루어짐에도 불구하고 자폐 범주성 아동의 학습 능력은 낮은 수준에 머물러 있는 경우가 많습니다. 또 그들이 가지고 있는 지적 능력에 비해 학습의 양과 수준은 쉽게 향상되기 어렵습니다. 일반적인 교육 과정에서 학습은 개념을 이해하고 적용해 가는 나선형의 형태로 발전하게 됩니다. 초기에는 단순하고 구체적으로 개념을 배우지만 점점 추상적이고 복잡한 개념 이해로 발전해 갑니다. 그러나 자폐 범주성 아동의 학습 능력은 매우 단순한 수준에 머물며 상위 수준의 학습으로 발전하지 않는 양상을 보입니다. 그래서 많은 시간의 노력에도 불구하고 학습의 효능감은 떨어지며 효과성에 대한 의문을 가지게 됩니다.

둘째, 학습 기술의 일반화가 어렵습니다. 일반화는 학습 결과를 자발적으로 상황에 적용시키고 발전적인 형태로 만들어 가는 능력이라고 할 수 있습니다. 학습 시간에 배운 말을 다른 사람과 만나는 일반적인 상황에서 자연스럽게 활용할 수 있어야 합니다. 그러므로 일반화 능력은 예측, 실행, 반성, 계획하는 등의 상위 인지 능력과 밀접한 관련이 있습니다. 자폐 범주성 아동에게 학습한 내용의 일반화는 쉽지 않습니다. 고기능 자폐 범주성 아동이라고 할지라도 자신이 배운 학습 기술을 일반화 상황에 적용하고 상위 인지 처리 능력으로 발전하는 경우는 많지 않습니다.

셋째, 학습 동기를 향상하는 것이 쉽지 않습니다. 학습의 성과와 향후 적용을 위해 학습에 대한 대상 아동의 내적인 동기는 매우 중요합니다. 쉬운 기능이라 할지라도 동기가 저조하다면 자신의 것으로 성취하기가 쉽지 않습니다. 비자폐 아동의 경우 학습에 대한 동기는 다양한 이유로 형성될 수 있습니다. 주변인들의 관심과 칭찬, 상과 벌의 기회, 스스로 형성하는 성과와 부정적인 피드백 등 많은 요인이 학습의 동기를 확장해 줄 수 있습니다. 자폐 범주성 아동의 경우 이런 이유들에 의한 동기 부여가 쉽지 않습니다. 대부분의 아이는 학습 필요성에 대한 인식 자체가 없는 경우가 많습니다. 학습의 결과가 자신에게 어떤 영향을 미치는지 모른다면, 학습의 동기를 형성하는 것은 불가능할 것입니다. 많은 종류의 학습을 필요로 하는 발달기에 놓여 있는 자폐 범주성 아동에게 학습의 동기 형성에 대한 고민은 절실하다고 할 수 있습니다.

넷째, 학습 상황에서 이미 형성된 심리적 어려움입니다. 학습은 어릴수록 누군가와의 상호작용에서 이루어집니다. 낮은 상호작용 능력에도 불구하고 자폐 범주성 아동은 비교적 이른 시기부터 학습 상황에 노출되는데, 이는 아이들의 심리적 부담감을 확장시킬 수밖에 없습니다. 또 학습 상황에서 경험한 부정적인 피드백 등은 학습에 대한 심리적 무력감 혹은 좌절감으로 자리 잡았을 가능성이 높습니다. 뿐만 아니라 학습 상황에서 경험하는 부정적인 피드백은 심리적 어려움을 넘어 행동 문제로 발전했을 가능성이 큽니다. 자폐 범주성 아동들은 보다 이른 시기부터 학습 상황에서의 부정적인 감정을 형성하고 있을 수 있습니다.

학습은 무엇을 가르칠 것인가와 어떻게 가르칠 것인가에 대한 답이 매우 중요합니다. 무엇을 가르칠 것인가에 대한 답은 어느 정도 정해져 있는 경우가 많습니다. 그러나 어떻게 가르칠 것인가에 대한 방법은 대상 아동의 특성에 따라 매우 다양해질 수 있습니다. 여러 측면의 어려움을 동시에 가지고 있는 자폐 범주성 아동에게 학습 상황에서의 심리적 편안함은 매우 중요한 요소입니다. 뿐만 아니라 편안하거나 즐거운 감정을 내포한 학습 경험일 때 학습은 비로소 유의미해질 수 있습니다. 이를 위해 실패하지 않는 학습, 할 수 있는 수준의 학습, 반복적인 학습, 아동의 주도성을 유지할 수 있는 수준의 학습 경험은 매우 필요하다고 할 수 있습니다.

학습은 발달을 위한 가장 큰 관문입니다. 자신이 속한 사회에서 필요한 기능과 기술을 학습하지 못한다면 발달의 목표인 성인기 자립 생활을 이루기는 매우 어려워지기 때문입니다. 자폐 범주성 아동들의 저조한 학습 능력은 이들의 발달장애를 가속화하는 원인이 됩니다. 자폐 범주성 아동이 기능·기술적인 발달을 성취하기 위해서는 학습을 편안하게 인식할 수 있도록 안내하고 조력하는 일이 우선적으로 이루어져야 할 것입니다. 학습 과정에서의 긍정적인 정서는 이들의 발달적인 목표를 이루는 데 중요한 열쇠가 될 것입니다.

9. 언어 이해 특성: 자폐 범주성 아동의 상호작용 능력과 비례하다

언어 이해 능력은 인간의 인지 능력과 매우 관련이 있습니다. 그러나 자폐 범주성 아동의 언어 이해 능력은 이들의 인지 능력 혹은 지적 능력과 비례하지 않을 가능성이 큽니다. 차라리 자폐 범주성 아동의 언어 이해 능력은 이들의 상호작용 능력과 비례한다고 볼 수 있습니다. 즉, 상호작용 능력이 높으면 언어 이해 능력도 높고 상호작용 능력이 낮으면 언어 이해 능력도 낮습니다. 이런 현상이 일어나는 이유는 간단합니다. 일반적으로 인간의 뇌는 외부 자극이 투입되면서 지적 능력을 발휘하는 구조입니다. 지적 능력이 있으나 외부 자극이 들어오지 못한다면 그 능력을 발휘하지 못합니다. 또 외부 자극이 들어오는 통로가 막혔거나 적을 경우 지적 능력을 제대로 작동하기는 어렵습니다. 청각장애인이 일반적인 지적 능력을 가지고 있으나 청각적 통로가 막혔을 때는 그 지적 능력을 발휘하기 어렵습니다. 이런 현상이 자폐 범주성 아동에게도 발생합니다. 자폐 범주성 아동의 어려움은 사회적 상호작용입니다. 외부적 자극이 들어올 때 상호작용의 어려움으로 그 자극이 받아들여지지 않는다면 지적 능력을 발휘하기는 어렵습니다. 상호작용의 결여로 외부적 자극을 제대로 듣거나 보지 못하는 현상이 자폐 범주성 아동에게 벌어지고 있다면 이들의 지적 능력은 떨어질 수밖에 없습니다. 이런 과정 가운데 언어 이해 능력이 발휘된다는 것은 거의 불가능합니다. 특히 언어 이해 능력은 상황에 대한 개념, 사람 간의 관계에 대한 개념, 구체적이고 추상적인 어휘에 대한 개념 등을 통합해 가는 종합적 능력입니다. 자폐 범주성 아동의 상호작용 능력의 결여는 언어 이해 능력의 결여로 이어집니다.

그러므로 자폐 범주성 아동의 언어 이해 능력을 높일 수 있는 방법은 이들의 상호작용 능력을 향상시키는 것입니다. 상호작용 능력이 향상될수록 다양한 외부적 자극이 이들 세계 속으로 들어갈 수 있습니다. 상호작용 능력이 향상될수록 정보를 활용한 언어 이해 능력이 향상됩니다. 비자폐인에게는 자연스럽게 일어나는 언어 이해 능력의 향상 과정이 자폐 범주성 아동에게는 매우 어려운 과정이 됩니다. 이런 양상은 잘 듣지 못하여 낮은 언어 이해 능력을 가지고 있는 청각장애인의 경우와 다릅니다. 자폐 범주성 아동의 언어 이해 능력의 향상은 어떤 언어를 이해시키느냐에 달려 있지 않고 '누구와' '어떻게' 상호작용하느냐에 달려 있습니다. '그 사람'과 상호작용하는 과정을 통해 그 사람의 말을 들으려는 마음이 확장됩니다. 또 들으려는 마음이 확장될 때 그 말을 이해할 수 있는 능력도 확장됩니다. 이것이 자폐 범주성 아동의 언어 이해 능력이 확장되는 원리와 순서입니다.

살펴본 바대로 자폐 범주성 아동의 언어 이해 능력은 이들의 사회적 상호작용 능력을 통한 타인 혹은 상황에 대한 이해와 인정, 수용을 바탕으로 발달합니다. 사회적 상호작용 능력은 '그 사람'과 '잘' 상호작용하는 수많은 경험으로부터 향상됩니다. 상호작용 에피소드 상황에서 한마디를 들더라도 자신의 호기심과 동기가 자극되는 말이 들릴 때 자신에게 의미 있는 개념 형성이 이루어질 수 있습니다. 이런 경험이 반복되면서 자폐 범주성 아동의 진정한 언어 이해 능력이 향상될 것입니다.

10. 언어 표현 특성: 자폐 범주성 장애로 의심하는 첫 신호

표현 언어는 인간의 본능입니다. 표현 언어는 자신의 감정, 생각 등을 표현하는 통로이고 사회적인 약속입니다. 표현 언어는 몸짓, 음성언어, 문자 등이 포함됩니다. 자신의 의사를 언어로 표현하는 것은 생리적인 현상이므로 숨길 수가 없습니다. 어릴수록 자신의 욕구 중심으로 언어를 표출합니다. 또 연령이 높아지면 자신의 생각에 따라 언어를 표현하므로 사고와 언어기능이 결합하여 발달합니다. 자폐 범주성 아동의 표현 언어의 어려움은 매우 큰 이슈입니다. 제한적인 사회적 상호작용 능력과 행동 문제와 더불어 표현 언어의 제한은 이들을 진단하는 기준이 되기도 합니다. 자폐 범주성 아동의 표현 언어의 어려움은 크게 몇 가지의 특성으로 나타난다고 볼 수 있습니다.

첫째, 자폐 범주성 장애가 있는 경우 무발화를 보이는 아동들이 많습니다. 많은 부모님이 무발화의 원인에 대해 매우 궁금해하고 답답해하기도 합니다. 이들의 무발화는 구강구조 자체의 문제인 경우는 거의 없습니다. 대개는 사회적 상호작용 능력의 기질적 결함과 이에 따른 부정적인 상호작용, 주입식의 언어훈련 등이 결합될 때 무발화를 보이게 됩니다. 언어 발화에 대한 이들의 선택은 자기 욕구적인 것이기보다는 자기 방어적 성격을 가지는 경우가 많습니다. 정서적 특성에서 살펴본 바대로 자폐 범주성 아동은 매우 이른 시기부터 부정적인 정서를 경험할 수밖에 없는 상황입니다. 상호작용이 제대로 이루어지지 않은 상황에서의 언어기능에 대한 훈련과 연습은 불신감, 수치심, 좌절감 등 부정적 정서를 유발하기 쉽습니다. 이로 인해 무발화의 시기는 길어지며 음성언어의 표출은 달성하기 어려운 목표가 됩니다.

그러므로 자폐 범주성 아동을 위한 언어치료의 목표는 음성언어의 표출이 아니라 '소통'으로 생각해야 합니다. 소통을 위해서는 자신을 표현하려는 욕구가 우선적으로 인정되어야 합니다. 또 타인의 말을 들으려고 하는 마음이나 태도를 형성하도록 해야 합니다. 특히 연령이 어리거나 자폐 성향이 짙은 아동일수록 음성언어 표출을 위한 언어 표현 훈련은 매우 조심스럽게 접근되어야 합니다. 더욱이 무발화 상태가 어느 정도 진행된 자폐 범주성 아동의 경우 더욱더 소통을 목적으로 한 중재가 이루어질 필요가 있습니다.

둘째, 자폐 범주성 아동의 경우 상황에 맞지 않은 말을 하는 경우가 있습니다. 이것은 특히 고기능 자폐로 불리는 아스퍼거 장애가 있는 자폐 범주성 아동에게 나타나는 전형적인 특성입니다. 고기능이 아니더라도 어느 정도 언어 표현 능력이 있는 자폐 범주성 아동도 자기가 하고 싶은 말만을 주로 하는 경향이 있습니다. 자신의 관심 분야에 대해 말을 할 때 말 자체는 매우 훌륭합니다. 고급 단어를 사용하기도 하고 논리성도 있습니다. 그런데 말이 길어질수록 뭔가 부족한 소통이라는 것을 느끼게 됩니다. 그래서 이들과 어느 정도 이야기를 나누다 보면 답답함을 느끼게 됩니다. 대화는 때와 장소, 대상에 따라 이야기의 주제가 적절해야 하며 상대방의 의사를 듣고 자신의 의사를 표현하는 과정이 수반되어야 합니다. 대화의 주제 혹은 상대방의 의사와 상관없이 이야기를 반복적으로 나열하는 자폐 범주성 아동에 대해 보호자나 주변인은 피곤함을 느끼기 쉽습니다. 이런 일이 반복될 때 흔히 자폐 범주성 아동을 대화의 상대자로 인정하기 어렵게 됩니다. 자폐 범주성 아동이 자기 중심적인 언어 표현을 하는 이유는 공동주의 형성의 어려움 때문입니다. 자폐 범주성 아동의 자기 중심적인 언어 구사는 쉽게 좋아지기 어렵습니다. 그러므로 자폐 범주성 장애 아동의 언어 표현 능력을 높이기 위해서는 이들의 낮은 공동주의 능력의 개선이 전제되어야 할 것입니다.

셋째, 자폐 범주성 아동은 문법적으로 맞지 않은 말을 할 수 있습니다. 언어 표현에 있어 문법의 오류는 보통 조사, 접속어, 관형절 사용을 통한 문장 길이 확대 등에서 나타납니다. 때로 전후의 시간개념과 조사 사용 구별을 힘들어하는 문법적 오류를 보일 수도 있습니다. 무발화 현상을 보이는 아동과 마찬가지로 때 이른 언어훈련을 통해 문법 오류를 해결하려고 할 경우, 자신감 저조를 비롯하여 자신에 대한 부정적 정서가 형성될 가능성이 큽니다. 이것은 후에 문법 오류 개선은커녕 상호작용 능력이 더욱 낮아지는 결과로 이어질 수 있습니다. 자폐 범주성 아동의 문법적 오류에 대한 접근 역시 상황에 적절한 말을 듣고 표현하고자 하는 상호작용의 동기를 일으키도록 접근되어야 할 것입니다.

넷째, 대체적으로 임상의 현장에서 본 자폐 범주성 아동은 음성언어보다 글을 통한 언어 표현 능력이 더 우세한 경향이 있었습니다. 음성언어 표출을 위한 중재보다 글쓰기 중재가 훨씬 잘 이루어졌습니다. 사람과의 상호작용이 어려운 이들의 특성상 타인의 얼굴, 특히 눈 맞춤을 하면서 자신의 의사를 전달하는 것이 매우 어려운 과제로 보입니다. 그러므로 이들의 표현 언어 발달의 목표가 '말'이 아니라 '자기 표현과 소통'이라면 이들의 강점에 근거한 접근이 우선적으로 혹은 동반적으로 이루어질 필요가 있습니다.

결국 언어 표현의 기능은 자신의 감정 혹은 생각 등을 상대방에게 전달하는 데 있습니다. 이러한 측면에서 언어 표현은 자기 표현을 하려는 욕구와 동기, 의지를 세우는 것이 가장 중요하다고 할 수 있습니다. 자폐 범주성 아동의 표현 언어 문제를 해결하기 위해서는 먼저 아동이 자신의 의사를 표현하고 싶은 동기가 있는지 살펴보는 것이 우선적입니다. 동기가 없거나 소극적이고 의지가 미약한 경우, 상대방에게 자신을 적극적으로 표현하려고 하는 마음을 형성하도록 먼저 도와야 합니다. 이 과정이 자폐 범주성 아동을 위한 표현 언어 중재의 기본적인 과정이 되어야 할 것입니다.

11. 자아 인식 특성: 지나치기 쉬운 중요한 문제

자폐 범주성 아동은 자아 인식 발달에서 어려움을 보일 가능성이 큽니다. 앞서 살펴본 것처럼 자아 인식은 발달의 기초가 되어 발달의 목표를 이루는 데 매우 핵심적인 역할을 하게 됩니다. 그러나 자폐 범주성 아동의 자아 인식 발달의 어려움은 그동안 크게 조명되지 않았습니다. 자아 인식은 말 그대로 자신에 대한 인식입니다. 타인과 분리된 독자적인 존재로서 자기 자신을 인식하는 것을 의미합니다. 보통 영유아기를 지나면서 직・간접 경험을 통해 자기에 대한 인식이 발달합니다. 연령의 증가에 따라 자아 인식은 점차 구체적이 되며 발전적인 형태로 자리 잡게 됩니다. 자아 인식은 자신과 관련된 모든 상황에 무의식적, 의식적으로 관여하게 되며 자신의 삶에 깊은 영향을 주게 됩니다. 자폐 범주성 아동의 자아 인식의 특성은 다음의 몇 가지로 설명될 수 있습니다.

첫째, 자폐 범주성 아동은 '상대방'에게 자신을 솔직하게 표현하는 것에 어려움을 보임으로써 자아 인식의 발달이 어렵습니다. 자아 인식은 자신의 욕구를 주변의 상대방에게 표현함으로써 이루어진다고 할 수 있습니다. 영유아들은 주로 자기가 원하는 것을 강렬하게 표현합니다. 자신이 하고자 하는 것을 어떻게든 해 보려고 떼를 씁니다. 이 과정에서 반응해 주는 주변 사람을 통해 자신의 욕구가 무엇인지 분명히 알게 됩니다. 뿐만 아니라 자신의 요구를 달성하기 위한 과정에서 생겨나는 갈등을 통해 타인과는 다른 자신만의 욕구를 분명히 깨닫게 됩니다. 이것은 자아 인식 형성에서 핵심적인 과정입니다. 자폐 범주성 아동 역시 자기 마음대로 하려는 행동이 나타납니다. 그러나 비교적 자신을 상대방에게 전달하는 능력이 낮을 뿐 아니라 자신의 뜻을 의미 있게 관철하는 기회도 매우 적습니다. 타인에게 자신을 표현하는 과정에서의 어려움은 자폐 범주성 아동으로 하여금 자아 인식 형성을 어렵게 만듭니다.

둘째, 자폐 범주성 아동은 부정적인 자아 인식을 가지기 쉽습니다. 아동이 어떤 것을 먹고 싶거나 가고 싶거나 하고 싶은 것을 표현할 때 아동의 양육자를 비롯한 주변인들은 비교적 쉽게 아동의 욕구를 파악하여 반응해 줄 수 있습니다. 누군가 나의 욕구를 잘 파악하여 반응해 주는 과정은 나에 대한 긍정적인 인식을 높이는 과정이 됩니다. 자폐 범주성 아동은 생애 초기의 상호작용의 어려움으로 자신이 원하는 것을 주변인에게 정확히 전달하기가 어렵습니다. 또 전달의 방법으로 지나친 떼쓰기, 울기, 비전형적인 감각 추구 행동 등을 사용하는 경우가 많습니다. 이러한 행동은 자신의 뜻을 제대로 관철하는 데 매우 큰 제한을 가져오게 할 뿐 아니라 상대방의 관심을 자신의 요구에 집중시키기보다 자신의 행동 문제에 집중하게 만듦으로써 부정적인 피드백을 받게 되는 결과를 초래하게 할 수 있습니다. 자신이 좋아하거나 싫어하는 것에 대한 적절한 반응은커녕 타인으로부터 오는 부정적인 피드백은 자신에 대한 부정적인 인식을 더 확대시킬 수밖에 없습니다. 이와 같은 과정이 생애 초기부터 지속적으로 반복되면서 자폐 범주성 아동은 부정적인 자아 인식이 자리 잡게 될 가능성이 큽니다.

셋째, 자폐 범주성 아동의 자아 인식은 비교적 낮은 수준으로 유지될 가능성이 큽니다. 단순한 욕구 해결보다 좀 더 발전된 형태의 욕구는 자아 인식의 질적인 측면을 향상하도록 합니다. 대부분의 자폐 범주성 아동은 의식주 정도의 욕구 수준의 자기 표현에 머물러 있을 경우가 많습니다. 타인과의 상호작용을 통해 어떻게 느끼는지, 어떤 생각을 하는지, 하고 싶은 것을 위해 어떻게 하는 것이 좋은지 등에 대한 반성적인 사고는 자신에 대한 깊은 인식을 형성하도록 합니다. 임상에서 만나 온 많은 자폐 범주성 아동은 자아 인식 확장에 대한 깊은 욕구가 있는 아동들이었습니다. 그러나 자기 표현 능력과 방법의 부족, 낮은 수준으로 고착된 상호작용 능력 등으로 인해 더 높은 수준으로의 자아 인식 발달이 어려운 것으로 보였습니다.

자아 인식은 솔직한 자신을 표현함으로써 발생하기 시작하고 자신을 표현하는 수준이 확대되면서 좀 더 확장된 형태로 발달합니다. 삶은 자아의 인식과 함께 가는 여정이며 '나'를 중심으로 나와 관련된 모든 세계가 이루어진다고 해도 과언이 아닙니다. 이런 의미에서 나에 대한 인식은 평생 발달해 가야 하는 기제입니다. 마찬가지로 자폐 범주성 아동도 '나'에 대한 인식이 이루어져야 하며 자기 고유의 삶을 살아가야 합니다. 자립 생활이라는 발달의 목표를 위해서 이들의 자아 인식 능력을 높여 가도록 도와야 할 것입니다.

12. 타인 인식과 통제 수용 특성: 발달을 위한 필수 요소

타인 인식은 주 양육자와의 상호작용을 통해 생애 초기부터 점차적으로 이루어집니다. 주 양육자는 영유아에게 주변 세계의 일반적인 개념을 전달할 뿐 아니라 주변 세계가 주는 통제와 제한을 알려 주는 중요한 타인의 역할을 하게 됩니다. 또 영유아는 경험을 통해 지각하고 갈등하면서 주변 세계를 인식하고 주변 세계의 통제와 제한도 점점 수용해 갑니다. 그리고 타인 인식과 타인의 통제를 수용하게 됨으로써 자기 중심성에서 점차 벗어나게 되고 사회에서 살아갈 수 있는 통합적인 사고 능력을 갖추게 됩니다. 그러므로 타인 인식과 타인 통제 수용 능력은 발달을 위한 필수적인 요소라고 해도 과언이 아닙니다.

자폐 범주성 아동의 경우 매우 낮은 타인 인식 능력을 보입니다. 감각 처리와 인지의 독특함은 생애 초기부터 이들로 하여금 강한 자기 중심적인 인식을 하도록 촉진합니다. 주 양육자를 인식하고 주변을 살펴보면서 상호적인 갈등을 통해 타인 인식과 통제 수용을 하는 것은 보통 영유아기부터 이루어집니다. 자폐 범주성 아동은 타인을 회피하거나 비전형적인 행동 문제를 함으로써 상호적인 갈등으로 진입하지 못하는 경우가 대부분이라고 할 수 있습니다. 따라서 연령이 높아지면서 점점 더 타인 인식이 낮아질 가능성이 있습니다. 자폐 범주성 아동의 타인 인식의 어려움은 곧바로 타인이 주는 통제를 인식하고 수용하는 것도 어렵게 만듭니다.

생애 초기에 타인이 주는 통제는 보통 행동에 대한 통제와 지식 전달에 대한 주입으로 나타난다고 할 수 있습니다. 행동 통제는 상황과 관련한 제안, 지시, 약속, 명령, 규범, 법규 등의 행동 제한과 관련된 것이라고 할 수 있습니다. 보통 타인이 주는 통제를 통해서 하지 말아야 하는 행동을 하지 않음으로써 안전할 수 있습니다. 또 위험하거나 자신과 타인에게 위협이 될 만한 행동에 대해서는 강력하게 제한하고 통제하게 됩니다. 행동 통제에 대한 수용 능력은 장차 자신이 속해 있는 사회에서 살아갈 때 필요한 자립 능력의 기초가 됩니다. 행동 통제에서 중요한 것은 대상 아동으로 하여금 하지 말아야만 할 행동에 대한 내면적인 '경계'를 세우도록 돕는 과정이라고 할 수 있습니다. 이를 위해 고집을 부리거나 떼를 써도 안 되는 것이 있음을 인식하고 받아들이는 과정을 반복적으로 경험할 필요가 있습니다. 또 필요시에는 적절한 상과 벌을 줌으로써 더욱 뚜렷한 경계 혹은 통제 인식을 형성하도록 도와야 합니다.

반면에 지식 전달에 대한 주입은 아동 자신이 속해 있는 사회의 지식을 전달함으로써 아동이 지각하고 경험하게 하는 것입니다. 생애 초기에 인식되는 지식은 비교적 단순하고 적은 양일 수 있지만 연령이 높아지면서 방대한 분량의 지식이 형성되어야만 그 사회에서 어려움 없이 살아갈 수 있게 됩니다. 생애 초기부터 지식이 전달되지 않는다면 갑자기 많은 양의 지식을 전달받고 인식하는 것은 거의 불가능할 것입니다.

이와 같이 타인을 인식하고 타인이 주는 통제를 수용하는 과정은 인간으로 하여금 자신이 포함된 사회 속에서 살아가도록 하는 기본적인 정신 과정이라고 할 수 있습니다. 자폐 범주성 아동은 낮은 상호작용의 어려움으로 낮은 타인 인식과 통제 수용 능력을 가지고 있는 것으로 보입니다. 어떤 아동은 자신이 지켜야 할 주변의 약속이나 규범을 전혀 모를 가능성이 있습니다. 어떤 아동은 인지하고 있으나 거부하는 행동 패턴도 보일 수 있습니다. 뿐만 아니라 자폐 범주성 아동은 타고난 지능에 비해 주변 지식의 기반이 낮게 형성되어 있는 것으로 보입니다. 지식은 교육과 통찰의 과정을 통하여 자신의 인식 세계에 내면화되는데, 자폐 범주성 아동은 낮은 통찰 능력으로 지식을 내면화하는 과정이 어려울 수 있습니다. 주 양육자를 비롯한 주변인이 주는 부정적인 정서, 일관적이지 못한 통제, 내면화까지 이르지 못하는 통찰력 등은 타인 인식뿐만 아니라 타인의 통제를 수용하는 것을 방해하는 요인이 되기 쉽습니다.

인간의 정신 혹은 질적인 발달을 위해서는 타인 인식과 그들이 주는 통제에 대한 수용 능력이 성장해야만 합니다. 행동 통제 수용으로 그 사회의 통제를 알고 통제되어야 하며 지식을 수용함으로써 그 사회 안에서 살아갈 수 있습니다. 이것은 어릴 때부터 부정적인 상호작용을 경험함으로써 타인 인식과 통제 수용 경험이 낮게 형성된 자폐 범주성 아동의 양육과 교육에서는 매우 중요한 부분입니다. 이들이 자신이 속한 사회에서 일반화된 삶을 살아가기 위해서는 타인을 인식하고 통제를 수용하는 능력이 자라나야 할 것입니다.

제03장

사회적 상호작용

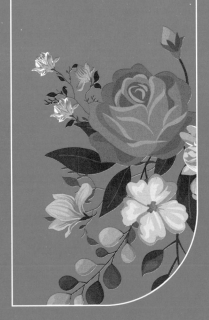

사회적 상호작용

사회적 상호작용은 주위에 가득한 공기와 같습니다.
사회적 상호작용은 늘 마실 수 있는 물과 같습니다.
사회적 상호작용은 쉽게 얻을 수 있습니다.
사회적 상호작용은 쉽게 누릴 수 있습니다.

사회적 상호작용이 부족할 때 무언가를 배울 수 없습니다.
사회적 상호작용이 부족할 때 행복하지 않습니다.
사회적 상호작용 능력이 없을 때 살아갈 수 없습니다.
사회적 상호작용은 인간의 삶을 위해 반드시 필요합니다.

이 장의 구성은 다음과 같습니다.

1. 사회적 상호작용

사회적 상호작용(social interaction)은 사회성의 핵심이 되는 행동으로서 생애 초기부터 발달되는 영역입니다. 생후 2개월쯤의 영아가 자신을 쳐다보는 어머니를 응시하거나 옹알이를 하는 것이 상호작용의 시작이라고 할 수 있습니다. 그럼 사회적 상호작용이란 구체적으로 무엇이라고 할 수 있을까요? 사회적 상호작용은 '사회적 의도'를 포함한 '표현 행동'과 이에 대한 '반응 행동'이 '누군가'와 '연속적'으로 이루어지는 과정입니다. 즉, 누군가와 '주고받기(give and take)' 행동의 '상호성'이 내면적, 외부적으로 일어나는 과정이라고 할 수 있습니다.

그러므로 사회적 상호작용 상태를 확인하려고 할 때 이 요소들이 포함되어 있는지 몇 가지를 점검해 보면 좋겠습니다.

첫째, 사회적 상호작용은 '상대방' 혹은 '누군가'를 필요로 합니다. 자신 외의 다른 사람과의 관계에서 상호작용은 이루어집니다. 상대방이 없는데도 혼잣말이나 행동을 한다면 이것은 사회적인 상호작용을 하고 있다고 볼 수 없습니다. 상대가 없는데도 혼잣말을 하거나, 상대가 말을 걸거나 자기를 향한 행동을 하는데도 피하거나 거부하는 경우 상호작용 능력이 낮거나 지연된다고 볼 수 있습니다. 사회적 상호작용은 상대방을 필요로 한다는 것을 기억해야 합니다.

둘째, 사회적 상호작용은 '사회적 의도'를 포함해야 합니다. 여기서 사회적 의도란 누군가에게 자신을 표현하거나 상대방의 의사를 들으려고 하는 욕구 혹은 동기입니다. 또는 상대방과 어떠한 필요나 관심을 나누고 싶은 욕구와 동기입니다. 상대방과의 의사소통에 대한 욕구와 동기가 없는 행동은 상호작용 행동이라고 할 수 없습니다. 상대방과의 상호작용에 대한 동기나 욕구로 이루어진 의도를 가져야만 합니다. 이때 동기나 욕구는 매우 간단한 것에서부터 매우 복잡한 것까지를 포함하는 개념입니다.

셋째, 사회적 상호작용은 '표현 행동'과 '반응 행동'이 '연속적으로' 일어나야 합니다. 표현 행동이란 자신의 의사를 전달하거나 관심을 나누기 위해 상대방에게 행동을 표현하는 것을 말합니다. 반응 행동이란 상대방의 시작 행동에 대해 반응하는 행동입니다. 발달이 진행되면서 표현 행동과 반응 행동은 모두 상대방이 눈치채거나 알아차릴 수 있는 행동으로 발전합니다. 표현 행동은 보통 눈 맞춤으로 시작합니다. 손짓, 발짓을 포함하기도 하며 말을 하는 시기가 되었을 때는 언어를 통해 표현 행동이 나타납니다. 반응 행동 역시 눈 맞춤으로 시작되며 결국 언어적 반응 행동으로 발달합니다. 또한 표현 행동과 반응 행동은 연속적으로 일어나야 합니다. "저거 뭐야?"라는 질문에 "비행기"라고 짧게 대답하는 것도 상호작용이라고 할 수 있지만 이것은 초보적인 상호작용입니다. 사회적 상호작용은 표현 행동과 반응 행동의 주고받기 행동이 연속적으로 나타나는 것입니다.

넷째, 사회적 상호작용은 자신과 타인에 대한 인식 능력을 필요로 합니다. 상호작용의 초기에는 자신과 타인에 대한 인식 없이 욕구의 표현만 있을 수 있습니다. 그러나 빠른 속도로 자신에 대한 인식이 일어나며 나와 상호작용하고 있는 그 상대방에 대한 인식이 발생합니다. 또한 발달이 진행되고 연령이 증가할수록 상대방에 대한 인식의 범위는 확장되어 갑니다. 자신과 타인에 대한 인식 능력은 상호작용 행동을 자연스럽게 발달시켜 줍니다. 나와 상대방에 대한 인식이 발달하지 않는다면 상호작용도 발달하기 어렵습니다. 사회적 상호작용 능력이 일반화되는 중요한 요인은 나와 상대방에 대한 인식 능력이라고 할 수 있습니다.

이처럼 사회적 상호작용은 상호작용을 하는 나와 상대방, 의도, 연속적인 시작 행동과 반응 행동이 포함되어야 합니다. 또 자기와 타인이라는 인식 능력이 바탕이 되어야 자연스럽게 상호작용 능력이 확장됩니다. 사회적 상호작용이 잘 일어나면 공동주의(joint attention) 또한 잘 확대됩니다. 누군가와 함께 주의를 모을 수 있게 되며 함께 관심을 나누는 행동이 확대됩니다. 그 속에서 언어적 이해가 확장되고 관계의 망을 인식하게 됩니다. 또 의사를 공유하기 위해 더 발전된 행동이나 말을 하려고 합니다. 이것은 자신의 문제를 해결하는 사고 능력과도 직결되어 있는 과정입니다. 뿐만 아니라 상호작용은 또 다른 사회적 상호작용을 불러와 상호작용의 넓이와 깊이가 확대됩니다. 모든 사람이 동일한 사회적 상호작용을 하지는 않습니다. 그러나 상호작용은 다양성을 하나로 만들기도 하면서 비슷한 모습으로 세상을 살아가게 합니다. 사회적 상호작용 능력은 인간을 일반적인 삶 속으로 들어가도록 합니다. 그것이 바로 인간에 대한 양육과 교육의 목표라고 할 수 있습니다. [그림 3-1]은 사회적 상호작용 모형입니다. 나와 상대방 사이에 이루어지는 공동주의는 사회적 상호작용의 결과물로 뚜렷이 나타나게 됩니다.

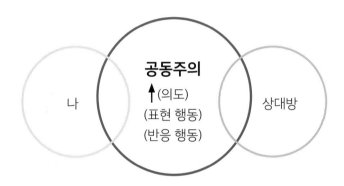

[그림 3-1] 사회적 상호작용 모형

2. 발달의 원리과 사회적 상호작용의 역할

인간의 발달은 사람과의 상호작용을 중심으로 이루어지고 확장됩니다. 발달의 원리에서 살펴본 것처럼 인간의 발달은 순차적으로 이루어집니다. 물론 발달은 연령의 증가와 물리적 환경, 심리적 환경, 능력과 소질에 따라 개인적으로 다양하게 나타나기도 하지만 모든 인간에게 유사하게 이루어지는 과정이라고 할 수 있습니다.

발달의 과정에서 살펴볼 때 발달을 위한 사회적 상호작용의 가장 중요한 역할은 '정서적 안정감'과 '사고 능력'입니다. 정서적 안정감은 생애 초기 주 양육자와의 애착 형성에서 비롯되며 사고 능력은 사물 혹은 상황 등과 관련된 주의집중 능력에서 비롯됩니다. 애착 형성과 주의집중 능력 모두 생애 초기 사람과의 상호작용을 통해 이루어집니다. 인간이 가지고 태어나는 기본 능력을 바탕으로 발달이라는 꽃을 피우도록 돕는 역할이 바로 사람과의 상호작용입니다.

[그림 3-2]는 사회적 상호작용이 인간의 발달에 미치는 영향을 구체적으로 설명하고 있습니다. 발달에 영향을 미치는 사회적 상호작용은 크게 두 가지 차원으로 나눌 수 있습니다. 1차적 상호작용은 주 양육자와의 상호작용이며, 2차적 상호작용은 또래와의 상호작용입니다. 동일한 상대방 혹은 각기 다른 상대방과의 상호작용의 경험들은 모두 인간이 발달하는 데 지대한 영향을 끼칩니다.

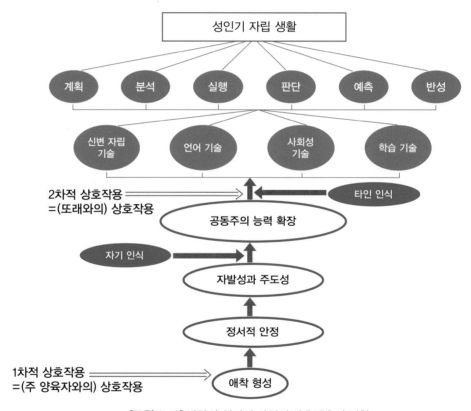

[그림 3-2] 발달의 원리와 사회적 상호작용의 역할

첫 번째, 1차적 상호작용은 주 양육자와의 상호작용입니다. 1차적 상호작용을 통해 애착 형성이 이루어지고 애착 형성은 정서 안정에 영향을 미칩니다. 영유아기의 안정된 정서는 자발성과 주도성을 촉진하는데 이는 '솔직한 자기 표현' 행동으로 나타나게 됩니다. 솔직한 자기 표현 행동을 통해 자신이 원하는 것을 관철하면서 '자신에 대한 인식'

형성이 일어납니다. 이때 주목할 부분은 1차적 상호작용을 통해 자기 인식이 형성될 뿐 아니라 자신의 욕구를 알고 반응해 준 그 상대방과 '공동주의'를 형성하게 된다는 것입니다. 공동주의의 확장은 주 양육자를 비롯한 '타인에 대한 인식'을 확장하도록 합니다. 뿐만 아니라 양육자는 자신의 요구를 모두 수용해 주는 상대방이 아니라는 것도 깨닫게 되며, 주 양육자가 주는 여러 통제를 수용하는 과정을 통해 신변 자립 기술과 언어 기술 등을 익히게 됩니다.

이와 같이 1차적 상호작용은 '자기 표현'과 '타인 통제 수용', 또 초보적인 '자기 인식'과 '타인 인식'이라는, 장차 발달에서의 매우 중요한 결과물을 낳게 됩니다.

1차적 상호작용이 어느 정도 형성될 때 두 번째의, 즉 2차적인 상호작용이 시작됩니다. 2차적 상호작용은 1차적 상호작용을 통해 형성된 솔직한 자기 표현 능력과 타인 통제에 대한 수용 능력이 또래와의 상호작용으로 이어지는 과정으로, 보다 높은 연령에서 시작됩니다. 또래와의 상호작용은 1차적 상호작용과는 확연히 구별되는 상호작용입니다. 또래와의 상호작용을 통해 얻을 수 있는 가장 큰 이점은 즐거움이나 재미의 확장입니다. 또래 간의 즐거움이나 재미는 '공동주의 능력'과 동시에 '사고 능력'의 확장을 가져오게 합니다. 또래와의 공동주의를 통해 세상의 수많은 지식이나 정보, 이치 등을 배우게 될 뿐 아니라 자신의 문제를 해결하기 위한 계획, 분석, 실행, 판단, 예측, 반성 등의 사고 능력이 가속화됩니다.

1차적 상호작용은 비교적 늦은 속도로 발달하는 것처럼 보이나, 2차적 상호작용은 빠르게 일어납니다. 1차적 상호작용은 보통 1명을 대상으로 일어나지만 2차적 상호작용은 다수를 대상으로 일어납니다. 1차적 상호작용에서는 상호작용 행동 자체가 목적이 될 경우가 많으나, 2차적 상호작용에서는 다른 목적을 위해 상호작용이 사용될 경우가 많아집니다. 유아기의 상호작용은 주 양육자가 유아에게 한 가지 정도를 요구하거나 유아가 주 양육자에게 요구하는 정도의 비교적 단순한 상호작용입니다. 그러나 또래 간 상호작용은 한꺼번에 다양한 대상에게, 여러 가지 목적을 위해, 익숙하지 않은 기술까지 사용하여 이루어지므로 훨씬 더 어려운 기술이라고 볼 수 있습니다. 이때 1차적 상호작용을 통해 형성된 편안한 타인 인식과 통제에 대한 초보적인 수용 능력은 또래 간 상호작용에서 매우 유용하게 적용됩니다.

발달의 목표는 성인기 또래 사회에서의 자립 생활입니다. 이를 위해서는 자신의 문제를 해결할 수 있는 사고 능력과 그 사회에 적절한 사회성 능력이 발달되어야 합니다. 이런 발달의 목표를 달성하기 위해 가장 중요한 방법은 주 양육자를 비롯한 성인 혹은 또래와의 상호작용입니다. 그러므로 발달에 어려움이 있을 때 기능과 기술에 대한 촉구보다 사회적 상호작용 능력을 향상시키는 방법을 적용할 필요가 있습니다.

3. 자기 표현 Ⅰ: 사회적 상호작용에서의 시작 행동

상호작용에서 중요한 시작 행동은 자기 표현 행동이라고 할 수 있습니다. 가벼운 시작 행동도 있지만 연속적인 상호작용을 위해서는 의도가 포함되어야 하는데, 이때 의도는 대부분 자기를 표현하고자 하는 욕구라고도 할 수 있습니다. 진정한 상호작용이 되기 위해서는 자기 표현으로 나타나는 시작 행동이 매우 중요하다고 할 수 있습니다. 이 장에서는 사회적 상호작용을 위한 시작 행동으로서 '자기 표현'에 대해 살펴보고자 합니다.

아이는 드디어 '의도'를 가지고 '상대방'에게 '자기 표현'을 시작합니다. 상호작용에서 자기 표현의 목표는 관철입니다. 누군가에게 나를 표현하는 것은 나 혼자만의 표현이 되어선 안 됩니다. 또 '되든지 안 되든지 괜찮다'는 식의 표현이 되어서는 안 됩니다. 상대방에게 나의 무언가를 표현한다는 것은 자기주장과 관철한 것에 대한 욕구, 입장, 혹은 의지의 표현입니다. 사회적 상호작용에서 자기 표현은 자기주장을 통한 자기관철의 과정이 포함된 것이라고 볼 수 있습니다. 그러므로 사회적 상호작용에서 자기 표현 시 가장 중요한 점은 자신의 욕구, 요구, 필요 등이 상대방에게 솔직하게 표현되어야 한다는 것입니다. 솔직하지 않은 표현은 상대방이 알아차리기 어려우며, 궁극적으로 나의 욕구 달성은 이루어지지 않게 됩니다. 또한 사회적 상호작용에서 자기 표현은 상대방에게 자신을 관철하려고 하는 동기와 의지를 필요로 합니다. 어떤 식의 응답이든 이루어질 때까지 지속적으로 설득하고 주장하지 않는다면 상대방의 이해와 납득을 끌어내기가 어렵습니다. 사회적 상호작용에서 자기 표현은 '나'에서 시작되지만 '상대방'에게 전달되어 결국 '나'의 욕구가 해소되어야 하는 과정이라고 할 수 있습니다. 이런 측면에서 솔직한 자기 표현은 긍정적인 자아 형성을 위해 결정적인 역할들을 하게 됩니다. 자기 표현의 역할을 몇 가지로 나누어 보면 다음과 같습니다.

첫째, 상호작용에서 자기 표현의 가장 큰 역할은 상대방에게 자신을 표현함으로써 자신이 무엇을 원하는지 인식하게 되는 것이라고 할 수 있습니다. 상대방에게 자신의 무엇을 표현하기 전에 자기 자신을 인식하는 과정을 거치게 됩니다. 이 과정에서 어떤 욕구 혹은 필요 등이 있는지 자신을 살펴보면서 상대방에게 자신의 욕구를 표현하게 되는데, 이는 내면에 존재하던 자기 자신을 밖으로 끌어올리게 할 뿐 아니라 자신을 선명하게 인식하게 합니다. 나 아닌 다른 상대에게 하는 자기 표현은 자신을 스스로 객관화하도록 하므로 상호작용에서 자기 표현의 가장 중요한 역할은 자신의 필요나 요구를 스스로 인식하게 되는 것이라고 할 수 있습니다.

둘째, 상호작용에서의 자기 표현은 나의 부정적 감정을 해소할 수 있는 통로가 됩니다. 보통 부정적 감정은 어떤 문제가 해결되지 않거나 문제의 이유에 대한 이해와 납득이 이루어지지 않을 때 발생합니다. 자신의 뜻이 꼭 관철되지 않더라도 자기 표현을 함으로써 누적되어 온 감정의 해소가 일어나기 시작합니다. 상대방이 직접 해결해 줄 수 없는 문제라고 할지라도, 누군가에게 자신의 감정을 솔직하게 표현함으로써 감정적 해소가 일어날 수 있습니다. 상호작용에서의 자기 표현은 부정적인 감정 해소에 큰 도움이 됩니다.

셋째, 상호작용에서 자기 표현은 편안한 타인 인식이 이루어지도록 돕습니다. 내 감정을 들어 주는 누군가에게 감정을 표현하고 해소되는 경험이 없다면 편안한 타인 인식이 이루어지기는 어렵습니다. 또 내 생각과 입장을 들어 주는 누군가에게 내가 수용되는 경험이 없다면 타인이 편안하게 인식되기는 어렵습니다. 타인 인식이 편안하지 않을 때, 나를 둘러싼 세상은 불안하고 위험한 곳으로 인식되기 쉽습니다. 특히 영유아기에는 사회적 상호작용을 통해 자신을 표현함으로써 자신의 내면 세계가 외부 세계로 출현하는 초기 과정이 형성됩니다. 또 타인이 '나'의 욕구를 인식해 주고 수용해 주는 과정을 통해 편안한 타인 혹은 상황을 경험할 수 있습니다.

발달에서 사회적 상호작용은 매우 중요한 역할을 합니다. 또 사회적 상호작용에서 자기 표현은 큰 역할을 합니다. 좋은 발달을 위해 양육자 혹은 교사인 나를 상대로 한 자기 표현은 매우 필요한 과정이라고 할 수 있습니다.

4. 자기 표현 Ⅱ: 사회적 상호작용에서의 시작 행동

사회적 상호작용에서 '자기 표현'은 최소한 이 두 가지 요소가 포함되어야 합니다. 첫째는 자신에 대한 '솔직함'입니다. 솔직하지 못한 자기 표현은 엄밀한 의미에서 자기 표현이라고 하기는 어렵습니다. 솔직하지 못한 자기 표현은 위축되거나 왜곡된 형태로 나타납니다. 솔직하게 자신을 표현하지 못하는 상황에서 자신을 객관적으로 인식하는 것은 어렵습니다. 자신이 진짜 무엇을 원하는지, 어떤 감정이고 어떤 생각을 하는지 스스로 인식하기 어렵습니다. 이것이 상대방에게 전달될 때는 더욱 심각한 문제가 됩니다. 상대방 역시 나를 정확하게 알기 어려울 뿐 아니라 오해할 수 있습니다. 이런 상태의 상대방에게 자신이 원하는 것을 받아 내기는 어렵습니다. 오히려 나를 수용해 주지 않는 상대방에 대한 부정적인 감정이 생겨날 수 있습니다. 결국 솔직한 자기 표현을 하지 못하는 것은 누구보다 자신에게 가장 좋지 않은 영향을 끼치게 됩니다. 그러므로 사회적 상호작용을 할 때 자신을 솔직하게 표현하는 것은 매우 중요합니다.

둘째, 자기 표현은 '긍정적인 태도'로 하는 것이 좋습니다. 이때 긍정적인 태도는 부정적인 감정이 어느 정도 배제된 정도의 태도라고 할 수 있습니다. 자기 표현은 감정 여하에 따라 다소 격해질 수 있습니다. 혹은 자기 표현이 어려워 표현을 잘하지 못하고 누적되어 있을 경우, 표현 방법은 서툴고 미숙합니다. 보통 감정적으로 격하거나 서툰 상대방의 표현에 대해서 그 사람의 요구나 필요를 알아차리기는 어렵습니다. 자신은 표현했다고 하더라도 상대방에게 부정적인 태도로 표현했다면 자신이 목적으로 한 그것을 상대방으로부터 획득하는 것은 어렵습니다. 그러므로 자기 표현은 가능한 한 긍정적인 태도로 표현하는 것이 좋습니다.

한편, 자기 표현의 종류는 감정의 표현, 생각의 표현, 입장의 표현으로 나눠질 수 있습니다. 이것은 다소 순차적으로 이루어진다고 볼 수 있습니다. 우리가 외부의 자극을 받아들이고 중추신경계로 보내어 다시 산출할 때, 이 같은 순서로 뇌의 활동이 이루어지기 때문입니다. 그러므로 대상 아동이 어떤 종류의 표현을 하는지 알게 된다면 좀 더 대상 아동을 잘 파악할 수 있고 필요시 적절한 도움을 줄 수 있습니다. 감정, 생각, 입장의 표현은 다음과 같은 특징을 보입니다.

첫째, 연령이 어릴수록, 급하거나 어려운 상황일수록 감정적인 표현을 많이 하게 됩니다. 감정의 표현은 자신에 대한 표현 방법들 중에서 비교적 빨리 나타납니다. 자신의 감정을 표현할 때 감정적 해소가 잘 이루어집니다. 하지만 긍정적인 감정 표현은 상호 작용을 하는 양자 모두 받아들이기 수월한 반면, 부정적인 감정 표현은 양자 모두의 기분을 좋지 않게 만들 수 있습니다. 또 감정을 섣부르게 표현할 때 상대방에게 자신의 감정을 제대로 전달하기 어려울 때가 많습니다. 그러므로 부정적인 피드백을 상대방에게 주어야 할 때 좋은 감정 표현 방법에 대해 고민해 볼 필요가 있습니다.

둘째, 자신의 생각에 대한 표현입니다. 성장할수록 자신의 생각에 대한 표현이 많아집니다. 생각을 표현하는 것의 최대 장점은 인식 세계, 즉 정신적인 성장을 가져오는 것입니다. 왜냐하면 내 생각의 표현은 상대방의 생각과 같을 수도 있지만 다를 때가 많기 때문입니다. 다름은 갈등을 일으키고 좋은 갈등은 사고의 질적 성장, 즉 발달을 일으킵니다. 그러므로 다른 사람의 생각을 듣거나 조언을 구하고 싶을 때 내 생각을 표현하는 것은 '발달'을 위해 매우 좋은 방법입니다. 내 생각을 상대방에게 표현하기 전에 내 생각을 정리하고 점검하고 표현 방식을 결정하는 것은 이미 사고 능력을 잘 활용하고 있다는 것입니다. 뿐만 아니라 내 생각을 말이나 글로 표현하는 연습은 나를 성장시키는 지름길이라고 할 수 있습니다.

셋째, 자기의 입장을 표현함으로써 자기 표현을 할 수 있습니다. 입장의 표현은 어느 정도 논리성을 가지게 된 시기 이후에 일어나는 자기 표현의 방법입니다. 보통 아동 연령부터 노인기까지 끊임없이 확대될 수 있는 표현 방법입니다. 자기 입장의 표현은 '자기주장'의 개념이 포함됩니다. 논리적으로 자신을 펴 보이고 연역적, 귀납적으로 자신의 입장에 대해 주장합니다. 이 과정이 잘 이루어질 경우 '자기효능감'을 갖게 되며, 자신에 대한 자신감이 향상됩니다. 논리성에는 자신의 입장에 대한 주장만 포함되지 않습니다. 상대방이 인정해 주지 않는다는 것을 스스로 인식하기 때문에 상대방의 생각에 대한 논리성이 자연스럽게 확장됩니다. 자신과 타인의 생각, 양자를 고려해서 자신을 표현할 때 자신의 생각이 옳고 그를 수 있다는 것을 경험적으로 인식하게 됩니다. 상대방에게 자기 입장을 표현함으로써 자신의 뜻이 관철되는 것은 인간에게 가장 높은 쾌감, 즉 자기실현의 욕구 충족을 가능하도록 합니다.

사회적 상호작용에서 솔직함과 긍정성을 전제로 한 자기 표현을 할 때 비로소 자신의 뜻을 관철하는 목표에 도달할 수 있을 것입니다. 또 자기의 표현은 여러 측면에서 이루어질 수 있습니다. 사회적 상호작용에서 자신을 적절히 표현하도록 돕는 것은 대상 아동의 상호작용 능력을 위한 필수적인 과정이 되어야 합니다.

5. 타인 통제 수용: 사회적 상호작용에서의 반응 행동

사회적 상호작용에서 자기 표현 능력은 시작 행동으로서 자신을 상대방에게 솔직하게 표현하는 능력인 반면, 타인 인식과 타인 통제 수용은 반응 행동으로서 타인을 인식하고 통제를 수용하는 능력이라고 할 수 있습니다. 상대방과 같은 마음을 가지고 있다면 반응 행동은 쉽게 이루어질 수 있지만 대부분의 반응 행동은 상대방의 통제, 즉 상대방의 의도를 어느 정도 수용함으로써 이루어질 수 있다고 해도 과언이 아닙니다. 이런 의미에서 좋은 상호작용은 자신을 상대방에게 표현하는 능력과 상대방의 통제를 수용할 수 있는 능력을 함께 갖출 때 가능하다고 할 수 있습니다. 일반적인 사회적 상호작용 능력을 가지고 있다면 상호작용의 균형을 맞추기는 어렵지 않습니다. 그러나 기질적 혹은 환경적으로 상호작용 능력이 낮아져 있다면 상호작용의 균형을 맞추기는 매우 어려워집니다. 특히, 타인 통제에 대한 수용이 어려울 경우 타인의 말을 잘 알아들으려고 하지 않고 실제로 잘 알아듣지 못하는 경우가 발생합니다. 이와 관련해서 자기 중심적인 행동 문제가 심각하게 나타날 수도 있고 발달이 잘 이루어지지 않을 가능성 또한 많습니다.

내가 원하는 것을 들어주는 타인을 수용하기는 쉽습니다. 그러나 사회적 상호작용에서 타인 통제 수용은 주로 내가 하기 싫은 것을 하라고 하는 상대방, 혹은 내가 하고 싶은 것을 하지 말라고 하는 상대방의 통제에 대한 수용을 포함합니다. 사회적 상호작용에서 타인 통제 수용은 내가 원하지 않거나 몰랐던 것에 대한 통제의 전 과정을 진행하는 '타인의 생각 혹은 의도에 대한 수용'이라고 할 수 있습니다. 또는 나와 상호작용하는 '상대방' 자체에 대한 수용이라고도 할 수 있습니다. 어쨌든 생애 초기부터 주 양육자를 포함한 타인이 보여 주거나, 들려주거나, 가르쳐 주거나, 인도하거나, 조력해 주지 않는다면 인간은 삶을 유지하기가 어렵습니다. 뿐만 아니라 매우 중요한 타인인 주 양육자의 생각이나 의도를 수용하지 않는다면 인간의 삶의 유지나 발전은 어려워질 것입니다. 그러므로 사회적 상호작용을 통하여 상대방 혹은 상대방의 통제를 수용하는 과정은 매우 중요하다고 할 수 있습니다.

사회적 상호작용에서 타인 통제 수용이 이루어지는 과정은 다음과 같습니다. 첫 번째 과정은 '타인을 알기'입니다. 현재 자신과 상호작용하고 있는 상대방을 앎으로써 타인의 수용이 시작됩니다. 상대방은 나와 비슷하거나 똑같지 않습니다. 타인을 나와 같거나 비슷하다고 알고 있다면 그것은 제대로 타인을 알고 있다는 뜻이 아닙니다. 나와 다른 감정, 생각, 입장을 가진 존재로서의 타인을 알게 될 때 진정한 타인으로서 인식이 일어나게 됩니다. 타인을 알기 과정에서 가장 중요한 핵심은 타인을 나와 다른 존재로서 인식하는 것이라고 할 수 있습니다.

두 번째 과정은 '타인을 인정하기'입니다. 나와 다른 타인을 인정하기는 쉽지 않습니다. 인간의 자기 중심적인 특성상 나와 다른 타인을 인정하기를 좋아하지 않을 뿐 아니라 거부하기도 합니다. 흔히 영유아기의 아이들은 자신이 원하는 것을 해결해 주지 않는 엄마의 뜻을 인정하지 않으려고 울고 떼를 씁니다. 엄마의 뜻을 알고는 있으나 인정하기 싫다는 것입니다. 타인을 인정하기는 타인을 인식하는 정도를 넘어서 나와 다른 타인의 생각이나 의도를 인정하는 것입니다.

세 번째 과정은 '타인을 수용하기'입니다. 나와 다른 타인을 인정하기도 쉽지 않지만 수용하기는 더욱 쉽지 않습니다. 그러나 나와 다른 개체로서의 타인을 수용하게 됨으로써 비로소 타인의 통제를 편안하게 받아들일 수 있습니다. 나의 세계에 타인의 세계를 들여올 수 있습니다. 타인을 수용하는 과정을 통해 나의 행동의 자발적인 변화가 가능합니다. 비로소 내가 모르던 것에 대해 알게 되는 상위의 인지 발달이 일어날 수 있습니다.

이와 같은 타인 통제 수용의 과정을 통해 자기 중심적인 인식 세계에서 타인과 관련된 인식 세계로의 전환이 이루어지고 또 다른 인식 세계로의 성장이 일어나게 됩니다. 생애 초기 타인 통제 수용이 잘 이루어질 때 나타나는 구체적인 행동으로는 상대방에게 주의 기울이기, 상대방 처다보기, 상대방 말 듣기, 상대방 말을 따르기 등의 반응 행동이 수반됩니다. 뿐만 아니라 행동 문제는 감소하고 언어 표현 능력 등 기능과 기술에 대한 발달이 일어납니다.

타인의 통제뿐만 아니라 나와 다른 타인을 받아들이고 수용하는 과정은 비교적 많은 시간과 노력이 필요하다고 할 수 있습니다. 그러나 좋은 상호작용을 위해서 타인의 통제를 마음으로 수용하는 능력은 매우 필수적이고 중요하다고 할 수 있습니다.

6. 편안한 타인 인식: 사회적 상호작용의 통로

좋은 사회적 상호작용 능력은 솔직한 자신의 표현과 동시에 타인의 통제를 수용할 수 있는 능력입니다. 이때 타인의 통제를 수용하기 위한 우선적 과정으로서 '편안한 타인 인식'이 필요합니다. 통제를 주는 타인이 내게 편안한 존재라면 나에게 불편한 통제라고 할지라도 비교적 편안하게 수용하고 받아들일 수 있기 때문입니다. 타인 통제 수용 능력은 타인이 주는 통제 혹은 부정적인 피드백을 편안하게 받아들이는 능력입니다. 생애 초기부터 다양한 욕구와 부정적인 정서를 내재한 인간의 특성상 편안한 타인 인식 형성은 매우 어려운 과제라고 할 수 있습니다. 인간이 가진 본질적인 특성과 관련하여 편안한 타인 인식 형성의 과정과 중요성을 다음과 같은 관점에서 살펴볼 수 있습니다.

모든 인간은 불안을 경험합니다. 인간뿐만 아니라 동물들도 불안을 경험합니다. 동물들이 겪는 불안은 대부분 생리적 현상에 근거한 것이라고 한다면, 인간이 경험하는 불안은 생리적 현상을 포함할 뿐 아니라 사고의 발달에 따라 자연스럽게 발생하는 불안까지를 포함한 것입니다. 그러므로 불안 감정은 전 생애 동안 인간이 수시로 겪게 되는 기본적인 감정이라고 할 수 있습니다. 또는 불안은 감정 표현의 한 가지라기보다 여러 부정적인 감정 표현을 드러내는 마중물의 역할을 하는 감정이라고 볼 수 있습니다.

보통 불안은 출생과 동시에 나타납니다. 그러므로 비교적 자유 활동이 어려운 생후 1년여까지의 인간에게 가장 큰 과업은 신뢰감 형성을 통한 불안감 해소라고 할 수 있습니다. 자신의 불안, 즉 생존과 안전으로부터 위협받는 상황에서 누군가를 의지함으로써 안정감을 누리게 되는 것은 앞으로의 정서에 매우 큰 영향을 끼치게 됩니다. 불안할 수밖에 없는 '연약한 존재'가 누군가를 통해 정서적인 안정감을 얻게 되는 것은 개인적인 삶에 매우 큰 전환점이 됩니다. 그러므로 자신에게 신뢰감을 준 '그'에게 애착감을 형성할 수밖에 없는데, 이때 '그'는 영유아기에는 더욱 절대적인 존재가 됩니다. 반대로 이 시기에 자신의 안전에 대한 신뢰감을 형성하지 못하면 큰 불안을 경험하게 됩니다. 이 불안 해소를 위해 여러 가지로 노력하게 되지만 아직 영유아기에는 이것을 스스로 해결하기는 불가능합니다. 그래서 보통은 불안을 가진 채 성장할 수밖에 없습니다.

한편 불안감은 인간의 욕구에서도 비롯됩니다. 인간은 성장하면서 자신의 욕구와 현실 세계 사이에서 끊임없이 갈등을 겪게 됩니다. 생애 초기 자신의 욕구를 편안하게 해결받은 경험은 신뢰감 형성에 긍정적 영향을 줄 뿐 아니라 이후 자신에게 끊임없이 찾아오는 욕구를 긍정적으로 해결하는 데 큰 도움을 줄 수 있습니다.

이런 관점에서 생애 초기 주 양육자와의 관계에서 편안한 타인에 대한 경험과 편안한 타인 인식은 매우 중요합니다. 자신의 욕구를 일관성 있게 채워 주고 따뜻함을 주는 주 양육자에게 자신을 솔직하게 표현함으로써 '편안한 타인 인식'이 생기기 시작합니다. 편안한 타인 인식이 어려울 경우 자신이 느끼는 부정적인 피드백은 불편함을 넘어서 불안, 긴장, 당황, 화와 같은 감정 혹은 행동으로 표현될 것입니다. 뿐만 아니라 심리적인 상처가 해소되지 않고 누적된다면 연령이 증가할수록 편안한 타인 인식은 물론 타인이 주는 통제를 수용하는 것은 점점 더 어려워지게 될 것입니다. 특히 사회적 상호작용 능력의 기질적인 어려움이나 발달 능력의 어려움이 있을 경우 편안한 타인 인식의 결여는 심리·정서와 기능의 발달에도 부정적인 영향을 미치게 됩니다.

결국 사회적 상호작용의 목표는 상대방을 편안하게 인식하는 것이라고 할 수 있습니다. 이때 편안하게 인식될 수 있는 상대방은 애착 형성을 할 수 있는 타인이 되며 대상 아동을 의미 있게 통제할 수 있게 됩니다. 그 타인이 주는 충분한 설명과 모델링은 대상 아동으로 하여금 심리적 갈등을 넘어 편안한 수용을 가능하게 합니다. 그 타인의 통제는 대상 아동의 인식 변화와 같은 정신작용에 기여하게 되고 마침내 대상 아동의 발달을 인도해 갈 수 있습니다.

이미 좋지 않은 타인과의 상호작용 경험으로 불안감을 많이 가진 경우라면 편안한 타인 인식의 형성은 쉽지 않고 많은 시간이 걸린다고 볼 수 있습니다. 그러나 정서와 행동의 어려움이나 발달장애 등으로 인해 사회적 상호작용 능력이 낮아진 대상 아동에게 편안한 타인 인식은 필수적으로 이루어져야 할 과제일 것입니다.

7. 사회적 상호작용 행동 발달 과정

행동은 여러 가지 말로 규정할 수 있습니다. 그 가운데 사회적 상호작용 행동은 사회적 상호작용의 요소들이 포함된 행동입니다. 상대방에게 자신을 표현하는 표현 행동과 상대방의 의도에 대한 반응 행동 등이 대표적인 사회적 상호작용 행동이라고 할 수 있습니다. 표현 행동과 반응 행동은 눈 맞춤을 비롯한 제스처, 표현 언어 등으로 나타납니다. 보통 생후 3개월 미만부터 사회적 상호작용 행동을 보이지만 능숙한 상호작용 행동을 하기까지는 시간이 걸립니다. 사회적 상호작용 행동은 몇 가지 단계를 밟으며 점점 일반화된다고 할 수 있습니다. 그러나 다른 발달 영역에 비해 사회적 상호작용 행동은 비교적 빠르게 성장한다고 볼 수 있으며 발달 속도와 양상은 개인에 따라 차이를 나타냅니다. 사회적 상호작용 행동이 발달하는 단계를 [그림 3-3]으로 살펴보면 다음과 같습니다.

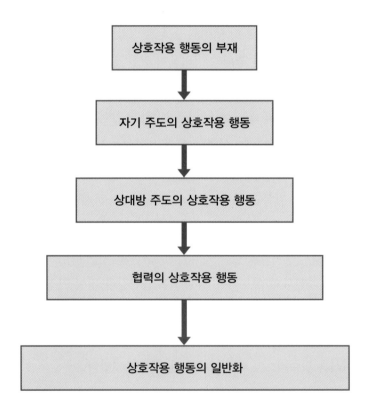

[그림 3-3] 사회적 상호작용 행동 발달 과정

첫 번째 단계는 상호작용 행동이 나타나지 않는 단계입니다. 생애 초기 영아는 다른 사람과 상호작용 없이 '혼자 즐기는' 행동을 합니다. 웃기도 하고 사물을 가지고 놀기도 하지만 사람과의 상호작용은 거의 일어나지 않습니다.

두 번째 단계는 자기 주도의 상호작용을 하는 단계입니다. 이 단계에서는 초보적인 형태의 상호작용 행동이 출현합니다. 거의 자기 주도의 상호작용을 함으로써 상대방 주도의 행동에 관심을 나타내지 않거나 혹은 싫어하기도 합니다. 자신이 좋아하는 까꿍 놀이를 할 때 상대방에게 미소 짓거나 큰 웃음을 터뜨리지만 자신이 좋아하지 않는 것이나 낯선 것에 관해서는 반응하지 않습니다. 이 시기에는 자신의 욕구에 부합하는 무언가를 하거나 주거나 제시했을 때만 상호작용 행동이 나타나는 정도입니다.

세 번째 단계는 상대방 주도의 상호작용에 반응하는 행동이 나타나는 단계입니다. 상대방이 제시하는 장난감이나 놀이를 기다리다가 적극적으로 반응하는 행동이 나타납니다. 상대방에 대해 보다 민감해지며 상대방의 시작 행동에 적절하게 반응하기도 합니다. 자신의 욕구나 의도가 있지만 상대방이 주는 것에 대해서도 호기심을 가지고 쉽게 반응하기 시작합니다.

네 번째 단계는 상대방과 협력의 상호작용 행동을 하는 단계입니다. 이 단계에서는 비로소 주고받기의 상호 활동이 원활히 이루어집니다. 자신이 하고 싶은 것을 표현하면서 상대방에게도 민감해져 있습니다. 연령이 낮을수록 자기 주도의 상호작용 행동을 좀 더 하려는 의도를 보이며, 연령이 높을수록 상대방 주도의 상호작용에 대한 반응이 빨리, 격렬하게 일어나기도 합니다. 원활한 상호작용이 이루어지므로 상대방과 함께 무언가를 만들거나 무엇을 계획하고 실행할 수도 있습니다.

다섯 번째 단계는 일반화된 상호작용 행동을 하는 단계입니다. 이때 일반화된 상호작용 행동이란 동시에 여러 명과 다양한 형태의 상호작용이 이루어지는 것이라고 할 수 있습니다. 네 번째 단계까지는 주 양육자를 비롯하여 매우 가까운 사람과의 개별적인 상호작용이 이루어졌다면 이 단계에서는 다양한 상대방과의 상호작용이 빈번히 일어납니다. 보통 이 상대방들은 또래일 가능성이 많습니다. 또 새로운 상대방과도 상호작용 행동을 쉽게 시작할 수 있습니다. 네 번째 단계까지 상호작용이 잘 이루어졌다면 다섯 번째 단계에서는 동시에 여러 상대방과도 원활한 상호작용이 나타남으로써 일반화된 상호작용 행동이 출현할 것입니다.

행동을 규정하는 기준은 다양할 수 있지만 인간의 행동은 결국 사회적 상호작용 행동을 기준으로 설명할 수 있습니다. 자기 자신과 내면적으로 하는 행동도 있을 수 있지만 결국은 그 사회에 속한 수많은 사람과 이루어지는 상호작용 행동으로 발전해 가기 때문입니다.

이러한 측면에서 특별히 비전형적인 행동 양상을 보이거나 행동 문제를 보이는 아동의 경우 단순히 그들의 행동 문제를 소거하는 데만 행동 중재의 목표를 두어서는 안 될 것입니다. 행동 문제 자체가 아닌 사회적 상호작용 행동 능력이 발달하는 데 행동 중재의 목표를 두는 것이 더 적절합니다. 왜냐하면 사회적 상호작용 행동 능력이 발달하면서 자연스럽게 행동 문제가 소거될 뿐 아니라 그 사회에서 살아가기 위해 필요한 행동이 출현할 것이기 때문입니다.

8. 사회적 상호작용 능력은 발달되거나 지연될 수 있다

상호작용은 두 사람 이상이 함께하는 활동이기 때문에 상호작용이 잘 이루어지기 위해서는 상호작용하는 상대방 각각의 '상호작용 능력'이 발달되어 있어야 합니다. 한 사람은 상호작용을 할 준비가 되어 있지만 상대방이 상호작용할 준비가 되어 있지 않다면 상호작용이 거의 이루어지지 않거나 제한된 상호작용을 할 수밖에 없을 것입니다.

상호작용 능력은 대상 아동의 연령이나 발달 정도, 관심사에 따라 그 형태나 깊이가 매우 달라집니다. 아동들은 주로 신체를 이용해서 상호작용을 하는 반면 어른들은 주로 언어를 사용해서 상호작용을 하고, 연령과 개인에 따라 상호작용에서의 관심사 또한 매우 다릅니다. 이처럼 상호작용 능력은 다른 사람과 관계를 맺는 능력으로, 상호작용이 잘 이루어지기 위해서는 각 개인의 상호작용 능력이 연령에 맞게 발달되어야 합니다. 또 이를 위해서 각 연령에 필요한 인지와 언어 표현 능력이 수반되어야 합니다.

생애 초기부터 일어나는 인간의 발달은 크게 운동, 인지, 언어, 정서, 사회성 발달로 나눌 수 있습니다. 상호작용 능력도 다른 발달 영역과 같이 생애 초기부터 일어나는 발달 영역입니다. 그러나 인지 발달, 언어 발달, 운동 능력 발달에 비해 상호작용 능력은 비교적 널리 알려지지 않았고 주로 사회성 발달 영역 안에 포함되어 왔습니다. '사회성'은 보다 더 포괄적인 개념으로, '상호작용'과 동일한 개념으로 사용되기는 어렵습니다. 사회성은 상호작용 능력도 포함하지만 그 외 적응행동 및 신변 자립 등 다른 영역을 포함할 수 있기 때문입니다. '상호작용 능력'은 다른 사람과의 관계성에 집중된 능력으로 다른 발달 영역과 독립적으로 살펴볼 필요가 있습니다.

상호작용 능력이 생애 초기부터 일어나는 매우 중요한 발달 영역임에도 불구하고 상호작용 능력의 '발달'에 대해서 우리는 다소 둔감합니다. 단지 유아기를 전후로 또래와 어떤 어려움이 발생하고 있다는 부모나 교사의 고민으로부터 아동의 저조한 상호작용 능력이 문제시되기 시작합니다. 영유아기의 상호작용 능력이 지연될 때 아동과의 원활한 상호작용이 어려울 뿐 아니라 언어 혹은 인지, 정서 발달에 연속적인 문제가 나타날 수 있습니다. 또한 학령기에 나타나는 상호작용 능력 문제는 단지 '사회성' 문제에 그치지 않고 산만한 행동, 위축 행동, 적응 능력, 학업 태도에 영향을 주면서 본인뿐 아니라 주변인들을 어렵게 합니다. 게다가 언어나 인지 영역의 발달장애나 발달 지연을 가졌을 경우, 상호작용 능력의 결여는 이후의 발달을 매우 어렵게 합니다. 상호작용 능력은 생애 초기부터 발달하는 영역이기 때문에 정서, 행동, 언어 등에 문제가 보이기 시작하면 이미 상호작용 능력은 훨씬 전부터 지연되었거나 문제가 되어 있을 수 있습니다.

자폐 범주성 아동의 경우 양육 환경이나 능력에 관계없이 상호작용 능력은 현저히 떨어집니다. 자폐 범주성 장애 등의 발달 문제가 없는데도 상호작용 능력이 떨어진다면 양육 과정 중의 환경에서 기인된다고 할 수 있습니다. 또 성인기 상호작용 능력이 낮은 경우라면 어릴 때의 미숙한 상호작용 능력의 성인기까지 이어진 경우가 많습니다. 그렇기 때문에 상호작용 능력의 어려움은 자폐 범주성 아동뿐 아니라 비자폐 아동 혹은 청소년, 성인에게도 자주 나타날 수 있고 지속적으로 나타날 수 있습니다.

이와 같은 이유로 다른 발달 영역과 마찬가지로 상호작용 능력이 영유아기부터 또래와 비교해서 적절하게 성장하고 있는지를 살펴보는 것은 매우 중요하다고 할 수 있습니다.

9. 위축적인 상호작용 행동: 좋지 않은 사회적 상호작용의 결과물 I

좋지 않은 상호작용을 할 때 나타나는 가장 두드러진 상호작용 특성의 하나로 타인에 대한 '위축감'을 들 수 있습니다. 여기서 말하고자 하는 위축감은 어떤 일을 잘 못하거나 어떤 상황에서 오는 것이 아닌 '사람과의 상호작용'에서 나타나는 위축감입니다. 즉, 연령이나 장애 등에 관계없이 사람과의 상호작용에서 상대방으로부터 오는 위축감을 의미합니다. 사람과의 상호작용에서 형성되는 위축감의 원인은 현재의 상대방 혹은 이전 상대방과의 상호작용에서 경험한 부정적인 정서에 기인할 경우가 많습니다. 현재의 상호작용에서 경험하는 부정적인 정서뿐만 아니라 이전에 형성된 부정적인 정서는 타인에 대한 위축감을 발생시킵니다. 사람과의 상호작용에서 '위축감'이 있을 때 나타나는 행동을 세 가지 형태로 분류하면 다음과 같습니다.

첫째, 단순 위축 행동입니다. 단순 위축 행동은 다른 행동과 혼합되어 나타나지 않으므로 관찰하기가 비교적 쉽습니다. 단순 위축 행동은 대체적으로 몇 가지의 특징을 보입니다. 타인과의 상호작용을 할 때 심각하게 눈치를 살피거나 상호작용 자체를 회피하는 행동을 나타냅니다. 사람들과 상호작용하는 것을 두려워하기도 하고 불편해합니다. 학령기 아동일 경우 두통이나 복통을 호소하는 신체 증상, 등교 거부 등의 행동이 출현하기도 합니다. 또 단순 위축 행동은 사람에 따라 정도의 차이가 있습니다. 가벼운 위축 행동을 보이는 사람이 있고 매우 심각할 정도의 위축 행동을 보이는 사람이 있습니다. 타인에 대해 심각한 회피 행동이 나타나는 경우 자폐 범주성 장애를 의심하기도 합니다. 단순 위축 행동이 심각할 경우 주변 사람들은 그를 지나치게 보호하거나 간섭하는 경향이 있습니다. 그러나 이런 상황이 지속된다면 타인과의 관계 형성에서 잠재적인 위축감이 심각해질 가능성이 많습니다. 위축 행동의 가장 큰 단점은 자신의 욕구에 대한 표현을 제대로 하지 못한다는 것입니다. 자신의 욕구 표현이 솔직하게 이루어지지 않을 때 타인과의 관계에서 위축감은 더욱 심각해집니다. 뿐만 아니라 자신의 위축감으로 인해 욕구가 해소되지 않을 때 주변의 타인을 오해하거나 원망하는 상황이 발생하기도 합니다. 사회적 상호작용에서 위축감은 좋은 상호작용을 어렵게 합니다.

둘째, 타인과의 관계에서 위축감은 산만한 행동으로 나타나기도 합니다. 사람과의 상호작용에서 심리적 위축감은 사람 자체에 대한 불안을 느끼도록 합니다. 자신이 혼자 있을 때는 잘 집중할 수 있지만 타인과의 상호작용에서 공동 주제에 집중하기를 어려워하고 어수선해집니다. 또 말을 지나치게 많이 하거나 끊임없이 새로운 아이디어를 생각하고 실행에 옮기려고 하지만 지속하기는 어려워합니다. 이때 주의산만은 사물에 관련된 것뿐만 아니라 사람과의 관계에서 산만한 주의 행동으로 나타납니다. 그리고 타인과의 상호작용에서 산만한 행동이 심각할 경우 ADHD(주의력결핍 과잉행동장애, Attention Deficit Hyperactivity Disorder)로 의심되기도 합니다. 산만한 행동의 가장 큰 단점은 주변 사람으로부터 잦은 꾸중 등 부정적인 피드백을 받을 가능성이 커진다는 것입니다. 산만한 행동으로 부정적 피드백을 받게 될 때 위축감은 심해지며 이에 따라 산만함도 더욱 심해집니다. 결과적으로 산만한 행동은 솔직한 자기 표현을 어렵게 하고 타인에 대한 피해의식마저 갖게 합니다. 그러므로 산만한 행동을 많이 하는 아동들을 볼 때 산만한 행동 자체에 집중하기보다는 사람과의 상호작용에서 심리적 위축에 좀 더 집중해서 관찰하거나 중재할 필요도 있습니다.

셋째, 사회적 상호작용에서의 심리적 위축감은 이중적 메시지를 사용하는 행동을 확장시킵니다. 이중적 메시지는 자신의 마음과 다른 행동 표현을 하는 것을 뜻합니다. 이중적 메시지를 사용함으로써 다른 사람을 속이거나 혹은 자신이 속기도 하는데, 속일 의도가 없을 때도 이중적 메시지 행동이 나타나기도 합니다. 사람과의 상호작용에서 깊은 부정적 정서가 이중적 메시지 행동으로 드러납니다. 이중적 메시지를 사용하는 이들은 지나치게 주위 사람들의 눈치를 살피는 경향이 있으며 의도를 알아차리기 어려운 행동을 보여 줍니다. 이중적 메시지 사용 행동은 지능이 높거나 연령이 높은 경우 더욱 잘 나타나기도 합니다. 위축감에서 나오는 다른 행동 특성과 마찬가지로 이 행동도 사회적 상호작용에서 상대방을 편안하게 생각하지 않으며 오히려 불편한 대상으로 인식하는 데서 출발했을 가능성이 많습니다.

상호작용에서 타인에 대한 위축감의 성향을 가진 사람들의 공통적인 실제 행동 특성은 다음과 같습니다. 먼저, 이들은 타인과의 관계에서 자발적인 눈 맞춤을 하기 어렵습니다. 단순 위축 성향일 경우 눈 맞춤을 거의 하지 못합니다. 또는 산만한 위축 성향을 가질 때 상대방은 그가 자신을 향해 눈 맞춤을 하고 있다는 인식을 하기 어려울 수 있습니다. 이중적 메시지를 보일 경우 상대방이 알 수 없을 정도로 지나치게 눈치를 살피기도 합니다. 또한 상호작용에서 위축 성향을 보이는 사람일 경우 솔직한 자기 표현이 매우 어렵습니다. 솔직한 자신의 마음을 인식하지 못하기 때문일 수도 있고 솔직한 자기 표현에 대한 기회가 없었기 때문일 수도 있습니다. 혹은 기회가 있음에도 불구하고 자기 표현을 하지 못했을 수도 있습니다. 뿐만 아니라 이들은 '타인 통제 수용'이 지나치게 높아 자신보다 타인에게 집중함으로써 지나치게 긴장하거나 경직되어 있을 수 있습니다. 즉, 상호작용에서 솔직한 자기 표현과 타인 통제 수용의 균형이 맞지 않음으로써 좋은 상호작용을 하지 못했거나 못하고 있을 가능성이 높습니다.

위축적인 상호작용은 이전에 경험한 상호작용, 즉 대인관계에서의 심리적 트라우마에서 비롯되었다고 볼 수 있습니다. 이때 트라우마는 외상성 스트레스 증후군과 같이 외부적 사건에 의해 갑자기 형성되었다기보다는 비교적 긴 시간을 통해 형성되었을 가능성이 많습니다. 지속적이고 심각한 위축감은 생애 초기 '애착 형성'의 실패에서 기인된다고 볼 수도 있습니다. 타인에 대한 애착 형성의 실패는 타인에 대한 불신감을 가져오도록 합니다. 자폐 성향을 가졌을 경우 애착 형성은 결코 쉬운 과정이 아닙니다. 그러므로 대부분의 자폐 범주성 장애인은 기본적으로 타인과 위축적인 상호작용을 하기가 매우 쉽습니다. 보통 심리적 위축감이라고 할 때 단순한 위축감만을 말하기 쉽지만, 심리적 위축감도 나이와 환경에 따라 매우 다양하게 나타나기 때문에 조심스러운 관찰을 통해 위축의 종류나 강도, 원인을 잘 살펴볼 필요가 있습니다.

10. 자기 중심적인 상호작용 행동: 좋지 않은 사회적 상호작용의 결과물 Ⅱ

좋은 상호작용은 상대방과 주고받기가 원활히 잘 이루어지도록 합니다. 좋은 상호작용은 솔직한 자기 표현과 타인이 주는 통제를 편안하게 수용하는 것입니다. 이에 비해 좋지 않은 상호작용은 상대방과 원활한 주고받기가 잘 이루어지지 않는 것입니다. 누군가와의 관계를 통해 솔직한 자기 표현과 타인의 통제를 수용하는 경험을 하기 어렵습니다. 그러므로 좋지 않은 상호작용은 편안하고 만족스러운 감정을 가지는 데 어려움을 주고, 좋지 않은 마음과 행동을 형성하도록 하기가 쉽습니다. 좋지 않은 상호작용을 통해 형성되기 쉬운 심리 행동 특성으로 '자기 중심성'을 들 수 있습니다. 자기 중심성은 연령이 높아지면서 자연스럽게 좋아질 수도 있지만 보통의 경우 더욱 심각한 자기 중심적인 행동 혹은 타인 공격성으로 발전할 가능성이 높습니다. 여기서 말하는 자기 중심적인 상호작용은 연령이나 장애 여부 등 발달 문제에 관계없이 사람과의 상호작용에서 일어나는 자기 중심적인 성향이라고 할 수 있습니다. 좋지 않은 상호작용을 통해 형성된 자기 중심적인 성향은 대체적으로 세 가지 행동 패턴으로 나타납니다.

첫 번째는 말 그대로 자기 중심적인 행동입니다. 자기 중심적인 행동은 자기 중심적인 마음에서 표현되는 행동으로, 자기 중심적으로 생각하고 행동하는 것을 말합니다. 자기 중심적인 행동은 다른 사람과의 상호작용 시 자기 표현 행동이 강하게 나타나는 특성으로 나타납니다. 타인보다는 자신의 주장을 내세우고 자신의 뜻을 관철하는 데 매우 집중합니다. 다른 사람의 말을 들으려고 하지 않고 실제로 잘 알아듣지 못하는 경우가 많습니다. 특히 자기 중심성은 겉으로 드러나는 행동뿐만 아니라 인식의 특성으로 자리 잡을 가능성이 있습니다. 많은 자폐 범주성 아동은 기질적인 특성상 강한 자기 중심성을 가지기 쉽습니다. 이들의 자기 중심적인 특성은 다른 사람을 알고 이해하는 데 큰 어려움을 줍니다. 뿐만 아니라 타인을 나와 다르게 인식하고 이해하기가 점점 더 어려워질 수 있으므로 이들의 자기 중심 성향은 더 심각하게 발전할 수 있습니다.

두 번째로 나타나는 자기 중심적인 행동 패턴은 타인에 대한 공격성입니다. 공격성은 언어적 공격성과 행동적 공격성으로 구별해서 생각할 수 있습니다. 적극적인 언어적 공격성에 해당하는 행동은 욕설, 소리 지르기 등이라고 할 수 있습니다. 이에 비해 소극적인 언어적 공격성은 타인을 비하하고 비아냥거리거나 뒷담화를 하는 행동이라고 할 수 있습니다. 또 행동적 공격성은 소극적 공격성과 적극적 공격성으로도 나눌 수 있습니다. 적극적 공격성은 상대방을 향한 적극적인 화 행동으로 나타납니다. 이때 화 행동은 신체나 물건을 이용해서 상대에게 직접적으로 해를 가하거나 물건을 파손하거나 소리를 크게 지르는 등 자신의 화 감정을 격렬하게 표현하는 행동이라고 할 수 있습니다. 그리고 소극적으로 나타나는 공격적 행동으로 토라지는 행동 등을 들 수 있습니다. 토라짐 행동은 자신을 힘들게 할 뿐 아니라, 토라짐을 통해 상대방의 마음을 힘들게 하려는 목적도 가지고 있는 경우가 많습니다. 자폐 성향이 있는 아동들 중에 공격적 행동으로 자신을 표현하는 경우가 많습니다. 특히 자신의 신체를 해롭게 하는 '자해 행동'으로 머리를 박거나 할퀴는 행동을 하기도 하는데, 이것은 상대방에게 자신의 마음을 부정적으로 나타내는 공격 행동이라고도 볼 수 있습니다.

위축적인 행동을 보일 때 자발적인 눈 맞춤이 어려운 것과는 반대로 심한 자기 중심적인 행동은 지나친 눈 맞춤으로 나타나기도 합니다. 필요 이상으로 눈을 맞추거나 강렬한 눈빛으로 상대방을 쳐다보며 자기 표현을 지나치게 하기도 합니다. 이에 비해 다른 사람의 통제는 매우 어려워하므로 전반적인 통제 수용 능력이 낮게 나타납니다.

마음의 상태는 행동으로 옮기기 전에는 잘 보이지 않으며 행동을 통해 마음이 표현됩니다. 앞에서 열거한 자기 중심적인 행동이 상호작용에서 보인다면 그 대상 아동은 사람과의 상호작용이 편안하지 않을 가능성이 많습니다. 그러므로 자기 중심적인 상호작용 행동을 보이는 사람에게 우선 필요한 것은 타인을 편안하게 인식하고 타인의 통제를 수용하는 것입니다. 이를 위해서 심각한 자기 중심적인 행동을 보이는 대상 아동에게는 적절하고 좋은 상호작용이 매우 필요합니다. 특히 오랫동안 자기 중심적인 상호작용을 해 왔을 경우 자신과 타인에 대한 '인식'의 변화까지 필요할 수 있습니다.

[그림 3-4]는 좋지 않은 상호작용의 행동을 두 가지 유형으로 분류해서 나타내고 있습니다. 위축적인 상호작용 행동과 자기 중심적인 상호작용 행동은 상반된 행동으로 보이나, 동전의 양면처럼 갑자기 반대의 성향으로 바뀌어 나타나기도 합니다. 표현되는 행동을 통해서 대상 아동의 상호작용 특성을 알 수 있습니다. 좋지 않은 상호작용 행동을 지속적으로 보이고 있다면 좋은 상호작용을 경험할 수 있도록 도움을 주어야 할 것입니다.

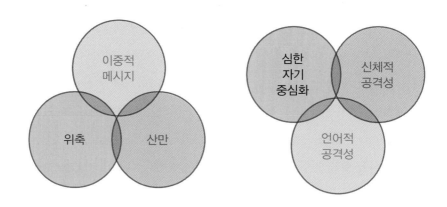

[그림 3-4] 상호작용이 잘 이루어지지 않을 때 나타나는 행동 특성

11. 사회적 상호작용이 좋아질 때 나타나는 행동 신호

좋은 상호작용이 일어날 때의 신호 중에 가장 강렬한 신호는, 첫째, 자발적이고 지속적인 눈 맞춤입니다. 눈 맞춤은 매우 자발적인 특성을 가집니다. 필요나 지시에 의해 일시적으로 눈 맞춤이 일어날 수 있지만 지속적인 눈 맞춤을 위해서는 반드시 '자발성'이 내포되어야 합니다. 좋은 상호작용이 일어날수록 자발적인 눈 맞춤의 빈도와 지속 시간은 길어집니다. 그러므로 누군가와 자발적인 눈 맞춤이 잘 일어난다는 것은 그와 좋은 상

호작용이 일어나고 있다는 신호입니다. 상호작용의 표현 행동과 반응 행동 시 상대방에게 자발적인 눈 맞춤이 일어나고 있다면 일단 순조로운 상호작용이 진행되고 있는 증거라고 볼 수 있습니다. 특히 영유아 혹은 발달의 문제가 있는 대상 아동일 경우 자발적인 눈 맞춤이 확대된다는 것은 상대방과 좋은 상호작용이 형성되고 있다는 확실한 신호로 볼 수 있습니다. 눈 맞춤은 생후 약 2개월부터 노후까지 나타나는 강렬한 사회적 상호작용 행동입니다. 단, 사회적 상호작용 시 일어나는 눈 맞춤에서 유의할 점이 있습니다. 그것은 눈 맞춤이 자신의 표현 행동을 할 때만 나타나면 안 된다는 것입니다. 상대방의 표현 행동에 대한 눈 맞춤이 잘 나타날 때 비로소 좋은 상호작용으로 발전할 가능성이 높습니다.

둘째, 상호작용 시 '미소'를 포함한 긍정적인 정서 행동이 출현한다는 것입니다. 눈 맞춤이 자발성을 전제로 표출되듯이 미소를 포함한 긍정적인 정서 행동도 자발성을 전제로 표출됩니다. 감정 혹은 정서 표현은 타인의 지시에 의해 이루어질 수 없습니다. 사회적 상호작용을 하는 상대방에 대한 애착이 이루어졌을 때 긍정적인 정서 행동이 표출됩니다. 긍정적인 정서 행동이 자주 표출된다면 좋은 상호작용이 이루어지고 있는 신호라고 볼 수 있습니다.

셋째, 신체의 생리 활동이 전반적으로 편안해져서 잘 자고, 잘 먹고, 잘 배변하는 행동이 나타납니다. 좋은 상호작용은 무의식적으로 경직되어 있던 신체적, 심리적 긴장감을 해소해 줄 수 있습니다. 매우 산만했던 아동이 일시적으로 조용해지거나 편안히 엎드리고 있거나 침묵하는 시간이 나타날 수도 있습니다. 또 생리적인 문제가 심각했던 자폐 범주성 아동이 잠자는 시간이 길어지고 편식이 좋아지는 경우가 발생합니다. 경직된 신체 활동이 편안해지면서 예전에 비해 편안한 신체 생리 활동이 많이 나타난다면 좋은 상호작용이 이루어지고 있다는 신호로 볼 수 있습니다.

넷째, 상호작용에서 상대방에게 자연스러운 스킨십 행동이 확대될 수 있습니다. 스킨십은 '당신이 좋다'는 의미에서 나오는 자기 표현 행동이지만 자신의 심리적 안정감을 나타내는 신호가 될 수도 있습니다. 자폐 범주성 아동 중에서는 상호작용이 좋아지면서 말보다는 스킨십으로 자신을 표현하는 경우가 많습니다. 상대방에 대한 편안한 스킨십 행동도 좋은 상호작용이 이루어지고 있다는 신호로 볼 수 있습니다.

다섯째, 상호작용 행동, 즉 상대방에 대한 직접적인 표현 행동과 반응 행동이 자주 출현하게 됩니다. 눈 맞춤, 제스처, 말 등을 포함하여 상대방에게 무엇인가를 표현하려고 하는 행동의 증가는 좋은 상호작용의 신호입니다. 뿐만 아니라 상대방을 쳐다보거나 말을 들음으로써 반응하려고 하는 행동이 자주 발생해야 합니다. 이 두 가지의 행동이 함께 발생할 때 좋은 상호작용이 이루어지고 있다고 볼 수 있습니다.

여섯째, 좋은 상호작용이 이루어질 때 자신의 선호물을 상대방과 나누려고 하거나 자신이 하고 싶어 하는 활동을 상대방과 함께하려고 합니다. 이 과정은 사회적 상호작용이 비로소 확실하게 이루어지는 과정이라고 할 수 있습니다. 즉, 상대방에 대한 허용이 이루어지면서 어느 정도 자기 중심성에서 벗어나는 인식의 변화를 확인할 수 있기 때문입니다. 자신의 물건 혹은 생각 등을 상대방과 나누려고 하거나 상대방과 공감하려고 하는 상호작용 행동이 확장될 것입니다.

일곱째, 상대방이 원하는 것을 함께하기도 합니다. 자신이 원하는 것이 아니라 상대방이 원하는 것을 함께하려고 하면서 상호작용이 자연스럽고 원활하게 이루어집니다. 이것은 대상 아동의 인식 세계의 변화를 바탕으로 합니다. 상대방의 세계 속으로 들어감으로써 상대방의 감정과 생각 또 입장에 대한 추론이 가능해집니다. 뿐만 아니라 자신의 생각 등을 조합하며 상대방과의 깊이 있는 대화도 가능해집니다.

좋은 상호작용 행동은 하루아침에 이루어지는 것이 아닙니다. 좋지 않은 상호작용 행동을 하고 있었던 대상 아동이 누군가에게 좋은 상호작용 행동을 보이기 시작한다면 매우 축하할 일입니다. 누군가와의 눈 맞춤, 미소를 포함한 긍정적인 정서, 스킨십을 포함한 구체적인 자기 표현과 적절한 반응 행동은 획득하기 쉽지 않은 결과물이라고 할 수 있습니다. 기술과 기능적 발달은 결과물을 통해 그 성과를 확인할 수 있으나 사회적 상호작용 능력의 결과물은 대상 아동의 행동을 주의 깊게 관찰함으로써 확인할 수 있습니다.

12. 공동주의: 좋은 사회적 상호작용의 결과물

좋은 상호작용을 통해 공동주의(joint attention) 행동의 형성과 확장이라는 결과물이 나타납니다. 공동주의는 사회적 상호작용이 잘 이루어질 경우 발생하는 확실한 결과물입니다. 그러므로 공동주의 능력의 향상을 위해서는 좋은 상호작용을 경험하도록 해야 합니다. 공동주의는 상대방, 혹은 상대방과 관련된 상황에 대한 주의집중과 유지 및 전환 등의 매우 자발적이고 섬세한 기제입니다. 공동주의의 확장을 위해서 자신의 욕구 표현을 통한 자기 인식, 상대방과 상황에 대한 인식 등 복잡한 정신 내면의 작용이 필요합니다. 그러므로 자발성이 바탕되지 않는 연습이나 훈련으로 공동주의 능력을 향상하게 할 수는 없습니다. 또 반대로 공동주의가 형성되지 않으면 의미 있는 상호작용을 할 수 없으므로 공동주의는 사회적 상호작용의 결과물이자 통로라고 할 수 있습니다. 생애 초기 공동주의는 주 양육자와의 관계에서 주로 몸짓 등으로도 나타나지만 점점 언어로 상대방과 공동주의를 형성하게 됩니다. 공동주의 확장의 마지막 형태는 연속적인 대화 나누기라고 할 수 있습니다.

공동주의란 아동 스스로가 상대와 함께 어떤 경험을 나누는 것을 말합니다. 즉, 어떤 사물이나 사건에 대해 두 사람 이상이 공통적으로 주의를 두는 것을 말하며 이는 생후 9개월에서 18개월 사이의 생애 초기에 발달합니다. 공동주의는 자발적으로 일어나는 내적인 과정이며 타인을 인식하고 타인의 마음을 추론하는 과정을 포함합니다. 공동주의 기술은 단순히 타인이 어떤 상대를 보는 것이 아니라 자신이 흥미 있어 하는 대상을 바라보고 있으며, 이는 내가 바라보는 것과 다를 수 있다는 것을 이해하는 것입니다. 공동주의를 통해 점점 타인 세계로의 진입이 이루어지게 됩니다.

초기 공동주의 행동은 크게 반응하기 행동과 시작하기 행동으로 나누어 생각할 수 있습니다. 공동주의 반응하기 행동은 타인의 행동에 대한 반응으로서 보기, 눈 맞춤하기, 지적한 곳 바라보기, 타인의 시선 따르기 등이 포함됩니다. 또 공동주의 시작하기 행동은 타인에게 상호작용을 시작하는 행동으로서 시선 교대하기, 가리키기, 보여 주기, 주기 등의 행동이 있습니다.

생애 초기 공동주의가 형성되는 중요한 통로는 부모와 자녀 간에 일어나는 상호작용이라고 할 수 있습니다. 생애 초기 부모 자녀 간의 상호작용을 시작으로 좀 더 다양한 사람의 표정을 살펴보거나 그 사람의 감정을 알아채고 생각, 의도와 성향을 파악하게 됩니다. 부모를 비롯한 다양한 상대와의 공동주의 형성은 차츰 타인과 분리된 자신을 알아 가고 자신의 감정과 정서를 조절하는 능력을 발휘하도록 합니다. 이것은 인간관계를 포함한 문제가 자신에게 발생했을 때, 자신과 타인, 물리적 상황을 고려하여 통합적으로 문제해결을 할 수 있는 사회적 인지 능력을 발휘하도록 합니다. 뿐만 아니라 공동주의 능력의 발달은 상호성 발달을 촉진함으로써 향후 사회적 상호작용의 양적인 면과 질적인 면을 향상하도록 돕습니다.

공동주의는 매우 어린 연령에서 발달하기 시작하지만 연령이 증가할수록 다양한 형태로 발달해 갑니다. 부모와 자녀 사이에 발생하던 공동주의는 또래 사이에도 발생하며, 한 명을 넘어 여러 사람과의 공동주의가 다양하게 발생해 갑니다.

13. 사회적 상호작용 상대방으로서의 또래

사회적 상호작용 상대방으로서 또래는 필연적인 대상입니다. 생애 초기 어느 정도 성인과의 상호작용이 이루어진 뒤 대부분의 삶을 또래와 함께 보내게 됩니다. 또래와의 상호작용은 생각보다 빨리 시작되고 비교적 늦게까지 이루어짐으로써 인간의 삶에 중요한 영향을 끼치게 됩니다. 성인과의 상호작용으로 해결할 수 없는 많은 것을 또래와의 상호작용으로 해결하게 됩니다. 성인과의 상호작용으로 얻게 되는 가장 중요한 것은 애착 형성이며, 또래와의 상호작용으로 얻게 되는 가장 큰 결과물은 기능과 기술의 발달과 확장이라고 해도 과언이 아닙니다. 특히 동시다발적으로 여러 또래와의 상호작용이 이루어질 때 선택, 동기, 의지와 같은 인식과 관련된 많은 고등정신작용이 발달합니다. 또래와 상호작용으로 해결될 수 있는 것은 다음과 같습니다.

첫째, 또래는 기능과 기술의 습득과 향상에 매우 중요한 역할을 하게 됩니다. 또래를 통해 기능과 기술을 습득하는 가장 일반적인 방법은 자발적인 모방 혹은 모델링이라고 할 수 있습니다. 성인의 행동을 모방하는 것은 타인 혹은 자신의 의도 없이는 쉽게 이루어지지 않습니다. 그러나 또래의 행동은 의도가 없이도 모방하게 됩니다. 자발적인 모델링은 발달적인 기능과 기술이 향상되는 데 매우 중요한 역할을 하게 됩니다. 또래와 상호작용은 교수나 연습 없이 기능과 기술의 발달을 보다 자연스럽게 촉진합니다. 아동의 기능과 기술 능력을 향상하기 위해 성인이 주로 선택하는 방법은 교수와 연습일 경우가 많습니다. 또 성인과도 자연스러운 놀이를 통해 어느 정도 기능을 향상하게 할 수 있으나 한계가 있습니다. 이에 비해 또래와의 상호작용을 통해 기능과 기술 습득이 자연스럽게 이루어질 수 있습니다.

둘째, 또래와 상호작용을 통해서 진정한 의미에서의 주도성을 배우게 됩니다. 주도 성은 자발적으로 기능과 기술을 확장하는 데 필수적인 기제입니다. 성인과의 상호작용 에서 아동은 늘 약자입니다. 성인을 제대로 이길 수는 없습니다. 이것은 둘 사이에 공공 연하게 인식되어 있으므로 주도성을 발휘해서 최선을 다하기는 거의 불가능합니다. 그 러나 또래와의 상호작용은 다릅니다. 또래와의 상호작용에서는 약자가 될 수 있지만 승 자도 될 수 있습니다. 실패와 성공을 반복적으로 경험함으로써 승자가 되어 보려고 자 신의 주도성을 극대화할 수 있습니다. 또 이를 통해서 문제해결에 대한 주도적인 사고 능력이 향상하게 됩니다. 또래와의 상호작용 없이 주도성을 배우기는 어렵습니다. 또래 와의 상호작용은 대상 아동의 주도성을 일으킬 수 있는 중요한 도구입니다.

셋째, 또래와 상호작용은 보통 반복적이고 지속적으로 이루어질 수 있습니다. 성인 과의 상호작용은 보통 양의 한계를 가집니다. 성인은 보통 마음을 정하고 아동과의 상 호작용에 임하기 때문에 지속성을 가지기는 어렵습니다. 또 아동과의 반복적인 놀이를 진심으로 즐거워하며 똑같이 지속할 수 있는 성인은 거의 존재하지 않습니다. 이것은 성인과 아동의 인지 특성의 차이에 기인하므로 노력으로는 어쩔 수 없는 부분입니다. 그러나 또래는 지속적으로 상호작용할 수 있는 상대입니다. 특히 영유아기의 아동은 또 래와 끊임없이 놀이 활동을 할 수 있는 시기입니다. 반복적이고 지속적으로 함께하는 놀이 활동을 통해 성공과 실패를 경험함으로써 사고 능력을 확장할 수 있는 상대는 또 래라고 할 수 있습니다.

넷째, 또래는 정서적 공감의 대상이 되어 위로를 받을 수 있는 상대방입니다. 물론 성 인도 이 역할을 할 수 있지만 또래와 비슷한 사고와 정서의 공감대를 형성하는 것은 어 렵습니다. 보통 초등학교 고학년 이후 연령이 되면 또래 안에서 공감을 형성하려고 합 니다. 정서적 공감은 심리 안정을 통해 사고 능력을 촉진합니다. 정서적 공감의 대상으 로서 또래는 아동의 사고와 기능과 기술의 발달을 위해 매우 중요한 역할을 하게 됩 니다.

또래와의 상호작용은 인간의 발달에 필수적입니다. 성인과의 상호작용이 어느 정도 이루어졌다면 곧바로 또래와의 상호작용으로 이어져야만 합니다. 이것은 선택사항이 아니라 의무적인 사항에 가깝다고 할 수 있습니다. 자폐 범주성 아동의 경우 또래 간 상호작용은 매우 어려운 과제입니다. 그러나 이들의 발달 목표를 달성하기 위해서, 즉 성인기의 자립 생활을 위해서 또래 간 상호작용을 가능한 한 경험하고 확대시키는 중재가 필요하다고 할 수 있습니다.

제 **04** 장

상호작용 중재

자폐 범주성 아동과 상호작용 중재

자폐 범주성 아동의 핵심적인 어려움은
사회적 상호작용 능력입니다.
자폐 범주성 아동의 발달의 키는
사회적 상호작용 능력을 높이는 것입니다.

상호작용 중재는 자폐 범주성 아동의 발달과 재활을 안내하고
조력할 수 있습니다.

이 장의 구성은 다음과 같습니다.

1. 상호작용 중재

좋은 상호작용은 인간의 통합적인 발달을 돕습니다. 좋은 상호작용 능력은 다양한 대인 간 관계에서 솔직한 자기 표현과 타인의 통제를 수용하는 능력입니다. 그러므로 상호작용 능력을 향상하기 위해 설계되는 상호작용 중재는 다양한 대인관계에서 솔직한 자기 표현과 타인이 주는 통제를 수용하는 능력을 향상하도록 해야 할 것입니다. 사회적 상호작용 중재에 포함된 핵심적인 요소는 다음과 같습니다.

첫째, 상호작용 중재는 대상 아동의 자기 표현 능력이 향상되도록 설계됩니다. 중재를 통해 대상 아동 자신의 솔직한 표현이 이루어지도록 합니다. 솔직한 자기 표현에서의 내용은 자신의 감정, 생각, 입장 등이며 눈빛, 제스처, 표현 언어를 비롯한 여러 방법을 통해 이루어지도록 합니다. 솔직한 자기 표현의 목표는 자신의 요구, 필요, 의도 등에 대한 관철입니다. 이를 위해 중재 초기에는 1차적, 즉 중재가와의 상호작용을 통해 자신의 욕구를 인지하고 의도를 확장하도록 합니다. 또 중재가와의 갈등을 통해 자신을 관철할 수 있는 경험을 가지도록 합니다. 그리고 2차적, 즉 또래 간 상호작용을 통해 또래에게도 솔직한 자기 표현을 확대하도록 돕습니다. 1차적 상호작용과 마찬가지로 2차적 상호작용에서의 자기 표현 역시 주장과 관철까지 이루어져야 합니다. 솔직한 자기 표현을 충분히 경험함으로써 사회적 상호 작용에서 자기 인식과 긍정적인 자아 개념을 가지게 되며 이것은 좀 더 확장된 상호작용 능력으로 발전합니다.

그러므로 상호작용 중재에서 자기 표현 전략을 사용할 때 두 가지의 방법적인 접근이 일어납니다. 한 가지는 심리·정서적 접근입니다. 정서적 안정감이 없이는 솔직한 자기 표현이 어렵습니다. 솔직한 자기 표현이 어려울 때 자신을 위축적으로 표현하거나 산만하게 표현하거나 이중적 메시지로 자신을 모호하게 표현할 가능성이 높습니다. 또 한 가지는 언어 표현을 돕는 접근입니다. 다른 방법으로 자신을 표현할 수도 있지만 말로 자신을 표현하도록 하는 것이 필요합니다. 표현 언어가 자신을 가장 편안하고 빠르게 표현할 수 있는 통로가 되기 때문입니다.

둘째, 상호작용 중재는 타인이 주는 통제를 편안하게 수용하는 능력을 향상하도록 설계됩니다. 타인이 주는 통제는 보통 심리적 갈등을 일으킵니다. 내면적 갈등을 심리적으로 극복하고 타인의 의사를 이해, 납득, 수용하도록 돕는 것은 상호작용 중재의 가장 핵심적 부분이라고 할 수 있습니다. 나의 욕구나 뜻에 부합하지 않는 통제 혹은 부정적인 피드백을 주는 타인은 나에게 불편할 수밖에 없습니다. 그러나 상호작용 중재를 통해 타인 통제 수용에 대한 경험을 함으로써 타인 인식을 편안하게 형성하고 타인이 주는 통제를 잘 수용하게 됩니다.

타인 통제 수용 능력의 형성을 위해서 두 가지의 방법적인 접근을 필요로 합니다. 한 가지는 행동 통제와 관련된 접근입니다. 바람직하지 않은 행동은 줄이고 바람직한 행동은 확장합니다. 바람직하지 않은 행동은 주로 위험하거나 공격적인 행동과 상동 행동 등의 비전형적인 행동이라고 할 수 있습니다. 바람직한 행동은 주로 신변 자립을 포함한 기술 습득과 사회적인 규범을 지키는 행동이라고 할 수 있습니다. 상호작용 중재에서 타인 통제 수용을 위한 또 다른 접근은 인지적 접근입니다. 인지적 접근은 사회적 지식, 상황 이해 등을 인지하도록 돕는 것입니다. 이때 사회적 지식은 자신이 속한 사회에서 살아가기 위해 필요한 지식으로서 여러 종류의 개념, 글자, 수, 상식 등과 관련된 것이며 상황 이해는 자신이 당면하고 있는 상황에 대한 이해입니다. 인지적 접근에서 가장 많이 사용하는 방법은 반복적이고 충분한 설명이며 이를 통한 대상 아동의 이해와 납득이라고 할 수 있습니다. 타인 통제 수용을 위해 초기 중재에서는 행동 통제적 접근이 사용될 수 있지만, 결국 타인 통제 수용의 가장 중요한 방법은 인지적 접근이며 이를 통한 사회적 지식과 상황 이해의 확장이라고 할 수 있습니다.

셋째, 상호작용 중재는 여러 상대방과의 상호작용을 통해 상호작용 능력이 일반화되도록 돕습니다. 중재 초기에는 중재가와 개별적인 상황에서 중재를 진행합니다. 중재가

진행되면서 다양한 중재가와의 상호작용, 또래 한 명과의 상호작용, 여러 또래와의 상
호작용을 통해 솔직한 자기 표현과 타인 통제 수용을 반복적으로 경험하도록 설계됩니
다. 이 과정을 통해 상호작용 능력이 내면화됨으로써 중재가가 없는 일반화된 상황에서
도 상호작용 능력이 나타나게 될 것입니다.

넷째, 상호작용 중재는 매체를 사용하도록 합니다. 왜냐하면 상대방과의 상호작용
활동은 여러 매체를 통해 이루어지기 때문입니다. 매체는 구체물일 수도 있고 대화일
수 있습니다. 매체 활용 시 중요한 핵심 사항은 두 가지입니다. 한 가지는 상호의 작용
이 일어날 수 있는 매체의 사용입니다. 한 쪽이 일방적으로 사용할 수 있는 것은 좋은
매체가 될 수 없습니다. 어떤 매체라도 상호의 작용이 일어나도록 고려되어야 합니다.
다른 한 가지는 기능적인 발달이 일어날 수 있는 매체를 사용하는 것입니다. 보통 사회
적 상호작용 능력이 저조할 경우 발달과 관련된 다른 능력도 지연될 경우가 많습니다.
사회적 상호작용 능력이 향상된다고 할지라도 발달적 기능이 지연된다면 발달의 목표
를 달성하기 어렵습니다. 연령이나 발달 수준에 적합한 매체를 활용할 경우 상호작용
능력뿐만 아니라 지연된 발달 영역도 함께 향상될 수 있습니다. 예를 들어, 타인 통제
수용 능력의 향상을 위해 '사칙 연산 문제 풀기' 매체를 활용할 수 있는데 이는 '셈하기'
라는 기능 발달에 영향을 미칩니다. 또 자기 표현 능력 향상을 위해 '주제 중심 글짓기'
가 매체로 활용될 수 있는데 이는 글쓰기 능력을 함께 향상시킬 수 있습니다. 이처럼 상
호작용 중재에서 활용할 수 있는 매체는 일차적으로 상호작용 능력을 향상할 수 있고
이차적으로 기능적인 능력을 향상할 수 있도록 설계되어야 합니다.

[그림 4-1]은 상호작용 중재 모형입니다. 세로축은 솔직한 자기 표현과 타인 통제 수
용 능력의 균형을 표현하고 있습니다. 또 가로축은 중재 초기 주 양육자를 포함한 성인
을 시작으로 또래까지의 상호작용 상대방을 표현하고 있습니다. 상호작용 중재를 통한
자기 표현 능력과 타인 통제 수용 능력이 주 양육자를 거쳐 또래와의 상호작용에까지
도달하도록 진행되어야 할 것입니다.

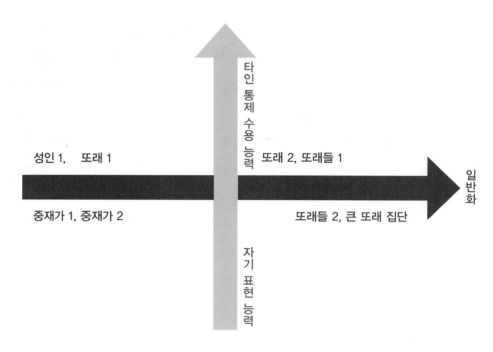

[그림 4-1] 상호작용 중재 모형

[그림 4-2]는 상호작용 중재를 다르게 표현한 모형입니다. 상호작용 중재는 [그림 4-2]와 같이 부모, 교사 등의 중재가, 또래가 주체가 되어 진행합니다. 중재를 통해 솔직한 자기 표현과 타인 통제 수용이 이루어지며, 자기 인식 능력과 타인을 포함한 상황 인식 능력이 향상되도록 합니다. 이를 통해 자신의 문제를 해결할 수 있는 사고 능력이 발달되는데, 이는 성인기 자립 생활을 위한 기반이 될 것입니다. 결국 성인기 자립 생활은 아동을 위한 발달의 목표라고 할 수 있으며, 상호작용 중재는 이를 돕습니다.

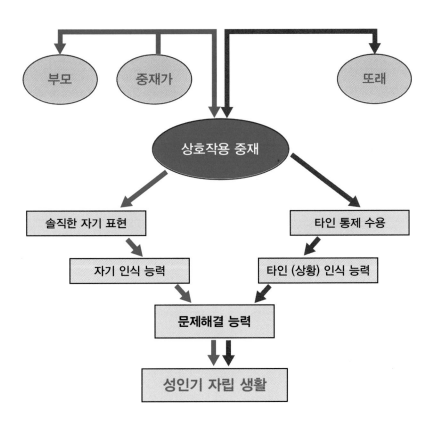

[그림 4-2] 발달 목표에 따른 상호작용 중재 모형

2. 상호작용 중재의 단계

상호작용 중재는 대상 아동의 사회적 상호작용 능력을 향상하기 위해 솔직한 자기 표현 능력과 타인 통제 수용 능력의 향상을 돕습니다. 상호작용 중재는 대상 아동에게 무엇인가를 가르치기보다는 사람과의 상호작용의 경험을 통해 느끼고 생각하는 사고 능력의 변화를 꾀함으로써 발달의 목표에 근접하도록 돕습니다. 중재가는 대상 아동의 상호작용 능력의 향상을 목표로 다각적이고 체계적인 중재를 진행해 가야 합니다. 상호 작용 중재는 총 8가지 단계로 이어집니다.

상호작용 중재의 1단계는 중재가의 '마음 준비' 단계입니다. 상호작용 중재에서의 중 재가는 중재의 모든 과정을 계획하고 안내하고 조력하여 대상 아동의 인식 변화를 꾀하 는 주체라고 할 수 있습니다. 중재를 시작하기 전에 마음 준비 전략을 통해 자신의 마음과 환경을 정리해 볼 시간을 가져야 합니다. 자신의 부정적인 감정을 정리하고 중재를 위한 환경을 만들기 위해 준비해야 합니다. 또 중재 후에 중재에 대한 자기 기록을 통해 반성적 사고를 하면서 다음 중재에 적용하도록 노력해야 합니다. 상호작용 중재는 중재가의 편안한 정서와 다각적인 생각을 필요로 하므로 중재가의 마음 준비 전략은 중재의 모든 단계와 과정에서 지속적으로 사용되어야 하는 전략입니다.

2단계는 대상 아동을 '알아 가기' 단계입니다. 대상 아동 알아 가기 전략을 통해 중재가는 대상 아동을 깊이 알기 위해 노력해야 합니다. 자신의 판단을 중지하고 대상 아동의 세계 속으로 들어가 대상 아동의 내면 세계를 보려고 노력해야 합니다. 알아 가기 단계를 통해 대상 아동은 자신을 완전 수용해 주려고 하는 중재가에게 초보적 자기 표현을 시작하게 됩니다. 이때 초보적 자기 표현 행동으로 눈 맞춤, 요구나 제시를 위한 제스처, 울음, 소리 지르기, 웃기 등이 출현할 수 있습니다.

3단계는 '반응하기' 단계입니다. 반응하기 단계를 통해 대상 아동은 상대방에게 자신을 더욱 솔직하게 표현하게 됩니다. 중재가는 대상 아동의 욕구와 특성에 적절히 반응함으로써 아동은 더욱 편안하고 빈번하게 자신을 표현하기 시작할 뿐 아니라 언어 표현을 통해 확장된 형태로 자신을 나타낼 수 있습니다. 이 단계에서는 자신의 감정이나 생각이 좀 더 뚜렷해지므로 자신의 생각을 관철하기 위한 고집 행동이나 투쟁 행동이 나타나기도 합니다. 확장된 자기 표현을 통해 자신에 대한 인식 능력도 향상됩니다. 반응하기 단계에서 자기 표현은 감정보다는 생각의 표현과 관철까지를 포함하게 됩니다. 중재가는 대상 아동의 솔직한 속마음을 알고 그것을 표현하도록 적극적으로 도와야 합니다. 반응하기 단계를 통해 감정적 해소뿐만 아니라 자신에 대한 자신감과 효능감이 향상됩니다.

4단계는 '나를 알리기' 단계입니다. 드디어 중재가는 대상 아동에게 자신을 알릴 수 있습니다. 내가 너와 무엇이 어떻게 다른지 알려 줄 수 있습니다. 알려 주기 단계를 통해 대상 아동은 차츰 자신과 다른 상대방에 대해 인식하게 됩니다. 나를 알리기 단계를 통해 대상 아동은 자신과 다른 타인의 세계를 경험하면서 상대방과 격렬한 갈등을 할 수 있습니다. 이에 따라 울음, 화, 짜증 등의 행동이 출현할 수 있으며 일시적으로 자신과 갈등이 있는 상대방을 싫어하거나 상대방에 대한 기분 나쁜 감정을 가지게 될 수 있습니다. 그러나 나를 알리기 단계에서는 나와 다른 상대방에 대한 대상 아동의 인식 형성이 매우 중요하므로 나와 '다름'에 대해 이해할 수 있는 직·간접 경험이 지속적으로 필요합니다. 나를 알리기 단계를 통해 대상 아동에게 타인 인식이 형성되지 않는다면 이후의 타인 통제에 대한 수용 능력이 형성되기 어렵다고 할 수 있습니다.

상호작용 중재의 5단계부터는 또래 간 상호작용 중재가 시작됩니다. 상호작용 중재에서의 또래 간 상호작용은 필수적으로 이루어져야 합니다. 또래 간 상호작용 중재를 통해 상호작용 능력은 비로소 일반화될 수 있으며 또래 간 상호작용 능력은 성인기의 자립 생활이 윤택해지도록 돕습니다. 중재가와의 관계에서 상호작용 능력이 어느 정도 이루어졌다면 또래 간 상호작용을 연속적으로 진행해야 합니다.

5단계는 '또래 간 자기 표현 돕기' 단계입니다. 또래 간 자기 표현 돕기 단계는 또래와 편안하게 함께 있기를 시작으로 또래에게 자신을 솔직하게 표현하기까지 연결되는 단계입니다. 또래 간 자기 표현 확장을 위해 중재가는 또래 안에서 대상 아동을 잘 안내해야 하며 지속적으로 살펴보고 적절한 조력을 해야 합니다. 중재가는 자연스러운 분위기에서 대상 아동의 자기 표현을 위해 중재를 설계합니다.

6단계는 '또래 인식 및 통제 수용 돕기' 단계입니다. 이 단계를 통해 대상 아동은 나와 다른 측면을 가진 또래 자체에 대한 인식이 이루어져야 합니다. 대상 아동은 또래가 주는 통제를 경험하게 되며, 나와 다른 또래의 입장을 어느 정도 이해하고 수용하게 됩니다. 이 단계를 통해 또래의 생각과 자신의 생각의 일치 혹은 불일치 정도를 알 수 있으며 그 정도가 높거나 낮은 것도 인지할 수 있습니다. 뿐만 아니라 또래가 주는 통제가 자신의 욕구 혹은 의도와 다를지라도 어느 정도 편안하게 받아들일 수 있게 됩니다. 또래 간에 발생하는 갈등은 성인과의 상호작용에서보다 더 자연스럽게 수용되어야 하므로 더욱 세심한 주의가 필요하다고 할 수 있습니다.

7단계는 '또래 마음 추론 돕기' 단계입니다. 이 단계에서는 또래의 감정·생각·입장 등을 추론할 수 있도록 돕는데, 이를 통해 사고의 논리성이 확장될 뿐 아니라 자기 중심적인 생각에서 벗어나 또래에 대한 이해가 훨씬 더 많이 가능해집니다. 이 단계에서는 또래와의 상호작용 시 '~때문에'의 논리 혹은 '아하~'라는 통찰이 자주 일어나게 됩니다. 7단계에서는 직접적인 상호작용을 하는 또래뿐만 아니라 또 다른 타인과 여러 상황 등에 대한 통제감도 자연스럽게 확장됩니다. 7단계에서 중재가는 대상 아동의 추론 능력 확장을 위해 생각할 시간과 경험 등을 주거나 추론의 모델링을 충분히 보여 주도록 해야 합니다.

8단계는 마지막 단계로서 '또래와 주제 중심의 대화하도록 돕기' 단계입니다. 이때 주제는 서로의 물리적인 지식 또는 서로의 상황에 대한 주제까지 다양하게 포함됩니다. 한 명 혹은 여러 명과 주제 중심의 대화가 표현 언어를 통해 이루어집니다. 때로 눈짓, 제스처, 쓰기 등의 대화가 이루어질 수도 있습니다. 주제 중심의 대화하기는 사회적 상호작용의 꽃이라고 할 수 있는데 이전 단계의 상호작용 능력이 발달되어 있을수록 깊은 대화하기가 가능해집니다. 상호작용에서의 대화하기는 인지 혹은 언어 발달로 이루어진다기보다는 상호작용 능력의 향상으로 발달합니다. 중재가는 능숙하게 대상 아동이 대화의 주제를 잘 따라갈 수 있도록 도와야 할 것입니다.

상호작용 중재는 대상 아동의 발달 정도와 상호작용의 수준에 따라 면밀히 설계되어야 합니다. 이를 위해서 대상 아동에 대한 중재가의 주의 깊은 관찰이 필요합니다. 또 대상 아동의 상호작용 능력의 발달 상황을 살피면서 다음 단계로 점진적 중재를 진행해야 합니다. 솔직한 자기 표현이 어려운 대상 아동에게는 2단계와 3단계의 중재를 보다 긴 시간 진행할 수 있습니다. 타인 통제 수용 능력이 부족한 대상 아동에게는 4단계의 중재를 긴 시간 진행할 수 있습니다. 5단계에서 8단계는 또래를 상대방으로 한 일반화된 상호작용 단계로, 이전 단계의 상호작용 중재가 충분히 잘 이루어졌을 때 진입할 수 있는 단계라고 볼 수 있습니다. 대상 아동의 특성 혹은 환경에 따라 성인과의 1차적 상호작용과 또래 간 2차적 상호작용이 혼합되어 진행될 수 있습니다. 상호작용 중재를 진행할 때 가장 유의해야 할 점은 상호작용의 두 가지 요소인 자기 표현과 타인 통제 수용 능력이 균형을 맞추도록 돕는 것입니다. 이를 위해 중재 초기에는 대상 아동의 부족한 측면을 더 중점으로 중재할 수 있지만 결국은 두 가지 요소의 전략을 적절하게 활용하여야 할 것입니다.

1단계. 중재가의 마음 준비

⬇

2단계. 알아 가기

(대상 아동: 중재가를 향한 자기 표현 행동 시작하기)

⬇

3단계. 반응하기

(대상 아동: 중재가에 대한 눈 맞춤, 미소, 언어 표현 등의 자기 표현 행동 확장하기)

⬇

4단계. 나를 알리기

(대상 아동: 중재가 인식과 중재가의 통제를 수용하는 행동 출현과 확장하기)

⬇

5단계. 또래 간 자기 표현 돕기

(대상 아동: 또래 간 활동에서 자신을 솔직하게 표현하기)

⬇

6단계. 또래 인식 및 통제 수용 돕기

(대상 아동: 또래 간 활동에서 또래 인식과 또래의 통제를 수용하는 행동 출현하기)

⬇

7단계. 또래 마음 추론 돕기

(대상 아동: 또래 간 활동에서 또래의 생각, 감정, 입장을 추론하기)

⬇

8단계. 또래와 대화 돕기

(대상 아동: 또래 한 명 혹은 여러 명과 주제 중심의 대화 나누기)

3. 상호작용 중재의 영향: 자폐 범주성 아동의 심리적 치유

심리적 치유는 자신의 고유한 욕구의 미해소, 혹은 경험적 상처 등으로 인해 부정적으로 쌓여 온 감정이나 정서를 해소하는 것입니다. 자폐 범주성 아동은 사회적 상호작용의 결여뿐만 아니라 감각의 특이성, 언어장애, 인지장애 등의 특성으로 인해 부정적으로 쌓여 온 정서를 가지고 있을 수 있습니다. 특히 또래 아동에 비해 심각한 불안, 수치심, 죄책감 등의 부정적인 정서를 가지고 있을 가능성이 높습니다. 그러므로 이들을 위한 심리적 치유는 반드시 필요하다고 볼 수 있습니다. 상호작용 중재는 세 가지 측면에서 자폐 범주성 아동의 심리적 치유에 효과적입니다.

첫째, 보통 심리적인 욕구는 그 욕구를 누군가가 해결해 주었을 때 해소됩니다. 그렇지만 욕구가 해결되기 위해서 우선적으로 필요한 것은 그 심리적인 욕구의 '표현'입니다. 심리적인 욕구를 표현함으로써 해소가 이루어지기 시작한다고 볼 수 있습니다. 자폐 범주성 아동은 자신의 욕구가 발생했을 때 그 욕구에 대한 표현이 어렵습니다. 먼저 자신의 욕구를 자각하는 과정과 이에 따른 자발적인 표현이 어렵기 때문입니다. 이러한 측면에서 상호작용 중재는 자폐 범주성 아동의 자기 표현을 매우 중요하게 생각하고 표현하도록 돕습니다. 또 중재가는 아동 자신이 미처 자각하지 못한 자신의 욕구를 알려 줌으로써 자각하도록 합니다. 그리고 아동 자신이 욕구를 제대로 표현하지 못하고 있다면 그 욕구를 대신 표현해 줌으로써 심리적 치유를 일으켜 주게 됩니다. 상호작용 중재가는 아동의 자기 표현 확장을 위해 아동의 세계 속으로 들어갑니다. 아동과 관련된 모든 판단을 가능한 한 중지하고, 아동의 내면을 민감히 살피면서 욕구와 필요를 알아보려고 합니다. 아동의 욕구와 필요를 알수록 그들을 대신해서 잘 표현해 줄 수 있기 때문입니다. 중재가가 아동의 욕구와 필요를 정확히 알려 주고 이를 표현하도록 돕는 과정은 상호작용 중재의 중요한 과정입니다. 이 과정을 통해 아동의 심리적 치유가 일어나기 시작합니다. 오랜 기간 스스로 자각하지 못했을 뿐만 아니라 자신을 누군가에게 잘 표현하지 못함으로써 억압된 욕구를 누군가가 알아주며 표현하도록 도와줄 때 심리적 욕구는 신속히 해결됩니다.

둘째, 심리적 치유는 나의 욕구를 '표현'할 뿐만 아니라 나의 심리적인 욕구를 누군가에게 '관철'하는 과정을 통해 이루어진다고 볼 수 있습니다. 자폐 범주성 아동의 경우 누군가와 상호작용을 할 때 자신을 관철하는 것은 쉽지 않습니다. 상호작용 중재에서는 자기 표현 확장 과정을 통해 자기주장과 자기관철을 하도록 돕습니다. 이때 자신의 부정적인 정서를 스스로 이겨 내는 과정이 포함됩니다. 상호작용 중재는 대상 아동이 자신을 끝까지 잘 관철할 수 있도록 자신의 감정을 기다리고 표출하는 과정을 매우 소중하게 다룹니다. 상호작용 중재에서는 때로 부정적인 감정까지도 자기 표현이라고 인정하며 자신의 뜻을 관철해 가는 도구로 활용합니다. 아동은 안전한 중재 환경에서 자신의 부정적인 감정을 직접 경험하며 자신을 깨닫고 솔직한 자신을 표현하는 연습을 하게 됩니다. 이 과정을 통해 내가 나의 감정을 다스리면서 자신의 뜻을 관철할 수 있게 됩니다. 상호작용 중재는 자폐 범주성 아동이 상대방에게 자신을 관철하는 경험을 충분히 갖도록 함으로써 이들의 심리적 치유를 돕는 역할을 합니다.

셋째, 상호작용에서의 심리적 치유는 결국 '타인'에 대한 심리적 상처가 소거됨으로써 일어납니다. 상호작용 중재는 좋은 상호작용의 경험을 통해 자폐 범주성 아동이 '타인을 편안하게 인식'하도록 도움으로써 이들의 타인에 대한 심리적인 상처를 줄이는 데 도움을 줍니다. 타인도 자폐 범주성 아동을 이해하는 것이 쉽지 않으며, 아동도 타인을 이해하는 것이 쉽지 않습니다. 이 과정에서 형성된 타인에 대한 불편감과 상처 등은 자폐 범주성 아동이 흔히 보이는 정서적 특성입니다. 상호작용 중재를 통한 편안한 타인 인식은 자폐 범주성 아동의 누적된 타인 오해를 해소하는 역할을 하게 됩니다. 타인의 부정적 피드백에 대한 극복은 아동에게 심리적 편안함을 줄 뿐 아니라 타인에 대한 긍정적 정서를 높이게 됩니다.

좋은 상호작용은 심리적 치유를 일으켜 타인과의 상호작용에 대한 심리적 욕구를 발생시킵니다. 좋은 상호작용의 경험은 상호작용의 정적인 순환을 일으키는데, 이를 통해 다양한 상대방을 향해서도 상호작용의 욕구가 일어납니다. 심리·정서적 어려움이 많은 자폐 범주성 아동에게 심리적 치유는 꼭 필요하며, 상호작용 중재는 이를 위해 큰 이점이 있습니다.

4. 상호작용 중재의 영향: 자폐 범주성 아동의 감정 변화

자폐 범주성 아동은 불안, 수치심, 죄책감 등의 부정적인 정서를 가지기 쉬우며 이로 인한 부정적인 감정 표현을 표출할 가능성이 높습니다. 상호작용 중재는 자폐 범주성 아동의 정서적 치유에 이어 감정 변화에 긍정적인 영향을 끼치는데, 단지 정서적 치유로 인한 편안한 정서뿐만 아니라 보다 긍정적인 감정 변화를 기대해 볼 수 있습니다. [그림 4-3]에서는 상호작용 중재 단계를 통해 발생할 수 있는 감정 변화 과정을 표현하고 있습니다.

첫째, 상호작용 중재에서 솔직한 자기 표현은 이미 형성되어 있는 부정적인 감정을 표출하는 데 도움을 줍니다. 상호작용 중재에서 솔직한 자기 표현은 중재가의 판단 중

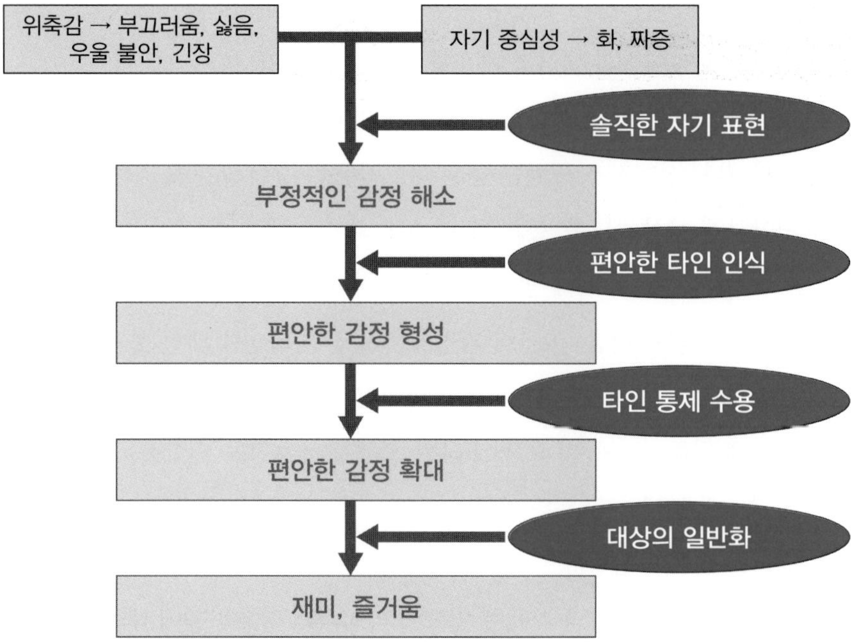

[그림 4-3] 상호작용 중재를 통한 감정 변화 과정

지에서 비롯됩니다. 상호작용 중재는 잘잘못 혹은 수준을 떠나 일단 자신을 표현하는데 중점을 두고 진행됩니다. 상호작용 중재를 통해 자기 표현이 이루어질 때 가장 먼저 자신의 솔직한 감정이 표출됩니다. 솔직한 감정의 표출은 대부분 부정적인 감정일 수 있습니다. 부정적인 정서에 기반해서 나타나기 쉬운 감정은 크게 위축적인 감정과 자기 중심적 감정입니다. 위축된 감정은 불안, 긴장, 부끄러움, 싫음, 우울 등으로 나타날 수 있으며 자기 중심적 감정은 화 혹은 짜증 등으로 나타날 수 있습니다. 자폐 범주성 아동은 자신의 감정을 인식하기가 매우 어렵습니다. 자신의 감정을 알아차리는 민감성이 낮고 이를 표현하는 방법이 매우 서툽니다. 상호작용 중재에서는 솔직한 자기 표현을 위해 감정 표현을 중요하게 다룸으로써 자신의 감정을 인식하도록 돕습니다. 또 자신의 감정에 대한 직접 경험뿐 아니라 타인을 통한 간접 경험을 통해서도 자신의 감정을 이해하도록 합니다. 자신의 감정에 해당하는 핵심적인 단어를 대신 말해 주고 사용하게 함으로써 감정 자체를 깨닫도록 돕습니다. 솔직한 자기 표현은 자신의 깊은 감정을 자각하고 표현하도록 도울 뿐 아니라 솔직한 자기 표현 자체가 부정적인 감정을 해소하는 데 도움을 줍니다.

둘째, 상호작용 중재는 편안한 감정을 형성하는 데 도움을 줍니다. 자폐 범주성 아동은 사람 자체를 불편해하거나 사람과의 갈등을 매우 힘들어하므로 대인관계에서 긍정적인 감정을 가지기가 어렵습니다. 대인 간 관계에서의 긍정적인 감정은 편안한 정서를 바탕으로 한 재미, 즐거움 등의 감정이라고 할 수 있습니다. 상호작용 중재에서는 자폐 성향 아동이 편안한 타인 인식을 통해 타인과 재미와 즐거움을 경험하도록 중재를 진행합니다. 여러 매체 활용을 통해 공동주의를 형성함으로써 재미와 즐거움을 가지도록 돕습니다.

셋째, 또래를 포함한 다양한 상대와의 상호작용이 확대됨으로써 대인관계에서 일반화된 편안한 감정을 확대할 수 있습니다. 자폐 범주성 아동의 특성상 다양한 상대나 상황 등에서 편안한 감정을 가지기는 어려울 수 있습니다. 이를 고려하여 상호작용 중재에서는 보다 다양한 성인, 또래 등과 편안한 감정을 가지도록 합니다. 특히 타인의 통제에 대한 적절한 수용 경험은 편안한 감정을 확대하는 데 도움을 줄 것입니다.

인간은 결국 대인 간 관계에서 행복감을 가지게 될 가능성이 큽니다. 대인관계에서 자신의 감정을 솔직하게 표현함으로써 부정적인 감정을 해소합니다. 타인과의 갈등을 편안하게 해결함으로써 편안한 감정을 가지게 되고, 반복적인 경험에 따라 편안한 감정이 내면화되고 확대됩니다. 이를 통해 타인과의 상호작용에서 재미와 즐거운 감정을 가지게 됩니다. 대인 간 관계에서의 부정적인 정서로 인해 재미와 즐거움의 감정을 쉽게 느끼지 못하는 자폐 범주성 아동에게 상호작용 중재는 그 해결책이 될 것입니다.

5. 상호작용 중재의 영향: 자폐 범주성 아동의 인지 변화

인지 능력은 외부감각 자극에 대한 지각 혹은 기억 등의 단순한 정신활동이 전부가 아닙니다. 무엇인가를 해결하기 위해 지각이나 기억 등의 과정을 활용하여 연역적 또는 귀납적으로 문제를 해결하는, 보다 더 깊은 정신활동입니다. 인지 능력은 '주도성'을 가지고 '주의집중'하여 자신의 '문제를 해결'하는 일련의 과정을 발휘하는 능력입니다. 또 인지의 발달은 사물에 대한 주체적인 조작뿐만 아니라 사람과의 상호작용에서도 자신의 문제를 해결하는 결과를 얻도록 합니다. 일반적인 지능을 소유하고 있다면 인지 능력 발달도 연령에 따라 향상될 것입니다. 이에 비해 자폐 범주성 아동은 연령 혹은 지능에 관계없이 인지 발달이 느리거나 낮을 경우가 많습니다. 자폐 범주성 아동의 인지 능력은 '상호작용 능력'을 통해 향상될 수 있습니다. 이 장에서는 자폐 범주성 아동을 대상으로 하는 상호 작용 중재가 이들의 인지 변화에 미치는 영향을 살펴보고자 합니다.

첫째, 상호작용 중재는 자율성과 주도성에 영향을 미칩니다. 주도성은 인지 능력에 가장 큰 영향을 미치는 기제입니다. 상호작용 중재는 우선적으로 대상의 솔직한 자기 표현 능력의 향상을 돕습니다. 솔직한 자기 표현이 확대됨으로써 자신을 관철할 수 있게 됩니다. 자신을 솔직하게 표현하고 관철하는 것은 자신에 대한 효능감으로 이어집니다. 또 이것은 사회적 상호작용에서의 자신감으로 확대됩니다. 솔직한 자기 표현 과정에서 나타나는 자율성과 자신감은 자신의 주변 세계를 알아 가려고 하는 주도성으로 나타나는데, 이 과정에서 인지 능력이 확대됩니다. 상호작용 중재는 자폐 범주성 아동의 자율성과 주도성을 확장함으로써 인지적 변화를 이끌어 냅니다.

둘째, 상호작용 중재는 주의(attention) 능력에 영향을 끼칩니다. 주의 능력은 주의를 기울이는 그 사물이나 상황 등에 대한 사고가 시작되고 마칠 때까지 일어나는 정신 능력이라고 할 수 있습니다. 주의는 사물에 대한 주의 능력뿐만 아니라 사람과의 상호작용에서 공동주의 능력을 포함하며 주의 전환과 주의집중, 주의 유지의 일련의 과정도 포함하는 것입니다. '주의 전환' 행동은 어떤 외부의 자극에 자신의 주의가 전환되는 것으로 그것에 대한 자신의 고유한 생각이 시작되었다는 말과 같습니다. 즉, 자신에만 머물러 있었던 주의에서 '그것'에 대한 주의로 전환되는 것입니다. '주의 집중' 행동은 자신의 주의가 전환된 그 상대에 대한 집중 능력이 발생하는 것으로 다른 외부 자극과는 상관없이 그 자극에 나의 모든 생각이 몰입되고 있다는 것입니다. 또 '주의 유지' 행동은 외부 자극이 자신에게 주는 의미에 따라 그 길이와 폭이 커지는 데 보다 긴 몰입 시간이 일어나게 됩니다. 상호작용 중재에서는 외부 자극으로서 타인의 개입이 일어나는데, 이는 주의 능력이 확장되는 결정적 계기가 됩니다. 상호작용 중재에서 타인의 개입은 자발적 타인 관찰의 형태로 이루어집니다. 타인 관찰은 곧 자기 중심적 주의에서 타인의 주의 세계로 들어가는 주의 전환을 일으키며, 타인에 대한 주의집중과 유지를 일으키도록 돕습니다. 상대방의 안내에 따라 지속적으로 새로운 개념을 익힐 수 있으며 문제해결의 방법을 찾아갈 수 있습니다. 중재가 반복적으로 이루어질 때 비로소 대상은 상대방의 안내와 조력을 받음으로써 자신의 인지 능력을 확대할 수 있는 기회를 가질 수 있게 됩니다.

셋째, 상호작용 중재는 또래를 매체로 활용함으로써 인지 능력에 영향을 끼치도록 돕습니다. 또래는 자발적 타인 관찰과 모방을 통해 사고를 확장할 수 있는 매우 강력한 도구입니다. 나의 필요나 관심을 통해 또래가 나에게 인식되며 또래로 인해 외부 세계가 전달되고 확장될 때가 많습니다. 그러므로 인지 능력의 확장에서 또래 활용은 매우 절실합니다. 상호작용 중재는 또래를 적극적으로 활용함으로써 인지 능력의 발달과 확장을 꾀합니다.

인지 능력은 물리적 지능, 사회적 지능, 감정적 지능, 도덕적 지능 등의 통합된 지능을 자신의 문제해결에 사용하는 능력입니다. 해결 문제에 따라 주도성이나 주의집중, 주의유지 등이 필요하며 또래의 출현과 협력이 연령에 맞게 이루어져야 합니다. 타고난 지능은 비교적 이른 시기부터 사회적 지능과 결합하여 자신의 문제를 스스로 해결하는 인지 능력으로 발달합니다. 인지 능력이 없거나 약화된다면 자신의 문제를 해결할 수 있는 능력은 발휘되지 못할 것입니다. 상호작용 중재는 자폐 범주성 아동의 숨어 있는 인지 능력을 향상시킬 수 있는 좋은 방법입니다.

6. 상호작용 중재의 영향: 자폐 범주성 아동의 인식 변화

인식은 인간이 자신의 삶을 살아가도록 하는 데 필수적인 요소이며 개인의 정신 세계에 장착되어 모든 개인의 삶의 요소에 영향을 끼치는 중요한 기제입니다. 자신이 속한 사회의 지식을 바탕으로 인식 세계를 구축해 가지 않는다면 성인기에 자립적인 삶을 살아가기는 불가능할 것입니다. 자폐 범주성 아동은 일반적인 지적 능력을 가진 경우가 많으며, 따라서 일반적인 인식 능력을 가질 수 있습니다. 그러나 상호작용의 어려움은 이들의 지적 능력뿐만 아니라 인식 능력도 낮추는 결과를 가져오게 합니다. 상호작용 중재는 다음의 몇 가지 과정을 통해 자폐 범주성 아동의 인식의 발달을 돕습니다.

첫 번째, 상호작용 중재는 자기 인식 능력을 확장하도록 돕습니다. 자신을 충분히 표현하도록 하는 중재 과정을 통해 아동은 '자기'를 인식하는 과정을 가지게 됩니다. 생애 초기

'자기'에 대한 인식은 주 양육자 등 애착 상대자가 '자신'의 정서를 민감하게 알아차려 주고 적절히 반응해 줌으로써 발생합니다. 또 '자신'이 무엇을 원하는지를 끊임없이 표현함으로써 자신의 욕구를 인식하게 됩니다. 상호작용 중재에서 환경 설정하기, 기다려 주기, 조력하기 등의 전략을 사용하는 것은 자폐 범주성 아동의 자기 인식 능력 향상을 돕게 됩니다.

두 번째, 상호작용 중재는 타인에 대한 인식 능력을 형성하도록 돕습니다. 이때 타인은 '나'와 다른 상대방을 의미합니다. 상대방은 나와 똑같을 수 없습니다. 상호작용 중재는 나와 다른 상대방을 인식하는 과정을 매우 중요하게 생각합니다. 타인 인식은 외부 세계의 인식이며 이것은 장차 사회적 인식의 첫 단계가 된다고 할 수 있기 때문입니다. 자폐 범주성 아동의 상호작용의 어려움은 타인 인식의 어려움이라고 해도 과언이 아닙니다. 여러 이유로 자기 중심성이 강해진 아동들에게 타인 인식은 어려운 과제입니다. 또 자폐 범주성 아동은 타인과의 상호작용에서 불편함을 경험하기 쉬우므로 편안하게 타인을 인식하도록 돕는 것은 이들을 위해 매우 필요한 과정이라고 할 수 있습니다. 자폐 범주성 아동에게 타인 인식은 시간과 노력이 많이 소요될 수 있지만 이들의 인식 세계와 발달을 위해 꼭 이루어져야 할 과정입니다.

세 번째, 상호작용 중재는 일반적인 사회적 지식 혹은 개념에 대한 인식을 형성하도록 돕습니다. 상호작용 중재는 연령에 따라 적절한 매체 활용을 하도록 하는데, 이때 사용되는 매체는 보통 자신이 속한 사회의 지식이라고 할 수 있습니다. 일반적인 사회적 지식은 자신이 살아가고 있는 주변 사회에 대해 총망라된 지식이라고 할 수 있습니다. 자폐 범주성 아동은 지적 능력에 비해 상호작용의 어려움으로 낮은 지식이 형성되어 있을 가능성이 많습니다. 이는 부모나 교육 기관의 많은 노력에도 불구하고 대다수의 자폐 범주성 아동이 평생 자립적인 삶을 살아가지 못하는 이유가 되기도 합니다. 사회적 인식의 형성은 하루아침에 이루어지지 않습니다. 오랜 시간의 직·간접 경험과 교수 과정 등을 통해 인식됩니다. 상호작용 중재를 통해 사회적 지식을 자신의 인식 세계에 내면화시킬 수 있습니다.

균형 있는 인식이 형성될 때 상황에 따른 자기 조절 행동이 형성됩니다. 자기 조절 행동은 자신·타인·외부 환경이라는 세 가지가 조합된 상황에서 자신의 행동을 주도적으로 조절할 수 있게 되는 상태입니다. 상황에 따른 자기 조절 행동은 자립적인 삶의 기본적인 능력입니다. 인식 세계가 내면화되어 있지 않다면 누군가 끊임없이 도움을 주어야 살아갈 수 있을 것입니다.

앞에서와 같이 상호작용 중재는 자기 인식과 타인 인식, 사회적 지식 형성 과정에 큰 영향을 끼침으로써 자신이 속한 사회에서 자기 조절적인 행동을 할 수 있도록 인도해 갈 것입니다.

7. 상호작용 중재의 영향: 자폐 범주성 아동의 상호작용 행동 변화

상호작용 중재는 긍정적인 행동의 변화를 일으키는데 이는 상호작용 행동 변화로 나타납니다. 상호작용 행동의 변화로 발달의 일반화가 이루어집니다. 행동 및 사회성의 어려움이 있는 자폐 범주성 아동에게 상호작용 행동의 변화는 매우 의미가 있다고 할 수 있습니다. 상호작용 중재를 통해 나타날 수 있는 상호작용 행동의 변화는 크게 다섯 단계라고 할 수 있습니다. [그림 4-4]에서 이 과정을 표현하고 있습니다.

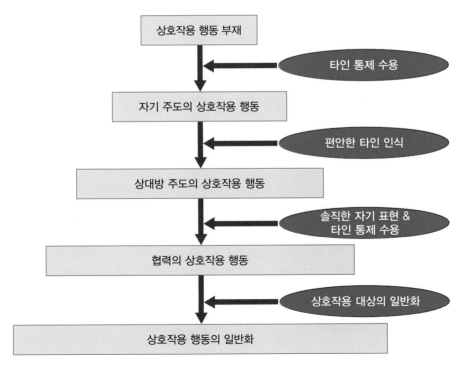

[그림 4-4] 상호작용 중재를 통한 행동 변화 과정

첫 번째 단계는 상호작용 행동이 거의 나타나지 않는 단계입니다. 자폐 범주성 아동은 생애 초기부터 지속적으로 감각 추구, 상동 행동, 화 행동 등의 비전형적인 행동 특성을 보이는데 이는 상호작용 행동의 부재 현상으로 볼 수 있습니다. 자기주의 몰입 행동을 함으로써 타인과 의미있는 소통이 일어나지 않고 상호작용 행동이 거의 나타나지 않습니다. 이 때 상호작용 중재의 타인 통제 수용 전략은 타인을 향한 주의 전환과 더불어 비전형적인 행동을 줄이고 상호작용 행동이 출현할 수 있는 기회를 준비할 수 있도록 합니다. 상호작용 중재를 비슷한 시기에 진행한다고 하더라도 대상 아동의 연령, 기질, 자폐성 정도에 따라 비전형적인 행동의 소거 속도는 상이하며 상호작용 행동 출현의 시기도 다르게 나타날 것입니다. 그러나 대상 아동의 상황에 관계없이 상호작용 중재에서의 초기 매체 활용은 비전형적인 행동이며 이를 위해 타인의 통제를 수용하는 전략이 활용됩니다. 상호작용 중재에서는 비전형적 행동에 대해 일관성있게 통제 수용 중재를 진행함으로써 비전형적인 행동이 소거되면서 상호작용 행동이 출현할 수 있도록 돕습니다.

두 번째 단계는 자기 주도의 상호작용 행동을 하는 단계로서 자신의 선호물을 상대방과 나누려고 하거나 자신이 하고 싶어하는 활동을 상대방과 함께 하려고 하는 행동으로의 변화가 나타나는 시기입니다. 이를 위해 상호작용 중재에서는 주로 자신을 표현할 수 있는 중재 전략을 적용합니다. 자신을 표현하도록 도움으로써 자신의 선호를 중심으로 한 공동주의가 형성되고 이에 따른 행동 변화가 일어납니다. 이 과정은 상호작용이 의미 있게 발생하는 초기 과정이라고 할 수 있습니다. 나 중심의 세계에 상대방에 대한 허용이 이루어지면서 자기중심성에서 점차 벗어나게 됩니다. 상대방이 나에게 허락을 구해야 하고 내가 상대방의 요구를 허락할 때 상호의 작용이 일어납니다. 또 상대방을 허락하는 과정을 통해 서서히 상대방과 상호작용하려고 하는 욕구가 생겨나게 됩니다. 상호작용 중재를 통해 자신의 선호를 상대방과 나누거나 자신이 하고 싶어하는 활동을 상대방과 함께 하는 행동을 통해 점점 누군가와의 상호작용에 대한 동기가 발생할 것입니다.

세 번째 단계는 상대방이 주도하는 것을 함께 하는 행동으로의 변화입니다. 자신이 주도하는 것이 아니라 상대방이 주도하는 것을 함께 함으로써 좀 더 깊은 상호의 작용이 이루어집니다. 상호작용 중재의 편안한 타인 인식은 상대방을 편안하게 인식함으로써 상대방이 주도하는 것을 따를 수 있도록 돕습니다. 이것은 대상 아동의 타인에 대한 인식 세계의 변화를 필요로 합니다. 상대방의 감정, 생각, 입장 등에 대한 인식의 변화는 자기중심성의 인지 특성을 가지고 있는 자폐 범주성 아동에게 큰 의미가 있다고 할 수 있습니다. 상호작용 중재 과정에서 편안한 타인 인식을 통해 상대방의 생각을 따라가며 상호작용의 즐거움을 경험하도록 돕습니다. 이 단계를 잘 경험하기 위해서 중재 초기 타인 통제 수용이 잘 이루어져야 하며 재미 혹은 약속 등을 바탕으로 한 편안한 상호의 활동이 충분히 이루어져야 합니다.

네 번째 단계는 상대방과 자신의 세계를 연합하고 협력하는 공존의 행동으로의 변화입니다. 이 단계에서는 솔직한 자기 표현과 상대방의 통제를 수용하는 과정을 경험함으로써 상대방과 내가 대등한 관계에서 상호작용을 하게 됩니다. 나와 너, 모두에 대한 입장의 차이를 알고 좋은 길을 선택할 수 있습니다. '우리'의 생각을 조합함으로써 진정한 상호작용이 가능해지기 시작합니다. 상대방 생각에 대한 인식과 추론도 필요하지만 나를 솔직하고 표현하고 내 뜻도 어느 정도 관철할 수 있어야 합니다. 다른 사람의 말을 듣고 나의 생각도 표현하게 됨으로써 적절한 조율과 타협이 상호 간에 이루어질 수 있습니다. 이 단계를 거치면서 상호작용의 즐거움을 충분히 느끼고 자발적인 동기에 기반한 상호작용을 해나갈 수 있습니다.

다섯 번째 단계는 상호작용 중재를 통한 상호작용 행동의 일반화입니다. 이를 위해 상호작용 중재에서는 여러 상대방이 출현하여 자기표현과 상대방의 통제 수용이 이루어지도록 돕습니다. 주변의 성인들과 또래들이 상호작용 중재의 매체로 활용되면서 자연스러운 상황 중심의 중재가 자주 일어나게 됩니다. 대상 아동의 연령과 기질, 상황을 고려하여 다양한 상대방과 상호작용함으로써 점점 일반화된 상호작용 행동을 하게 될 것입니다.

사람과의 상호작용 행동은 연령, 지적 능력, 성격 특성에 따라 매우 다양해질 수 있습니다. 그러나 상호작용 중재를 통해 우리가 기대할 수 있는 행동은 위의 다섯 가지 행동 과정으로 생각해 볼 수 있습니다. 자폐 범주성 아동의 행동 중재적 접근으로 비전형적인 행동을 소거하는 데 중점을 두기보다는 사회적 상호작용 행동으로 변화하는 것을 중점으로 상호작용 중재를 진행하도록 합니다. 이를 위해 내가 생각하고 있는 대상 아동의 상호작용 행동의 특성을 생각하면서 '지금' 어떤 단계의 상호작용 중재를 진행할지 살펴보아야 할 것입니다.

8. 상호작용 중재의 영향: 자폐 범주성 아동의 언어 능력 변화

언어는 인간의 기능 가운데 가장 중요한 기능이라고 할 수 있습니다. 언어는 인간이 가진 의사소통에 대한 욕구에서 비롯되며 욕구는 자발성을 바탕으로 합니다. 그러므로 언어 발달을 위해서는 자발적 의사소통의 욕구가 우선적으로 향상되어야 합니다. 언어를 숙달하는 것은 어렵고 긴 과정이므로 의사소통 욕구는 지속적으로 자극받아야 할 부분이기도 합니다. 특히 영유아기의 언어 발달은 의사소통 욕구에 근거해서 발달합니다. 연령이 증가함에 따라 언어 기술적인 측면이 발달하게 되는데, 이 또한 자발성에 근거하지 않는다면 지속적인 발달이 어렵습니다. 자폐 범주성 아동의 가장 취약한 부분이 언어 능력입니다. 자폐 범주성 아동은 생애 초기부터 의사소통 욕구가 매우 낮은 것처럼 보입니다. 그러므로 이들의 언어 발달을 위해서는 의사소통에 대한 욕구를 자극하고 유지시키는 것이 더욱 중요합니다.

상호작용 중재의 가장 큰 결과물 중의 하나는 자폐 범주성 아동의 언어 능력 향상입니다. 자폐 범주성 아동의 의사소통 욕구를 자극, 유지함으로써 이들의 언어 능력이 발달되도록 합니다. 상호작용 중재를 통해 이들의 언어 능력이 향상되는 과정은 다음과 같습니다. [그림 4-5]에서 이 과정을 그림으로 표현하고 있습니다.

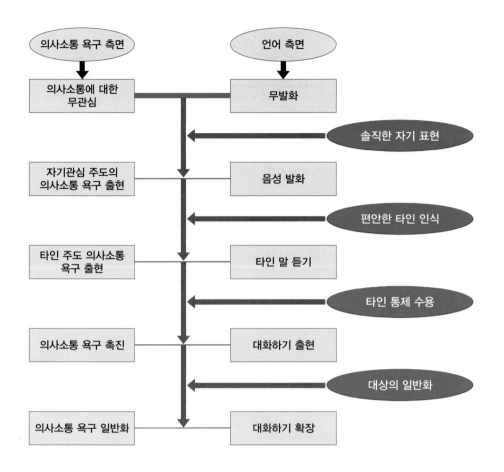

[그림 4-5] 상호작용 중재를 통한 언어 능력 변화 과정

　첫 번째, 상호작용 중재는 자기 본연의 욕구를 자극하고 솔직하게 표현하도록 함으로써 언어 표현 능력을 향상합니다. 자폐 범주성 아동은 타인과의 의사소통에 대해 무관심한 것처럼 보이기 쉽습니다. 생애 초기부터 심각한 자폐 성향이 있을 경우, 의사소통에 대한 무관심은 무발화 현상으로 나타나기도 합니다. 무발화를 보이는 자폐 범주성 아동의 언어 발달을 돕기 위해 상호작용 중재는 솔직한 자기 표현을 하도록 돕습니다. 중재가의 판단을 중지하고 아동 자체의 욕구 혹은 요구에 관심을 두고 자기 표현을 하도록 돕습니다. 이를 통해 아동은 서서히 타인과의 의사소통에 관심을 보이기 시작합니다. 자기 관심 주도의 의사소통을 하려는 욕구가 나타나기 시작합니다. 이때 언어 표현은 눈빛, 제스처 등이 주로 나타나기도 하며 차차 옹알이, 한 음절 혹은 한 단어, 간단한

문장 등으로 발전되어 갑니다.

두 번째, 상호작용 중재에서는 편안한 타인 인식을 통해 다른 사람의 말을 듣고 이해하는 능력을 향상하도록 합니다. 타인을 편안하게 인식함으로써 서서히 타인 주도의 의사소통을 연습하게 됩니다. 이때 자연스럽게 타인의 말 듣기를 통한 언어 이해가 확장됩니다. 즉, 타인의 통제에 대한 수용 능력이 확장됨으로써 상대방의 말 '듣기'와 '이해하기' 능력이 향상됩니다. 뿐만 아니라 자연스러운 언어 표현 발달에서 매우 중요한 방법은 '모방'인데, 타인 통제 수용을 통해 상대방의 언어 표현에 대한 자발적 모방이 이루어집니다. 의사소통은 양자 간의 표현과 반응으로 이루어집니다. 자폐 범주성 아동이 타인 통제 수용을 통해 타인의 세계를 알고 수용해 가는 과정은 이들의 언어 이해와 표현 발달을 촉진하도록 합니다.

세 번째, 상호작용 중재는 외부 세계의 통제에 대한 수용 능력을 향상함으로써 자폐 범주성 아동의 의사소통 욕구의 향상을 돕습니다. 자신을 둘러싼 세계에 대한 지식이 없거나 낮을 경우, 의사소통의 양이나 질은 제한될 수 있습니다. 자신을 둘러싼 환경을 알고 이용하며 수용하는 일련의 과정은 자신의 의사소통 능력을 양적으로 발달시킵니다. 타인의 통제에 대한 수용 능력은 자폐 범주성 아동의 의사소통 욕구를 양적으로 확장하는 데 핵심적인 통로입니다. 이 단계의 언어 발달 형태는 초보적 형태의 대화하기가 출현하는 것입니다. 대화하기는 양자 간 언어적 형태로 주제 중심의 의사소통이 이루어지는 것입니다. 자신을 둘러싼 환경과 관련하여, 짧지만 다양한 주제 중심의 대화하기가 출현하기 시작합니다.

네 번째, 상호작용 중재를 통해 대상의 일반화를 꾀함으로써 타인과의 의사소통 욕구가 일반화되는 단계입니다. 이 단계는 이미 형성된 의사소통의 욕구가 점점 일반화되면서 특별한 자극이 없어도 자연스럽게 대화가 이루어집니다. 또 특별한 자극을 주지 않아도 되기 때문에 비교적 쉬운 언어 중재가 이루어지게 됩니다. 언어 발달적 측면에서도 다양한 상대방과 여러 주제 중심의 대화하기가 보다 편안하게 이루어지게 됩니다. 다양한 개념이 대화 가운데 습득되며 자발적으로 자신의 발화 능력을 수정, 발달시키려고 합니다. 우리 언어 능력의 대부분은 타인이 주는 정보를 자발적으로 받아들이고 적용해 봄으로써 향상됩니다. 자폐 범주성 아동이 네 번째 단계의 언어 발달을 하게 된다면 보호자나 중재가의 도움 혹은 조력 없이도 자신의 언어를 스스로 발달해 갈 것입니다.

이와 같이 상호작용 중재를 통한 언어 발달은 의사소통 욕구를 자극하고 계발하는 것이라고 할 수 있습니다. 자폐 범주성 아동의 의사소통 욕구와 언어의 발달은 이들의 상호작용 능력을 통하여 발달합니다.

9. 상호작용 중재의 실제: 갈등의 역할

인간의 삶에서 갈등은 필연적으로 존재합니다. 갈등은 흔히 자신에게 주어지는 부정적인 피드백을 통해 발생합니다. 이때 부정적인 피드백이란 내가 하고자 하는 것에 반대되거나 내가 하지 않기 원하는 것을 해야 하는 등의 상황이라고 볼 수 있습니다. 부정적인 피드백은 주로 상황으로부터 발생하지만 흔히 상황에 관계된 사람들로부터 주어지곤 합니다. 그러므로 부정적인 피드백은 상황과 사람, 양쪽 모두와의 갈등으로 이어질 수 있습니다. 생애 초기 갈등은 사람과 주로 관련되어 있다면 연령이 증가함에 따라 상황과의 갈등이 깊어지기도 합니다. 대부분 갈등 자체는 좋지 않은 것이지만 갈등을 어떻게 다루어 가느냐에 따라 내면적인 성장이 일어납니다. 갈등은 나의 내면 세계를 자극함으로써 좀 더 깊은 자기 자신을 만나도록 이끌기 때문입니다. 또 타인의 말을 수용할 것인지, 자신을 좀 더 관철할 것인지에 대해 스스로 생각하게 함으로써 인지적 성장을 이루도록 돕기 때문입니다.

상호작용 중재에서는 대상 아동이 상황에 따른 갈등을 만나도록 돕습니다. 이때 상황에 관련된 사람과의 정서적 갈등을 최대한 줄이고 인지적 갈등을 충분히 할 수 있도록 중재를 진행합니다. 상호작용 중재에서 가장 중요한 결과물은 갈등을 주는 상대방에 대한 편안한 인식과 타인의 통제를 편안하게 수용하는 능력입니다. 내 필요 혹은 내 생각과 다름에서 오는 갈등뿐만 아니라 때로 그 갈등을 주는 상대방의 통제 혹은 상대방을 수용하는 데까지 중재가 진행됩니다. 이런 측면에서 상호작용 중재에서는 부정적인 피드백을 주는 상대방과의 정서적 갈등을 줄이고 인지적 갈등을 통해 부정적인 피드백을 해결하는 과정을 중요하게 다룹니다. 상호작용 중재에서는 부정적인 피드백을 주는 '상대방'과 부정적인 피드백을 이겨 낸 '내'가 중요합니다. 중재가를 통해 갈등을 이겨 내면서 대상 아동의 사회적 상호작용 능력이 성장합니다.

보통 상호작용 중재를 필요로 하는 사람들, 특히 자폐 범주성 아동은 자신에게 부정적인 피드백은 물론 그러한 피드백을 준 사람 간의 갈등을 매우 불편하게 인식합니다. 상황과 사람에 대한 지속적 갈등의 경험은 이들에게 불안감과 두려움을 주었을 가능성이 큽니다. 뿐만 아니라 타인과의 상호작용에 대한 트라우마는 위축과 자기 중심적 행동 문제로 남아 있을 수 있습니다. 상호작용 중재에서는 자폐 범주성 아동이 대인과의 관계에서 오는 정서적인 갈등을 극복하도록 여러 전략과 매체를 사용합니다. 상호작용 중재에서 정서적 갈등을 극복하고 인지적 갈등을 일으키기 위해 사용하는 방법은 다음과 같다고 할 수 있습니다.

첫째, 갈등의 원인에 대한 '직접' 경험입니다. 상호작용 중재에서는 갈등을 직접 경험하도록 합니다. 이때 주로 사용하는 매체는 여러 가지 형태의 '비전형적 행동' 혹은 '기능' 등입니다. 또 더 중점적으로 사용하는 전략은 타인 통제 수용 관련 중재입니다. 중재 초기에 비전형적 행동 소거를 매체로 하여 중재가와의 갈등이 일어나며 자신을 직면할 기회를 얻게 됩니다. 또 중재가 진행되면서 중재가의 안내와 조력을 통해 자신의 트라우마를 서서히 극복하면서 비전형적인 행동도 줄어들기 시작합니다. 갈등의 원인에 대한 직접 경험은 매우 어려운 도전이지만, 이를 통해 자신의 심리적 어려움을 직면하면서 편안하게 갈등을 이겨 내는 자신을 발견하게 될 것입니다.

둘째, 상호작용 중재에서는 '지속적으로' 갈등을 경험하도록 합니다. 갈등은 자신과의 직면과 타인에 대한 인식의 변화 등 내면적 정신활동의 과정을 필요로 합니다. 이는 몇 번 만의 기회로 끝나지 않습니다. 충분히 갈등하기 위해 갈등 상황이 지속되고 반복될 수 있어야 하며 충분한 갈등은 내면의 통찰을 일으킵니다. 상호작용 중재에서는 갈등을 지속하기 위해 자신이 하고 싶은 것을 함께하거나 다른 사람이 주도하는 것을 함께하는 매체를 사용하도록 합니다. 보통 자폐 범주성 아동은 선호물이 뚜렷한 편이며, 그것을 자기만의 방법으로 즐기고 몰입하는 경향이 있습니다. 이때 자신이 좋아하는 것을 다른 사람과 함께 나누도록 중재하거나 다른 사람이 자신의 관심에 들어오게 함으로써 또 다른 갈등을 경험하도록 합니다. 대상 아동은 공동주의에서 오는 즐거움을 경험하면서 현재 자기 자신의 심리적 갈등 혹은 트라우마로 남아 있던 심리적 갈등을 극복하게 됩니다.

상호작용 중재는 '갈등'을 포함해야만 합니다. 갈등을 통한 문제해결은 자아 중심성을 직면하는 직접 경험을 가져다줍니다. 갈등을 통해 문제가 해결되는 직접 경험을 할수록 솔직한 자신이 표현되고 타인 통제 수용 능력이 향상됩니다. 직접 경험을 통한 타인과의 갈등이 안전한 환경에서 충분히, 반복적으로 이루어져야 할 것입니다.

10. 상호작용 중재의 실제: 또래의 역할

상호작용 중재의 가장 중요한 매체는 주변 사람들입니다. 1차적 상호작용에서 가장 중요한 매체는 주 양육자를 비롯한 주변 성인들이며 2차적 상호작용에서 가장 중요한 매체는 또래입니다. 특히 또래와의 상호작용은 성인과의 상호작용과는 많이 다릅니다. 또래와의 상호작용은 매우 다양하고 빠르게 전개되며 보다 많은 갈등을 내포합니다. 그리고 또래와의 상호작용에서의 갈등은 필수적이며 스스로 해결해야 하는 특성이 있습니다. 그러나 또래 간 상호작용을 통해 자발적인 타인 관찰과 모방이 이루어짐으로써 상호작용 능력 자체뿐만 아니라 자립 생활을 위한 사고 능력과 기능 및 기술을 습득할 수 있게 됩니다. 보통 만 3세 무렵이 되면 주변의 또래가 자연스럽게 인식됩니다. 그 이전에는 또래의 존재 유무 정도에 대한 인식이 있었다면 이 시기 이후부터는 또래에 대한 동일시가 이루어지기 시작합니다. 동시에 또래를 자신과 구별하게 되면서 자연스럽게 자기 인식이 확장됩니다. 또래 세계 속으로 들어가기, 내 속으로 또래 들어오기 등의 상호작용이 활발히 일어나기 시작합니다. 인간의 모든 지식은 직접 경험으로만 이루어진 산출물이 아닙니다. 대부분 타인의 지식이 나의 필요나 관심에 의해 나에게 인식되면서 습득되는데, 이는 또래를 통해 전달될 때가 매우 많고 효과적입니다.

이런 관점에서 상호작용 중재에서는 또래와의 상호작용을 매우 중요하게 생각합니다. 또래 활동 자체가 중심이 되는 것은 상호작용 중재의 목적이 아닙니다. 상호작용 중재에서 또래의 첫 번째 역할은 나와 다른 존재로서 인식하기 위한 상대방입니다. 서로 다름을 인식하는 과정에서 나를 나로 인정하고 또래 친구를 또래 친구로 인정함으로써 타인에 대한 인식 변화를 경험하게 합니다.

두 번째로 상호작용 중재에서 또래는 중재가의 역할을 하게 됩니다. 또래가 직·간접으로 나에게 가르쳐 줄 수도 있을 뿐 아니라 또래가 받는 상과 벌은 나에게 매우 중요한 간접 중재가 되어 후의 내 행동을 스스로 조절하는 데 영향을 미치게 됩니다.

세 번째로 상호작용 중재에서 또래는 즐거움이나 어려움을 함께 누리는 협력자요, 공유자로서의 역할을 하게 됩니다. 또래와 하는 활동 과정을 통해 무엇인가를 '함께'하는 의미를 습득하게 됩니다. 함께 경험을 나눔으로써 동지 의식을 가지기도 하며 내적인 친밀감 혹은 연대감이 발생합니다. 이야기를 나눌 주제도 많아지게 됩니다. 상호작용에서 오는 즐거움의 기회를 잘 획득하지 못하는 자폐 범주성 아동들에게 이것은 중요한 욕구 해소와 심리적 치유의 도구가 됩니다.

상호작용 중재는 또래를 상대방으로 하여 대상 아동의 솔직한 자기 표현을 돕습니다. 또 나와 비슷하지만 다른 존재로서 또래를 인식하게 하고, 그들이 주는 통제를 수용하게 합니다. 상호작용 중재는 또래를 적극적으로 활용함으로써 상호작용 능력을 자연스럽게 확장하고 통합적인 발달을 위한 길을 넓힐 것입니다.

11. 상호작용 중재의 실제: 중재가의 반성적 사고

상호작용 중재는 궁극적으로 대상 아동의 사고 능력 확장을 돕습니다. 대상 아동이 솔직한 자기 표현을 하려고 할 때 이미 사고 능력이 확장됩니다. 수많은 외부자극 중에서 자신의 욕구와 적절한 자극을 찾는 데 사고 능력이 필요합니다. 또는 어떤 사람에게 자신의 요구를 적절하게 표현하기 위해서 사고 능력이 필요합니다. 더욱이 자신의 뜻을 관철하기 위해서는 주변의 자원을 통합적으로 활용해야 하므로 좀 더 복잡하고 확장된 사고 능력이 필요합니다.

상호작용 중재가 확장될 때 자연스럽게 대상 아동의 반성적인 사고가 일어납니다. 반성적인 사고란 자신의 사고 내용이나 사고 과정, 문제해결 과정 그리고 그 결과에 대해 생각하는 사고입니다. 상호작용 중재에서 대상 아동의 반성적인 사고를 일으키기 위해서는 중재가도 반성적인 사고를 해야만 합니다. 중재가는 시종일관 대상 아동이 상호작용 중재에 어떻게 반응하는지 살펴보아야 합니다. 물론 기본적으로 상호작용 중재가 무엇인지, 지금 대상 아동에게 목표하고자 하는 것이 무엇인지 고려해야 합니다. 또 전략을 사용할 때 대상 아동이 어떻게 반응하는지 주의 깊게 지켜보고 대상 아동의 마음과 행동을 예측할 필요가 있습니다. 그다음 중재가 성공적으로 이루어졌는지 살펴보아야 하며, 자신이 적절한 중재를 사용하고 있는지 점검해야 합니다.

부모가 자녀를 위한 상호작용 중재가가 되었을 때 반성적인 사고를 하는 것은 쉽지 않습니다. 그럼에도 무수한 연습과 점검이 이루어질 때 자녀를 위한 좋은 상호작용 중재가가 될 수 있습니다. 특히 부모 상호작용 중재가는 부모로서 '자기효능감' 혹은 '양육효능감'을 가지게 됩니다. 효능감은 양육에 대한 장기적인 자신감으로 이어지며 부모로서의 긍정적인 자기 인식에도 좋은 영향을 미치게 됩니다. 뿐만 아니라 상호작용 중재를 통한 효능감은 그간의 실패한 양육효능감을 극복하도록 돕습니다.

부모가 상호작용 중재가가 될 때 그 자녀는 심리적인 안정감을 가질 뿐 아니라 의지할 수 있는 타자로서 부모를 인식하기 시작합니다. 단순한 의지라기보다는 부모의 진중한 사고 처리 과정을 존중하는 자녀가 될 수 있습니다. 뿐만 아니라 부모의 사고 처리 과정을 모델링하고 간접 경험하기도 합니다.

그러므로 부모를 포함한 상호작용 중재가는 반성적인 사고를 하는 것이 어렵다고 할지라도 도전하고 연습함으로써 반성적인 사고를 할 수 있는 능력을 갖추도록 해야 합니다. 이는 쉽지 않은 도전이지만 매우 의미 있는 도전이 될 것입니다.

12. 상호작용 중재의 실제: 중재가의 세 가지 역할

상호작용 중재를 통해 상호작용 능력이 향상되어야 하는 주인공은 대상 아동입니다. 그러나 상호작용 중재의 주체는 상호작용 중재가입니다. 중재가는 상호작용 중재에서 가장 중요한 역할을 담당합니다. 상호작용 중재에서 중재가의 역할은 매우 다양하지만 크게 세 가지로 살펴볼 수 있습니다.

첫째, 상호작용 중재에서 중재가는 중재하고자 하는 대상 아동의 애착 상대자가 되어야 합니다. 애착은 애정을 주는 주체(주 양육자, 중재가)가 형성하는 것이 아닙니다. 대상 아동이 애정을 주는 주체에게 형성하는 것이 애착입니다. 애착이 형성됨으로써 대상 아동은 중재가의 안내와 조력을 허용하게 됩니다. 자신의 직관이나 생각이 중재가를 애착의 상대로 인식하고 허용해야 합니다. 대상 아동에게 자신을 애착의 상대로 인정해 달라고 강요할 수 없습니다. 중재가는 애착의 상대로 인정되기까지 충분히 기다리면서 노력해야 합니다. 대상 아동이 중재가에게 애착을 가지지 않는다면 중재가의 말을 듣는 데 관심을 보이지 않을 뿐 아니라 들으려고 하지 않을 것입니다. 이때 안타깝게도 중재의 노력이 물거품이 될 때가 많습니다. 그러므로 중재가는 일차적으로 대상 아동이 인정하고 허락하는 애착 상대자가 되어야 합니다.

둘째, 중재가는 안내자가 되어야 합니다. 안내자의 가장 큰 역할은 발달의 방향을 제시하고 따르도록 하는 것입니다. 그러므로 중재가는 대상 아동 발달의 방향을 잘 알고 있어야만 합니다. 중재가가 대상 아동이 가야 할 발달의 방향을 모른다면 대상 아동을 어떤 길로 안내해야 할지 알 수 없습니다. 특히 자폐 범주성 아동은 연령이 높아져도 자신의 삶의 목표를 깨닫고 목표대로 스스로 움직이기 어렵습니다. 삶과 발달의 목표를 알려 주고 안내해 주는 안내자가 절실합니다. 중재가는 단지 신발끈을 매는 방법만을 가르치는 사람이 아닙니다. 대상 아동이 필요시 스스로 신발끈을 찾는 방법을 습득하도록 안내해야 합니다. 여러 차례의 실패 경험을 통해 자신이 원하는 목표에 스스로 도달할 수 있도록 도와야 합니다. 아동을 가능한 한 깊이 이해하기 위해 중재가는 끊임없이 아동에게 집중해야 하며 아동이 지금 무엇을 필요로 하는가를 살펴봐야 합니다. 아동이 원하는 것과 발달의 목표가 잘 조화되도록 안내해 주어야 합니다. 발달의 목표에 달성하도록 아동 주변 사람들에 대해 이야기해 주거나 어떻게 반응해야 하는지를 설명해 줄 필요도 있습니다. 그리고 아동이 발달의 목표를 스스로 생각하고 실행할 수 있는 시간을 주어야 합니다. 발달의 목표를 성인기의 자립 생활로 본다면 중재가는 발달의 목표를 가르치기보다는 대상 아동 자신이 발달의 목표를 인식하고 성취해 갈 수 있도록 안내하는 사람이 되어야 할 것입니다.

셋째, 중재가는 대상 아동에게 발달의 조력자가 되어야 합니다. 스스로 발달이 어려운 대상 아동은 언제나 조력이 필요합니다. 조력이 필요한 시기의 적절한 조력은 대상 아동의 발달에 필수적입니다. 그러므로 중재가는 조력이 필요한 시기, 조력의 적절한 양이나 강도에 대해 늘 고민해야 합니다. 보통은 동기가 발생했지만 자신의 힘만으로는 해결하기 어려운 문제가 발생했을 때를 조력이 필요한 시기라고 할 수 있습니다. 또 조력에서 적절한 강도는 자신의 주도성이 유지되는 정도의 강도라고 할 수 있습니다. 대상 아동의 주도성이 낮아져 버린다면 조력이 잘못된 방향으로 흐르고 있다고 볼 수 있습니다. 자폐 범주성 아동은 자신의 능력을 인정하고 도움을 청하는 것을 부끄러워하거나 자존심 상해하는 경우가 많습니다. 실패의 경험과 사람과의 상호작용으로 인한 위축이 중재가의 조력을 매우 부담스럽게 받아들이도록 할 수 있습니다. 그러므로 중재가는 가급적 조용하고 은밀한 조력자가 될 필요가 있습니다. 대상 아동이 자신의 주도성을 유지할 수 있게 하면서 필요한 부분에 대한 것을 조용한 조력을 통해 돕도록 해야 합니다. 스스로 경험할 수 있는 욕구를 발휘시켜야 하고 경험하도록 시간을 허락해야 합니다. 경험하지 않았거나, 경험의 양이 적거나, 지식 또는 힘이 적어서 힘들어할 때 그들의 손을 잡아 주어야 합니다. 자신이 할 수 있도록 최소한의 비계를 형성해 줌으로써 스스로 성공하도록 조력해야 합니다.

상호작용 중재가의 역할은 결코 쉽지 않습니다. 중재가로서 가장 어려운 것이 '목표를 위한 기다림'일 것입니다. 중재의 대상 아동이 허락하는 애착 상대자가 되어 방향을 일관성 있게 제시하며 조용한 조력을 실행하도록 해야 합니다. 이것은 상호작용 중재가를 필요로 하는 모든 대상 아동에게 매우 중요한 역할입니다.

13. 상호작용 중재의 실제: 중재 전략의 설계

상호작용 중재는 대상 아동을 직접 가르치는 것이 아닙니다. 대상 아동이 스스로 인식하고 깨닫고 변화하는 정신 과정을 돕는 중재입니다. 그러므로 상호작용 중재가의 역할은 가르치는 교사나 치료하는 치료사의 역할과는 다릅니다. 상호작용 중재가는 대상 아동을 올바른 방향으로 안내하고 적절한 조력을 통해 대상 아동의 변화를 지지하는 역할을 수행합니다. 이 역할을 수행하기 위해서 상호작용 중재가는 적절한 상호작용 중재 전략을 설계하도록 노력해야 합니다. 자폐 범주성 아동의 성향은 매우 독특한 편입니다. 또 비슷한 자폐 성향을 보이는 아동일지라도 동질성보다 이질성을 가지고 있는 경우가 많습니다. 상호작용 전략을 잘 세우기 위해 유념해야 할 사항들을 살펴보면 다음과 같습니다.

첫째, 상호작용 중재 초기에 대상 아동의 상호작용 행동을 살펴보거나 진단함으로써 더 지연된 상호작용 영역을 찾아내도록 해야 합니다. 대부분의 중재 대상 아동은 상호작용 능력의 균형이 깨어져 있을 것입니다. 이를 위해 상호작용 행동만을 기준으로 대상 아동을 살펴볼 필요가 있습니다. 또 상호작용 행동의 진단은 중재 전문가, 주 양육자, 또래 등이 모두 다르게 판단할 수 있으므로 대상 아동에 따른 진단이 통합적으로 이루어지는 것이 좋습니다. 다양한 주변인의 상호작용 행동 진단을 통해 대상 아동에게 필요한 상호작용 영역을 우선적인 중재 목표로 설정해야 합니다. 예를 들어, 솔직한 자기 표현이 적은 대상 아동일 경우 자기 표현이 확장되는 전략을 좀 더 사용해야 하며, 심각한 행동 문제를 보이는 대상 아동의 경우 타인 수용과 관련된 전략을 중점적으로 사용하도록 설계되어야 합니다. 주의할 점은 한 가지 영역의 전략만을 사용해서는 안 된다는 것입니다. 중점으로 두는 영역의 전략을 좀 더 사용하되 나머지 영역의 전략도 반드시 함께 사용함으로써 상호작용 능력의 균형을 맞추도록 해야 합니다.

둘째, 상호작용 중재의 전략 설계에서 상호작용 중재의 차원을 결정해야 합니다. 상호작용 중재는 성인(주 양육자 혹은 중재가)과 또래의 두 가지 차원에서의 자기 표현 영역과 타인 통제 수용 영역으로 이루어져 있습니다. 상호작용 행동의 진단을 통해서 상호작용 중재가 성인과 먼저 이루어지는 것이 좋을지 또래와 먼저 이루어지는 것이 좋을지 결정하도록 합니다. 보통 자폐 범주성 아동과 같이 사회성의 기질적 어려움이 있거나 생애 초기부터 어려움이 있었던 아동의 경우 상호작용 중재는 1차적, 즉 성인과의 상호작용이 우선 필요할 가능성이 많습니다. 그리고 상호작용 능력이 향상되면서 2차적, 즉 또래와의 상호작용 중재가 필요해집니다. 그러나 처음부터 또래와의 상호작용을 스스로 원하거나 상황상 먼저 필요한 대상 아동들이 있습니다. 특히 연령이 높거나 심각한 위축성을 가지고 있는 경우 혹은 성인과의 상호작용을 두려워할 경우 또래와의 상호작용 중재가 먼저 필요할 수도 있습니다. 이때 또래와의 상호작용 중재가 진행되면서 성인과의 중재 시기와 방법을 고려하여 투입할 필요가 있습니다.

셋째, 상호작용 중재의 전략 사용에서 대상 아동의 상호작용 특성에 따른 중재의 강도 조절을 선택해야 합니다. 상호작용 중재의 효과적인 결과를 기대하기 위해서는 중재 전략의 강도를 잘 설계하도록 해야 합니다. 대상 아동에 비해 중재 전략의 강도가 너무 크거나 적을 때 목표는 제대로 이루어질 수 없을 것입니다. 예를 들어, 솔직한 자기 표현 능력이 부족한 대상 아동일 경우 상호작용 중재의 목표는 대상 아동의 솔직한 자기 표현의 확대가 될 것입니다. 이때 자기 표현 확장을 위한 중재 전략의 크기는 이미 형성된 대상 아동의 위축감만큼 커져야 할 필요가 있습니다. 대상 아동이 가진 위축감의 크기를 민감히 파악하고 대상 아동이 스스로 자신의 위축감을 극복하고 나올 때까지 충분히 기다려 주어야 하는 전략을 사용하도록 합니다. 반대로 타인 통제 수용 능력이 부족한 대상 아동일 경우 과다한 자기 중심성과 이에 따른 심각한 공격성 행동이 나타날 수 있습니다. 이때의 중재는 상호작용 대상 아동이 가진 자기 중심적이고 공격적인 표현 정도만큼 이루어지도록 해야 합니다. 화를 내면서 욕을 하거나 물건을 던지는 등의, 대상 아동이 보이는 행동 문제와 같은 방식은 아니지만 같은 크기만큼의 중재가 필요할 수 있습니다. 적절한 중재의 강도는 각 대상 아동에게 누군가와의 상호작용이 이루어지고 있음을 '인식'하도록 합니다. 자폐 범주성 아동과 같이 상호작용 능력이 매우 낮은 대상 아동은 이전까지 누구와도 의미 있는 '상호의 작용'을 경험해 보지 못했을 가능성이 큽니다. 상호작용 중재는 '상호'의 '작용'이 이루어져야 하는 과정이므로 대상 아동이 보이는 상호작용 행동에 근거해서 대상 아동에게 적절한 크기와 강도만큼 중재가 진행되어야 할 것입니다.

넷째, 상호작용의 전략 사용 시 매체 활용에 대한 논의가 함께 이루어져야 합니다. 매체의 종류를 잘 활용함으로써 대상 아동의 발달 수준을 함께 확장할 수 있습니다. 특히 기능과 기술적인 발달의 어려움이 있다면 성인기 독립 생활을 전제로 하여 연령에 적절한 매체 활용을 고려하여야 합니다. 상호작용 중재는 매체를 활용하여 에피소드 중심으로 이루어집니다. 이왕이면 대상 아동의 연령에 적합한 매체를 활용하여 중재를 진행하는 것이 필요합니다. 발달 연령과 대상 아동의 필요 부분을 면밀히 파악하고 생활 연령을 고려하여 매체를 선택하고 활용할 수 있도록 해야 합니다.

마지막으로, 상호작용의 전략 사용은 융통성 있게 사용되어야 합니다. 대상 아동의 연령, 발달 능력, 기질과 성격 등에 가급적 적절해야 합니다. 대상 아동이 매우 어린 연령이라면 지나친 타인 통제 수용 전략 사용은 어렵습니다. 또 대상 아동이 이미 솔직한 자기 표현을 하고 있다면 솔직한 자기 표현과 관련된 중재 전략은 더 이상 필요 없습니다. 대상 아동은 여러 가지 환경의 영향을 받기 때문에 이들의 상호작용 수준은 계속 변화합니다. 그러므로 전략의 사용 역시 적절하게 변화되어야 합니다. 대상 아동의 상호작용 능력의 목표는 상호작용의 균형을 이루는 것이고 이를 통해 발달의 목표에 접근하는 것입니다. 목표에 따라 상호작용 중재가의 전략 사용은 매우 유연해야 하며 협력 체계를 갖추는 것도 필요할 것입니다.

14. 상호작용 중재의 실제: 에피소드 활용과 요소의 균형 맞추기

상호작용은 보통 일상적인 활동에서 사람들과의 관계를 통해서 일어납니다. 그러므로 상호작용 중재를 진행하기 위해서는 사람들과의 일상적인 에피소드를 활용해야 합니다. 상호작용 중재가는 일상의 에피소드를 활용해서 대상 아동의 상호작용 능력을 돕습니다. 특히 일상 관계에서의 상호작용에 대한 경험은 주 양육자를 포함한 중재가로 하여금 상호작용 능력의 일반화를 주도해 갈 수 있도록 돕습니다.

사회적 상호작용에서 에피소드의 의미는 '이야기나 사건의 줄거리 사이에 끼어 있는 사람끼리의 짧막한 이야기'입니다. 에피소드는 사물 혹은 단순한 사건이 아닙니다. 에피소드는 그 사건을 통해 일어난 사람과의 관계를 의미합니다. 에피소드는 사건 자체가 아닌 '상호작용'에 주목합니다. 우리 생활의 도처에 에피소드는 존재합니다. 예를 들어, 밥상을 차리는 상황에서도, 밥을 먹는 상황에서도, 옷을 고르는 상황에서도, 공놀이를 하다가 넘어진 상황에서도, 누군가와 '함께'하는 상황이라면 상호작용 에피소드는 수시로 발생합니다.

상호작용 에피소드를 통해 상대방에게 받아들여질 수 있는 자기 표현을 할 수 있고 상대방의 통제를 수용하는 능력이 자라날 수 있습니다. 상호작용 에피소드는 주로 일상에서 이루어지기 때문에 주 양육자, 가족, 가까운 주변 사람, 또래 집단, 자신이 속한 상황과 집단에서 발생합니다. 상호작용 능력은 눈에 보이는 '외현적인 기술'이 아닙니다. 상호작용 능력은 '어떤 상황'에서 자신이 행동하고 겪어 보고 느끼면서 통찰하는 '내면화 기술'입니다. 이때 '어떤 상황'이 바로 '에피소드'이므로 에피소드 상황을 잘 다루어야 합니다.

사회적 상호작용 중재에서 에피소드는 상대방, 연속적인 표현 행동과 반응 행동, 표현 방법 등의 요소가 필요합니다. 상호작용 중재는 이러한 요소를 중심으로 서로 간의 작용이 잘 이루어지도록 돕습니다. 상호작용의 요소가 충족되는 것만큼 중요한 부분은 상호작용 행동의 균형입니다. 다음의 에피소드 요소를 고려하여 상호작용의 균형이 이루어지도록 해야 할 것입니다.

첫째, 상호작용 표현 행동과 상호작용 반응 행동의 균형입니다. 예를 들어, 에피소드를 중심으로 중재가의 표현 행동과 반응 행동, 대상 아동의 표현 행동과 반응 행동의 주고받기에 대한 균형이 필요합니다. 에피소드 상황에서 중재가의 표현 행동이 있어야 하고 대상 아동의 표현 행동이 있어야 합니다. 또한 중재가의 반응 행동이 있어야 하고 대상 아동의 반응 행동이 있어야 합니다. 중재가만 표현하지 않도록, 혹은 대상 아동만 표현하지 않도록 살펴야 합니다. 또 중재가만 반응하지 않도록, 혹은 대상 아동만 반응하지 않도록 살펴야 합니다. 상호작용 표현 행동과 반응 행동을 상대방에 맞춰 적용할 수 있도록 충분한 연습이 필요합니다.

둘째, 에피소드 활용 시 내용 면에서의 균형입니다. 에피소드에서는 서로의 감정, 생각, 입장이 나타납니다. 이때 중재가는 감정을 표현하는데 대상 아동은 입장을 표현하고 있다면 상호작용에서의 균형을 맞추기 어렵습니다. 반대로 대상 아동은 자신의 생각을 표현하는데 중재가가 지나치게 자신의 감정을 표현하고 있다면 상호작용의 균형이 깨진 것으로 볼 수 있습니다. 대상 아동이 감정을 표현하고 있다면 중재가도 감정을 표현할 필요가 있습니다. 또 대상 아동이 자신의 감정만을 표현하려고 한다면 생각도 표현하도록 중재할 필요가 있습니다. 그리고 대상 아동이 자신의 입장을 지나치게 주장한다면 중재가도 입장을 주장하면서 대상 아동이 타인과의 입장 차이를 알도록 중재할 수 있습니다. 상호작용 중재는 감정, 생각, 입장의 균형 잡힌 표현을 할 수 있도록 도움을 주어야 합니다.

셋째, 에피소드 활용 시 상대방의 다양성입니다. 한 사람과의 상호작용만 일어나지 않도록, 점차 다양한 사람이 개입되는 에피소드로 발전시켜야 합니다. 가급적 다양한 중재가와 또래를 경험할 필요가 있습니다. 에피소드 상황에서 다양한 상대를 경험함으로써 좀 더 심화된 자기 표현과 타인 통제 수용을 경험할 수 있습니다.

마지막으로, 에피소드에서의 매체 활용의 균형입니다. 중재 초기에는 대상 아동의 비전형적 행동과 호기심을 우선으로 매체가 활용될 필요가 있으나 점점 중재가의 의도에 따른 매체도 활용될 필요가 있습니다. 또 학습에 관련된 매체로 단순한 글자 읽기와 쓰기뿐만 아니라 주제 관련 글쓰기와 대화 혹은 수 연산 등도 활용되어야 합니다.

중재가는 최대한 객관적인 관점에서 나와 상대방의 상호작용 행동을 살펴보면서 에피소드 상황을 중재하도록 해야 할 것입니다. 상호작용 중재 실제에서의 성공은 에피소드 상황에서 균형 있는 상호작용 요소를 활용하는 것이라고 할 수 있습니다.

15. 상호작용 중재의 실제: 매체 활용

상호작용 중재는 매체를 통해 이루어집니다. 상호작용 중재는 여러 가지 매체 활용을 통해 상호작용 능력을 향상시켜 갑니다. 상호작용 중재의 일차적 결과물은 솔직한 자기 표현과 타인 통제 수용의 상호작용 능력의 균형을 맞추는 것입니다. 그러나 발달 영역의 지연 혹은 장애가 있는 대상 아동을 중재할 경우, 상호작용 중재는 대상 아동의 기능·기술적 어려움도 함께 극복하도록 설계되어야 합니다. 그러므로 발달 지연 혹은 장애가 있는 대상 아동에 대한 매체 결정은 매우 중요합니다. 상호작용의 매체는 사람, 사물, 관계 등 매우 다양할 수 있습니다. 상호작용 중재에서 사용하는 매체에 대해 살펴보면 다음과 같습니다.

첫째, 상호작용 중재의 최종적인 목표는 사람과의 상호작용 능력의 향상이므로 상호작용하는 상대방이 가장 큰 매체라고 할 수 있습니다. 상호작용 중재에서 가장 중요한 상대방은 주 양육자를 포함한 중재가와 또래입니다. 이 중에서 상호작용 중재의 의도를 가지고 있고 흐름을 이끌어 가는 상호작용 중재가는 가장 큰 매체라고 할 수 있습니다. 그러므로 상호작용 중재가 잘 이루어지기 위해서 가장 필요한 것은 상호작용 중재가가 잘 준비되는 것입니다. 준비된 상호작용 중재가는 때로 어떤 물리적 매체를 활용하지 않을 수도 있습니다. 또는 매우 복잡한 사물들을 활용하여 상호작용 중재를 할 수도 있습니다. 상호작용 중재가는 또 다른 사람을 매체로 활용할 수도 있습니다. 상호작용 중재가가 좀 더 확장된 조망 능력으로 대상 아동을 살펴보며 다양한 매체를 활용하는 것은 중재가의 창의성이 요구되는 부분입니다.

둘째, 상호작용 중재의 매체로 비전형적인 행동의 소거를 사용할 수 있습니다. 비전형적인 행동이란 보통 위험하거나 공격적인 행동을 의미하는데, 자폐 범주성 아동의 경우는 고착화된 감각 추구 행동, 자기자극 행동도 포함된다고 할 수 있습니다. 비전형적 행동의 소거는 타인 통제 수용을 위한 전략에서 매체로 활용될 수 있으며 보통 중재 초기에 사용됩니다. 상호작용 중재의 매체로 비전형적 행동 소거를 활용하면서 타인의 부정적인 피드백을 수용하고 좋은 상호작용 행동으로 변화하도록 돕습니다.

셋째, 신변 자립과 관련된 매체입니다. 신변 자립은 일상생활을 영위해 갈 때 자기 신변의 관련된 일을 스스로 처리하는 능력입니다. 신변 자립은 유아기부터 이루어져야 하는 기술로 식사 시 수저 사용하기, 옷 입고 벗기, 독립적인 보행하기, 글자 습득하기, 돈 사용하기 등 매우 다양합니다. 신변 자립을 하게 될 때 주변인들의 칭찬 등 긍정적인 강화를 받게 되는 기회를 가지게 되며 주변인들에게도 좋은 선입견을 줄 수 있습니다. 또 신변 처리를 잘하도록 도운 부모를 포함한 주변인들도 중재 결과에 대한 빠른 강화를 얻을 수 있습니다. 신변 자립 자체가 자폐 범주성 아동의 중재 혹은 교육의 목표라고 할 수는 없지만 상호작용 중재 시 매체로 활용함으로써 이들의 발달 수준까지 높여 줄 수 있습니다.

넷째, 대상 아동의 선호에 따른 매체입니다. 상호작용은 우선적으로 대상 아동의 주도성을 중요하게 생각합니다. 대상 아동의 주도성을 통해 쉽게 공동주의가 형성되기 때문입니다. 대상 아동의 선호를 매체로 활용하여 대상 아동이 주도성을 발휘하도록 해야 하며 상대방과 관심을 함께 나누도록 해야 합니다. 이때 대상 아동의 선호물은 사물, 사람, 환경, 시간, 공간 등 다양한 것을 포함할 수 있습니다.

다섯째, 생활 연령에서 필요한 매체입니다. 모든 매체 활용은 가급적 생활 연령을 전제로 해야 합니다. 우리는 흔히 발달 수준의 연령으로 자폐 범주성 아동을 판단하고 발달 수준에 맞는 매체를 활용하려고 합니다. 그러나 이때의 매체는 대상 아동에게 의미가 크지 않을 가능성이 높습니다. 대상 아동의 발달 수준에 맞춘 매체를 활용하기보다 대상 아동의 생활 연령에 맞는 매체를 활용하도록 해야 합니다. 예를 들어, 청소년기의 자폐 범주성 아동도 이성에 대한 호기심이 많습니다. 이를 이용하여 글짓기를 하거나 이야기 나누기 시간을 가질 수 있습니다. 대상 아동의 생활 연령에 의한 매체 활용은 아동의 정서적 필요까지 충족하도록 도움을 줍니다.

여섯째, 상호작용 중재는 학습에 대한 매체 활용을 고려합니다. 상호작용 중재의 목표는 성인기의 자립 생활입니다. 사회에서 살아가기 위해 꼭 필요한 학습 능력은 문자 활용, 일상적 독해, 수, 돈 계산, 상식 이해 등입니다. 그러므로 학령기 이상의 연령에서 상호작용 중재를 진행할 때는 반드시 학습에 대한 동기, 성취, 연습, 모델링, 비계 설정

등이 포함되어야 합니다. 어느 정도의 지능을 가지고 있다면 이 정도의 학습 능력은 충분히 이루어질 수 있습니다. 단, 학습 기술이 상호작용 중재의 목표가 아닌 매체로 이루어질 수 있도록 주의해야 합니다.

[그림 4-6]은 상호작용 중재의 연령별로 활용할 수 있는 매체의 예입니다.

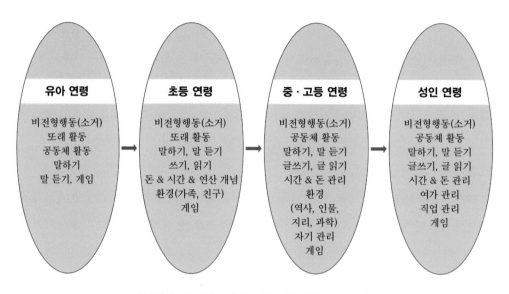

[그림 4-6] 상호작용 중재와 매체 활용 프로그램

16. 1차적 상호작용 중재의 적용: '하지 않아야 할 행동' 줄이기

인간의 '행동'은 여러 영역의 발달을 비추는 거울과 같습니다. 아동이 '하지 않아야 할 행동'을 지속적으로 하고 있다면, 이는 아동 발달이 저해되고 있는 신호가 되며 자연적으로 부모나 교사의 양육이나 교육 효능감은 떨어질 수밖에 없습니다. 자폐 범주성 아동은 감각, 정서, 행동, 인지적 특성의 복합적 요인으로 '하지 않아야 할 행동'을 하고 있을 가능성이 많습니다. 자폐 범주성 아동들이 보이는 '하지 않아야 할 행동'의 범위는 위험한 행동, 공격 행동, 자해 행동, 감각 추구 행동 혹은 자기자극 행동 등의 비전형적인 행동이며, 이는 거의 자기 몰입적인 주의에서 발생해 온 것이라고 할 수 있습니다. 자폐 범주성 아동이 보이는 이러한 행동은 생애 초기부터 나타나며 범위가 점점 더 커지거나 강도가 강해지는 특성을 보이기도 합니다. 그러므로 상호작용 중재가는 우선적인 중재 매체로 '하지 않아야 할 행동'을 활용합니다. 상호작용 중재 과정을 통해 대상 아동은 중재가에 편안한 인식을 형성할 뿐만 아니라 중재가에게 주의를 전환하고 통제를 수용하는 능력이 향상되면서 행동 문제의 소거와 발달 능력의 향상을 가져올 수 있습니다. '하지 않아야 할 행동'에 대한 상호작용 중재는 우선적으로 성인과의 상호작용인 1차적 상호작용 중재를 통해 이루어집니다. 여기에서는 하지 않아야 할 행동 소거를 위한 1차적 상호작용 중재 과정을 살펴보고자 합니다. 이것은 다섯 가지의 과정에 따르며 각 과정은 상호작용 중재 전략을 활용하여 중재가가 진행하도록 합니다. 각 단계에 따른 구체적인 전략은 1차적 상호작용 중재 전략 편을 적용하도록 합니다.

　첫 번째 과정은 '목표 행동 정하기'입니다. '하지 않아야 할 행동'을 다수 보이고 있는 대상 아동에게 모든 행동 문제를 목표 행동으로 할 수는 없습니다. 중재가는 대상 아동을 충분히 지켜본 후 행동 문제를 파악하되 대상 아동의 연령과 행동 문제의 유형과 심각성, 중재의 환경, 중재의 자원 등을 살펴봄으로써 맨 처음 소거해야 할 목표 행동을 결정해야 합니다. 이 과정을 위해 상호작용 중재의 '중재가의 마음 준비' 단계의 전략을 활용하도록 합니다.

　두 번째 과정은 갈등을 일으킬 만한 '환경 재조정하기'입니다. 중재가는 대상 아동 주변의 환경을 다시 정리함으로써 정서적인 갈등이 생길 만한 원인을 최소화하도록 합니다. 이때 환경이란 물리적 환경과 심리적 환경 모두를 의미합니다. 대상 아동에게 부정적인 통제를 해야 할 때 직접 통제보다 환경을 먼저 통제하는 것이 좋습니다. 부정적인 직접 통제는 우선적으로 대상 아동의 감정을 힘들게 합니다. 그러므로 부정적인 피드백을 줄 만한 물리적 환경을 미리 조정함으로써 정서적 갈등에 가급적 덜 노출시키는 것이 좋습니다. 또한 심리적 환경의 재조정은 나와 대상 아동 모두가 정서적인 갈등을 일으키지 않도록 심리적 환경을 만들어 주는 것입니다. 이 과정을 위해 상호작용 중재의 '중재가의 마음 준비' 단계 전략을 적용하도록 합니다.

　세 번째 과정은 하지 않아야 할 행동을 하지 않기 위한 '설명하기'입니다. 환경 재조정 과정으로 행동 문제가 소거되지 않을 때 설명하기 과정을 진행할 수 있습니다. 설명하기는 이해와 납득을 위한 매우 중요한 도구로 사용되며 중재가의 직접적인 역할이 커집니다. 설명은 부정적인 갈등 대신 인지적 갈등을 일으키는 방법이 됩니다. 또 설명하기를 통해 대상 아동이 부정적인 감정을 올리지 않고 중재가를 포함한 외부 세계로의 주의 전환이 이루어집니다. 자기 몰입적인 주의에서 벗어나 타인을 이해하고 납득하는 과정이 없다면 중재가의 통제를 수용할 수 있는 결과를 가져오기는 어렵습니다. 그러므로 설명하기 과정은, 반복적이고 이해 가능한 타인의 설명을 통해 주의 전환이 일어나면서 인지적 갈등이 발생하고 결국 외부 통제를 인지적으로 받아들이는 과정이라고 할 수 있습니다. 이 과정을 위해 중재가는 '알아 가기' '반응하기' '나를 알리기' 단계의 전략을 적용할 수 있습니다.

네 번째 과정은 하지 않아야 할 행동을 하지 않도록 중재가와 '약속하기'입니다. 이전 과정의 전략이 충분히 이루어졌음에도 불구하고 행동 문제가 남아 있다면 대상 아동은 여전히 자신의 행동 문제에 몰입되어 있거나 타인의 통제에 대한 수용이 어려운 상황일 가능성이 높습니다. 이때 중재가와 '약속하기'는 대상 아동으로 하여금 중재가에게 좀 더 주의를 전환하도록 하고 행동 문제에 대한 인식을 더 명확하게 합니다. 뿐만 아니라 자신의 행동 문제에 대한 행동 변화를 일으키도록 인지적 자극을 줄 수 있습니다. 중재 가와의 약속에 의한 상이나 벌을 통해서 '하지 않아야 할 행동'에 대한 심리적 경계를 세움으로써 대상 아동 스스로 의식하고 통제하도록 도움을 줄 수 있습니다. 이 과정을 위해 중재가는 '나를 알리기' 단계의 전략을 중점적으로 적용할 수 있습니다.

다섯 번째 과정은 하지 않아야 할 행동을 중재가의 '끝까지 제한하기'입니다. 이것은 마지막 과정으로, 여전히 대상 아동의 비전형적인 행동이 빈번하게 발생하고 소거되지 않을 경우 중재가가 끝까지 경계를 세워 줌으로써 행동 문제를 소거하도록 돕는 과정입니다. 오랫동안 형성된 잘못된 행동은 행동 습관뿐만 아니라 잘못된 인식과 굳은 마음을 형성하도록 합니다. 중재가는 '끝까지 제한하기'를 통해 행동뿐 아니라 이미 존재하고 있는 인식과 마음까지 중재할 필요가 있습니다. 이 과정에서 상호작용 중재가와 대상 아동은 매우 격렬한 갈등을 가지게 될 수 있습니다. 대상 아동에게도 힘든 상황이 될 뿐 아니라 중재가에게도 매우 어려운 과정이며 서로의 많은 에너지를 필요로 할 수 있습니다. 이를 위해서 중재가는 중재의 필요에 대해 미리 충분히 점검해야 하며 소거 혹은 감소가 필요한 행동에 대해 중재가의 '끝까지 제한하기' 과정을 사용하도록 합니다. 이 과정은 상호작용 중재에서 '나를 알리기' 단계의 전략을 중점적으로 적용할 수 있습니다.

'하지 않아야 할 행동' 문제가 일어날 때 타인에 대한 주의 전환과 타인이 주는 통제를 수용함으로써 그 행동 문제가 줄어들 수 있습니다. 결국 상호작용 중재가 잘 이루어질 때 대상 아동은 상대방(중재가, 또래)에게 주의를 전환하고 그가 주는 통제를 마음으로 '수용'하게 될 것입니다. 또한 다음의 '하지 않아야 할 행동'에 대한 통제도 비교적 빠르게 수용할 것입니다.

결국 상호작용 중재에서 '하지 않아야 할 행동' 줄이기는 대상 아동의 행동을 단순하게 통제하는 차원이 아니라 중재가가 대상 아동의 자기 몰입 주의의 변화를 꾀하는 것이라고 할 수 있습니다. 또 상대방과 상황이라는 외부 세계에 대상 아동의 주의를 전환하도록 도울 뿐 아니라 부정적인 피드백을 마음으로 수용하도록 돕는 과정이라고 할 수 있습니다.

17. 1차적 상호작용 중재의 적용: '해야 할 행동' 확장하기

'행동'이 발달의 여러 측면을 한꺼번에 보이는 거울이라고 할 때, 자폐 범주성 아동의 '해야 할 행동'의 범위는 매우 넓습니다. 여러 이유로 자폐 범주성 아동은 하지 않아야 할 행동을 많이 하고 있었기 때문에 '해야 할 행동', 즉 습득해야 할 발달 영역이 방대해졌을 가능성이 높기 때문입니다. 보통 '해야 할 행동'에 속하는 것은 연령에 적합한 자립 행동 및 여러 가지 기능과 기술의 습득이라고 할 수 있습니다. 상호작용 중재가는 '하지 않아야 할 행동'을 먼저 중재하고 '해야 할 행동'에 대한 중재를 진행하도록 합니다. 그러므로 중재 진행 순서상 대상 아동은 '하지 않아야 할 행동'을 하지 않게 되었기 때문에 비교적 빨리 '해야 할 행동'을 습득할 수 있고 중재가는 효능감을 가지기 쉬워집니다. 다음에서는 1차적 상호작용 중재를 통해 '해야 할 행동'을 형성해 갈 때 사용할 수 있는 다섯 가지의 과정을 살펴보았습니다.

첫 번째 과정은 '목표 행동 정하기'입니다. 목표 행동을 통해 성인기 자립 생활의 필요한 기능을 익히게 되므로 현재 목표 행동을 결정하는 것은 매우 중요한 과정입니다. 중재가는 중재 대상의 기질을 파악하고 연령을 고려하여 적절한 목표 행동을 정해야 합니다. 표현 언어 능력도 낮지만 또래에 비해 신변 자립 능력이 지나치게 낮을 경우 신변 자립 능력이 우선적인 목표 행동이 되어야 합니다. 또 신변 자립 능력 중에서도 대상 아동에게 더 절실한 능력이 무엇인지를 파악해야 하며, 가정에서 조력해 줄 수 있는 부분도 면밀히 고려하여 목표 행동을 정하고 중재를 진행하는 것이 좋습니다. 현재의 목표 행동이 대상 아동의 성인기 자립 생활을 위한 핵심적이고 시급한 것이 되도록 지속적인 논의가 필요할 것입니다. 이 과정을 위해 적용할 수 있는 상호작용 중재 단계는 '중재가의 마음 준비' 단계일 것입니다.

두 번째 과정은 '해야 할 행동'을 할 수 있는 '환경 재조정하기'입니다. 환경 재조정하기는 '하지 않아야 하는 행동' 중재와 마찬가지로 중재 전에 충분히 고려되어야 합니다. 중재가는 필요하지 않은 에너지와 갈등을 사용하지 않도록 중재 전에 먼저 중재 대상이 '해야 할 행동'을 할 수 있는 환경을 재조정하도록 합니다. 학습을 위한 책상을 다시 배열한다든지, 언어 표현을 위한 상황을 고려한다든지, 혼자 옷을 입고 벗을 수 있는 환경을 재조정할 수 있습니다. 중재가는 반성적인 사고를 활용하여 중재 대상의 해야 할 행동을 위한 환경을 재조정하도록 합니다. 이때 상호작용 중재의 '중재가의 마음 준비' 단계가 주로 사용됩니다.

세 번째 과정은 '해야 할 행동'을 자발적으로 할 수 있는 '동기 형성하기'입니다. 동기는 주도성을 전제로 하므로 대상 아동이 '해야 할 행동'에 대한 주도성을 형성하거나 유지하도록 돕는 것이 핵심이라고 할 수 있습니다. 중재가는 대상 아동의 동기 형성을 위해 설명하기, 모델링하기, 비계 설정하기와 조력하기 등의 상호작용 중재 전략을 사용합니다. '설명하기'는 대상 아동이 자신이 해야 할 행동에 대한 동기를 형성하도록 그 이유를 설명해 주는 것입니다. 대상 아동이 전혀 모르게 두거나 지나친 설명하기는 도리어 대상 아동의 동기를 저하시키므로 대상 아동을 충분히 알도록 아동의 수준에 맞는 '설명하기' 중재를 이용하도록 합니다. '모델링하기'는 대상 아동이 처음 접했거나 잘하지 못하는 것에 대해 적절한 수준에서 모델을 보여 주는 것입니다. 모델링은 중재가가 보여 줄 수도 있고 또래를 통해 이루어질 수도 있습니다. '비계 설정하기와 조력하기'는 대상 아동의 주도성을 유지하면서 발달을 도울 수 있을 정도의 영역을 설정하고, 그 영역에서 대상 아동의 주도성과 동기를 유지할 정도의 도움을 주는 것이라고 할 수 있습니다. 중재가의 적절한 비계 설정과 조력하기는 '해야 할 행동'을 해야 하는 실제 상황에서 매우 유용한 과정입니다. '동기 형성하기' 과정을 위해 상호작용 중재의 '알아 가기' '반응하기'

단계를 주로 사용할 수 있으며 '나를 알리기' 단계도 사용할 필요가 있습니다.

　네 번째 과정은 '해야 할 행동'을 하도록 중재가와 '약속하기'입니다. 약속하기는 '상'을 포함할 수 있습니다. 여기서 기억해야 할 사항은 '해야 할 행동'에 대한 약속하기는 '벌'을 포함할 수 없다는 것입니다. '해야 할 행동'은 아동 입장에서 꼭 해야만 하는 행동이라고는 할 수 없습니다. 오히려 대상 아동에게 '해야 할 행동'은 자신에게 유익한 것이라는 전제가 있어야 합니다. 그러므로 '해야 할 행동'은 자신의 동기가 무엇보다 중요하며 동기를 확장하는 데 있어 '벌'은 의미가 없다고 할 수 있습니다. 벌은 자칫하면 '해야 할 것' 자체나 학습 과정에 대한 부정적인 감정만 양산하게 될 가능성이 높습니다. 이 과정은 상호작용 중재의 '알아 가기' '반응하기' '나를 알리기' 단계를 활용하여 진행할 수 있습니다.

　다섯 번째 과정은 중재가의 '끝까지 기다리기'입니다. '끝까지 기다리기' 과정은 행동의 출현에서부터 습관화까지 대상 아동에게 목표 행동이 완전히 자리 잡을 때까지 중재가가 사용해야 하는 과정입니다. 중재가는 해야 할 행동에 대한 아동의 동기뿐 아니라 자발적인 의지를 확장해야 할 필요가 있습니다. 자폐 범주성 아동에게 '해야 할 행동'은 그 종류가 지나치게 많고 성취하는 데 시간이 많이 걸릴 수 있습니다. 끝까지 기다려 주는 중재가가 없다면 '해야 할 행동'을 제대로 하지 못하게 될 가능성이 높습니다. 이 과정은 상호작용 중재의 '반응하기' '나를 알리기' 단계를 주로 사용하여 진행할 수 있습니다.

　'목표 행동 정하기'부터 '끝까지 기다리기'에 따른 전 과정은 상호작용 중재가를 통해 바람직한 행동 형성을 돕는 과정으로 기술과 기능 등을 확장하여 성인기 자립 생활을 도울 수 있어야 합니다. 그러므로 이 과정은 중재가의 통제를 수용하는 정도의 수준이 아닌 자발적인 동기와 의지를 세우도록 돕는 수준의 중재라고 할 수 있습니다.

제 05 장

1차적 상호작용 중재 단계와 전략

상호작용 중재 전략

상호작용 중재의 핵심은
'지금'부터 시작하는 것입니다.
상호작용 중재의 핵심은
'한 개의 전략'부터 연습하는 것입니다.
상호작용 중재의 핵심은
'매일' 진행하는 것입니다.
상호작용 중재의 핵심은
나의 중재를 '기록'하는 것입니다.
상호작용 중재의 핵심은
나의 중재를 '점검'하는 것입니다.

하루에 한 개의 전략을 시작하도록 하십시오.
나의 아이와 어디에서라도 할 수 있습니다.
나의 학생과 무엇을 가지고도 할 수 있습니다.

이 장의 구성은 다음과 같습니다.

1. **1-마** 마음 준비 단계
2. **1-알** 알아 가기 단계
3. **1-반** 반응하기 단계
4. **1-나** 나를 알리기 단계

1차적 상호작용 중재는 1:1의 개인 간 상호작용을 의미하며 부모 혹은 중재가 한 명과 이루어지는 첫 상호작용입니다. 1차적 상호작용 중재는 다음의 단계를 따라 진행할 필요가 있습니다.

첫째, 중재가는 자기 점검을 통해 중재를 진행할 준비를 갖추도록 합니다.
둘째, 중재가는 대상 아동을 깊이 알아 가면서 충분히 수용하도록 합니다.
셋째, 대상 아동이 중재가에게 신뢰감과 온전성을 가지도록 돕습니다.
넷째, 대상 아동이 자신과 다른 존재로서 중재가를 인식하도록 돕습니다.
다섯째, 대상 아동이 중재가의 통제를 수용하도록 돕습니다.

이를 위해 1차적 상호작용 중재는 마음 준비, 알아 가기, 반응하기, 나를 알리기의 4가지 단계의 상호작용 전략을 적용합니다.

1차적 상호작용 중재 진행 시 다음에 유의하여 진행하도록 합니다.

1차적 상호작용 중재를 통해 대상 아동의 자기 표현 능력과 타인 통제 수용 능력을 돕기 위해 중재가는 4가지의 단계를 활용하여 중재를 진행합니다. 중재가의 이해와 능숙한 중재를 위해 4가지의 단계는 순차적으로 진행되어야 합니다.

이때 중재가는 각 단계를 최소한 각 10회기 정도 진행해 보는 것이 좋습니다. 마지막 단계인 '나를 알리기' 단계까지 진행해 본 후 모든 단계를 반드시 종합적으로 적용함으로써 대상 아동이 균형 잡힌 상호작용 능력을 가질 수 있도록 돕습니다. 각 단계에 대한 전략을 읽고 이해한 후, 이에 따른 일지를 활용하여 자발적으로 중재를 점검해 보도록 합니다. 먼저 대상 아동과의 에피소드를 기억하여 일이 일어난 순서대로 에피소드 일지를 작성합니다. 에피소드 직후에 상호작용 중재 점검 일지를 작성하는데, 이때 에피소드에서 나타났던 중재 전략, 중재 매체, 중재 결과, 적용점을 순서대로 작성합니다. 반복적인 작업을 통해 상호작용 중재를 점차 능숙하게 진행할 수 있을 것입니다. 중재 전략의 활용 시 중재가는 동일한 전략만 활용하지 않고 창의성을 발휘하여 여러 가지 전략을 활용해 봄으로써 지루하지 않은 중재가 전개될 수 있도록 노력해야 할 것입니다.

단, 순차적으로 적용하기 어려운 경우가 있는데 다음과 같습니다. 첫째, 대상 아동의 솔직한 자기 표현 행동 산출이 어려울 경우, 알아 가기와 반응하기 단계의 전략 활용에 초점을 맞추고 좀 더 긴 시간 동안 관련 상호작용 중재를 진행한 후에 나를 알리기 단계의 전략을 적용할 필요가 있습니다. 둘째, 대상 아동에게 비전형적인 행동, 위험한 행동, 공격적인 행동이 지속적으로 출현되고 있는 경우, 나를 알리기 단계의 전략에 초점을 맞추고 좀 더 긴 시간 동안 상호작용 중재를 진행한 후에 차츰 알아 가기와 반응하기 단계의 전략을 활용하도록 합니다.

1차적 상호작용 중재에서 솔직한 자기 표현과 타인 통제 수용이 충분히 이루어지지 않는다면 2차적 상호작용 중재를 진행하기 어렵습니다. 특히 자폐 범주성 아동의 경우, 1차적 상호작용에서의 좋은 상호작용의 경험은 필수적입니다. 또 상호작용 능력은 2차적 상호작용 중재를 통해 좀 더 확장되어 이루어질 수 있으므로, 1차적 상호작용 중재 후 반드시 2차적 상호작용 중재를 진행하도록 합니다.

1차적 상호작용 중재 전략 활용을 할 때 아동이 가지는 특수성과 물리적 환경, 가족의 심리적 환경 등을 염두에 두면서 중재를 진행해야 하므로 개인차가 나타날 수 있습니다. 전략에 근거하되 에피소드 상황에서 융통성 있게 진행되도록 합니다. 1차적 상호작용 중재를 능숙하게 하기 위해 소그룹 모임 등을 활용해도 좋습니다. 부모와 자녀 간에 이루어지는 1차적 상호작용 중재는 비교적 오랜 기간을 필요로 할 수 있습니다. 그동안 쌓여 온 상호작용의 방식과 자녀 혹은 부모, 서로에 대한 인식이 변화될 필요가 있기 때문입니다. 그러나 좋은 상호작용이 발달과 재활을 주도한다는 것을 기억하고 매 중재를 의미 있게 진행하도록 합니다.

1차적 상호작용 중재는 (1) 마음 준비 단계(10개 전략), (2) 알아 가기 단계(15개 전략),

(3) 반응하기 단계(17개 전략), (4) 나를 알리기 단계(20개 전략)의 총 4단계로 구성되어 있습니다.[1]

1. `1-마` 마음 준비 단계

상호작용 중재에서 중재가는 상호작용 중재의 주체입니다. 그러므로 중재가의 심리적 상황은 중재에 매우 큰 영향을 미칩니다. 중재가는 중재의 전 과정에서 가급적 부정적인 감정을 정리하고 생각에 기반한 행동을 하려고 노력해야 합니다. 이를 위해 중재가는 스스로 반성적 사고를 하면서 지속적인 자기 점검과 자신의 심리적 세움을 위해 노력할 필요가 있습니다. 마음 준비 단계를 통해 중재가는 자신의 감정과 생각을 정리하고 중재를 위한 환경을 조성하도록 노력해야 하는데, 이는 중재 전과 중재 후까지 지속적으로 이루어지도록 합니다.

- 중재 목표: 중재를 위해 중재가의 마음 준비하기
- 중재 효과: 중재 전후 중재가의 감정과 생각 정리하기 / 중재를 위한 물리적 환경 조정하기
- 중재 방법: 중재가가 자신과 환경을 정리할 수 있는 시간과 심리적 여유 가지기

길 찾기

1. 중재가의 감정 정리하기

↓

2. 중재가의 판단 중지하기

---

1) 각 전략 이름 앞의 수 기호는 보다 쉽게 필요한 전략을 찾을 수 있도록 조합되었습니다. 예를 들어, 1차적 상호작용 중재의 반응하기 단계의 '8번째 전략'은 '1-반8'로 표기되었습니다.

1-마1 마음 준비 1 대상 아동의 인간성 존중하기

상호작용 중재 전략을 사용하면서 중재가가 먼저 인식해야 할 것은 대상 아동의 인간성을 인정하고 존중하는 것입니다. 인간성을 인정하고 존중한다는 것은 인간 고유의 욕구와 이에 따른 정서와 행동 등을 인정하고 존중한다는 것입니다. 인간은 남녀노소, 지식과 경험의 유무와 관계없이 인간성을 가진 존재임을 인식해야 합니다. 중재를 시작하기 전 이것을 한 번 더 인식함으로써 대상 아동의 인간성을 존중하고 완전 수용하려고 하는 중재가의 마음가짐을 점검합니다.

1-마2 마음 준비 2 나와 상호작용 욕구가 있는 대상으로 아동 인식하기

인간은 사회적 존재로서 타인과 상호작용 욕구를 기본적으로 가지고 있습니다. 그러므로 행동 특성 혹은 발달 수준에 관계 없이 대상 아동은 현재 함께 있는 나와 상호작용을 하고 싶은 욕구를 가지고 있습니다. 비록 현재 대상 아동에게 상호작용 행동이 뚜렷이 나타나지 않는다고 하더라도 대상이 가지고 있는 상호작용 욕구를 인정하는 것은 대상 아동에 대한 중재가의 인식에 매우 필요하다고 할 수 있습니다.

1-마3 마음 준비 3 중재가의 부정적인 감정 정리하기

중재가 시작되기 전에 중재가는 자신의 감정을 점검해야 합니다. 특히 부정적인 감정은 보통 우울, 짜증, 화 등의 상태를 의미하는 것으로 편안한 감정과는 상반된다고 할 수 있습니다. 중재가는 가급적 자신의 감정을 편안하게 만들어야 합니다. 만일 편안한 감정으로 상호작용하기 어렵다면 상호작용 중재는 다음 기회로 미루는 것이 좋습니다. 편안한 감정이란 출근 후 업무를 감당하거나 순서적으로 집안일을 할 정도의 감정을 의미한다고 볼 수 있습니다. 언성이 높아지거나 표정이 굳어지는 등의 행동을 중재가가 보일 때 아이들은 금방 위축감에 움츠러들거나, 같이 감정이 고조되어 중재가 어려워집니다. 뿐만 아니라 중재가의 부정적인 감정은 대상 아동에 대한 완전 수용을 어렵게 만듭니다. 부정적인 감정을 정리하기 위해 신체 이완하기, 물리적 혹은 심리적 환경 바꾸기, 쉬는 시간 가지기 등의 방법들을 사용할 수 있습니다.

1-마4 마음 준비 4 대상 아동에 대한 중재가의 감정 일관성 유지하기

중재가 진행되는 동안 중재가는 자신의 감정의 일관성을 유지하려고 노력해야 합니다. 대상 아동이 전혀 말을 듣지 않고 떼를 쓰거나 고집을 부릴 때, 중재가는 감정에 휘둘리지 않고 냉정하게 상황을 판단하고 중재할 필요가 있습니다. 대상 아동이 중재가와의 상호작용에서 갈등 상황이 발생할 때, 중재가 본인 감정의 일관성을 유지하려고 노력해야 합니다. 상호작용 중재는 중재가의 사고 능력을 필요로 합니다. 대상 아동에게 필요 이상의 감정을 발산하지 않도록 조심함으로써 중재가 진행되는 동안 중재가의 사고 능력을 최대한 발휘하도록 노력해야 합니다.

1-마5 마음 준비 5 대상 아동에 대한 중재가의 태도 일관성 유지하기

중재가는 자신의 태도가 일관성 있도록 노력해야 합니다. 중재가가 일관성 없는 태도를 보여 주면 대상 아동은 혼란스러워합니다. 대상 아동은 자신이 그 행동을 계속해도 되는지, 어떻게 반응해야 하는지, 자신의 감정과 생각을 표현해도 되는지 등에 대한 의문이 들고 당황스러워할 수 있습니다. 특히 심리적 유연성이 낮아진 대상 아동일수록 중재가의 일관성 없는 태도가 끼치는 부정적인 영향은 큽니다. 중재가의 일관성 있는 태도는 대상 아동에게 안정감을 줌으로써 자신을 솔직하게 표현할 수 있는 심리적인 바탕이 됩니다.

1-마6 마음 준비 6 대상 아동을 가르치기보다 상호작용하려고 하기

중재가는 가르치는 사람이 아닙니다. 안내와 조력을 통해 대상 아동의 상호작용 능력의 향상을 돕는 사람입니다. 가르치려고 할 때 대상 아동과의 상호작용은 어려워지기 쉽습니다. 그러므로 중재가는 대상 아동과 상호작용하려는 '나'를 점검할 필요가 있습니다. 가르치기보다 대상 아동과 상호작용하려고 하는 나의 감정과 생각을 지속적으로 점검하도록 합니다.

1-마7 마음 준비 7 **매체보다 대상 아동과의 상호작용에 더 집중하려고 하기**

매체는 상호작용을 하기 위한 도구라고 할 수 있습니다. 상호작용 중재 시 대상 아동에게 적절한 매체를 선택하고 활용하는 것은 중재가의 큰 역할입니다. 그러나 간혹 대상 아동과의 상호작용에 집중하려고 하기보다 매체 활용에 집중함으로써 중재에 실패할 수 있습니다. 특히 언어 표현, 학습 등 모든 기능과 기술은 자칫 목표로 여겨질 수 있으며, 중재가는 상호작용에 집중하기보다 아동의 기능과 기술 숙달에 더 집중할 수 있습니다. 중재가는 매체보다 대상 아동과의 상호작용에 집중하려고 항상 노력해야 합니다.

1-마8 마음 준비 8 **제한해야 하는 대상 아동의 행동 미리 점검하기**

상호작용 중재 전략은 일차적으로 대상 아동의 솔직한 자기 표현을 목표로 이루어집니다. 그러므로 가급적 대상 아동으로 하여금 자신을 자유자재로 표현할 수 있는 기회를 줍니다. 그러나 상황에 따라 제한해야만 하는 행동이 있습니다. 중재가는 중재 전에 미리 그것을 염두에 둠으로써 자유롭지만 안전하게 자신을 표현하도록 도와야 합니다. 활동 중에 어떤 행동을 제한한다는 것은 쉽지 않으므로 중재 진행 과정 전에 미리 제한해야 하는 행동을 염두에 두는 것은 매우 필요합니다. 제한해야 하는 행동은 위험한 행동, 공격 행동, 자해 행동, 비전형적인 행동 등으로 대략 정리해 볼 수 있습니다.

1-마9 마음 준비 9 **미리 중재 환경 재조정하기**

상호작용 중재는 대상 아동이 쉽게 수치심을 느끼는 존재임을 인정합니다. 이를 위해서 대상 아동이 쉽게 부정적인 피드백을 받지 않도록 하는 것은 중요합니다. 환경 재조정하기는 대상 아동이 부정적인 피드백을 받지 않도록 환경을 재조정하는 것을 말합니다. 예를 들어, 어린아이들은 주의력이 없으며 자주 뛰어다닙니다. 이때 넘어질 것이 앞에 놓여 있지 않도록 환경을 조정해 준다면 대상 아동은 부정적인 피드백에 노출될 기회를 피할 수 있게 됩니다. 대상 아동이 무엇인가에 걸려 넘어진다면, 넘어지는 것, 다치는 것, 타인의 시선, 꾸지람 듣는 것 등은 모두 대상 아동의 수치심을 자극시키는 부정적인 피드백이 될 수 있기 때문입니다. 뿐만 아니라 부정적인 피드백은 자기 자신과 타인에 대한 부정적인 감정을 유발시킵니다. 환경의 재조정만으로도 부정적인 피드백을 받을 대부분의 기회는 줄어들 가능성이 많습니다.

1-마10 마음 준비 10 **중재 후 나의 생각을 글로 기록하기**

상호작용 중재 후 중재 과정을 필기해 보는 것은 대상 아동과의 중재에 대한 나의 생각을 정리하는 데 매우 큰 도움을 줍니다. 글로 기록함으로써 나의 반성적인 사고가 자극됩니다. 이 과정을 통해 중재의 과정이 나에게 새롭게 인식됩니다. 지나간 중재가 새롭게 인식될 경우 다음 중재는 좀 더 좋은 중재로 이어질 가능성이 큽니다. 글로 기록할 때 중요한 점은 나의 판단을 가급적 배제하고 객관적인 사실을 기록하는 것입니다.

☞ **적용**: 184쪽 마음 준비 단계 에피소드 일지, 전략 모음, 점검 일지를 활용하여 중재를 진행해 주시기 바랍니다.

2. 1-알 알아 가기 단계

자폐 범주성 아동은 상대방이 알아들을 정도의 자기 표현을 하기 어렵습니다. 그런 이유로 상대방이 아동의 마음을 알기는 쉽지 않습니다. 마음을 모르면 진정한 의미에서의 상호작용을 할 수가 없습니다. 상대방을 잘 알지 못한다면 상호작용은 피상적인 수준에서 그칠 것입니다. 알아 가기 단계의 핵심적인 목표는 중재가의 대상 아동 알기와 이를 통한 대상 아동의 솔직한 자기 표현의 출현입니다. 중재가가 대상 아동을 알아 가기 위해 판단을 중지하고 대상 아동을 알아 갈 때 대상 아동은 솔직한 자기 표현을 하기 시작합니다. 알아 가기 단계를 통해 중재가는 대상 아동의 솔직한 마음을 알게 되고 대상 아동은 자신의 심리적 욕구를 표현하고 해소할 수 있습니다. 알아 가기 단계의 핵심 방법은 중재가의 판단을 중지함으로써 대상 아동의 있는 그대로를 알고 인정하고 수용하는 것입니다. 1차적 상호작용에서 알아 가기 단계는 다음과 같습니다.

• 중재 목표: 중재가의 대상 아동 알기 / 대상 아동의 솔직한 자기 표현 시작하기

- 중재 효과: 대상 아동에 대한 중재가의 이해 확장하기 / 대상 아동의 심리적 욕구 해소와 표현하기 / 중재가에 대한 대상 아동의 신뢰감 형성하기
- 중재 방법: 대상 아동을 민감하게 살펴보기 / 대상 아동이 하고 싶어 하는 것을 허용하기 / 대상 아동의 주도 따르기

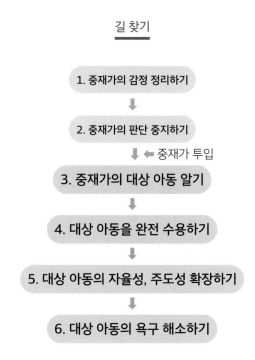

길 찾기

1. 중재가의 감정 정리하기

2. 중재가의 판단 중지하기

← 중재가 투입

3. 중재가의 대상 아동 알기

4. 대상 아동을 완전 수용하기

5. 대상 아동의 자율성, 주도성 확장하기

6. 대상 아동의 욕구 해소하기

1-알1 알아 가기 1 중재가의 말수를 줄이고 대상 아동의 감정, 생각, 의도 살펴보기

중재가의 말수를 줄이는 가장 큰 목적은 새로운 상호작용 중재를 시작하는 과정에서 중재가의 판단을 가급적 제한하기 위함입니다. 또 새로운 상호작용으로 전환하기 위해 이전의 상호작용 습관을 바꿔 보기 위한 것이라고 할 수 있습니다. 중재가는 대상 아동이 가지고 있는 내면의 감정, 생각, 의도를 알아내고 이끌어 냄으로써 자기 표현 확장을 도와야 합니다. 이를 위해서 중재가의 생각과 의견을 최대한 드러내지 않도록 합니다. 중재가의 생각으로 대상 아동에게 지시, 질문을 했을 때 아동은 자신의 생각과 마음을

솔직하게 나타내기 어려우며, 중재가의 생각대로 끌려갈 수 있으므로 주의가 필요합니다. 중재가의 지시와 질문을 최대한 줄이고 대상 아동 자신의 솔직한 감정, 생각, 의도가 나올 수 있도록 관찰해야 합니다.

1-알2 알아 가기 2 **대상 아동이 스스로 표현할 수 있는 환경 만들기**

보통 연령이 어리거나 경험이 부족할 경우 스스로 표현할 수 있는 능력이 낮을 가능성이 많습니다. 스스로 표현한다는 것은 어느 정도의 주장과 관철 과정도 포함된 것입니다. 이를 위해 중재 초기 대상 아동이 자신을 스스로 표현할 수 있는 환경을 만들어 줄 때 아동은 자신을 쉽게 표현할 것입니다. 요구, 제시 등을 위해 아동에게 적절한 위치에 물건을 배치해 둔다거나 간단한 힌트가 될 만한 것을 언급해 주는 것도 아동이 자신을 표현할 수 있는 환경이 될 것입니다.

1-알3 알아 가기 3 **대상 아동이 표현할 때 즉시 알아차리기**

아동의 자기 표현을 확장하기 위해 중재가는 아동이 표현하는 것을 즉시 알아차리려고 노력해야 합니다. 이를 위해 아동의 눈길, 표정, 손과 발 동작 등도 살피고 있을 필요가 있습니다. 자폐 범주성 아동 가운데 비전형적인 행동을 통해서도 자신을 표현하는 경우가 있습니다. 내가 예상하거나 기대하는 아동의 표현이 아니더라도 아동이 표현하는 것을 즉시 알아차리기 위해 노력할 필요가 있습니다. 아동은 자신을 잘 알아주는 누군가에게 자신을 적극적으로 표현하려고 노력할 것입니다.

1-알4 알아 가기 4 **에피소드에서 대상 아동의 마음 기록하기**

알아 가기 전략의 목표는 대상 아동의 자기 표현 출현입니다. 대상 아동의 자기 표현은 서툴고 일반적이지 않으므로 중재가가 즉시 알아차리기 어렵고, 시간이 지나 버리면 더욱 알기 어려울 것입니다. 아동의 행동을 관찰하고 이를 기록해 봄으로써 아동의 마음을 확실히 알아볼 수 있습니다. 마음은 감정, 생각, 의도, 입장 등을 포함합니다. 기록은 중재가의 반성적인 사고를 촉진함으로써 아동의 마음을 객관적으로 읽어 볼 수 있는 방법이 됩니다.

1-알5 알아 가기 5 대상 아동의 생각 행동이 나올 때까지 기다려 주기

보통 행동은 감정 행동과 생각 행동으로 나누어 볼 수 있습니다. 대상 아동을 더 잘 알아 가기 위해서 대상의 생각을 알 필요가 있습니다. 감정 행동만으로는 대상 아동을 알기가 어렵습니다. 대상 아동이 자신의 생각을 행동으로 표현할 때까지 기다려 줄 필요가 있습니다. 어떤 장난감을 원하는 행동 표현을 할 때 대상 아동은 그 장난감을 좋아한다는 것이 증명됩니다. 자폐 범주성 아동 가운데 어떤 자극에도 반응이 없는 것처럼 보이는 아동이 있을 수 있습니다. 이때 중재가가 기다리면서 아동을 충분히 살펴볼 때 대상 아동은 자신의 생각을 표현하기 시작할 것입니다. 대상 아동의 생각 행동은 상황, 연령, 수준별로 매우 다양하지만 수준의 높고 낮음은 없습니다. 단지 대상 아동의 행동 출현 자체가 중요합니다. 대상 아동 생각이 표현되는 행동이 출현할 때까지 기다려 주도록 합니다.

1-알6 알아 가기 6 대상 아동의 행동을 그대로 모방하면서 대상의 표현 의도 살펴보기

중재가는 대상 아동의 자기 표현을 확장하기 위해 아동이 표현할 때 그대로 모방해 봄으로써 아동의 의도를 알아보려고 해야 합니다. 대상 아동은 상대방에게 자신을 표현해 본 경험이 거의 없을 수 있습니다. 무엇인가를 표현하려고 하는 방법도 일반적이지 않을 가능성이 많습니다. 아동의 눈빛, 손짓, 입 모양 등을 잘 살펴보고 모방해 봄으로써 아동이 표현하려고 하는 바를 알아내려고 노력해야 합니다. 또 누군가 자신의 행동을 모방해 줄 때 대상 아동은 자신의 행동이 상대방에게 전달되었다고 생각할 수 있습니다. 이때 자신의 행동이 상대방에게 인정되는 행동으로 인식하거나 자신이 상대방에게 수용되는 감정을 가질 수 있습니다. 상대방으로부터 수용되는 감정을 통해서 대상 아동은 솔직한 자기 표현을 시작할 수 있습니다.

1-알7 알아 가기 7 **대상 아동이 표현하는 것을 인정하고 지지해 주기**

일반적이거나 바람직한 행동이 아니어도 대상 아동이 표현하는 것을 인정하고 지지해 줌으로써 아동의 자기 표현을 확장할 수 있습니다. 대상 아동은 자신의 표현을 인정받은 경험이 매우 적을 수 있습니다. 자기가 표현했을 때 인정받고 지지받음으로써 아동은 자신이 무엇인가를 표현하는 것이 옳다는 것을 점차 인식할 수 있습니다. 인정하고 지지해 주는 방법으로 아동의 마음을 그대로 읽어 주기 등을 사용할 수 있습니다.

1-알8 알아 가기 8 **대상 아동이 하고 싶어 하는 활동 허용하기**

대상 아동이 하고 싶어 하는 활동을 살펴보고 허용함으로써 중재가는 대상 아동의 마음을 알게 되고, 대상으로 하여금 아동 자신의 표현을 솔직하게 표현하도록 도울 수 있습니다. 중재가는 자칫 대상 아동이 하고 싶어 할 것으로 판단하거나 대상 아동이 했으면 좋겠다고 생각하는 활동을 은근히 제시할 수 있습니다. 하지만 중재가의 판단을 중지하고 대상 아동이 하고 싶어 하는 것을 살펴보며 대상 아동이 하고 싶어 하는 활동을 충분히 하도록 허용합니다.

1-알9 알아 가기 9 **대상 아동의 주도적인 행동 함께 하기**

중재가는 대상 아동의 주도 행동을 따릅니다. 중재가가 주도성을 띄지 않도록 주의합니다. 이를 위해 중재가는 스스로의 행동을 통제하는 노력이 필요합니다. 대상 아동이 하고 싶어 하는 행동이 매우 하찮고 의미 없는 것이라고 하더라도, 아동의 주도적인 행동을 따라 함께해 보도록 합니다. 단지, 지나치게 위험한 행동, 공격적인 행동, 자해 행동이 출현될 때는 제외합니다.

1-알10 알아 가기 10 **대상 아동과 재미있게 활동하기**

대상 아동과 재미있게 활동함으로써 대상 아동은 중재가에게 자신을 자연스럽게 표현하려고 할 것입니다. 재미있게 놀아 주는 상대방에게 친밀함을 가지는 것은 자연스러

운 과정입니다. 아동의 눈높이에 맞춰 재미있게 활동하는 기회를 가지면서 아동의 자연
스러운 표현을 유도합니다. 아동과 재미있게 활동하기 위해 아동을 살펴보면서 아동의
선호 놀이를 알아 가도록 합니다.

1-알11 알아 가기 11 대상 아동에게 선택할 수 있는 기회 주기

대상 아동의 자발적인 자기 표현을 위해 선택의 자유를 줍니다. 선택의 자유 주기는
스스로 자신의 것을 잘 선택하지 못하는 대상 아동에게 더욱 잘 활용할 수 있습니다. 완
전한 자율성을 주어도 자신이 원하는 것을 제대로 선택하지 못할 때, 대상 아동이 좋아
할 만한 것을 두 가지 혹은 여러 가지를 제시함으로써 스스로 선택하도록 합니다. 또 대
상 아동의 감정이나 생각을 좀 더 확실히 파악하기 위해 선택의 자유를 줄 수도 있습니
다. 중재가의 판단 혹은 바램이 개입되지 않고 대상 아동이 솔직한 자기 표현을 하도록
조력합니다.

1-알12 알아 가기 12 살펴보고 대상 아동의 속도에 맞추기

대상 아동마다 무엇인가를 하는 속도의 차이가 있습니다. 속도가 너무 빠른 대상 아
동에게 느린 속도로 접근하면 대상 아동은 자신을 편안하게 표현하기가 어렵습니다. 또
속도가 너무 느린 대상 아동에게 빠른 속도로 접근했을 때도 대상 아동이 편안하고 솔
직하게 자신을 표현하기 어렵습니다. 중재가는 대상 아동 고유의 속도에 맞추어 줍니
다. 이때 속도는 대상 아동의 행동, 말, 놀이, 생각 등 모든 것이 포함되므로 중재가는 대
상 아동을 신중하게 살펴보고 아동의 속도에 맞추도록 노력합니다.

1-알13 알아 가기 13 잘 모르겠으면 대상 아동에게 확인해 보기

중재가가 대상 아동의 마음을 잘 모를 때 대상 아동에게 직접적으로 확인해 보는 것
이 필요합니다. 대상 아동의 의사를 잘 모르는 상황에서 중재가가 짐작해서 대상 아동
에게 접근할 때 아동을 파악하기는 어려워집니다. 이런 상황이 반복될 때 대상 아동도
중재가를 신뢰하기 어려우며 중재가에게 자신을 솔직하게 표현하기가 어려워집니다.

짐작하고 접근하기 전에 대상 아동에게 궁금한 것을 먼저 물어봄으로써 대상 아동에 대한 중재가의 인식이 확대되고, 대상 아동도 중재가에게 좀 더 구체적으로 자신을 표현할 기회를 가질 수 있습니다.

1-알14 알아 가기 14 새로운 자극을 주고 대상 아동의 반응 살펴보기

이 전략은 '대상 아동의 표현이 나올 때까지 기다리기' 전략의 좀 더 확장된 전략입니다. 대상 아동에 따라 자기 표현이 나오는 것이 매우 오래 걸릴 수 있습니다. 또 동일한 표현만을 반복하는 경우가 있습니다. 이때 새로운 자극을 줌으로써 대상 아동의 반응을 촉진시킬 수도 있고 좀 더 다양한 반응을 끌어낼 수도 있습니다. 대상 아동이 다양한 반응을 표현할 경우 중재가는 대상 아동을 파악하기가 더욱 쉬워질 것입니다. 대상 아동의 표현이 나올 때까지 기다려 주기와 마찬가지로 대상 아동 스스로 상황을 인식하거나 문제를 해결할 방법을 찾도록 기회를 주어야 합니다. 중재가의 설득이나 제시 혹은 요구가 많아지면 대상 아동은 자신이 잘못하고 있다는 수치심과 더불어 위축감이 생기기 쉽습니다. 또 스스로 해결하기보다는 중재가에게 의지하는 모습을 보일 수 있으므로 각별한 주의가 필요합니다.

1-알15 알아 가기 15 대상 아동이 허락하면 참여하기

대상 아동이 하고 싶어 하는 활동을 할 때 중재가는 대상 아동의 허락 없이 불쑥 끼어들지 않도록 조심합니다. 갑자기 끼어드는 중재가의 행동은 대상 아동의 자율성과 주도성을 방해함으로써 대상 아동의 솔직한 자기 표현을 위축시킵니다. 대상 아동이 먼저 활동에 허락하는 신호를 보낼 때까지 충분히 기다리도록 합니다. 충분히 기다렸음에도 불구하고 대상 아동이 전혀 표현하지 않으면 중재가가 조심스럽게 물어봄으로써 아동의 허락을 받고 활동에 참여하도록 합니다.

☞ **적용:** 187쪽 알아 가기 단계 에피소드 일지, 전략 모음, 점검 일지를 활용하여 중재를 진행해 주시기 바랍니다.

3. 1-반 반응하기 단계

중재가의 반응하기를 통해 대상 아동은 중재가를 좀 더 깊이 인식하게 됨으로써 상호작용이 더욱 의미 있게 이루어지기 시작합니다. 반응하기 단계의 목표는 대상 아동의 자기 표현이 확장되는 것입니다. 이를 위해 중재가는 대상 아동에게 적절하고 편안하게 반응하도록 해야 합니다. 알아 가기 단계를 통해 대상 아동을 충분히 파악한 후 아동에게 적절하게 반응함으로써 아동의 표현이 더욱 확장되도록 합니다. 알아 가기 단계에서 중재가는 대상 아동에게 거의 반응하지 않고 대상 아동의 표현이 나오도록 중재한 반면, 반응하기 단계에서 중재가는 대상 아동에게 편안한 반응을 표현함으로써 솔직한 자기 표현과 관철을 확장하도록 하는 데 중점을 둡니다.

- 중재 목표: 대상 아동의 솔직한 자기 표현 확장하기 / 대상 아동의 자기 의도 관철하기
- 중재 효과: 대상 아동에 대한 중재가의 반응 능력 확장하기 / 대상 아동의 더 깊은 심리적 욕구 해소하기 / 대상 아동의 중재가에 대한 신뢰감 확장하기
- 중재 방법: 대상 아동의 의도에 적절하게 반응하기 / 대상 아동의 의도에 편안하게 반응하기 / 대상 아동이 자신의 의도를 관철하도록 돕기

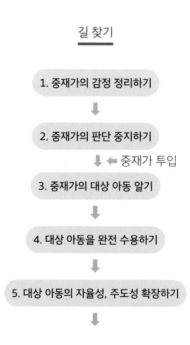

길 찾기

1. 중재가의 감정 정리하기

2. 중재가의 판단 중지하기

← 중재가 투입

3. 중재가의 대상 아동 알기

4. 대상 아동을 완전 수용하기

5. 대상 아동의 자율성, 주도성 확장하기

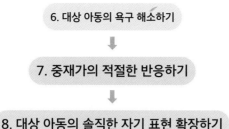

6. 대상 아동의 욕구 해소하기

↓

7. 중재가의 적절한 반응하기

↓

8. 대상 아동의 솔직한 자기 표현 확장하기

↓

9. 대상 아동이 중재가에 대해 편안한 인식 형성하기

1-반1 반응하기 1 부드럽게 말하기

중재가의 부드러운 말투는 대상 아동이 가지고 있는 긴장을 이완시키고, 위축감을 가지지 않도록 도와줄 수 있습니다. 또 중재가의 부드러운 말투를 통해 대상 아동은 자신이 존중받고, 배려받는다는 감정을 느낍니다. 일관적인 부드러운 말투는 자신을 편안하게 표현할 수 있도록 돕습니다.

1-반2 반응하기 2 작은 목소리로 말하기

대상 아동을 향한 작은 목소리는 아동의 감정을 편안하게 합니다. 뿐만 아니라 작은 목소리는 대상 아동으로 하여금 자신을 솔직하게 표현하도록 도울 수 있습니다. 작은 목소리는 구체적인 행동이므로 실제 연습을 통해 개선할 수 있습니다. 뿐만 아니라 작은 목소리는 중재가 자신의 감정을 편안하게 유지하는 데 도움을 줍니다.

1-반3 반응하기 3 부드럽게 쳐다보면서 반응하기

대상 아동은 위축감과 두려운 감정으로 상대방의 눈을 보면서 반응하는 것을 힘들어 할 수 있습니다. 대상 아동은 중재가를 쳐다보지 않더라도 중재가는 대상 아동의 마음을 헤아려 주면서 눈빛을 통해 충분한 지지와 이해, 수용 등의 반응을 나타낼 수 있습니다. 이때 대상 아동을 지나치게 살펴봄으로써 판단하거나 의심하는 눈빛이 되지 않도록 조심해야 합니다.

1-반4 반응하기 4 대상 아동의 감정 그대로 반영하기

중재가는 대상 아동의 감정을 그대로 반영해 주도록 합니다. 이 전략을 사용할 때 중재가는 대상 아동의 '감정'에 초점을 두도록 합니다. 화나거나 속상하거나 힘들어하거나 질투하거나 등의 모든 부정적 감정을 그대로 반영해야 합니다. 중재가는 자신의 모든 판단을 중지하고 대상 아동의 감정을 그대로 반영하도록 합니다. 반영해 줄 때 대상 아동의 반응을 통해 적절히 잘 반영되었는지 살펴볼 수 있습니다. 자신의 감정이 그대로 반영되었을 경우 대상 아동은 상황 속에서 자신의 감정을 표현하는 것에 대해 좀 더 편안해할 것입니다. 이 전략의 주의점은 '~구나'라고 감정을 그대로 반영함으로써 대상 아동이 표현되도록 하는 것입니다. '~구나'라고 한 직후에 바로 '그런데 내 생각은' 등의 중재가 의견을 말하지 않게 조심하도록 합니다.

1-반5 반응하기 5 대상 아동의 생각 그대로 반영하기

중재가는 대상 아동의 생각을 그대로 반영해 주도록 합니다. 이 전략을 사용할 때 중재가는 대상 아동의 '생각'에 초점을 두도록 합니다. 생각의 맞고 틀림에 대한 중재가의 판단을 중지하고 대상 아동의 생각을 그대로 반영해 줍니다. 판단 중지는 나의 설명과 주장의 중지로 이어져야 합니다. 예를 들어, 대상 아동이 꽃을 공으로 생각해도 그대로 반영해 줍니다. 생각을 반영해 줄 때 대상 아동에게 잘 반영되었는지 대상 아동의 행동을 통해 살펴볼 수 있습니다. 자신의 생각이 그대로 반영되었을 경우 대상 아동은 상황 속에서 자신의 생각을 표현하는 것에 대해 미소, 눈 맞춤 등의 좀 더 편안한 행동을 할 것입니다. 주의점은 '~구나'라고 대상 아동의 생각을 그대로 반영한 후 '그런데~'라는 중재가의 의견을 금방 말하지 않도록 하는 것입니다.

1-반6 반응하기 6 대상 아동의 의도 그대로 반영하기

중재가는 대상 아동의 의도를 그대로 반영해 줌으로써 대상 아동의 솔직한 자기 표현을 확장시킵니다. 이 전략을 사용할 때 중재가는 대상 아동의 '의도'에 초점을 두도록 합니다. 그 의도의 긍정성과 부정성에 대한 중재가의 판단을 중지하고 대상 아동의 의도를 그대로 반영해 줍니다. 판단은 대상 아동의 의도에 대한 나의 판단 중지, 설명과 주장의 중지입니다. 예를 들어, 심이 다 닳은 연필로 글씨를 쓰겠다고 해도 그 의도를 그대로 반영해 주어야 합니다. 의도를 반영해 줄 때 대상 아동의 행동을 통해 적절히 잘 반영되었는지 살펴볼 수 있습니다. 자신의 의도가 그대로 반영되었을 경우 대상 아동은 상황 속에서 자신의 의도를 표현하는 것에 대해 미소, 눈 맞춤 등의 좀 더 편안한 행동 반응을 보일 것입니다. 또 의도가 반영되었다는 것은 자신의 뜻을 '관철'시키는 것과 같으므로 자신을 표현하는 데 훨씬 큰 자신감을 가지게 되며, 이것은 결과에 대한 아동 자신의 통찰의 과정에도 좋은 영향을 미칩니다. 이 전략의 주의점은 '~구나'라고 의도를 그대로 반영한 직후에 '그런데~'라는 중재가의 의견을 금방 말하지 않는 것입니다.

1-반7 반응하기 7 대상 아동 안심시키기

상황 속에서 대상 아동은 자신의 행동이나 말이 해도 되는 것인지 의아해하기도 하고, 중재가에게 확인받고 싶어 하는 마음도 가지고 있을 수 있습니다. 하고 싶으나 자신이 없고 위축감으로 잘 표현을 못하는 경우가 많은데, 중재가는 대상 아동의 표정과 말 그리고 행동을 눈여겨보다가 대상 아동이 표현을 주저하거나 어려워하면 "괜찮아, 그래도 돼."라는 말을 해 주며 격려해 주고 이끌어 주는 것이 필요합니다. 대상 아동이 갈등 상황에서 혼란스러워할 경우 중재가는 대상 아동을 안심시킴으로써, 두려워하며 위축되어 있는 대상 아동에게 힘을 실어 줍니다. 중재가는 대상 아동의 솔직한 자기 표현의 확장을 위해 안심시켜 주고 지지해 주는 것이 필요합니다. 이 전략은 특히 위축감이 많은 아동에게는 수시로 필요합니다.

1-반8 반응하기 8 어려워하면 모델링 보여 주기

상황이나 대상 아동의 발달 수준에 따라 대상 아동이 어려워하면 모델링을 보여 주어야 합니다. 대상 아동보다 먼저 모델링을 보여 줄 필요는 없습니다. 그러나 대상 아동이 어려워하는 기색이 있으면 아동이 요구하지 않아도 모델링을 보여 줄 필요가 있습니다. 모델링을 보여 줌으로써 대상 아동이 자기 표현을 쉽게 하고 성공적으로 할 수 있습니다. 이를 통해 대상 아동은 좀 더 자신감을 가지고 자기 표현을 잘할 수 있게 됩니다.

1-반9 반응하기 9 대상 아동이 원하면 즉시 반응하기

대상 아동이 원하면 즉시 반응해 주도록 합니다. 대상 아동이 원한다는 것은 대상 아동이 이미 자기 표현을 한 상황입니다. 민감하게 살펴보다가 즉시 반응해 주는 것은 대상 아동의 자기 표현을 확장하는 데 도움이 됩니다. 이 전략은 대상 아동이 원하는 대로 즉시 들어 주는 '행동'만을 의미하지는 않습니다. 대상 아동이 원하는 '마음'을 즉시 알아 줌으로써 내가 그것을 알고 있다는 것을 대상 아동에게 알리는 것도 포함합니다. 즉, 내가 너의 마음을 수용한다는 반응 전략입니다. 언제 어디서나 대상 아동이 원하는 것에 대한 마음 알아주기는 가능합니다. 물론 상황에 따라 대상 아동이 원하는 구체적인 것을 들어 줌으로써 현실적으로 반응해 줄 수도 있습니다.

1-반10 반응하기 10 대상 아동이 하고 싶은 말 즉시 해 주기

중재가는 대상 아동의 행동을 민감하게 지켜보고 대상 아동이 하고 싶어 하는 말을 즉시 해 주는 것이 필요합니다. 특히 위축감이 많은 대상 아동은 하고 싶은 말이 있어도 표현하지 못하는 경우가 많습니다. 중재가가 대상 아동이 하고 싶은 말을 즉시 표현해 줄 때, 대상 아동은 자신의 생각을 재인식하게 되고 해소감을 얻어 자기 표현을 확장할 수 있습니다. 시간을 놓치지 말고 대상 아동이 하고 싶은 말을 즉시 해 주어야 하므로 이 전략은 대상 아동을 잘 관찰할 때 이루어질 수 있습니다.

1-반11 반응하기 11 대상 아동이 하고 싶은 말 대신 해 주기

대상 아동이 자신이 하고 싶은 말을 표현하는 것을 어려워하는 경우 중재가는 상황을 잘 파악해서 대상 아동이 하고 싶었던 말과 생각을 대신 말해 줍니다. 이는 대상 아동에게 해소감과 자신을 표현할 수 있는 용기를 극대화시킵니다. 대신 말해 주기 전략을 반복해 줄 때 아동은 자신의 생각을 적절하게 인식할 수 있게 되고, 결국 스스로 말로 표현하며 자신을 관철하는 경험을 하게 될 것입니다.

1-반12 반응하기 12 **대상 아동이 알고 싶은 것에 대해 이유 설명해 주기**

대상 아동이 왜 그런지 질문을 하거나 아니면 눈빛을 보낼 때 중재가는 잘 지켜보고 적절하게 이유를 설명해 주는 것이 필요합니다. 중재가의 적절한 이유 설명은 대상 아동이 상황을 잘 받아들이고 이해하는 데 큰 도움이 됩니다. 대상 아동이 자칫 자신의 임의대로 오해해서 받아들일 수 있는 상황도 중재가가 잘 설명해 준다면 아동은 속상한 마음과 부정적인 생각을 최소화할 수 있습니다. 또 상황을 긍정적으로 받아들이고 이해하는 데 도움을 줄 수 있습니다.

1-반13 반응하기 13 **대상 아동이 원하면 반복적으로 말해 주기**

중재가는 대상 아동이 원하면 반복적으로 말해 주고 기다려 주는 것이 필요합니다. 대상 아동은 상황을 알고는 있지만 의구심이 계속 들 수도 있고 확인하고 싶은 마음이 있을 수 있습니다. 대상 아동이 반복적으로 물어보고 확인받기를 원한다면 인내심을 가지고 완전히 이해할 때까지 반복적으로 말해 주는 것이 필요합니다. 대상 아동이 상황을 잘 이해하지 못할 경우 어리둥절한 표정을 짓고 행동을 하거나 머뭇거리는 반응을 보일 수 있습니다. 중재가는 대상 아동을 민감하게 살펴보고 대상 아동이 이해할 수 있을 때까지 반복적인 말해 주어야 합니다. 반복된 설명을 통해 대상 아동은 자발적으로 편하게 이해하고 받아들일 수 있을 것입니다.

1-반14 반응하기 14 **성공 경험 높여 주기**

대상 아동이 과제를 풀어 가거나, 또래들과 게임을 하게 되었을 때 중재가는 적절한 비계를 구축함으로써 대상 아동이 좌절하지 않고 성공해 볼 수 있도록 도와야 합니다. 이때 비계는 아동의 주도성이 유지되는 정도에서의 조력이라고 할 수 있습니다. 이를 위해 중재가는 대상 아동 개개인의 특성을 사전에 잘 파악해 두어야 합니다. 대상 아동의 특성과 능력을 잘 파악해 두어야 적절한 비계 구축이 가능하기 때문입니다. 대상 아동이 스스로 자신을 넘어서, 성취감을 맛보고 긍정적인 피드백을 경험하게 되면 비계 구축 없이도 대상 아동 스스로 문제를 해결해 갈 수 있을 것입니다. 성공 경험을 축적하게 될 때 대상 아동의 자기 표현 욕구는 확장됩니다.

1-반15 반응하기 15 구체적으로 칭찬하기

상황 속에서 대상 아동이 칭찬받을 행동을 했을 때 중재가는 구체적으로 상황을 이야기해 주면서 칭찬해 주는 것이 필요합니다. 칭찬받은 대상 아동은 자신이 어떤 것(행동, 말)을 하게 되어서 칭찬을 받는 것인지 정확한 인지가 되고, 다른 상황이더라도 칭찬받았던 긍정적인 피드백을 떠올리며 잘해 보려고 노력할 것입니다. 이런 상황들은 대상 아동의 솔직한 자기 표현을 확장하는 데 도움을 줍니다.

1-반16 반응하기 16 결과보다 과정 칭찬하기

결과를 주로 칭찬할 때 대상 아동은 부담을 느끼기 쉽습니다. 항상 좋은 결과를 보이기란 쉽지 않습니다. 좋은 결과만 칭찬하면 좋지 않은 결과를 보일 때 대상 아동은 중재가로부터 완전 수용을 받는다는 지각을 하기 어렵습니다. 과정을 칭찬할 때 완전 수용되는 감정을 쉽게 경험하고 자신을 표현하고 관철하려고 할 것입니다.

1-반17 반응하기 17 행동보다 마음 칭찬하기

마음보다 행동을 칭찬할 때 대상 아동은 부담을 느끼기 쉽습니다. 마음을 칭찬할 때 매우 하찮은 것도 칭찬할 수 있습니다. 이 전략은 대상 아동에 대한 완전 수용을 돕습니다. 뿐만 아니라 대상 아동의 마음을 칭찬할 때 중재가도 아동을 완전 수용하기가 훨씬 쉬워집니다. 대상 아동도 자신이 원하는 것을 편안하게 표현하고 관철시킬 힘을 얻게 됩니다.

☞ **적용:** 190쪽 반응하기 에피소드 일지, 전략 모음, 점검 일지를 활용하여 중재를 진행해 주시기 바랍니다.

4. 1-나 나를 알리기 단계

자폐 범주성 아동에게 상호작용하는 상대방으로서 나를 알리기는 매우 어렵습니다. 앞의 알아 가기와 반응하기를 통해서 대상 아동 주도의 상호작용을 충분히 경험하지 않는다면 나를 알리기는 거의 불가능합니다. 대상 아동은 아직 상호작용 대상으로서 나에게 전혀 관심을 가지지 않을 가능성이 많기 때문입니다. 그러므로 나를 알리기 단계 전에 앞의 단계들을 시도하면서 대상 아동의 표현을 확장하고 상호작용의 즐거움을 경험하도록 하는 것은 매우 중요합니다. 나를 알리기 단계에서는 일방적인 제지, 지시, 간섭, 조력 등은 가급적 배제하고 상대방으로서의 나를 알리기에 초점을 맞출 필요가 있습니다. 나를 알리기 단계에서 대상 아동은 중재를 통해 자신과 타인의 다름을 인식하고 중재가의 통제를 수용하도록 합니다. 나를 알리기 단계에서의 핵심은 나와 다른 타인 혹은 상황을 편안하게 인식하고 외부의 통제를 수용하는 것을 반복적으로 연습하는 것입니다. 나를 알리기의 방법은 나와 직접적인 갈등을 하거나 나와의 약속을 인식하거나 설명을 통해 타인 혹은 상황을 수용하는 과정을 사용합니다.

- 중재 목표: 대상 아동이 중재가를 편안하게 인식하기 / 대상 아동이 중재가의 통제를 수용하기
- 중재 효과: 자발적으로 중재가 쳐다보기 / 자발적으로 중재가의 말 듣기 / 중재가에 대한 애착 형성하기
- 중재 방법: 타인과 갈등 직접 경험하도록 돕기 / 갈등 경험 시 나의 감정, 생각, 입장을 알려 주기 / 상황 이해를 위해 설명하기

길 찾기

1. 중재가의 감정 정리하기

⬇

2. 중재가의 판단 중지하기

⬇← 중재가 투입

3. 중재가의 대상 아동 알기

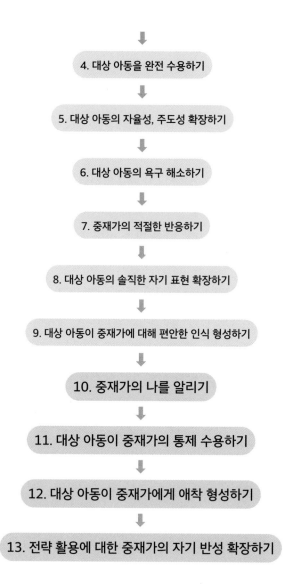

4. 대상 아동을 완전 수용하기

5. 대상 아동의 자율성, 주도성 확장하기

6. 대상 아동의 욕구 해소하기

7. 중재가의 적절한 반응하기

8. 대상 아동의 솔직한 자기 표현 확장하기

9. 대상 아동이 중재가에 대해 편안한 인식 형성하기

10. 중재가의 나를 알리기

11. 대상 아동이 중재가의 통제 수용하기

12. 대상 아동이 중재가에게 애착 형성하기

13. 전략 활용에 대한 중재가의 자기 반성 확장하기

1-나1 나를 알리기 1 기다리도록 돕기

기다리도록 할 때 상황에 따른 주의 통제 능력과 이에 따른 행동 통제가 잘 이루어집니다. 기다리도록 돕기는 자연스러운 상황에서 기다리도록 연습하는 것이 좋습니다. 대상 아동은 기다리는 상황이 이해될 수도 있고 이해되지 않을 수도 있습니다. 잘 기다리면 자신에게도 차례가 돌아오고 재미있게 놀이를 즐길 수 있다는 것을 대상 아동이 스스로 깨닫고 경험하도록 중재합니다. 반면에 순서를 지키지 않으면 놀이가 진행되기 어렵다는 것을 경험하도록 하는데, 이것은 타인 혹은 상황을 인식하는 데 도움을 줍니다. 충분히 인식되었을 때 대상 아동은 스스로 편안하게 받아들이고 기다릴 수 있게 됩니다. 기다리도록 돕기는 단독적으로 실행할 수 있는 전략입니다. 기다리도록 돕기는 타인을 인식하고 타인의 주의에 통제될 수 있는 기본적인 전략입니다.

1-나2 나를 알리기 2 **주고받도록 돕기**

주고받도록 돕기 전략 역시 놀이에 초점이 있는 전략이라기보다는 상대방의 통제를 수용하고 상대방이 나와 다르다는 것을 인식하기 위해서 활용하는 전략입니다. 주고받기 활동은 타인에 대한 인식을 매우 잘, 반복적으로 할 수 있는 활동입니다. 주고받기 활동은 어린아이 수준에서 이루어질 수 있는 공 주고받기부터 약속 주고받기, 대화 주고받기 등 대상 아동이나 상황에 적절하게 적용될 수 있습니다. 주고받기 활동을 하면서 굳이 말이 오가지 않아도 됩니다. 주고받기 활동을 통해 자연스럽게 공감대가 형성되면서 상대방에 대한 인식이 이루어집니다. 주고받도록 돕는 전략은 상대방에 대한 인식이 아직 잘 이루어지지 않았을 때 활용도가 높은 전략입니다.

1-나3 나를 알리기 3 **차례 지키도록 돕기**

차례 지키기는 주고받기 활동의 좀 더 발전된 형태입니다. 차례 지키기는 차례를 지키는 활동 자체에 중심을 두기보다는 차례 지키기를 함께하는 상대방에게 중심을 둔 활동입니다. 그러므로 그 상대방으로 주의 이동이 더 뚜렷하게 일어나며 상대방이 분명하게 인식됩니다. 차례 지키기에서는 약속과 규칙이 의식화되기 시작합니다. 약속과 규칙은 중재가 중심 혹은 대상 아동 중심으로 이루어질 수도 있습니다. 대상 아동이 약속이나 규칙을 결정할 경우 상대방에 대한 대상 아동의 주의 통제는 매우 높아지고 상호작용에 대한 자발성이 뚜렷해집니다. 상황에 따라 중재가는 아동이 수긍할 때까지 차례 지키기의 이유를 반복적으로 설명해 줄 필요가 있습니다.

1-나4   나를 알리기 4 대상 아동이 약속을 지킬 수 있도록 환경 정리하기

대상 아동이 약속을 지킬 수 있도록 환경을 정리하는 것은 대상 아동이 상대방과의 약속을 지킬 수 있도록 돕는 전략입니다. 약속 지키기를 통해 대상 아동은 상대방의 생각이나 입장을 인식하기 쉽습니다. 이때 중재가는 대상 아동 주변에서 대상 아동의 주의를 분산시킬 만한 것들을 정리해 줌으로써 대상 아동이 상대방과의 약속에 집중할 수 있는 주의력을 키워 줄 수 있습니다. 또 물리적 환경 외에 대상 아동이 약속에 집중하기 어려워할 수 있는 심리적 환경도 정리해 줄 필요가 있습니다. 부정적인 감정으로 누군가와 약속을 지키기는 어렵기 때문입니다. 편안한 심리적 상황을 만들어 줌으로써 약속을 잘 인식하고 지킬 수 있습니다. 이 전략을 통해 상대방을 편안하게 인식할 수 있습니다.

1-나5   나를 알리기 5 최소한 한 가지 이상의 규칙이나 약속이 있는 활동하도록 돕기

규칙이나 약속은 누군가와 함께하는 것입니다. 이 전략의 목표는 아동으로 하여금 자신과 규칙이나 약속을 하는 상대방을 인식하도록 돕는 것입니다. 그러므로 결과물에 대해 지나친 집중이 일어나지 않도록 주의해야 합니다. 약속을 할 때 서로의 마음 혹은 생각이 표현되어야 하며 때에 따라 조율도 필요합니다. 또 규칙을 지키도록 할 때 규칙에 대한 이유가 어느 정도 인식되어야 합니다. 예를 들어, 규칙을 지키는 것이 어렵고 하기 싫을 수 있지만, 규칙을 잘 지키면 자신에게도 도움이 되고, 갈등 상황이 해결될 수 있다는 것을 인식할 때 대상 아동은 편안하게 규칙 혹은 약속을 받아들일 수 있습니다. 약속이나 규칙은 대상 아동에 따라 크기, 강도, 기간 등이 다양해질 수 있습니다.

1-나6   나를 알리기 6 일관성 있게 약속이나 규칙 지키도록 돕기

'일관성 있게 약속이나 규칙 지키도록 돕기' 전략의 핵심 포인트는 약속이나 규칙이 아니라 약속이나 규칙을 준 상대방 혹은 외부에 일관성 있게 '주의'를 향하도록 돕는 전략입니다. 결과만을 위해 약속이나 규칙을 지키는 것은 본 전략의 핵심이 아닙니다. 중재가는 대상 아동과 활동하는 여러 상황 속에서 기본적으로 지켜야 할 약속이나 규칙을 대상 아동이 지킬 수 있도록 중재함으로써 대상 아동이 '자신'보다 외부의 사람, 환경, 약속, 규칙 등에 주의를 쏟도록 돕습니다. 일관성 있게 약속 지키기는 대상 아동에게 처음에는 부담스러울 수 있으나, 중재가 진행될수록 정해진 약속이나 규칙을 준 상대방을 편안해하는 대상 아동을 볼 수 있습니다. 일관성 있게 중재가 진행될 때 대상 아동의 주의는 중재가에서 벗어나 점차 약속이나 규칙으로 전환하게 되며, 이것은 중재 상황에서뿐만 아니라 일상생활에서도 외부에 대한 주의가 활성화되는 방법이 됩니다.

1-나7 나를 알리기 7 **약속을 지키지 않을 때 부정적인 결과를 경험함으로써 자발적으로 약속 지키도록 돕기**

중재가의 지속적인 설명으로 상황이 이해되었음에도 불구하고 중재가와의 약속을 지키지 않을 때 부정적인 결과를 직접 경험함으로써 자발적으로 약속 지키기를 할 수 있습니다. 이때 부정적인 결과는 아동이 싫어하는 것을 주는 것과 아동이 좋아하는 것을 철회하는 것이라고 할 수 있습니다. 중요한 것은 대상 아동이 결국 자발적으로 약속을 지키는 행동을 하도록 하는 것입니다. 단, 예고되지 않은 부정적인 결과는 대상 아동의 부정적인 감정만을 부추길 뿐 약속을 지키는 생각 행동으로까지 연결되기 어렵기 때문에 약속은 미리 아동에게 예고되어야 합니다.

1-나8 나를 알리기 8 **중재가의 행동 모방하도록 돕기**

중재가의 행동을 모방하는 것은 대상 아동에게 중재가를 알릴 수 있는 좋은 기회가 됩니다. 중재가의 행동을 모방함으로써 대상 아동은 자신과 다른 존재로서 중재가를 뚜렷이 인식할 수 있습니다. 신체를 이용한 여러 가지 동작을 모방할 수도 있고 말을 따라 하도록 도울 수도 있습니다. 이 전략의 사용 시 주의점은 대상 아동이 중재가를 모방하도록 돕는 것이지, 대상 아동이 '잘' 모방하도록 하는 데 중점을 두지 않는 것입니다. 대상 아동이 중재가를 모방하려고 하거나 비슷하게 모방하려고 하는 의도를 보이면 충분히 칭찬함으로써 대상 아동의 편안한 타인 인식을 돕습니다.

1-나9 나를 알기 9 **중재가가 제안한 활동을 함께하도록 돕기**

중재가가 제안한 활동을 함께하도록 돕습니다. 이때 중재가가 제안한 활동은 대상 아동이 원하는 활동이라기보다는 중재가의 주도 활동이어야 합니다. 자신이 원하는 활동이 아닐 때 흥미가 없으므로 쉽게 주의가 흐트러지거나 유지되지 못합니다. 중재가가 주도하는 활동을 해 봄으로써 중재가의 생각 속으로 들어갈 수 있습니다. 자신에게 집중되어 있던 주의가 상대방으로 전이되면서 자기 중심적인 생각에서 벗어나며 외부 세계가 주는 통제를 경험하고 수용할 수 있습니다. 이때 중재가가 제안한 활동의 경험이 부정적으로 인식되지 않도록 신중하게 중재할 필요가 있습니다.

1-나10 나를 알기 10 **중재가의 주도하는 활동에 끝까지 참여하도록 돕기**

중재가가 주도하는 활동에 끝까지 참여해 보도록 돕습니다. 자신이 원하는 활동은 끝까지 참여하기가 쉽습니다. 그러나 타인이 주도하는 활동을 끝까지 참여하기는 쉽지 않습니다. 보통 중재가가 주도하는 활동은 기능과 기술 등의 습득과 관련되어 있을 수 있습니다. 그러므로 참여를 끝까지 유도하기 위해 전략 적용 초기부터 긴 시간 혹은 어려운 과제를 주는 것은 피하도록 합니다. 중재가가 주도하는 활동에 끝까지 참여함으로써 대상 아동의 외부 세계로의 주의 유지가 확장될 것입니다. 또 끝까지 활동에 참여함으로써 타인이 주도하는 활동에 대한 동기와 실행 역시 확장될 것입니다.

1-나11 나를 알기 11 **간단한 제안이나 지시 주기**

간단한 제안이나 지시 주기 전략 역시 제안이나 지시 주기에 초점을 맞추기보다는 제안이나 지시를 주는 상대방에게 주의를 집중하도록 하는 전략입니다. 대상 아동이 지금까지의 활동을 지루해하거나 좋아하지 않을 경우 간단한 제안 혹은 지시를 줌으로써 중재가의 관심사로 아동의 주의를 전환할 수 있습니다. 이때 중재가는 눈 맞춤을 하면서 최대한 편안하게 제안하도록 합니다. 중재가가 자신을 어렵게 하거나 곤란하게 만드는 제안 혹은 지시를 한다면 대상 아동은 중재가를 안전하게 인식하는 것이 어려울 것입니다. 자신의 기대보다 재미있거나 성취할 수 있다고 생각되었을 때 중재가의 제안이나 지시를 잘 따를 수 있을 것입니다.

1-나12 나를 알리기 12 '내 차례야' '나는 싫어' 등의 내 입장을 대상 아동에게 단호하게 말하기

이 전략은 나를 알리기 단계의 핵심 전략이라고 할 수 있습니다. 진정한 상호작용은 상대방이 나와 다름에 대한 인식의 전환이 필요합니다. 상대방이 '내 차례야, 나는 싫어.' 등의 자신의 마음을 표현할 때 상대방이 나와 다름을 확실히 인식하게 됩니다. 대상 아동이 기다리지 않거나 차례를 지키지 않거나 자기 중심적인 행동을 보일 때 중재가는 편안하지만 단호하게 "내 차례야, 나는 싫어." 등의 말을 함으로써 대상 아동의 행동을 제지할 수 있습니다. 이와 같은 상황에서 보통 '하지 마' '안 돼' 등의 부정적 메시지를 대상 아동에게 말하기 쉽습니다. 자칫 이런 직접적 피드백은 대상 아동으로 하여금 수치심을 경험하도록 할 수 있습니다. 나의 입장을 확실히 밝히는 것은 나와 네가 다름에서 오는 차이임을 인식하는 데 도움이 됩니다. 그럼에도 불구하고 '나는 싫어.'라는 말 역시 대상 아동에게 부정적인 피드백이 될 수 있으므로 부정적인 감정으로 이 말을 하지 않도록 주의해야 합니다. 이 전략은 자기 표현 능력이 어느 정도 향상된 후에 사용하는 것이 좋습니다.

1-나13 나를 알리기 13 '내 생각은 달라.' 등의 대상 아동과 다른 내 입장 설명하기

내 생각은 너의 생각과 다르다는 것을 분명하게 말해 주거나 설명해 줌으로써 대상 아동은 더 분명하게 나와 다른 타인의 입장을 알 수 있게 됩니다. 보통 자신과 다른 타인의 의견을 들을 때 부정적인 피드백이라고 인식하기 쉽습니다. 그러나 부드럽고 정중한 말로 설명을 듣게 될 때 자신과 다른 타인의 입장을 이해할 수 있게 됩니다. 상황에 따라 반복적으로 여러 번 설명을 듣게 될 때 차츰 더 편안하게 타인의 입장을 수용하게 될 것입니다.

1-나14 나를 알리기 14 **대상 아동이 이해할 수 있는 수준에서 설명하기**

새로운 상황, 또는 어려운 문제가 발생했을 때 대상 아동이 이해할 수 있는 수준에서 설명해 주는 것은 대상 아동이 중재가를 편안하게 인식하는 데 도움이 됩니다. 새로운 상황 혹은 어려운 문제는 이미 대상 아동을 심리적으로 위축되게 할 수 있습니다. 여기에 중재가의 도움이 자신의 수준에 맞지 않는다면 대상 아동의 불안은 더 높아질 것입니다. 대상 아동이 이해할 수 있는 수준에서 상황 혹은 문제를 설명해 줄 때 대상 아동은 중재가를 편안하게 인식할 것이며, 다른 사람과의 관계에서도 편안한 감정을 쉽게 가질 수 있습니다.

1-나15 나를 알리기 15 **새로운 것, 상황에 대해 천천히 설명하거나 반복적으로 알려 주기**

새로운 것이나 상황은 대상 아동에게 부정적인 피드백으로 느껴질 수 있습니다. 부정적인 피드백은 정서적인 위축감을 일으킵니다. 대상 아동이 이해할 수 있도록 천천히 설명하거나 반복적으로 말하는 것은 대상 아동이 타인 혹은 상황을 편안하게 수용하는 데 도움을 줍니다. 새로운 것이나 상황을 중재가 중심으로 주입하지 않고 대상 아동이 받아들일 수 있도록 충분한 시간을 가지도록 합니다.

1-나16 나를 알리기 16 **비전형적인 행동을 포함한 행동 문제를 제한하기 위한 이유 설명해 주기**

이 전략은 대상 아동의 행동 문제가 이미 발생했을 때 대상 아동을 돕는 전략입니다. 행동 문제에 대해 즉각 벌을 주기보다는 이유를 설명해 줌으로써 대상 아동이 좀 더 편안하게 중재가를 인식할 수 있습니다. 행동 문제가 발생하면 대부분의 대상 아동은 부끄러워하거나 당황하거나 죄책감을 가집니다. 이때 중재가가 즉각 벌을 주거나 부정적인 피드백을 주는 것은 대상 아동의 부정적인 감정을 더욱 부추길 수 있습니다. 행동 문제에 대한 이유 설명하기는 대상 아동이 자신의 행동을 객관화해 볼 수 있는 기회를 줍니다. 이를 통해 자신의 행동 문제를 감정적으로 반응하지 않고 인지적으로 반응하도록 도울 수 있습니다.

1-나17 나를 알리기 17 부정적인 피드백 발생 전에 미리 설명해 주기

이 전략은 대상 아동의 행동 문제가 발생함으로써 대상 아동이 부정적인 피드백을 받아야 하는 상황을 줄이기 위해 미리 설명해 주는 전략입니다. 대상 아동은 상황을 빨리 인지하지 못하거나 습관화된 문제 행동을 계속함으로써 부정적인 피드백을 받을 상황이 많습니다. 중재가는 이를 민감하게 살펴보고 미리 설명해 줌으로써 부정적인 피드백을 받지 않도록 조력합니다. 이를 통해 대상 아동은 타인과의 상호작용에서 부정적인 피드백을 경험하는 빈도가 낮아질 수 있을 뿐 아니라 자신을 돕는 존재로서의 중재가를 인식할 수 있습니다. 이 전략의 사용을 위해 중재가는 문제 행동이 흔히 발생하는 대상 아동의 상황에 대해 잘 알고 있을 필요가 있습니다.

1-나18 나를 알리기 18 부정적인 피드백을 줄 때, 부드럽게 쳐다보면서 작은 목소리로 이유 설명해 주기

부드럽게 쳐다보고 작은 목소리로 이유 설명해 주기는 대상 아동이 타인을 편안하게 받아들이도록 돕습니다. 특히 부정적인 피드백을 받아야 하는 상황에서 부드럽게 쳐다보면서 이유를 설명해 주는 상대방을 통해 대상 아동은 편안한 타인을 인식하고 부정적인 피드백을 수용할 수 있게 됩니다. 그리고 위축된 대상 아동일수록 작은 목소리로 설명하는 것이 필요합니다. 큰 목소리로 설명해 줄 때 위축된 대상 아동은 상황을 위협적으로도 받아들일 수 있기 때문입니다.

1-나19 나를 알리기 19 부정적인 피드백을 대상 아동이 수용할 수 있도록 여러 관점에서 설명해 주기

이 전략은 대상 아동의 문제 행동이 발생했을 때 사용할 수 있는 전략으로 대상 아동이 문제 행동에 대한 부정적인 피드백을 심리적으로 수용할 때까지 사용할 수 있는 전략입니다. 이 전략에서 가장 중요한 부분은 '여러 관점에서 설명해 주기'입니다. 부정적인 피드백의 수용은 대상 아동의 인지 변화를 필요로 하므로 아동이 자신의 문제 행동을 지각하고 수용할 수 있도록 다각적인 관점을 활용합니다. 이때 다각적인 관점이란 예측할 수 있는 부정적인 결과, 비슷한 예전 경험 등 대상 아동이 미처 생각하지 못한 부분까지 포함하는 것으로 아동의 통찰을 통해 인지 변화를 꾀할 수 있는 것입니다.

1-나20 나를 알리기 20 대상 아동의 주의를 환기시키기 위해 상과 벌 주기

대상 아동이 매우 심각한 행동 문제, 즉 위험하거나 타인에 대한 공격적 행동을 보일 때 벌이 필요합니다. 또 대상 아동이 무엇인가를 잘했을 때 상이 주어질 수 있습니다. 상호작용 중재에서 상벌은 대상 아동의 행동 변화를 직접적으로 일으키기 위한 것이 아닙니다. 상벌을 주는 목적은 아동이 지나친 감정 행동 혹은 습관화된 행동 문제를 지속할 때 주의를 환기함으로써 생각할 수 있는 기회를 주기 위해서입니다. 그러므로 상벌을 위한 구체적인 설계가 필요합니다. 설계에는 언제, 어떻게 등의 상황이 제시되어야 하고 구체화될수록 좋습니다. 상벌의 기회는 대상 아동으로 하여금 상대방을 편안하게 받아들이고 자신의 행동에 대한 반성적 사고를 일으키도록 해야 합니다.

1-나21 나를 알리기 21 행동 문제를 끝까지 제한하기

끝까지 제한하기 전략은 하지 말아야 하는 행동을 지속적으로 보이는 대상 아동의 행동 문제를 줄이기 위한 전략입니다. 해당하는 행동의 종류로는 위험한 행동, 타인 공격적인 행동, 자해 행동, 심각한 상동 행동 등이라고 할 수 있습니다. 이러한 행동 문제는 행동 자체의 문제성도 높지만 대상 아동의 주의 전환에도 심각한 영향을 끼침으로써 발달을 위협하는 요인이 되기도 합니다. 이 전략 사용을 위해 중재가는 대상 아동의 문제 행동을 적극적으로 살펴보면서 목표 행동으로 선정할지 여부를 판단해야 합니다. 왜냐하면 이 전략은 대상 아동의 습관화된 행동 문제 저변의 부정적인 타인 인식과 정서적 어려움에 대한 더 깊이 있는 중재가 함께 필요할 수 있기 때문입니다. 또한 이 전략은 시간과의 싸움이라고 할 수 있으므로 중재가는 자신의 심리적 고충과 직면할 수 있습니다. 중재가는 자신의 감정 유지와 더불어 아동의 행동 문제 자체에 대한 지속적인 관심을 기울이도록 노력해야 할 것입니다.

> ☞ **적용 1:** 193쪽 나를 알리기 에피소드 일지, 전략 모음, 점검 일지를 활용하여 중재
> 를 진행해 주시기 바랍니다.
> ☞ **적용 2:** 196쪽 1차적 상호작용 종합편 에피소드 일지, 전략 모음, 점검 일지를 활
> 용하여 중재를 진행해 주시기 바랍니다.

〈표 5-1〉 마음 준비 일지

* 마음 준비 일지는 상호작용 중재를 진행하기 전에 중재가가 스스로 완성하여 자신을 반성해 볼 수 있으며 소그룹을 통해 토의해 볼 수 있습니다. 충분한 마음 준비를 위해 논의점을 한 가지씩 나눠 진행하는 것이 더 좋습니다. 대상 아동을 깊이 생각하면서 빈칸을 순서대로 완성해 보세요.

아동 이름		중재 일시		중재가 이름		(관계:)
논의점		예/아니요	(아닐 경우) 원인 찾기		(아닐 경우) 해결 방법 찾기	
1	나의 상호작용 대상 아동은 인간성을 가지고 있을까요?					
2	대상 아동은 나를 대상으로 상호작용 욕구가 있을까요?					
3	대상 아동에 대한 나의 부정적인 감정이 있을까요?					
4	나는 대상 아동에 대한 감정의 일관성을 유지할 수 있을까요?					
5	나는 대상 아동에 대한 태도의 일관성을 유지할 수 있을까요?					
6	나는 대상 아동을 가르치기보다 상호작용하려고 하는 마음이 있을까요?					
7	나는 매체보다 대상 아동과의 상호작용에 더 집중할 수 있을까요?					
8	중재 시작 전에 제한해야 하는 대상 아동의 행동은 무엇일까요?					
9	중재 시작 전에 내가 조정해야 하는 환경은 무엇일까요?					
10	나는 중재와 관련된 나의 생각을 글로 기록하고 있을까요?					

〈표 5-2〉1차적 상호작용 중재 – 마음 준비 단계 전략

1점: 해당 전략을 전혀 사용하지 않았음.
2점: 해당 전략을 거의 사용하지 않았음.
3점: 해당 전략을 어느 정도 사용했음.
4점: 해당 전략을 거의 사용했음.
5점: 해당 전략을 대부분 사용했음.

	행동 준거	1	2	3	4	5
1-마1	대상 아동의 인간성 존중하기					
1-마2	나와 상호작용 욕구가 있는 대상으로 아동 인식하기					
1-마3	중재가의 부정적인 감정 정리하기					
1-마4	대상 아동에 대한 중재가의 감정 일관성 유지하기					
1-마5	대상 아동에 대한 중재가의 태도 일관성 유지하기					
1-마6	대상 아동을 가르치기보다 상호작용하려고 하기					
1-마7	매체보다 대상 아동과의 상호작용에 더 집중하려고 하기					
1-마8	제한해야 하는 대상 아동의 행동 미리 점검하기					
1-마9	미리 중재 환경 재조정하기					
1-마10	중재 후 나의 생각을 글로 기록하기					

〈표 5-3〉 마음 준비 단계 점검 일지

* 점검 일지는 본인 혹은 다른 중재가가 진행한 상호작용 중재를 스스로 점검 혹은 모니터링하기 위해 사용합니다. 마음 준비 단계 점검 일지는 대상 아동과의 상호작용 중재를 위한 나의 마음을 점검하고자 할 때 사용할 수 있는 일지입니다. 앞 표의 전략을 참고하여 중재 전략 칸을 완성하고, 사용한 중재 매체와 결과 및 적용점을 기록해 보세요.

중재 일시		중재가	
대상 아동		연령	
중재 전략			
중재 매체			
중재 결과			
적용점			

〈표 5-4〉 알아 가기 에피소드 일지

* 에피소드 일지는 본인 혹은 다른 중재가가 진행한 상호작용 중재를 스스로 점검 혹은 모니터링하기 위해 사용합니다. 대상 아동과의 에피소드에 대해 칸을 순서대로 완성해 보세요.

아동 이름		중재 일시		중재가 이름	(관계:)
상황	아이는 어떤 행동을 했나요?	아이는 어떤 말을 했나요?		아이는 어떤 마음이었을까요?	나는 잘 판단했을까요?

〈표 5-5〉1차적 상호작용 중재 – 알아 가기 단계 전략

1점: 해당 전략 사용을 전혀 하지 않았음.
2점: 해당 전략을 거의 사용하지 않았음.
3점: 해당 전략을 어느 정도 사용했음.
4점: 해당 전략을 거의 사용했음.
5점: 해당 전략을 대부분 사용했음.

	행동 준거	1	2	3	4	5
1-알1	중재가의 말수를 줄이고 대상 아동의 감정, 생각, 의도 살펴보기					
1-알2	대상 아동이 스스로 표현할 수 있는 환경 만들기					
1-알3	대상 아동이 표현할 때 즉시 알아차리기					
1-알4	에피소드에서 대상 아동의 마음 기록하기					
1-알5	대상 아동의 생각 행동이 나올 때까지 기다려 주기					
1-알6	대상 아동의 행동을 그대로 모방하면서 대상의 표현 의도 살펴보기					
1-알7	대상 아동이 표현하는 것을 인정하고 지지해 주기					
1-알8	대상 아동이 하고 싶어 하는 활동 허용하기					
1-알9	대상 아동의 주도적인 행동 함께 하기					
1-알10	대상 아동과 재미있게 활동하기					
1-알11	대상 아동에게 선택할 수 있는 기회 주기					
1-알12	살펴보고 대상 아동의 속도에 맞추기					
1-알13	잘 모르겠으면 대상 아동에게 확인해 보기					
1-알14	새로운 자극을 주고 대상 아동의 반응 살펴보기					
1-알15	대상 아동이 허락하면 참여하기					

〈표 5-6〉 알아 가기 단계 점검 일지

* 점검 일지는 본인 혹은 다른 중재가가 진행한 상호작용 중재를 스스로 점검 혹은 모니터링하기 위해 사용합니다. 앞의 에피소드 일지를 참고하여 내가 진행한 중재를 점검해 보세요. 앞 표의 전략을 참고하여 중재 전략 칸을 완성하고 사용한 중재 매체와 결과 및 적용점을 기록해 보세요.

중재 일시		중재가	
대상 아동		연령	
중재 전략			
중재 매체			
중재 결과			
적용점			

〈표 5-7〉 반응하기 에피소드 일지

* 에피소드 일지는 본인 혹은 다른 중재가가 진행한 상호작용 중재를 스스로 점검 혹은 모니터링하기 위해 사용합니다. 대상 아동과의 에피소드를 기억하여 칸의 순서대로 완성해 보세요.

아동 이름		중재 일시		중재가 이름		(관계:)
상황	아이는 어떤 행동을 했나요?	아이는 어떤 말을 했나요?	나는 어떻게 반응했나요?	아이는 어떻게 반응했나요?	나는 잘 판단하고 반응했을까요?

〈표 5-8〉 1차적 상호작용 중재 - 반응하기 전략

1점: 해당 전략을 전혀 사용하지 않았음.
2점: 해당 전략을 거의 사용하지 않았음.
3점: 해당 전략을 어느 정도 사용했음.
4점: 해당 전략을 거의 사용했음.
5점: 해당 전략을 대부분 사용했음.

	행동 준거	1	2	3	4	5
1-반1	부드럽게 말하기					
1-반2	작은 목소리로 말하기					
1-반3	부드럽게 쳐다보면서 반응하기					
1-반4	대상 아동의 감정 그대로 반영하기					
1-반5	대상 아동의 생각 그대로 반영하기					
1-반6	대상 아동의 의도 그대로 반영하기					
1-반7	대상 아동 안심시키기					
1-반8	어려워하면 모델링 보여 주기					
1-반9	대상 아동이 원하면 즉시 반응하기					
1-반10	대상 아동이 하고 싶은 말 즉시 해 주기					
1-반11	대상 아동이 하고 싶은 말 대신 해 주기					
1-반12	대상 아동이 알고 싶은 것에 대해 이유 설명해 주기					
1-반13	대상 아동이 원하면 반복적으로 말해 주기					
1-반14	성공 경험 높여 주기					
1-반15	구체적으로 칭찬하기					
1-반16	결과보다 과정 칭찬하기					
1-반17	행동보다 마음 칭찬하기					

〈표 5-9〉 반응하기 단계 점검 일지

* 점검 일지는 본인 혹은 다른 중재가가 진행한 상호작용 중재를 스스로 점검 혹은 모니터링하기 위해 사용합니다. 앞의 에피소드 일지를 참고하여 내가 진행한 중재를 점검해 보세요. 앞 표의 전략을 참고하여 중재 전략 칸을 완성하고 사용한 중재 매체와 결과 및 적용점을 기록해 보세요.

중재 일시		중재가	
대상 아동		연령	
중재 전략			
중재 매체			
중재 결과			
적용점			

〈표 5-10〉 나를 알리기 에피소드 일지

* 에피소드 일지는 본인 혹은 다른 중재가가 진행한 상호작용 중재를 스스로 점검 혹은 모니터링하기 위해 사용합니다. 대상 아동과의 에피소드에 대해 칸을 순서대로 완성해 보세요.

아동 이름		중재 일시		중재가 이름		(관계:)
상황	아이는 어떤 행동을 했나요?	아이는 어떤 말을 했나요?	어떻게 나를 알렸나요?	아이는 어떻게 반응했나요?	나는 잘 판단하고 반응했을까요?	

〈표 5-11〉 1차적 상호작용 중재 – 나를 알리기 단계 전략

1점: 해당 전략을 전혀 사용하지 않았음.
2점: 해당 전략을 거의 사용하지 않았음.
3점: 해당 전략을 어느 정도 사용했음.
4점: 해당 전략을 거의 사용했음.
5점: 해당 전략을 대부분 사용했음.

행동 준거		1	2	3	4	5
1-나1	기다리도록 돕기					
1-나2	주고받도록 돕기					
1-나3	차례 지키도록 돕기					
1-나4	대상 아동이 약속을 지킬 수 있도록 환경 정리하기					
1-나5	최소한 한 가지 이상의 규칙이나 약속이 있는 활동하도록 돕기					
1-나6	일관성 있게 약속이나 규칙 지키도록 돕기					
1-나7	약속을 지키지 않을 때 부정적인 결과를 경험함으로써 자발적으로 약속 지키도록 돕기					
1-나8	중재가의 행동 모방하도록 돕기					
1-나9	중재가가 제안한 활동을 함께하도록 돕기					
1-나10	중재가가 주도하는 활동에 끝까지 참여하도록 돕기					
1-나11	간단한 제안이나 지시 주기					
1-나12	'내 차례야' '나는 싫어' 등의 내 입장을 대상 아동에게 단호하게 말하기					
1-나13	'내 생각은 달라.' 등의 대상 아동과 다른 내 입장 설명하기					
1-나14	대상 아동이 이해할 수 있는 수준에서 설명하기					
1-나15	새로운 것, 상황에 대해 천천히 설명하거나 반복적으로 알려 주기					
1-나16	비전형적인 행동을 포함한 행동 문제를 제한하기 위한 이유 설명해 주기					
1-나17	부정적인 피드백 발생 전에 미리 설명해 주기					
1-나18	부정적인 피드백을 줄 때, 부드럽게 쳐다보면서 작은 목소리로 이유 설명해 주기					
1-나19	부정적인 피드백을 대상 아동이 수용할 수 있도록 여러 관점에서 설명해 주기					
1-나20	대상 아동의 주의를 환기시키기 위해 상과 벌주기					
1-나21	행동 문제를 끝까지 제한하기					

〈표 5-12〉 나를 알리기 단계 점검 일지

* 점검 일지는 본인 혹은 다른 중재가가 진행한 상호작용 중재를 스스로 점검 혹은 모니터링하기 위해 사용합니다. 앞의 에피소드 일지를 참고하여 내가 진행한 중재를 점검해 보세요. 앞 표의 전략을 참고하여 중재 전략 칸을 완성하고, 사용한 중재 매체와 결과 및 적용점을 기록해 보세요.

중재 일시		중재가	
대상 아동		연령	
중재 전략			
중재 매체			
중재 결과			
적용점			

〈표 5-13〉 1차적 상호작용 에피소드 일지-종합편

* 이 1차적 상호작용 에피소드 일지는 1차적 상호작용의 모든 단계의 전략을 사용한 종합편입니다. 에피소드 일지는 본인 혹은 다른 중재가가 진행한 상호작용 중재를 스스로 점검 혹은 모니터링하기 위해 사용합니다. 대상 아동과의 에피소드를 기억하여 칸의 순서대로 완성해 보세요.

아동 이름			중재 일시			중재가 이름		(관계:　　　)		
상황	아이는 어떤 행동을 했나요?	아이는 어떤 말을 했나요?	아이는 어떤 마음이었 을까요?	나는 어떻게 반응 했나요?	아이는 어떻게 반응 했나요?	어떻게 나를 알렸나요?	아이는 어떻게 반응 했나요?	나는 잘 판단하고 반응 했을까요?

〈표 5-14〉 1차적 상호작용 중재 전략 – 종합편

1점: 해당 전략을 전혀 사용하지 않았음.
2점: 해당 전략을 거의 사용하지 않았음.
3점: 해당 전략을 어느 정도 사용했음.
4점: 해당 전략을 거의 사용했음.
5점: 해당 전략을 대부분 사용했음.

		행동 준거	1	2	3	4	5
마음 준비 단계	1-마1	대상 아동의 인간성 존중하기					
	1-마2	나와 상호작용 욕구가 있는 대상으로 아동 인식하기					
	1-마3	중재가의 부정적인 감정 정리하기					
	1-마4	대상 아동에 대한 중재가의 감정 일관성 유지하기					
	1-마5	대상 아동에 대한 중재가의 태도 일관성 유지하기					
	1-마6	대상 아동을 가르치기보다 상호작용하려고 하기					
	1-마7	매체보다 대상 아동과의 상호작용에 더 집중하려고 하기					
	1-마8	제한해야 하는 대상 아동의 행동 미리 점검하기					
	1-마9	미리 중재 환경 재조정하기					
	1-마10	중재 후 나의 생각을 글로 기록하기					
알아 가기 단계	1-알1	중재가의 말수를 줄이고 대상 아동의 감정, 생각, 의도 살펴보기					
	1-알2	대상 아동이 스스로 표현할 수 있는 환경 만들기					
	1-알3	대상 아동이 표현할 때 즉시 알아차리기					
	1-알4	에피소드에서 대상 아동의 마음 기록하기					
	1-알5	대상 아동의 생각 행동이 나올 때까지 기다려 주기					
	1-알6	대상 아동의 행동을 그대로 모방하면서 대상의 표현 의도 살펴보기					
	1-알7	대상 아동이 표현하는 것을 인정하고 지지해 주기					
	1-알8	대상 아동이 하고 싶어 하는 활동 허용하기					
	1-알9	대상 아동의 주도적인 행동 함께 하기					
	1-알10	대상 아동과 재미있게 활동하기					
	1-알11	대상 아동에게 선택할 수 있는 기회 주기					
	1-알12	살펴보고 대상 아동의 속도에 맞추기					
	1-알13	잘 모르겠으면 대상 아동에게 확인해 보기					
	1-알14	새로운 자극을 주고 대상 아동의 반응 살펴보기					
	1-알15	대상 아동이 허락하면 참여하기					
반응하기 단계	1-반1	부드럽게 말하기					
	1-반2	작은 목소리로 말하기					
	1-반3	부드럽게 쳐다보면서 반응하기					

	1-반4	대상 아동의 감정 그대로 반영하기					
	1-반5	대상 아동의 생각 그대로 반영하기					
	1-반6	대상 아동의 의도 그대로 반영하기					
	1-반7	대상 아동 안심시키기					
	1-반8	어려워하면 모델링 보여 주기					
	1-반9	대상 아동이 원하면 즉시 반응하기					
	1-반10	대상 아동이 하고 싶은 말 즉시 해 주기					
	1-반11	대상 아동이 하고 싶은 말 대신 해 주기					
	1-반12	대상 아동이 알고 싶은 것에 대해 이유 설명해 주기					
	1-반13	대상 아동이 원하면 반복적으로 말해 주기					
	1-반14	성공 경험 높여 주기					
	1-반15	구체적으로 칭찬하기					
	1-반16	결과보다 과정 칭찬하기					
	1-반17	행동보다 마음 칭찬하기					
나를 알리기 단계	1-나1	기다리도록 돕기					
	1-나2	주고받도록 돕기					
	1-나3	차례 지키도록 돕기					
	1-나4	대상 아동이 약속을 지킬 수 있도록 환경 정리하기					
	1-나5	최소한 한 가지 이상의 규칙이나 약속이 있는 활동하도록 돕기					
	1-나6	일관성 있게 약속이나 규칙 지키도록 돕기					
	1-나7	약속을 지키지 않을 때 부정적인 결과를 경험함으로써 자발적으로 약속 지키도록 돕기					
	1-나8	중재가의 행동 모방하도록 돕기					
	1-나9	중재가가 제안한 활동을 함께하도록 돕기					
	1-나10	중재가가 주도하는 활동에 끝까지 참여하도록 돕기					
	1-나11	간단한 제안이나 지시 주기					
	1-나12	'내 차례야' '나는 싫어' 등의 내 입장을 대상 아동에게 단호하게 말하기					
	1-나13	'내 생각은 달라.' 등의 대상 아동과 다른 내 입장 설명하기					
	1-나14	대상 아동이 이해할 수 있는 수준에서 설명하기					
	1-나15	새로운 것, 상황에 대해 천천히 설명하거나 반복적으로 알려 주기					
	1-나16	비전형적인 행동을 포함한 행동 문제를 제한하기 위한 이유 설명해 주기					
	1-나17	부정적인 피드백 발생 전에 미리 설명해 주기					
	1-나18	부정적인 피드백을 줄 때, 부드럽게 쳐다보면서 작은 목소리로 이유 설명해 주기					
	1-나19	부정적인 피드백을 대상 아동이 수용할 수 있도록 여러 관점에서 설명해 주기					
	1-나20	대상 아동의 주의를 환기시키기 위해 상과 벌주기					
	1-나21	행동 문제를 끝까지 제한하기					

〈표 5-15〉 1차적 상호작용 중재 점검 일지-종합편

* 점검 일지는 본인 혹은 다른 중재가가 진행한 상호작용 중재를 스스로 점검 혹은 모니터링하기 위해 사용합니다. 앞의 에피소드 일지를 참고하여 내가 진행한 중재를 점검해 보세요. 앞 표의 전략을 참고하여 중재 전략 칸을 완성하고, 사용한 중재 매체와 결과 및 적용점을 기록해 보세요.

중재 일시			중재가		(관계:)
대상 아동			연령		
중재 전략	마음 준비				
	알아 가기				
	반응하기				
	나를 알리기				
중재 매체	마음 준비				
	알아 가기				
	반응하기				
	나를 알리기				
중재 결과	마음 준비				
	알아 가기				
	반응하기				
	나를 알리기				
적용점					

제 06 장

2차적 상호작용 중재 단계와 전략

2차적 상호작용은 또래와의 상호작용입니다.

또래와의 상호작용 핵심은 함께 머무는 것입니다.
또래와의 상호작용 핵심은 편안해하는 것입니다.
또래와의 상호작용 핵심은 의미 있게 갈등하는 것입니다.
또래와의 상호작용을 통해 발달이 완성됩니다.

이 장의 구성은 다음과 같습니다.

1. **2-표** 또래 간 자기 표현 돕기 단계
2. **2-통** 또래 통제 수용 돕기 단계
3. **2-추** 또래 생각 추론 돕기 단계
4. **2-대** 또래와의 대화 돕기 단계

2차적 상호작용 중재는 또래와 이루어지는 상호작용을 의미하며 한 명의 또래 혹은 여러 명의 또래를 대상으로 하는 상호작용입니다. 2차적 상호작용 중재는 다음의 단계를 따라 진행하도록 합니다.

첫째, 또래에게 자신을 표현할 수 있도록 돕습니다.
둘째, 또래의 통제를 편안하게 수용할 수 있도록 돕습니다.
셋째, 또래의 생각을 추론하도록 돕습니다.
넷째, 또래와 주제 있는 대화를 나누도록 돕습니다.

이를 위해 2차적 상호작용 중재는 또래 간 자기 표현, 또래 통제 수용, 또래 생각 추론, 또래와의 대화 돕기 4가지 단계의 상호작용 전략을 적용합니다.

2차적 상호작용 중재 진행 시 다음에 유의하여 진행하도록 합니다.

첫째, 또래 간 상호작용 중재의 주체는 또래가 아닌 중재가입니다. 중재가는 또래가 있는 환경에서 대상 아동의 상호작용 능력을 높이기 위해 상황을 조정하거나 대상 아동에 대한 직·간접 중재를 하게 됩니다. 이때 또래는 중재를 위한 매체이며 주체가 아닙니다. 2차적 상호작용 중재의 중재가는 대상 아동을 포함한 학생들을 둔 교사, 대상 아동을 포함한 형제를 둔 부모가 될 수 있습니다.

둘째, 또래 간 상호작용 중재의 목표는 대상 아동의 또래 간 상호작용 능력의 균형과 강화입니다. 1차적 상호작용 중재와 마찬가지로 2차적 상호작용 중재의 목표는 또래에

게 자신을 표현하는 능력과 또래의 통제를 받아들이는 수용 능력이 균형 있게 향상되는
데 있습니다.

셋째, 또래가 있는 상황에서 대상 아동의 상호작용 능력이 일반화되도록 돕습니다.
이를 위해 중재 초기에는 중재가의 직접 개입이 필요할 수 있지만 점차 개입을 줄임으
로써 또래 간 상호작용 능력의 일반화를 돕습니다.

넷째, 간혹 대상 아동의 연령이 높거나 1차적 상호작용에 대한 거부감이 있거나 2차
적 상호작용에 대한 지나친 욕구가 있을 때 2차적 상호작용 중재가 먼저 이루어질 수 있
습니다. 그러나 이 형태는 진정한 의미에서의 상호작용 중재라고 하기 어렵습니다. 먼
저 2차적 상호작용 중재에서 시작할 수 있으나 1차적 상호작용, 즉 중재가와의 상호작
용 중재를 후에 진행함으로써 중재가를 비롯한 성인과 또래 양자 간의 상호작용 능력이
함께 높아지도록 도와야 할 것입니다. 일반적인 순서는 1차적 상호작용 중재에서 상호
작용 능력이 향상되었을 때 2차적 상호작용 중재를 진행하도록 합니다.

다섯째, 2차적 상호작용 중재는 또래가 등장합니다. 이때 대상 아동이 1명이 될 수 있
지만 2명 이상이 될 수도 있습니다. 중재의 대상 아동은 모두 다양한 상호작용 능력을
가지고 있을 가능성이 큽니다. 중재가는 대상 아동의 발달과 상호작용 능력 등을 면밀
히 파악하여 여러 명의 대상 아동을 중재하도록 합니다. 필요시 여러 명의 대상에 대한
다양한 중재가의 개별적 지원과 협력 중재가 필요할 수 있습니다.

2차적 중재 전략 적용 시 1차적 상호작용 전략과 마찬가지로 에피소드 일지와 중재
점검 일지를 활용해서 단계별로 전략을 진행합니다. 이때 2차적 상호작용 중재가 익숙
하지 않은 중재가는 대상 아동과 1명 정도의 또래를 대상으로 상호작용 중재를 하도록
합니다. 능숙해진다면 대상 아동과 1명 이상의 또래를 대상으로 중재를 진행해 볼 수 있
습니다. 모든 단계는 1차적 상호작용 중재보다 더 어려울 수 있으며 더 많은 시간을 필
요로 할 수 있습니다. 중재가는 전략 사용이 능숙해질 때까지 반복 연습하도록 합니다.
아동 청소년 시기의 '또래'는 발달을 돕는 필수적인 매체임을 기억하고 또래 간 상호작
용 능력을 향상하는 데 의의를 두어야 할 것입니다.[1] 2차적 상호작용 중재는, (1) 또래
간 자기 표현 돕기 단계, (2) 또래 통제 수용 돕기 단계, (3) 또래 생각 추론 돕기 단계,

---

1) 2차적 상호작용 중재 '또래 간 자기 표현 돕기' 단계의 '활동 제공하기' 단계의 8번째 전략은 '2-표. 활
동 제공하기 8'로 표기되었습니다.

(4) 또래와의 대화 돕기 단계의 총 4단계로 구성되어 있습니다.

1. **2-표** 또래 간 자기 표현 돕기 단계

또래 간 자기 표현 돕기 단계는 또래 간 상호작용에서 대상 아동이 자기 표현을 확장하도록 돕는 단계입니다. 이 단계에서 중재가는 대상 아동이 자신을 단순하게 표현하는 데 의의를 두기보다 또래와 함께 있음를 편안하게 받아들이고, 또래에게 자신을 관철하는 경험을 가지도록 돕습니다. 이 과정을 통해서 대상 아동은 또래와의 관계에서의 부정적인 심리를 극복하고 자신감을 획득함으로써 또래에게 자신을 표현하는 능력을 확장할 수 있습니다. 이 단계는 (1), 활동 제공하기(14개 전략), (2) 기다려 주기(7개 전략), (3) 마음 확인시켜 주기(5개 전략), (4) 표현하도록 돕기(6개 전략), (5) 표현할 때 도움 주기(7개 전략), (6) 표현할 때 언어 기술 확장하기(5개 전략)의 총 44개의 전략으로 이루어져 있습니다.

- 중재 목표: 또래 활동에서 대상 아동의 자기 표현하기
- 중재 효과: 또래와 있을 때 심리적 불안감 해소하기 / 또래와 상호작용 시 자기 표현을 통한 심리적 욕구 해소하기 / 또래와 상호작용 시 자기관철하기 / 또래와 상호작용 시 언어 표현 확장하기
- 중재 방법: 또래와 머물도록 돕기 / 또래와의 상호작용 간접 경험하도록 돕기 / 또래와의 상호작용 직접 경험하도록 돕기

길 찾기

1. 중재가의 감정 정리하기
↓
2. 중재가의 판단 중지하기
↓ ← 중재가 투입
3. 중재가의 대상 아동 알기

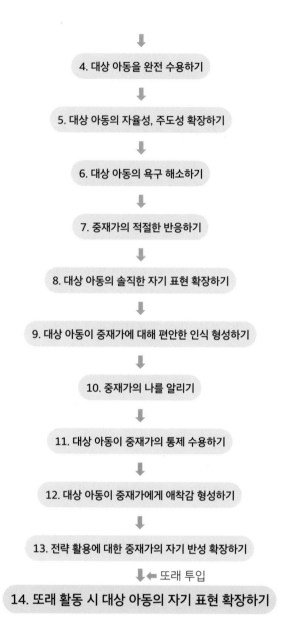

4. 대상 아동을 완전 수용하기

5. 대상 아동의 자율성, 주도성 확장하기

6. 대상 아동의 욕구 해소하기

7. 중재가의 적절한 반응하기

8. 대상 아동의 솔직한 자기 표현 확장하기

9. 대상 아동이 중재가에 대해 편안한 인식 형성하기

10. 중재가의 나를 알리기

11. 대상 아동이 중재가의 통제 수용하기

12. 대상 아동이 중재가에게 애착감 형성하기

13. 전략 활용에 대한 중재가의 자기 반성 확장하기

← 또래 투입

14. 또래 활동 시 대상 아동의 자기 표현 확장하기

1) 2-표-활 활동 제공하기

또래와의 상호작용은 대부분 어떤 활동 안에서 발생합니다. 특히 연령이 낮을 경우 또래 간 상호작용은 대부분 동적인 활동 안에서 일어납니다. 그러므로 또래 상호작용에서 활동은 중요한 매체 활용이 됩니다. 활동 제공 시 또래 간 자기 표현을 위해 적용할 수 있는 전략은 다음과 같습니다.

2-표-활1 활동 제공하기 1 **또래와 함께 머물도록 돕기**

대상 아동은 대부분 또래와 함께 있는 것 자체를 부담스럽고 어려워합니다. 그러므로 또래와의 상호작용에서 보다 중요한 것은 또래와 함께 있을 때 대상 아동의 부정적인 감정을 완화하는 것입니다. 특별한 활동을 하기보다 또래와 있을 때 부담스럽거나 힘든 감정이 자연스럽게 편안해지는 것을 경험하는 것이 필요합니다. 또래가 주는 부담을 경험하지 않도록 환경을 지속적으로 조정해 줌으로써 또래와 함께 머무는 것을 편안하게 인식하도록 합니다.

2-표-활2 활동 제공하기 2 **실패하지 않는 활동하도록 돕기**

또래 활동이 심리적으로 부담스럽거나 힘들지 않도록 실패하지 않는 활동을 할 필요가 있습니다. 실패하지 않는 활동은 활동의 과정 혹은 활동의 결과에서 실패의 요소를 배제한 활동입니다. 또래 자체가 주는 불편함과 심리적 위협의 최소화를 위해서 과정이나 결과의 실패가 없는 활동을 제공합니다. 예를 들어, 점토 활동을 또래와 할 때 점토로 정해진 무언가를 만들도록 하지 않고 점토를 가지고 각자의 방식대로 활동하도록 할 수 있습니다. 또는 활동 후 과정이나 결과물에 대해서 굳이 질문하지 않습니다. 또래와 있을 때 과정과 결과에서 실패가 없는 활동을 함으로써 또래와 있는 상황이 편안하게 인식됩니다.

2-표-활3 활동 제공하기 3 **승패가 없는 활동하도록 돕기**

대상 아동이 꼭 승패가 있는 활동을 하려고 하지 않는다면 자연스럽게 승패가 없는 활동을 합니다. 승패가 없는 활동은 이기고 지는 결과가 없거나 모호한 활동입니다. 가위바위보는 매우 어린 시기부터 할 수 있는 게임이지만 승패가 있는 활동입니다. 승패가 있는 활동은 재미있지만 당사자의 입장에서는 불안이 유발될 수 있습니다. 또래가 안전하게 인식되기 위해 승패가 없는 활동을 할 필요가 있습니다. 보통 또래와 함께 있을 때 승패가 있는 활동이 자주 일어나며 대상 아동 역시 함께 재미있어 하는 것처럼 보일 수 있습니다. 그러나 대상 아동이 현재 진행되고 있는 활동을 통해 심리적 불안을 경험하고 있다면 승패가 없는 활동으로 안내하도록 합니다.

2-표-활4 활동 제공하기 4 **재미있는 활동하도록 돕기**

또래 간 활동에서 재미있는 활동을 함으로써 즐거운 감정을 경험하도록 합니다. 활동의 수준이나 내용에 관계 없이 대상 아동은 또래 간 활동 자체에서 재미를 경험하도록 합니다. 재미는 주관적인 감정으로 웃음 등 긍정적인 감정 표현이 동반됩니다. 활동의 내용이나 방법이 기준이 되지 않고 대상 아동의 재미가 기준이 되도록 활동을 설계합니다. 대상 아동이 재미를 계속 경험할 수 있다면 반복적인 활동을 유지해도 좋습니다. 또래와 있을 때 재미있는 감정이 발생하고 유지되는 활동을 함으로써 또래를 편안하고 즐겁게 인식할 수 있습니다.

2-표-활5 활동 제공하기 5 **주도적인 행동할 기회 주기**

또래와 활동 시 주도적인 행동을 할 기회를 줌으로써 또래 활동에서 정서적 즐거움을 경험하도록 합니다. 대상 아동은 또래와 활동 시 주도적인 행동을 할 기회가 드뭅니다. 또 주도성이 어느 정도 있더라도 실제 또래 가운데서 주도성을 발휘하기는 쉽지 않습니다. 스스로 주도적인 행동을 하기 어려워할 때 차례 지키기에 따라 자연스럽게 주도적인 기회를 주거나 자신의 의사를 표현해 볼 기회를 주도록 합니다. 대상 아동이 주도적인 활동을 하기 시작한다면 중재가는 비슷한 환경 제공을 지속함으로써 대상 아동이 주도성을 확장하도록 돕습니다.

2-표-활6 활동 제공하기 6 **반복적인 환경 제공하기**

반복적인 환경은 또래를 포함한 모든 물리적 환경이라고 할 수 있습니다. 대상 아동은 새로운 환경에 대한 적응 능력이 낮습니다. 특히 새로운 사람에 대한 적응이 매우 늦습니다. 이를 위해 반복적인 또래 환경을 제공할 필요가 있습니다. 보통 학교의 학급 단위도 1년 정도 동일하게 유지되면서 반복적인 인적 · 물리적 환경이 제공되는 셈입니다. 충분히 적응하고 자신을 편안하게 표현할 수 있을 때까지 반복적인 환경을 제공함으로써 자기 표현을 확대할 수 있습니다.

2-표-활7 활동 제공하기 7 **반복적인 활동 제공하기**

대상 아동은 대인 간 상호작용에 대한 심리적 상처를 가지기 쉽고 이미 가지고 있는 경우가 많습니다. 특히 또래 관계에서 새로운 활동은 이들을 매우 긴장시키며 위축감을 가지게 할 수 있습니다. 반복적인 활동은 심리적 안정감을 줄 뿐 아니라 이전에 발생한 심리적 상처를 극복하는 데 도움을 줍니다. 이를 통해 또래 관계에서 자기 표현이 편안하게 확장되도록 합니다.

2-표-활8 활동 제공하기 8 감정을 쉽게 표현할 수 있는 활동에 참여하도록 돕기

또래와 활동 시 감정을 쉽게 표현할 수 있는 활동을 제공할 필요가 있습니다. 또래가 함께 있을 때 자신의 감정을 표현하기는 쉽지 않습니다. 감정을 쉽게 표현할 수 있는 활동은 매체 활용을 필요로 할 수 있습니다. 미술 도구를 활용하거나 감정을 직접적으로 표현하는 활동을 통해 감정을 쉽게 표현하도록 돕습니다. 중재가는 또래 활동 중재 시 감정을 쉽게 표현하는 데 목표를 두고 중재를 진행하도록 합니다. 이 전략은 대상 아동의 감정 표현 자체에 중점을 두기보다 감정을 쉽게 표현할 수 있는 '활동'에 중점을 두는 전략입니다.

2-표-활9 활동 제공하기 9 생각을 쉽게 표현할 수 있는 활동에 참여하도록 돕기

또래 활동 시 대상 아동의 생각을 쉽게 표현할 수 있는 활동을 제공하도록 합니다. 보통 생각 활동은 머릿속에 들어 있는 것을 표현하는 활동입니다. 생각을 쉽게 표현할 수 있는 활동은 매우 다양합니다. 매체를 사용할 수도 있고 사용하지 않을 수도 있습니다. 중요한 것은 대상 아동의 생각을 쉽게 표현할 수 있는 활동이 어떤 것인지 중재가가 민감히 살펴보면서 중재를 이끌어 가는 것입니다. 중재가는 대상 아동이 자신의 생각을 표현하는 것에 중점을 둘 뿐 판단하지 않도록 중재합니다.

2-표-활10 활동 제공하기 10 자신을 표현할 수 있는 상황 만들어 주기

중재가는 대상 아동이 자신을 표현할 수 있는 상황을 자연스럽게 만들어 줄 수 있습니다. 이때 자기 표현은 언어 표현을 포함한 자신에 대한 모든 표현입니다. 또래에게 자신을 표현하는 것이 쉽지 않으므로 자신을 표현할 수 있는 상황을 적절히 설계할 필요가 있습니다. 활동 과정 가운데에서 자연스러운 상황을 연출해 줌으로써 자신을 편안하게 표현하도록 돕습니다. 중요한 것은 상황 연출 후 굳이 자기 표현을 하라고 강요해서는 안 된다는 것입니다.

2-표-활11 활동 제공하기 11 **아동이 선택한 활동으로 에피소드 만들기**

상호작용은 에피소드 안에서 이루어집니다. 이때 대상 아동이 선택한 활동으로 자신을 포함한 또래 간 상호작용 에피소드가 만들어질 수 있습니다. 자신이 선택한 활동으로 에피소드를 만들어 줌으로써 좀 더 자신이 표현되고 상호작용 상황을 의미 있게 생각할 수도 있습니다. 중재가는 이때 대상 아동을 포함한 전체 상황에 대한 연출자의 입장이 되기도 합니다.

2-표-활12 활동 제공하기 12 **최대한 조금씩 새로운 자극 주기**

상호작용 활동을 하면서 새로운 자극을 줄 필요가 있을 때 최대한 조금씩 자극을 줄 필요가 있습니다. 이때 조금씩 새로운 자극 주기란 계속 점토 활동을 하다가 색깔을 바꾼다거나 색종이 활동으로 바꾸는 정도라고 할 수 있습니다. 대상 아동에게 또래 간 활동은 좋지만 부담스럽고 어려운 것입니다. 이때 최대한 조금씩 새로운 자극을 줌으로써 또래 간 활동의 변화가 부담스럽지 않게 대상 아동에게 수용될 수 있습니다. 중재가는 아동의 자발적인 주의집중이 지속되는 데까지 새로운 활동을 제공할 필요가 있습니다.

2-표-활13 활동 제공하기 13 **새로운 활동 제공하기**

또래와 함께 있을 때 활동을 지루해하거나 어려워할 때 새로운 활동을 제공할 수 있습니다. 새로운 활동 제공 시 대상 아동으로 하여금 새로운 활동을 생각해 보거나 시도하는 데 과도한 부담을 느끼지 않도록 중재해야 합니다. 아주 작은 변화를 가진 새로운 활동일 수 있고 완전히 새로운 활동일 수도 있지만, 새로운 활동을 통해 대상 아동은 상호작용의 즐거움과 경험을 한층 더 확장할 수 있습니다.

2-표-활14 활동 제공하기 14 **새로운 활동 제공 시 대상 아동에게 최대한 쉬운 단계의 활동 제공하기**

새로운 활동 제공 시 대상 아동에게 최대한 쉬운 단계의 활동을 제공할 필요가 있습니다. 대상 아동은 대부분 새로운 것에 대한 적응 능력이 저조합니다. 특히 또래의 존재

감으로 새로운 것에 대한 적응 능력이 더 낮아질 수 있습니다. 또래 활동 시 새로운 활동을 제공하되, 대상 아동에게 최대한 쉬운 단계의 새로운 활동을 제공함으로써 함께 있거나 지켜보는 또래가 부담스러운 대상으로 인식되지 않도록 돕습니다.

2) 2-표-기 기다려 주기

기다려 주기 전략은 또래와 있을 때 대상 아동이 스스로 행동을 시작하도록 기다려 주는 전략입니다. 대상 아동은 또래 간 상호작용에서 자신의 의사를 자발적으로 표현하기가 쉽지 않습니다. 또래 상호작용에서 자발적인 행동이 표현될 수 있도록 기다려 주기 전략을 실시합니다.

2-표-기1 기다려 주기 1 **간섭하지 않고 살펴볼 기회 주기**

또래와 함께 있을 때 자발적인 활동을 시작하기까지 중재가는 간섭하지 않고 기다릴 필요가 있습니다. 또래가 함께 있는 상황에서 대상 아동은 이미 또래에 대해 지나친 신경을 쓰고 있을 가능성이 있습니다. 대상 아동이 또래에게 표현할 때까지 간섭하지 않고 살펴보도록 충분한 기회를 줄 때 대상 아동은 자발적으로 또래에게 자기 표현 행동을 확장해 갈 수 있습니다. 대상 아동이 또래를 충분히 살펴보게 될 때 상동 행동의 감소와 편안한 시선 처리 등이 출현할 것입니다.

2-표-기2 기다려 주기 2 **생각할 시간 주기**

감정이 어느 정도 안정된 후에 생각을 발휘할 수 있습니다. 대상 아동이 생각하는 시간을 가지기 전에 먼저 어떤 것을 지시, 제안하는 것은 대상 아동을 혼란스럽게 하면서 자신의 생각을 확실하게 인식하는 것을 방해합니다. 대상 아동은 또래 간의 관계에서 자신의 생각을 분명히 인식함으로써 상황에 적절한 행동을 할 수 있습니다. 이때 중재가는 대상 아동들 간 생각의 속도 차이를 알고 개인 차이도 고려하도록 합니다. 보통 대상 아동의 자발적인 행동 표현 등을 통해 아동의 내적인 상황을 알아차릴 수 있습니다.

2-표-기3 기다려 주기 3 **표현할 때까지 기다리기**

살펴보고 생각할 수 있는 기회를 충분히 제공한 뒤 대상 아동이 어떤 행동을 스스로 표현할 때까지 기다리는 것도 필요합니다. 그 행동이 단순하고 단회적인 행동도 상관없습니다. 단지 또래 간 상호작용에서 대상 아동이 행동으로 스스로 표현할 때까지 기다려 주도록 합니다.

2-표-기4 기다려 주기 4 **이해와 납득할 때까지 기다리기**

이해와 납득을 할 때 심리적 안정이 가장 잘 이루어집니다. 또래와 에피소드가 발생할 때 에피소드의 상황을 대상 아동이 이해하고 납득할 때까지 기다려 주는 것은 대상 아동이 자신의 입장을 주장하거나 관철하는 데 도움이 됩니다. 이를 위해 반복적인 상황에의 노출, 직접 경험, 상황에 대한 설명 등이 필요할 수 있습니다.

2-표-기5 기다려 주기 5 **반응을 강요하지 않는 분위기 만들기**

또래와의 상호작용에서 대상 아동의 반응이 느리기 때문에 지시 혹은 제안을 통해 반응을 강요하기 쉽습니다. 이때 또래에게 대상 아동의 마음 혹은 상황을 직접 들을 수 있는 기회를 줌으로써 반응을 강요하지 않는 분위기를 만들 수 있습니다. 대상 아동이 그 시간 내에 빨리 반응하지 못함으로써 또래가 대상 아동에게 강요하는 분위기가 된다면 또래를 납득시켜 분위기를 전환하도록 중재합니다. 또래와 있을 때 반응을 강요당하지 않음으로써 대상 아동은 또래와의 상호작용을 좀 더 편안하게 인식하고 자기 표현을 확장할 수 있습니다.

2-표-기6 기다려 주기 6 **머뭇거릴 때 재촉하지 않기**

또래와의 상호작용에서 대상 아동은 반응하려고 하나, 머뭇거리면서 시간을 끌 때가 있습니다. 이때 또래는 기다리지 못하고 재촉하는 말 또는 행동을 함으로써 대상 아동으로 하여금 조급한 마음을 가지도록 하기 쉽습니다. 이때 중재가는 대상 아동의 마음 혹은 상황을 설명해 줌으로써 또래가 대상 아동을 이해하도록 중재합니다. 이를 통해 또래도 대상 아동을 이해하게 되고 대상 아동도 또래를 편안히 인식하게 됩니다.

2-표-기7 기다려 주기 7 **부정적인 피드백에 대해 생각할 기회 주기**

대상 아동은 보통 부정적인 피드백에 매우 예민하며 심리적인 방어 능력이 낮습니다. 특히 또래와 있을 때 자연스러운 상황에서 중재가로부터 부정적인 피드백이 주어지거나 또래가 직접 부정적인 피드백을 줄 경우가 있습니다. 중재가는 이를 빨리 해결해 주려고 하기보다는 대상 아동이 자신에게 주어진 부정적인 피드백에 대해 생각할 수 있는 기회를 주는 것이 좋습니다. 이를 통해 또래와 함께 있을 때 발생하는 부정적인 피드백에 대한 심리적 트라우마가 해소될 수 있습니다.

3) **2-표-마** 마음 확인시켜 주기

대상 아동은 자신의 마음을 스스로 인식하기 어렵습니다. 자신의 마음을 인식하기 어려운 상황에서 자신을 솔직하게 표현하기는 불가능합니다. 특히 또래 관계에서 대상 아동이 자신을 솔직하게 표현하기 전에 자신의 마음을 분명하게 확인시켜 주는 것은 또래 간 상호작용 능력의 향상에서 매우 필요합니다. 또 자신을 표현하기 전에 자신의 마음이 어떤 상태인지 확인해 주는 것은 자기를 표현하는 것에 대한 필요성과 동기를 확장하게 합니다. 이 전략의 핵심적인 사항은 가급적 중재가와 또래의 판단을 중지하고 대상 아동의 마음을 그대로 확인해 주는 것입니다. 실제 상호작용 에피소드에서 감정이나 생각을 확인시켜 주는 타이밍은 매우 중요한데 이때 중재가의 역량이 필요합니다.

2-표-마1 마음 확인시켜 주기 1 **감정을 그대로 말해 줌으로써 감정 확인시켜 주기**

또래와 활동 시 대상 아동의 감정을 그대로 말해 줌으로써 자신의 감정을 확인하도록 돕습니다. 감정을 읽어 줄 때 그 감정 자체를 확인시켜 주는 것이 이 전략의 핵심입니다. 활동 중이거나 활동 후에 대상 아동의 감정을 그대로 말해 줌으로써 자신의 감정에 대해 확인할 수 있는 기회를 줍니다. "~해서 속상해요? 그래서 화났어요?" 등의 질문으로 당면한 감정을 확인시킵니다. 이후 그 감정에 대한 잘잘못을 대상 아동에게 주지시킬 필요는 없습니다. 활동을 잠시 중단시키거나 활동을 마친 후 이 전략을 활용할 수 있는데 중재가의 역량에 따라 최대한 자연스럽게 실행해 볼 수 있습니다.

2-표-마2 마음 확인시켜 주기 2 **생각을 대신 말해 줌으로써 생각 확인시켜 주기**

대상 아동이 자신의 생각을 스스로 확인해 보는 것은 인지 능력이 어느 정도 이루어진 상황에서 가능합니다. 또는 인지 능력이 어느 정도 이루어지지 않았을지라도 중재가가 대상 아동의 생각을 그대로 읽어 줌으로써 대상 아동의 생각을 확인시켜 줄 수 있습니다. 자신의 생각을 누군가 대신 확인시켜 줄 때 비로소 자신의 생각이 선명하게 나타나며 스스로 인지할 수 있습니다. 처음부터 대상 아동의 생각을 아는 것은 어렵기 때문에 대상 아동의 생각을 알려고 하는 중재가의 노력이 필요합니다. 특히 이 전략은 또래와의 에피소드 중에서 생각이 서로 다를 때 이루어진다면 더욱 효과적일 것입니다.

2-표-마3 마음 확인해 주기 3 **선택형 질문을 통해 자신의 감정을 확인시켜 주기**

감정을 그대로 말해 줌으로써 어느 정도 자신의 감정을 알아차리는 것이 가능해졌다면 선택형 의문문을 제시함으로써 대상 아동 자신의 감정을 보다 정확히 확인시켜 주도록 합니다. 상황이나 이해 수준에 따라 선택형의 내용이나 수준도 달라질 수 있습니다. 예를 들어, "화났어요? 화나지 않았어요?"는 반대되는 감정을 선택형으로 제시함으로써 대답하기가 수월한 편입니다. 이에 비해 "속상해요? 화났어요?" 등의 비슷한 감정에 대한 선택형 의문문은 자신의 감정을 좀 더 뚜렷이 확인시켜 줄 때 필요합니다. 자신의 감정을 확실히 인식함으로써 자신에 대한 표현을 확장하기 좋습니다. 자신의 감정을 분명하게, 적시에 표현하지 못하는 대상 아동이 있다면 또래 간 상호작용에서 선택형 의문문을 활용하여 자신의 감정을 확인해 주도록 합니다.

2-표-마4 마음 확인시켜 주기 4 **선택형 질문을 통해 자신의 생각을 확인시켜 주기**

대상 아동이 자신의 생각을 쉽게 알아차릴 수 있게 되었다면 선택형 질문을 통해 자신의 생각을 좀 더 확실하고 빠르게 알아차리도록 도울 수 있습니다. 또래와 함께 있을 때 상황과 관련해서 자신의 생각을 분명히 알아차리는 것은 중요합니다. 대상 아동이 어떤 행동을 할지는 자신의 생각을 통해 결정되기 때문입니다. 또래와 있을 때 자신의 생각을 적절히 표현하기 전에 자신의 생각을 확인할 수 있도록 기회가 필요합니다. 선택형 질문에 솔직하게 대답하는 연습을 통해 자신의 생각이 좀 더 객관적으로 인식되고 확실히 표현할 수 있습니다.

4) 2-표-표 표현하도록 돕기

대상 아동이 어느 정도 자신을 표현하려고 하는 의도를 나타낼 때 자신을 잘 표현하도록 돕는 전략을 사용합니다. 표현하도록 돕기는 대상 아동이 또래 관계에서 실제적인 표현을 하도록 돕는 전략으로, 대상 아동의 표현하려는 행동이 아직 잘 발휘되지 않을 때 사용하는 전략입니다. 이 전략을 활용하여 또래에게 자신을 표현하는 데 대한 트라우마를 극복하고 표현하려는 행동을 확장하도록 합니다.

2-표-표1 표현하도록 돕기 1 대상 아동의 수준만큼 대신 표현해 주기

대상 아동이 또래와 있을 때 대상 아동의 수준만큼 대상 아동의 마음을 대신 표현해 주도록 합니다. 이때 대상 아동의 수준이란 지적, 언어적 수준 등을 의미합니다. 중재가는 대상 아동의 수준을 민감하게 살펴보면서 대상 아동이 자신을 표현할 때 대상 아동의 수준만큼 대신 표현해 줍니다. 대상 아동이 또래에게 무엇을 표현하려고 할 때 중재가의 수준으로 대신 표현해 준다면 대상 아동은 표현하려고 하는 의도 또는 자신감이 저하될 수 있습니다. 대상 아동을 최대한 고려하여 대상 아동의 수준만큼 대신 표현해 줌으로써 대상 아동의 또래 간 자기 표현을 돕습니다.

2-표-표2 표현하도록 돕기 2 대상 아동의 감정만큼 대신 표현해 주기

대상 아동이 또래 관계에서 자신의 감정을 표현하려고 할 때 중재가는 대상 아동의 감정만큼 표현해 줍니다. 대상 아동은 또래와 함께 있는 상황에서 감정이 아직 정리되어 있지 않을 수 있고 부정적인 감정을 가지고 있을 수 있습니다. 이때 대상 아동의 감정보다 약하거나 강하거나 혹은 다르게 표현해 준다면 대상 아동은 자신의 감정 표현이라고 인식하기 어렵습니다. 가급적 대상 아동이 느끼는 감정을 그대로 표현해 줌으로써 대상 아동은 또래 간 관계에서 감정적 해소를 할 뿐만 아니라 자기 표현이 확대되는 기회를 얻게 될 것입니다. 예를 들어, 대상 아동의 감정을 대신 표현해 줄 때 아동의 감정의 강도만큼 "아이 속상해."라고 표현해 줍니다. 이때 "이렇게 말해 봐." 등의 말을 하지 않습니다.

2-표-표3 표현하도록 돕기 3 **대상 아동의 생각만큼 대신 표현해 주기**

대상 아동이 또래 관계에서 자신을 표현하려고 할 때 아동의 생각만큼 대신 표현해 주려고 노력합니다. 대상 아동은 이제 또래에게 자신을 표현하려고 합니다. 이때 아동은 중재가 혹은 또래만큼 생각하지 못하는 수준일 수 있습니다. 이때 중재가나 또래의 수준으로 대신 표현해 준다면 대상 아동의 표현 능력은 위축될 수 있습니다. 상황에 맞지 않는 표현이 될 수 있어도 대상 아동의 생각만큼 표현해 줌으로써 가급적 아동이 솔직하게 자신을 표현하도록 돕습니다. 단, 대상 아동의 생각을 대신 표현해 줄 때, 아동의 생각만큼 "내가 사과가 아니라고 했잖아."라고 말해 준 후 "이렇게 말해야지." 등의 말을 하지 않도록 주의해야 합니다.

2-표-표4 표현하도록 돕기 4 **대상 아동이 허락하면 도움 주기**

또래 관계에서 대상 아동이 도움이 필요한 상황이 발생할 수 있습니다. 위급하거나 위험한 상황이 아니라면 중재가는 대상 아동의 허락을 구한 후 도움을 주도록 합니다. 상황에 따라 대상 아동의 감정은 부끄럽거나 당황스럽거나 복잡할 수 있습니다. 대상 아동이 상황을 충분히 인식하고 도움에 대한 필요를 느끼고 표현할 때까지 어느 정도 기다릴 필요가 있습니다. 자신의 힘을 발휘하고 스스로 해결할 수 있는 기회가 필요합니다. 도움을 구하는 것 자체가 자신의 적극적 표현이므로 이것을 또래 관계에서 연습해 볼 수 있도록 기회를 줍니다.

2-표-표5 표현하도록 돕기 5 **자신을 표현할 때 칭찬하기**

또래 간 활동에서 대상 아동이 자신을 표현할 때 칭찬하기는 자기 표현을 직접적으로 강화하는 데 좋은 전략입니다. 자신에 대한 표현은 좋은 감정일 수도 있고 안 좋은 감정일 수도 있습니다. 또 여러 생각에 대한 표현일 수도 있습니다. 중요한 것은 또래에게 자신을 솔직하게 표현하는 태도 자체가 매우 좋다는 것을 대상 아동이 깨닫게 되는 것입니다. 대상 아동이 자신을 솔직하게 표현할 때 그 자체에 대한 충분한 칭찬과 지지가 필요합니다.

2-표-표6 표현하도록 돕기 6 **자신을 표현해야 하는 이유 설명해 주기**

대상 아동이 자신을 솔직하게 표현하지 못할 때 중재가는 대상 아동에게 자신을 솔직하게 표현해야 하는 이유를 설명해 줄 필요가 있습니다. 자신을 솔직하게 표현해야만 하는 상황을 설명해 줄 수도 있고, 솔직하게 표현할 때 얻게 되는 이점을 설명해 줄 수도 있습니다. 머뭇거리거나 복잡한 마음으로 자신을 표현하지 못하고 있는 대상 아동에게 자신을 표현해야 하는 이유를 충분히 설명해 줌으로써 자신을 솔직하게 표현할 수 있도록 돕습니다.

5) **2-표-도** **표현할 때 도움 주기**

표현할 때 도움 주기 전략은 또래 상호작용에서 자기 표현을 하려는 의도가 있고 행동을 실행하려고 할 때 돕는 전략입니다. 자기 표현을 행동으로 표현하려고 하는 의도를 가지기 시작했지만 위축되고 자신감 없는 마음일 가능성이 높습니다. 이때 중재가는 대상 아동의 행동 표현을 적절히 지지해 주고 지원해 줌으로써 또래와 있을 때 점차 아동의 표현이 확장되도록 돕습니다.

2-표-도1 표현할 때 도움 주기 전략 1 **표현 시 즉시 반응해 주기**

대상 아동이 표현할 때 즉각적이고 적절한 피드백을 주도록 합니다. 또래가 피드백을 해 주면 좋지만 쉽지 않습니다. 또래 상황을 살피면서 또래의 피드백이 없거나 적을 때 중재가가 대신 즉시 피드백을 해 주도록 합니다. 표현할 때 즉각 피드백이 뒤따라온다면 대상 아동은 자기 표현에 대한 자신감을 가지게 됩니다. 피드백의 종류로는 그대로 따라 해 주기, 짧은 감탄사, 칭찬하기, 표현한 의도 반영하기 등이 있을 수 있습니다.

2-표-도2 표현할 때 도움 주기 2 **도움을 요청할 때 즉각 도움 주기**

대상 아동이 도움을 요청할 때 즉각 도움을 주도록 합니다. 또래 관계에서 도움을 요청하는 것은 상당한 용기가 필요합니다. 도움을 요청할 필요를 느끼고 실제 도움을 요청하는 일이 중재가 혹은 또래 모두에게 일어날 수 있습니다. 또래가 즉각 도움을 줄 수 없는 상황이라면 중재가가 대신 도움을 줄 수 있습니다. 또래가 대상 아동의 도움 요청

을 잘 파악하지 못했다면 중재가가 또래에게 대신 말해 줌으로써 또래에게 대상 아동의
도움 요청이 전달될 수 있습니다. 또한 또래가 대상 아동의 도움을 들어주려고 하지 않
을 때, 대신 말해 주기 전략과 설명해 주기 전략 등을 이용해서 대상 아동의 마음을 또래
에게 전달하는 것이 필요할 수 있습니다.

2-표-도3 표현할 때 도움 주기 3 표현한 만큼 또래에게 반영해 주기

또래와 상호작용 상황에서 대상 아동이 표현한 만큼 또래에게 반영해 주도록 합니
다. 중재가가 대상 아동이 표현한 것보다 더 많은 피드백을 준다면 또래가 있는 상황에
서 대상 아동은 부끄러운 마음이 들 수 있습니다. 또 자신의 능력에 대한 회의감을 느낄
수도 있습니다. 비록 수준이 낮거나 단순한 수준이라 할지라도 대상 아동이 표현한 만
큼 또래에게 반영해 줌으로써 또래가 있는 상황에서 자신의 표현에 대한 자신감을 잃지
않도록 돕습니다.

2-표-도4 표현할 때 도움 주기 4 표현한 만큼 도움 주기

또래가 있는 상황에서 대상 아동이 무엇을 표현할 때 표현한 만큼 도움을 주도록 합
니다. 대상 아동이 표현한 만큼 도움을 주도록 할 때 대상 아동은 자신의 부족한 부분을
보다 빨리 알아차릴 수 있으며, 이를 통해 상호작용에 대한 동기가 더 향상될 수 있습니
다. 과도한 도움은 자신의 현 상황을 그대로 인식하는 데 어려움을 줄 수 있습니다. 이
를 위해서 중재가는 대상 아동의 수준을 잘 파악하고 있어야 하며 대상 아동에게 민감
할 필요가 있습니다.

2-표-도5 표현할 때 도움 주기 5 자신의 의도를 관철할 수 있도록 적절히 조력하기

또래와 있을 때 대상 아동의 의도가 관철될 수 있도록 대상 아동의 능력에 따른 조력
을 해야 합니다. 대상 아동의 능력에 따른 조력을 하지 않고 더 조력하거나 덜 조력할
경우 또래 간 자기 표현이 실패와 위축으로 이어질 수 있습니다. 이를 위해 자신의 의도
를 관철할 수 있도록 대상 아동의 여러 능력을 미리 살펴볼 필요가 있습니다. 중재가의
적절한 조력은 대상 아동이 또래 간 상호작용에서 자신을 잘 표현할 수 있는 받침대의
역할을 합니다. 조력을 통해 또래 안에서 대상 아동 자신의 의도를 관철할 수 있는 기회

를 가지도록 돕습니다. 단지 중재가의 조력으로 인해 또래가 대상 아동을 만만하게 보지 않도록 조심스럽게 중재가 이루어져야 합니다.

2-표-도6 표현할 때 도움 주기 6 **또래와 갈등 상황 시 확장된 자기 표현하도록 돕기**

또래와 갈등 상황이 생겼을 때 좀 더 확장된 자기 표현으로 자기주장과 자기관철을 하도록 돕습니다. 대상 아동의 잘못이 어느 정도 있을지라도 대상 아동이 자신의 입장을 주장하거나 관철하고 싶은 욕구가 있다면 자신을 좀 더 강하게 표현할 필요가 있습니다. 이를 통해 또래 간 관계에서 자신의 심리적 욕구를 해소할 수 있습니다. 뿐만 아니라 또래와 좀 더 깊은 관계로 발전할 수 있습니다. 또래와의 갈등 상황 시 대신 말해 주기 전략 등을 활용해서 또래 앞에서 자기 표현이 확장되도록 돕습니다. 안전한 환경에서 또래 간 갈등을 통해 자기 표현 능력이 일반화될 수 있습니다.

2-표-도7 표현할 때 도움 주기 7 **상황에 맞지 않아도 끝까지 표현하도록 돕기**

대상 아동은 상황에 맞지 않을 때도 자신을 표현하려고 할 수 있습니다. 또래 아동보다 낮은 수준의 표현을 하거나 또래 아동이 이해할 수 없는 표현을 할 수도 있습니다. 또래 아동이 이상하게 여길 만큼의 표현이 아니라면 대상 아동이 자신을 끝까지 표현할 수 있도록 돕습니다. 이를 위해 반복적인 대신 표현해 주기가 필요할 수 있습니다. 끝까지 주장함으로써 자신을 관철할 수 있는 기회를 통해 대상 아동은 또래 간 관계에서 자신에 대한 효능감을 경험하게 될 것입니다.

6) **2-표-언** 언어 표현 기술 확장하기

언어적 표현은 대상 아동의 입장에서 가장 쉽고 효율적인 방법입니다. 또래 간 상호작용에서도 이는 마찬가지입니다. 대상 아동은 대체적으로 언어 표현 능력이 낮을 뿐아니라 자신감도 매우 낮습니다. 또래 간 상호작용에서 자신을 언어로 표현하는 것을 어렵게 생각할 수밖에 없습니다. 상호작용 능력 향상과 동시에 언어 표현 기술을 확장하도록 돕는 것은 자폐 범주성 아동에게 매우 필요한 부분입니다. 언어 표현 확장 시 상호작용 중재에서 사용하는 대부분의 방법은 모델링이라고 할 수 있습니다. 모델링을 들려줄 때 주의할 부분은 모델링만을 제시할 뿐 '이렇게 해 봐' 혹은 '따라 해 봐' '다시 해 보자' 등의 언어 교수가 되지 않도록 조심해야 한다는 것입니다. 자기 표현을 하고 싶은 욕구를 가장 중요하게 고려하여 상황에 맞는 모델링만을 들려 주도록 합니다. 또 모델링을 들려줄 때 대상 아동의 눈을 쳐다보지 않도록 합니다. 중재가가 대상 아동의 눈을 쳐다보면서 모델링을 들려주면 대상 아동은 언어 표현에 대한 위축감이 생길 수 있습니다. 대상 아동이 또래에게 하고 싶은 언어 표현이라면 중재가도 그 또래를 바라보고 하거나, 대상 아동과 또래 아동 사이의 중간 지점을 보면서 전달함으로써 대상 아동의 '마음'을 그대로 전달하는 데 초점을 두도록 합니다.

2-표-언1 언어 표현 기술 확장하기 1 단순하지만 핵심적인 언어 표현 모델 보여 주기

언어 표현 기술은 가르쳐 주기를 통해 확장되는 것이 아니라 모방을 통해 확대됩니다. 또래의 언어를 모방하기 전에 주 양육자를 비롯한 성인의 언어를 모방함으로써 언어 표현 능력이 확대됩니다. 또래와 함께 있을 때, 단순하지만 핵심적인 언어 모델을 들려 줌으로써 대상 아동의 언어 표현 기술을 확장할 수 있습니다. 복잡한 언어 표현은 모방이 어렵습니다. 또 상황에 맞지 않는 핵심적인 모델이 아니라면 모방이 일어나지 않습니다. 또래 간 상호작용 상황에서 단순하지만 핵심적인 언어 표현 모델을 보여 줌으로써 언어로 자기 표현을 확장하도록 돕습니다. 한 음절의 감탄사도 핵심적인 언어 표현 모델이 될 수 있습니다.

2-표-언2 언어 표현 기술 확장하기 2 도움 없이 사용할 때까지 반복적으로 언어 모델링 들려 주기

언어 표현 기술은 한 번에 배울 수 없는 기술입니다. 또래와 함께 있을 때 보다 더 복잡한 감정을 가질 수 있으므로 언어 표현 기술을 빨리 잘 사용하기는 어렵습니다. 간단하고 쉬운 언어 표현이라 할지라도 스스로 사용할 수 있을 때까지 반복적으로 모델링해 줄 필요가 있습니다. 또래와 함께 있을 때 도움 없이 사용하도록 반복적으로 모델링해 주는 것은 자기 표현을 확장하는 데 도움을 줍니다.

2-표-언3 언어 표현 기술 확장하기 3 **상황에 맞는 언어 표현 대신 해 주기**

또래와 함께 있을 때 상황에 맞는 언어 표현을 대신 해 줄 필요가 있습니다. 상황에 맞는 언어 표현은 표현에 대한 욕구를 매우 빨리 해소해 줄 수 있습니다. 또래와 함께 있을 때 상황에 따라 대상 아동이 원하는 바를 알아차리고 언어 표현을 대신 해 줄 때 자기 표현이 확장됩니다. 대상 아동은 자신의 말을 누군가가 대신 해 줄 때 처음에는 어색해할 수 있지만 점차 자신의 말이나 마음으로 인식하면서 자신도 상황에 적절하게 말하려고 할 것입니다.

2-표-언4 언어 표현 기술 확장하기 4 **상황에 맞는 언어 표현 즉시 해 주기**

상황에 맞는 언어 표현을 즉시 해 줄 때 대상 아동의 자기 표현이 확장됩니다. 즉시 해 주기는 또래 관계에서 표현하고자 하는 욕구를 더 빨리 해소시켜 줄 수 있습니다. 상황에 맞는 '언어 표현 즉시 해 주기'는 대상 아동에 대한 중재가의 민감성을 매우 필요로 합니다. 또래 간 관계에서 대상 아동의 마음을 잘 살피고 있다가 상황에 맞게 언어 표현을 즉시 해 줌으로써 또래에 대한 자신감과 친밀감이 빠르게 확장될 수 있습니다.

2-표-언5 언어 표현 기술 확장하기 5 **상황에 맞지 않아도 하고 싶은 언어 표현 대신 해 주기**

상황에 맞는 언어 표현이 아니더라도 중재가는 대상 아동이 하고 싶은 언어 표현을 대신 해 줄 수 있습니다. 상황에 맞지 않아도 자신이 표현하고 싶은 바가 있을 수 있기 때문입니다. 중재가가 대상 아동을 면밀히 살피다가 대상 아동이 하고 싶은 언어 표현을 대신 해 줄 때 대상 아동의 솔직한 자기 표현이 확장됩니다. 이 전략은 또래 간 관계에서 눈치를 살피지 않고 자신을 적극적으로 표현하는 데 도움을 줍니다. 상황에 맞지 않는 언어 표현이므로 또래로부터 무시를 당하거나 핀잔을 받을 수 있지만, 이보다 더 중요한 것은 대상 아동 자신이 하고 싶은 말을 하는 것입니다.

☞ **적용**: 259쪽 또래 간 자기 표현 돕기 에피소드 일지, 전략 모음, 점검 일지를 활용하여 중재를 진행해 주시기 바랍니다.

2. 2-통 또래 통제 수용 돕기 단계

또래 통제 수용 돕기 단계는 대상 아동이 또래 간 관계에서 또래의 통제를 수용하도록 돕는 단계입니다. '또래'는 자폐 범주성 아동에게 타인 인식 확장을 위한 매우 중요한 매체이며 또래 통제는 또래가 주는 부정적인 피드백이라고 할 수 있습니다. 이때 부정적인 피드백은 나와 다른 의사 및 행동 표현 등입니다. 한 명의 또래 혹은 여러 명의 또래와 상호작용 시 또래에 대한 인식과 더불어 또래의 통제 또는 부정적인 피드백을 수용해야 합니다. 이 단계는 한 명 이상의 또래가 있을 때 중재가가 환경을 조정하거나 대상 아동에 대한 상호작용 전략을 사용함으로써 이루어집니다. 또래 인식과 통제 수용하기 단계의 목표는, 첫째, 나와 또래의 감정·생각·입장이 다를 수 있음을 인식하도록 돕는 것입니다. 둘째, 또래와의 좋은 갈등을 경험함으로써 사람과의 상호작용에서 겪는 부정적 정서를 극복하고 심리적 방어기제를 세우도록 돕는 것입니다. 셋째, 또래가 나와 다름으로 인해 발생하는 갈등을 심리적으로 수용하는 것입니다.

(1) 또래 통제 수용 돕기 단계는 활동 제공하기(6개 전략), (2) 기회 주기(3개 전략), (3) 또래 알도록 돕기(7개 전략), (4) 또래 간 갈등 간접 경험하도록 돕기(6개 전략), (5) 또래 간 갈등 직접 경험하도록 돕기(16개 전략) 다섯 가지의 총 38개 전략으로 구성됩니다.

- 중재 목표: 또래가 주는 통제 수용하기
- 중재 효과: 나와 다른 존재로서의 또래 인식하기 / 또래가 주는 부정적인 피드백 경험하기 / 또래가 주는 부정적인 피드백 수용하기
- 중재 방법: 또래와 직접 갈등하도록 돕기 / 또래와 간접 갈등하도록 돕기

길 찾기

1. 중재가의 감정 정리하기

↓

2. 중재가의 판단 중지하기

 ⬇ ← 중재가 투입

3. 중재가의 대상 아동 알기

4. 대상 아동을 완전 수용하기

↓

5. 대상 아동의 자율성, 주도성 확장하기

↓

6. 대상 아동의 욕구 해소하기

↓

7. 중재가의 적절한 반응하기

↓

8. 대상 아동의 솔직한 자기 표현 확장하기

↓

9. 대상 아동이 중재가에 대해 편안한 인식 형성하기

↓

10. 중재가의 나를 알리기

↓

11. 대상 아동이 중재가의 통제 수용하기

↓

12. 대상 아동이 중재가에게 애착감 형성하기

↓

13. 전략 활용에 대한 중재가의 자기 반성 확장하기

↓ ← 또래 투입

14. 또래 활동 시 대상 아동의 자기 표현 확장하기

↓

15. 또래 활동 시 또래 통제 수용하기

1) 2-통-활 활동 제공하기

또래 통제 수용을 위한 활동 제공은 또래 간 상호작용이 일어날 수 있는 매체로 활동을 제공하는 것입니다. 특별한 활동 없이 또래의 통제를 경험하는 것은 쉽지 않으므로 또래 통제 수용을 경험할 수 있도록 활동을 제공합니다. 또래 상호작용 활동은, 첫째, 또래와 함께 있음에서 오는 불안감이 발생하지 않도록 편안하게 접근되어야 합니다. 둘째, 또래 간 활동은 재미있어야 합니다. 필요시 다음 활동을 주도적으로 제공할 수 있는 성인과 달리, 또래 활동은 재미가 없으면 다음 기회를 가지려 하지 않을 수 있기 때문에 편안함과 재미를 함께 제공하도록 접근되어야 합니다.

2-통-활1 활동 제공하기 1 미리 익숙한 활동을 또래와 함께하도록 돕기

또래와 함께 있기는 그 자체로도 대상 아동에게 불안감을 줄 수 있습니다. 또래와 약속 있는 활동을 하기 전에 대상 아동에게 익숙한 활동을 함으로써 대상 아동의 불안감을 해소할 필요가 있습니다. 익숙한 활동은 재미있거나 특별하지 않고 단순하거나 재미없을 수 있습니다. 중재가는 또래에게 설명, 설득함으로써 대상 아동이 또래와 함께 익숙한 활동을 충분히 하도록 환경을 조성해 줄 수 있습니다. 이때 익숙한 활동은 활동의 연령이나 수준과는 상관없습니다.

2-통-활2 활동 제공하기 2 좋아하는 활동을 번갈아 가며 하도록 돕기

또래와 대상 아동이 좋아하는 활동은 다를 수 있습니다. 좋아하는 활동을 번갈아 가며 함으로써 또래와의 활동에서 편안함과 긴장감을 느낍니다. 대상 아동이 잘하거나 좋아하는 활동은 수준이 매우 낮거나 반복적일 수 있습니다. 또래가 좋아하는 활동을 하기 전에 대상 아동이 잘하거나 좋아하는 활동을 먼저 함으로써 또래 활동에 대한 부담감을 줄일 수 있습니다. 이때 중재가는 또래와 대상 아동 모두 지루해하지 않도록 활동을 진행해 갑니다.

2-통-활3 활동 제공하기 3 또래와 한 가지 이상의 약속 있는 활동을 하도록 돕기

또래와의 활동 시 한 가지 이상의 약속 있는 활동을 돕도록 합니다. 이것은 게임이 될 수도 있고 단순한 활동이 될 수도 있습니다. 중재가, 또래 혹은 대상 아동이 규칙을 제시할 수도 있고 이미 규칙이 있는 활동을 할 수도 있습니다. 한 가지 이상의 규칙 있는 활동을 편안하게 할 수 있도록 환경을 조성할 필요도 있습니다.

2-통-활4 활동 제공하기 4 **대상 아동이 활동의 규칙을 충분히 알 수 있도록 돕기**

또래 활동은 규칙을 충분히 알아야 재미있습니다. 아무리 재미있는 활동이어도 규칙을 제대로 알지 못한다면 당사자는 재미를 느끼기 어렵습니다. 처음부터 대상 아동이 규칙을 알고 있는 활동을 하거나 적절한 조력을 함으로써 대상 아동이 규칙을 알 수 있는 활동이 되도록 중재해야 합니다.

2-통-활5 활동 제공하기 5 **함께 새로운 약속 있는 활동을 하도록 돕기**

또래를 인식하기 위해 새로운 약속이 있는 활동에 대상 아동을 노출시킬 필요가 있습니다. 대상 아동은 비슷하거나 동일한 약속이 있는 활동을 하려고 할 것입니다. 익숙한 활동은 자기 중심성을 벗어나는 것을 어렵게 만듭니다. 새로운 약속이 있는 활동에 노출됨으로써 인식의 변화가 일어나고 활동을 통해 타인 인식이 이루어지기 쉽습니다. 새로운 약속이 있는 활동은 정적이거나 동적인 활동, 실내 혹은 실외 활동 혹은 놀잇감이 필요하거나 필요하지 않는 등의 모든 활동을 적용할 수 있으므로 중재가의 창의성이 요구됩니다.

2-통-활6 활동 제공하기 6 **점진적으로 복잡한 규칙이 있는 활동을 하도록 돕기**

대상 아동은 여러 가지 상황을 한꺼번에 조망하기 어려울 수 있습니다. 또 자기 중심성으로 타인이나 상황을 이해하기 어렵거나 시간이 많이 걸릴 수 있습니다. 이를 감안하여 처음부터 복잡하지 않고 점진적으로 복잡해지는 규칙이 있는 활동을 경험하도록 설계할 필요가 있습니다. 중재가는 대상 아동이 규칙, 상황, 또래들의 입장 등을 이해할 시간을 충분히 가질 수 있도록 조력합니다.

2) **2-통-기** 기회 주기

또래는 주변의 성인들처럼 대상 아동을 편안하게 수용해 주는 상대방이 아닙니다. 대상 아동은 또래를 자신과 비슷하게 인식하지만 또래의 세계 속으로 들어가는 것을 매우 어렵게 느낄 수 있습니다. 또래와의 활동 전 혹은 또래와의 활동 시 또래 관계로 들어갈 수 있는 기회를 줌으로써 또래 인식이 확장되도록 돕습니다. 기회 주기 전략은 또

래를 구체적으로 알아 가기 전에 대상 아동에게 또래를 알 수 있는 기회를 자연스럽게
주기 위해 사용하는 전략입니다.

2-통-기1 기회 주기 1 자신과 다른 또래의 모습을 살펴볼 기회 주기

대상 아동이 자신과 다른 또래의 모습을 자발적으로 살피기는 쉽지 않습니다. 또래
에 대한 관심은 있으나 자신과 다른 또래의 모습을 살펴볼 기회가 비교적 적습니다. 또
래를 살펴볼 때 자신과 다른 외모, 표정, 행동 습관 등을 살펴볼 기회를 주도록 합니다.
또래를 살펴볼 수 있는 기회를 자연스럽게 혹은 의도적으로 만들어 줌으로써 대상 아동
이 자신과 다른 또래를 인식하도록 돕습니다. 중재가는 대상 아동이 편안하게 자신과
다른 또래를 살펴보도록 환경 혹은 또래 상황을 조력하도록 합니다.

2-통-기2 기회 주기 2 또래의 말을 직접 들을 수 있는 기회 주기

또래와 있을 때 또래의 말을 직접 들을 수 있는 기회를 주도록 합니다. 이를 위해 주
변의 소음을 줄이는 등의 환경 정리가 필요할 수도 있습니다. 또 대상 아동이 또래에게
직접 한 번 더 말해 달라는 부탁을 하거나 중재가의 대신 말해 주기를 통해 또래의 말을
들을 수 있는 기회를 가질 수도 있습니다. 또래의 말을 직접 들을 때 대상 아동 스스로
생각하고 있었던 또래에 대한 오해가 풀어질 수 있으며, 또래에 대한 선입견도 달라질
수 있습니다. 또래의 말을 직접 들음으로써 나와 다른 타인으로서의 또래의 정체감이
좀 더 뚜렷하게 인식될 수 있습니다.

2-통-기3 기회 주기 3 잘 모를 때 또래에게 확인해 볼 기회 주기

대상 아동이 또래의 마음을 잘 모르는 것처럼 보일 때 또래에게 확인해 보도록 기회
를 줍니다. 또래와의 활동 시 대상 아동의 표정이 모호하거나 답답해 보일 때 중재가는
대신 말해 주거나 또래에게 직접 확인해 보도록 돕습니다. 이 전략은 대상 아동이 또래
의 마음을 확인하는 데 중점을 두어 진행되어야 하며, 이 전략을 통해 대상 아동은 또래
의 감정이나 생각 등을 확실히 알 수 있게 되어야 합니다. 이때 확인 질문이 꼭 길거나
어려울 필요는 없습니다. '맞아?' 등도 간단하게 또래의 마음을 확인해 볼 수 있는 질문
입니다.

3) 2-통-알 또래 알도록 돕기

대상 아동에게 또래는 동질성을 가진 존재로 인식되는 반면 이질성을 가진 존재로도 인식됩니다. 동질성에 의한 호기심이 있다면 이질성에 따른 의도적인 앎도 필요한데, 대상 아동이 또래에 대한 의도적인 앎을 위해 노력할 수 있는 부분은 제한적입니다. 대상 아동도 또래와 비슷한 정서를 가지지만 또래를 알아 가는 데 많은 시간과 조력이 필요합니다. 또래를 자신과 다른 존재로 인식하고 알아 가기 위해 또래를 직접적으로 혹은 구체적으로 알아 갈 수 있는 전략이 필요합니다.

2-통-알1 또래 알도록 돕기 1 알고 싶어 하는 만큼 또래의 감정, 생각, 입장에 대해 설명해 주기

아이들은 성인보다는 또래에 대해 알고 싶어 하지만 이것을 표현할 수도 있고 표현하지 않을 수도 있습니다. 중재가는 또래에 대한 대상 아동의 욕구를 파악할 수 있어야 합니다. 중재가는 대상 아동이 또래에 대해 알고 싶어 할 때, 알고 싶어 하는 부분에 대해 또래의 감정, 생각, 입장을 설명해 주도록 합니다. 상대방에 대한 인식 능력이 낮은 대상 아동을 위해 중재가는 또래의 감정, 생각, 입장을 분리해서 설명해 주는 것이 도움이 될 수 있습니다. 또 상황에 따라 또래가 대상 아동에게 직접 설명해 주도록 중재가가 또래를 중재할 수도 있습니다. 상호작용 상황이 종료된 후에 중재가가 또래의 마음을 설명해 줄 수도 있습니다. 한 번 만에 또래를 이해하는 것은 어려우므로 반복적인 설명이 필요합니다. 이 전략을 통해 대상 아동은 또래의 마음을 알 수 있는 기회를 가질 수 있습니다.

2-통-알2 또래 알도록 돕기 2 또래의 모습을 보고 그리거나 설명하도록 돕기

또래의 모습을 살펴보고 그리거나 설명하도록 하는 것은 또래를 알 수 있는 좋은 방법입니다. 자신에게 보인 또래의 모습을 자연스럽게 그리거나 설명해 보도록 합니다. 이때 표현되는 또래의 모습은 자신이 인식하는 주관적인 모습이라기보다는 외모 등 객관적인 모습이라고 할 수 있습니다. 안경을 쓰고 있는지, 체크 무늬 옷을 입고 있는지, 키가 큰지를 살펴보고 그대로 그리거나 설명하도록 합니다. 이를 통해 대상 아동은 자기 중심적인 관점에서 벗어나 또래를 객관적으로 인식할 수 있습니다.

2-통-알3   또래 알도록 돕기 3   **또래가 표현하는 행동을 보고 모방하도록 돕기**

또래가 표현하는 행동을 보고 대상 아동으로 하여금 모방해 보도록 합니다. 게임 등을 통해 또래가 표현하는 행동 따라 하기 활동을 할 수 있습니다. 또 소그룹에서 상호 활동으로 연결해서 활동을 할 수 있습니다. 이 활동을 통해 대상 아동은 좀 더 또래를 유의해서 살펴볼 수 있는 기회를 가지게 될 것이며, 서로 다른 측면을 가진 또래를 인식하게 될 것입니다.

2-통-알4   또래 알도록 돕기 4   **또래가 좋아하거나 싫어하는 것 알아보도록 돕기**

대상 아동에게 또래는 나와 다른 선호를 가진 존재입니다. 그러나 알아보려고 하지 않으면 또래의 선호를 파악하기는 어려울 것입니다. 직접 질문 혹은 지켜보기와 공동 활동 등을 통해 또래의 선호를 알아 갈 수 있도록 돕습니다. 중재가는 적절한 조력을 통해 대상 아동이 또래가 좋아하거나 싫어하는 것을 알아볼 수 있도록 돕습니다. 또래의 선호에 대한 중재가의 생각이 지나치게 노출되지 않도록 주의합니다. 또래가 좋아하거나 싫어하는 것은 매우 다양한 종류로 나눌 수 있을 것입니다. 재미있는 게임 혹은 콜라주와 같은 미술 활동 등을 활용하여 본 전략을 실행해 볼 수 있습니다.

2-통-알5   또래 알도록 돕기 5   **또래에게 직접 질문하도록 돕기**

대상 아동이 또래에게 궁금한 것을 직접 질문해 보도록 합니다. 구조화된 상황에서 게임 등의 형식으로 자연스럽게 질문하기를 연습하다가 비구조화된 상황에서도 사용할 수 있도록 돕습니다. 또래에게 직접 질문의 내용은 매우 다양할 것입니다. 어린 연령의 경우 단순하고 쉬운 질문을 사용할 수 있고 높은 연령의 경우 더 복잡하고 내면적인 것을 질문할 수 있을 것입니다.

2-통-알6 또래 알도록 돕기 6 **또래의 말을 듣고 따르는 활동하도록 돕기**

또래의 말을 듣고 따르는 활동을 통해 또래에 대한 인식 능력을 높입니다. 구조화된 상황에서 게임 형식으로 본 전략을 활용할 수 있습니다. 재미있는 게임 등을 통해 또래의 지시에 대해 더욱 민감하고 정확하게 반응할 수 있도록 연습해 봅니다. 내 생각을 하지 않고 또래의 말을 듣고 따르는 능력을 기를 수 있습니다.

2-통-알7 또래 알도록 돕기 7 **또래의 감정이나 생각에 대한 말을 듣고 그리거나 쓰도록 돕기**

또래의 감정이나 생각에 대한 말을 듣고 그리거나 쓰도록 돕기는 또래에 대한 대상 아동의 인식을 높이는 데 도움이 됩니다. 구조화된 상황에서 또래의 감정이나 생각에 대한 말을 들어 보고 그리거나 쓰기로 활용할 수 있습니다. 또래의 감정이나 생각에 대한 말을 듣는 과정에서 일차적으로 또래를 인식하게 되며, 그리거나 써 봄으로써 좀 더 깊이 또래를 알 수 있을 것입니다. 이 과정은 나와 또래가 얼마나 다른지 인식하는 것에도 필요한 과정입니다.

4) **2-통-간** 또래 간 갈등 간접 경험하도록 돕기

또래와의 상호작용에서 또래 간 갈등은 필연적입니다. 모든 상호작용에서 심각한 갈등이 일어나지만 또래 간 갈등은 보다 더 직접적이고 거칠고 센 편입니다. 그러므로 또래 간 갈등을 직접 경험하기 전에 간접적인 경험을 통해 갈등을 경험해 봄으로써 갈등에 대한 부정적인 정서를 극복하는 연습이 필요합니다. 간접 갈등은 자신에게 직접 일어나지 않지만 갈등 상황 가운데 노출됨으로써 경험할 수 있는 갈등입니다. 간접 갈등이 주로 형성될 수 있는 장면은 또래들의 시끄럽고 큰 소리에 노출되기, 또래들이 놀거나 싸우는 장면에 노출되기, 또래들이 게임하는 장면에 노출되기, 또래들이 꾸중 듣거나 벌받는 장면에 노출되기 등입니다. 또래 간 상호작용을 통해 점진적이고 간접적으로 갈등을 경험해 봄으로써 갈등에 대한 부정적 정서를 극복해 갈 수 있도록 돕습니다. 갈등에 대한 간접 경험은 또래를 타인으로써 깊이 인식하도록 할 뿐 아니라 또래가 주는 통제를 수용하는 기회를 부여할 것입니다.

`2-통-간1` 또래 간 갈등 **간접 경험 돕기** 1 **환경을 설정해 줌으로써 갈등 상황에 점진적으로 노출되도록 돕기**

또래 인식과 통제를 수용하는 능력이 확장되기 위해서는 갈등에서 비롯된 부정적인 정서를 받아들일 수밖에 없습니다. 부정적인 정서는 내면적 갈등을 일으키며 상처를 줄 수 있으므로 점진적으로 갈등 상황을 경험하도록 환경을 설정해 줄 필요가 있습니다. 여러 명의 또래가 있는 환경을 매우 불편해하는 대상 아동이라면 초기에는 한 명의 또래가 갈등을 경험하는 환경에 노출되다가 점진적으로 여러 명의 또래가 갈등을 경험하는 환경에 노출되도록 합니다. 또 큰 소리, 혹은 화난 소리를 매우 싫어하는 대상 아동이라면 그와 같은 상황에 점차 노출되도록 환경을 조정합니다. 적절한 갈등 환경을 설정해 줌으로써 또래 간 갈등이 주는 부정적인 상황에 점진적으로 노출되도록 합니다.

`2-통-간2` 또래 간 갈등 **간접 경험 돕기** 2 **갈등 상황에 노출될 때 미리 설명하기**

대상 아동에게 또래가 주는 갈등은 간접적이어도 강력할 수 있습니다. 부정적인 정서를 받을 만한 상황 발생 시 중재가가 대상 아동에게 상황을 미리 설명해 줌으로써 갈등에 대한 심리적 준비를 하도록 합니다. 예를 들어, 중재 초기에 또래가 대상 아동 쪽을 향해 소리를 지를 때 "너에게 소리치는 것이 아니야."라고 미리 설명해 줄 수 있습니다. 대상 아동이 이 상황에 점차 적응될 때 중재가는 점점 미리 설명해 주기를 줄임으로써 갈등 상황에서의 대상 아동의 심리적 극복 능력이 향상되도록 돕습니다.

`2-통-간3` 또래 간 갈등 **간접 경험 돕기** 3 **갈등 상황에 노출될 때 반복적으로 설명하기**

대상 아동은 갈등 상황 적응을 매우 어렵게 생각하거나 적응 속도가 느립니다. 갈등 상황에 익숙해져 갈 수 있도록 반복적인 설명을 하는 것이 좋습니다. 또 갈등 상황에서 대상 아동이 느끼는 부정적인 정서는 주관적일 수 있습니다. 비자폐인이 인지하지 못하는 상황에서도 부정적인 정서를 경험할 수 있으며 부정적인 정서를 소화하는 데 반복적인 설명이 더욱 필요할 수도 있습니다. 보통 초기의 갈등 상황을 수용하기까지 많은 시간을 필요로 할 수 있지만 충분히 수용했을 경우 대상 아동은 다음의 갈등 상황을 의외로 빨리 받아들일 수 있습니다.

2-통-간4 또래 간 갈등 간접 경험 돕기 4 **갈등 상황에 노출될 때 미리 약속함으로써 행동 문제 조절하도록 돕기**

또래와의 갈등에서 보다 심각한 정서 반응으로 대상 아동의 행동 문제가 심각하게 출현될 수 있습니다. 이때 미리 약속을 통해 행동 문제 발생을 대비할 수 있습니다. 보통 행동 문제는 이전의 경험으로 이미 예고된 것일 수 있기 때문입니다. 중재가는 대상 아동의 특성을 알고, 미리 대상 아동과 약속함으로써 갈등 상황에서 행동 문제를 일으키지 않도록 돕습니다. 예를 들어, 자신이 직접 참여하지 않았지만 또래와의 게임 상황 자체가 싫어서 큰 소리로 울거나 화를 낸 행동을 이미 했을 경우 다음 상황에서는 미리 약속함으로써 같은 행동을 되풀이하지 않도록 중재할 수 있습니다. 이를 통해 대상 아동이 갈등에 대한 심리적인 방어기제를 형성하고 행동 문제를 덜 일으키도록 도울 수 있습니다.

2-통-간5 또래 간 갈등 간접 경험 돕기 5 **갈등 상황을 이해하거나 납득할 때까지 기다리기**

대상 아동이 갈등 상황을 이해하거나 납득할 때까지 기다릴 필요가 있습니다. 갈등이 자신에게 직접적으로 주어진 것이 아닐 수 있으며, 다른 또래도 같은 부정적인 정서를 느낄 수 있는 등의 여러 상황을 대상 아동이 인지하기까지는 많은 시간이 필요합니다. 충분히 설명해 주거나 경험하도록 기다림으로써 대상 아동이 갈등 상황을 이해하거나 납득하도록 돕습니다.

2-통-간6 또래 간 갈등 간접 경험 돕기 6 **또래를 통한 간접 경험으로 자기 행동 반성하도록 돕기**

때로 또래가 부정적인 피드백을 받거나 중재받는 것을 봄으로써 자신의 행동을 돌아볼 수 있는 경험을 하게 됩니다. 이때 일어나는 간접 경험은 직접 가르쳐 주는 것보다 자신의 행동에 대한 더 큰 통찰을 가져옵니다. 타인 인식의 확장을 통해 자기 행동을 반성하게 될 수 있으며, 자기 행동을 반성할 때 또래를 통한 타인 인식과 외부 상황이 더욱 확장될 수 있습니다.

5) **2-통-직** 또래 간 갈등 직접 경험하도록 돕기

또래와 직접 갈등을 경험할 때 또래 통제 수용 능력이 확장됩니다. 직접적인 갈등 없이 통제를 수용하는 경험을 가지기는 어렵습니다. 갈등을 간접적으로 충분히 경험했다면 점차 직접적인 갈등을 경험하도록 중재를 진행합니다. 자폐 범주성 아동은 타인과 직접적인 갈등의 양이 비교적 적거나, 반대로 직접적인 갈등을 통한 부정적인 정서를 만연하게 가지고 있을 가능성이 많습니다. 보통 또래 간 직접 갈등 상황은 하기 싫은 행동을 하도록 종용받기, 듣기 싫은 말 듣기, 게임에서 지기, 재촉받기, 거부당하기, 언어적 및 신체적 싸움하기 등일 것입니다. 이런 상황에서 또래 간에 발생되는 직접적인 갈등은 또 다른 상처와 거부감을 일으키도록 할 수 있습니다. 그러므로 중재가는 대상 아동의 상황을 잘 파악하고 적절한 조력을 함으로써 직접 갈등을 통한 또래 통제를 수용할 수 있도록 조력할 필요가 있습니다. 이 단계에서 또래 간 갈등은 경험하는 것에 중점을 두므로 반드시 해결을 수반할 필요는 없습니다.

2-통-직1 또래 간 갈등 직접 경험 돕기 1 **점진적으로 또래 갈등 직접 경험하도록 돕기**

또래 간 관계에서의 갈등은 여러 형태, 혹은 여러 원인을 가지고 있습니다. 처음부터 여러 명의 또래 갈등이거나 심각하거나 어려운 주제에 대한 갈등이거나 해결이 오래 걸리는 갈등은 대상 아동에게 어려움을 줄 수 있습니다. 그러므로 또래 간 갈등을 직접 경험하기 위해 초기에는 일대일의 상황을 만들어 줄 필요가 있습니다. 그러나 일대일의 상황에서는 직접 갈등을 경험하기가 쉽지 않으므로 몇 명의 또래가 있는 곳에서 갈등을 경험하되, 일단 갈등이 일어나면 일대일의 상황으로 환경을 조성해 주는 방법을 사용할 수 있습니다. 비슷한 연령의 혹은 같은 문제를 가진 또래와의 직접적이고 반복적인 갈등을 통해 점진적으로 또래 인식과 통제 수용을 경험할 수 있습니다.

2-통-직2 또래 간 갈등 직접 경험 돕기 2 **갈등 상황을 버티도록 돕기**

또래와 직접적인 갈등이 일어날 때 중재가가 나서서 빨리 문제를 해결해 주려고 하지 않아야 합니다. 자칫 중재가가 대상 아동보다 먼저 갈등 상황을 해결해 주려고 할 때 대상 아동은 갈등을 자신의 문제로 인식하지 못합니다. 뿐만 아니라 자신과 다른 입장을 가진 또래에 대한 인식도 이루어지기 어렵습니다. 대상 아동의 심리적 압박이 어느 정도 심각하더라도 대상 아동으로 하여금 갈등 상황을 버텨 보도록 합니다. 중재가는 대상 아동이 또래와의 갈등 상황을 버티도록 하는 데 중점을 두고 상황을 조심스럽게 지켜보아야 합니다.

2-통-직3 또래 간 갈등 직접 경험 돕기 3 갈등 상황 인식하도록 돕기

대상 아동은 여러 이유로 갈등에 대한 상황을 빨리 혹은 제대로 인지하기 어렵습니다. 그 갈등이 자신을 중심으로 일어났을 때는 더욱 그렇습니다. 또 갈등이 감정적인 수준을 거쳐 인지적인 수준으로 이해되기는 어렵습니다. 중재가는 대상 아동과 또래의 갈등이 일어난 직후 혹은 시간이 어느 정도 지났을 때 갈등에 대해 인식하도록 도와줄 필요가 있습니다. 반복적인 설명을 해 주거나 함께 있었던 또래를 포함한 사람들의 말을 들려주면서 갈등 상황을 인식하도록 돕습니다. 이를 위해 어떤 문제가 누구에게, 누구와, 어떤 형태로 일어났는지 등을 대상 아동이 인지하고 있는지 확인할 필요가 있습니다.

2-통-직4 또래 간 갈등 직접 경험 돕기 4 갈등에 대한 해결 방안 생각해 보고 표현하도록 돕기

갈등 상황을 인지한 후 갈등에 대한 해결 방안을 생각해 보도록 합니다. 해결 방안을 생각해 본다는 것은 대상 아동이 갈등을 인지한 다음에 일어납니다. 갈등에 대한 자기 나름대로의 해결 방안을 생각해 보고 표현하도록 합니다. 이때 매우 간단한 제스처 혹은 말로 표현해도 좋습니다. 자신이 상황을 인지한 대로 해결 방안을 생각해 보고 표현하는 것은 갈등 상황을 자신의 것으로 인지하는 데 도움을 줍니다. 이 전략은 갈등에 대한 해결 방안을 생각해 보는 정도일 뿐 해결 방안을 실행하는 전략은 아닙니다.

2-통-직5 또래 간 갈등 직접 경험 돕기 5 자신의 실수 혹은 잘못을 인지하도록 기존의 약속 등을 상기해 주기

대상 아동의 잘못일 경우, 자신의 실수 혹은 잘못임을 인지하도록 기존의 약속이나 제한에 대해 상기시켜 줄 필요가 있습니다. 단순하고 쉬운 약속이라도 대상 아동은 또래와의 관계에서 심리적 압박 등으로 잠시 잊거나 생각하지 못할 수도 있습니다. 이에 대해 대상 아동에게 기존의 약속을 상기시켜 줌으로써 자신의 잘못을 알고 이를 통해 또래와의 직접 갈등을 수용할 수 있습니다.

2-통-직6 또래 간 갈등 직접 경험 돕기 6 **속상하지 않도록 대안 제시하기**

자신의 실수 혹은 잘못을 알게 되었으나 부정적인 감정이 남는 상황이 발생합니다. 이때 부정적인 감정을 계속 경험하지 않도록 대안을 제시할 필요가 있습니다. 자칫 실수 혹은 잘못이 수치심 혹은 죄책감으로 발전할 수 있습니다. 또한 또래 간 관계에서 부정적인 감정이 지속적으로 나타날 수 있습니다. 중재가는 상황에 맞게 대안을 제시하거나 스스로 생각하도록 함으로써 대상 아동이 자신의 실수 혹은 잘못에 대해 속상해하지 않고 다시 또래 관계를 편안하게 유지하도록 돕습니다.

2-통-직7 또래 간 갈등 직접 경험 돕기 7 **갈등 상황에서 잘못한 행동에 대해 분리 중재하기**

또래 간 갈등이 일어나는 상황에서 혹시 대상 아동이 잘못된 행동을 했을 때 중재가는 즉각 그 자리에서 중재하기보다, 잠시 후 다른 장소에서 중재하도록 합니다. 갈등 상황에서의 즉각 중재는 또래를 의식하고 있는 대상 아동을 위축되게 할 뿐 아니라 아동 자신이 해결하고자 하는 동기를 저하시킬 수도 있습니다. 갈등 상황에서 잘못한 행동에 대한 분리 중재는 대상 아동의 수치심을 최소화하면서 자신의 잘못을 수용하도록 돕는 전략입니다.

2-통-직8 또래 간 갈등 직접 경험 돕기 8 **자신의 잘못이 있을 때 자신의 잘못에 대한 대가를 치르도록 돕기**

자신의 잘못을 수용할 수 있는 기회를 빈번히 가지게 되었지만 이미 쌓여 온 부정적 감정이나 자기 중심적인 사고 등으로 자신의 잘못을 스스로 수용하는 것이 어려울 수 있습니다. 대상 아동이 이미 자신의 잘못을 이해하고 납득했으나 통제하지 않고 있는 상황이라면 대가 치르기를 경험함으로써 자신의 잘못을 인식하고 수용해 볼 기회를 가질 수 있습니다. 이때 대가 치르기란 보통 적절한 벌이 주어지는 것입니다. 적절한 벌을 경험함으로써 대상 아동이 빨리 자신의 잘못을 인정하고 수용하도록 도울 수 있습니다. 적절한 대가를 치름으로써 갈등 상황이 빨리 해결되고 대상 아동은 죄책감 없이 다시 또래 활동으로 들어갈 수 있습니다.

2-통-직9 또래 간 갈등 **직접** 경험 돕기 9 **갈등 상황에서 잘잘못 점검하도록 돕기**

직접 갈등이 일어났을 때 서로의 잘잘못에 대해 점검하도록 시간을 가집니다. 직접 갈등 시 대상 아동이 옳은 행동을 했을 수도 있고 그렇지 않은 행동을 했을 수도 있습니다. 중재가는 사실 그대로 대상 아동이 자신과 상대방의 행동을 점검할 수 있도록 도움을 줍니다. 상황에 대한 부분을 기억하도록 도움을 주기 위해서 그림이나 사진 등의 시각 매체를 사용할 수 있고 주변 사람의 말을 직접 듣도록 할 수 있습니다. 갈등의 원인을 객관적으로 인식함으로써 과한 수치심이 일어나지 않도록 중재합니다. 대상 아동에게 가르치기보다는 대상 아동이 스스로 생각할 수 있도록 중재합니다.

2-통-직10 또래 간 갈등 **직접** 경험 돕기 10 **상대방의 잘못이 분명할 때 확실히 사과받도록 돕기**

직접 갈등 상황에서 상대방의 잘못이 분명하다면 대상 아동이 직접 사과받을 기회를 줍니다. 이때 스스로 사과를 받을 수도 있지만 대상 아동은 스스로 사과받기가 어려울 수 있습니다. 중재가는 대신 말해 주기 전략을 통해 대상 아동이 솔직하게 사과받고 싶은 마음을 말할 수 있도록 돕습니다. 또 상대방이 스스로 사과할 수 없는 상황이라면 중재를 통해 대상 아동에게 직접 사과할 수 있도록 돕습니다. 직접 사과가 이루어질 때 현재의 불편한 마음도 해결될 수 있지만 이미 만성적으로 형성된 불편했던 마음도 어느 정도 해소될 수 있습니다.

2-통-직11 또래 간 갈등 **직접** 경험 돕기 11 **갈등에 대한 또래의 직접적인 입장 듣기**

갈등에 대한 또래의 직접적인 입장 듣기는 또래 간 갈등이 심각해졌을 때 혹은 심각한 고비를 넘겼을 때 모두 사용할 수 있습니다. 중재가는 상황을 잘 파악한 후 적절한 시기에 이 전략을 사용하도록 합니다. 갈등에 대한 또래의 직접적인 입장 듣기는 대상 아동에게 또래의 인식이 확실히 일어남과 동시에 또래를 수용할 수 있는 기회를 가져다 줍니다. 갈등 상황이므로 부정적인 감정이 고조될 수 있으나 대상 아동으로 하여금 타인의 내면에 대한 통찰을 깊이 가져다주는 기회가 됩니다.

2-통-직 12 또래 간 갈등 직접 경험 돕기 12 자신의 잘못을 지적받기보다 생각해 보도록 돕기

또래와 갈등 상황에서 대상 아동의 잘못이 뚜렷할 경우 또래 간 상호작용에서 자신이 무엇을 잘못했는지 생각하도록 도움을 줍니다. 이때 상황에 대해 이해를 돕는 설명이 많이 필요합니다. 대상 아동의 특성에 따라 반복적인 설명뿐 아니라 그림 등 시청각 매체를 이용해서 도울 수도 있습니다. 자신의 잘못을 지적받기보다 자신의 잘못에 대해 생각하도록 돕는 방법은 상황과 상대방을 편안하게 인식하는 데 도움을 줍니다.

2-통-직 13 또래 간 갈등 직접 경험 돕기 13 자신의 잘못을 말로 표현하도록 돕기

자신의 잘못을 생각해 보는 것과 말로 표현하는 것은 다릅니다. 자신의 잘못을 말로 표현하는 것은 쉽지 않습니다. 완전히 납득되지는 않아도 말로 먼저 표현해 보기는 자신의 잘못으로 발생한 부정적인 정서와 심리적 갈등 등을 극복하기 위한 좋은 방법일 수 있습니다. 또 주변인의 부정적인 감정 표현 줄이면서 편안해지기, 설명 듣기, 이해하고 납득하기, 말로 표현하기 등의 과정을 반복적으로 경험하면서 자신의 잘못을 점차 인지적으로 받아들일 수 있습니다. 또래와의 상호작용에서 자신의 잘못을 말로 표현함으로써 또래의 통제를 의미 있게 수용할 수 있습니다.

2-통-직 14 또래 간 갈등 직접 경험 돕기 14 당장 이해되지 않는 것도 수용하도록 돕기

또래와 갈등이 일어날 때 그 당시에는 이해되지 않는 것이라도 시간이 지난 후에 수용하도록 도울 필요가 있습니다. 중재가 혹은 또래가 충분히 설명해 준다고 할지라도 대상 아동의 상황은 감정이 고조되어 있을 수도 있고 처음 겪는 갈등일 수 있기 때문입니다. 이때 사용할 수 있는 가장 좋은 방법으로는 대상 아동의 주의를 환기하는 것입니다. 갈등 상황에서 잠시 혹은 길게 주의를 환기함으로써 빨리 이해될 수도 있고 마음으로 수용할 시간을 가질 수도 있습니다.

2-통-직 15 또래 간 갈등 직접 경험 돕기 15 **자신의 잘못된 행동을 자발적으로 바꿀 기회 주기**

다른 사람의 입장을 생각하고 자기 행동을 스스로 바꾸도록 생각할 기회를 줍니다. 만약 어떤 상황에서 친구 때리기로 속상한 마음을 표현했다면 점차 때리지 않고 다른 행동으로 바꿀 수 있도록 기회를 주는 것입니다. 자신의 행동을 스스로 바꾸기는 쉽지 않습니다. 상대방이나 상황에 대한 이해와 납득을 통해 자신이 행동을 바꿀 수 있습니다. 또래의 입장을 생각하고 자기 행동을 스스로 바꿀 수 있도록 중재가가 반복적으로 서로의 입장을 설명해 주고 대상 아동에게 생각할 기회를 주도록 합니다. 상황에 따라 대상 아동이 사과해야 할 경우라면 사과하도록 중재하고, 꼭 그렇지 않은 경우라면 대상 아동의 생각을 존중하도록 합니다. 중재가의 판단이 대상 아동의 판단을 지나치게 앞서지 않도록 조심합니다.

2-통-직 16 또래 간 갈등 직접 경험 돕기 16 **갈등에 대한 해결 방안을 생각해 보고 실행하도록 돕기**

갈등이 일어난 부분에 대한 자기 점검이 이루어진 후 다음의 갈등이 일어날 때 해결 방안을 생각해 보고 실행하도록 합니다. 갈등 상황을 넘어 해결 방안을 실행해 보기는 쉽지 않습니다. 중재가는 대상 아동이 상황을 인식하고 방법을 생각해 보고 실행해 보는 과정 가운데 함께 머물러 줍니다. 대상 아동의 이해 범위 안에서 중재가가 해결 방안의 예를 제시해 주거나 모델링을 보여 줄 수 있습니다. 중요한 것은 대상 아동 스스로 생각하고 실행하고 반성하도록 돕는 데 초점을 두는 것입니다. 그러므로 해결 방안을 실행해 보는 과정의 수준이 높을 필요는 없습니다. 대상 아동의 수준에서 생각한 것을 실행해 보면 됩니다. 또 좋은 결과로 반드시 이어질 필요는 없습니다. 반복적인 연습을 통해 대상 아동으로 하여금 갈등에 대한 해결을 좀 더 능숙하게 실행해 보는 데 의의가 있습니다.

☞ **적용:** 263쪽 또래 통제 수용 돕기 단계 에피소드 일지, 전략 모음, 점검 일지를 활용하여 중재를 진행해 주시기 바랍니다.

3. 2-추 또래 생각 추론 돕기 단계

또래 생각 추론 돕기 단계는 또래의 생각으로 들어가 또래의 생각을 추론하도록 돕는 단계입니다. 또래 생각 추론을 통해 또래와의 상호작용이 보다 질적으로 향상된다고 볼 수 있습니다. 추론은 자발적인 생각에 기반한 통찰을 끌어낼 수 있습니다. 특히 또래 생각 추론은 대상 아동이 또래의 생각을 자발적으로 짐작해 보고, 조정해 보며 확인해 보는 과정을 포함합니다. 중재가는 대상 아동이 자발적으로 또래의 생각을 추론할 수 있도록 적절히 조력함으로써 또래 생각 추론을 돕습니다.

또래 생각 추론은 두 가지의 조건을 필요로 합니다. 첫째, 자기 중심적인 사고에서 어느 정도 벗어나 또래 생각을 추론할 수 있는 사고 능력이 있을 때 가능합니다. 또래 생각 추론은 '내'가 아닌 '또래'의 세계 속에서 또래의 생각을 논리적으로 풀어 감으로써 가능해지기 때문입니다. 둘째, 또래의 생각 추론은 또래가 가지고 있는 보편적인 지식 능력을 기반으로 이루어집니다. 또래 생각 추론은 상대방의 생각에 대한 추측에서 이루어지는데, 보편적인 지식이 미리 형성되지 않았다면 또래의 상황에 대한 이해가 어렵기 때문입니다. 그러므로 또래 생각 추론은 인지적 추론 능력과 보편적인 지식을 기반으로 할 때 이루어진다고 볼 수 있습니다. 보통 타인 생각 추론은 또래 관계에서 훨씬 더 자연스럽게 이루어집니다. 자신보다 높은 사고와 높은 기능 기술을 가진 성인의 생각을 추론하기는 어렵기 때문입니다. 그러므로 또래 생각에 대한 추론이 일어나지 않는다면 결국 의미 있고 깊은 상호작용은 제한될 수밖에 없습니다. 자폐 범주성 아동의 상호작용 능력의 확장을 위해 가장 어렵고 시간이 많이 걸리는 단계 중 하나가 또래 생각 추론 돕기 단계라고 할 수 있습니다. 낮은 추론 능력, 보편적인 지식의 제한, 또래 상호작용에 대한 부정적인 정서 등은 자폐 범주성 아동의 또래 생각 추론을 제한하는 원인입니다.

따라서 자폐 범주성 아동에게 이 단계의 반복적이고 지속적인 연습은 매우 필요하다고 할 수 있습니다. 또래 생각 추론 전략은 상황에 따라 매우 다양하게 응용할 수 있습니다. 또래 생각 추론 돕기 단계는 (1) 간접 추론 돕기(10개 전략), (2) 게임하도록 돕기(5개 전략), (3) 직접 추론 돕기(5개 전략), (4) 공동 활동 돕기(5개 전략)의 총 25개의 전략으로 구성됩니다.

- 중재 목표: 또래 활동을 통해 또래 생각에 대한 추론 능력 확장하기
- 중재 효과: 또래의 감정, 생각, 입장에 대한 인지적 추론 능력 강화하기 / 또래 집단
  이 가지고 있는 지식 능력 확장하기
- 중재 방법: 또래와 공동 활동하도록 돕기 / 또래와 함께 기억과 연상 활동하도록 돕기 /
  또래와 학습하도록 돕기 / 또래와 게임하도록 돕기

길 찾기

1. 중재가의 감정 정리하기

↓

2. 중재가의 판단 중지하기

↓← 중재가 투입

3. 중재가의 대상 아동 알기

↓

4. 대상 아동을 완전 수용하기

↓

5. 대상 아동의 자율성, 주도성 확장하기

↓

6. 대상 아동의 욕구 해소하기

↓

7. 중재가의 적절한 반응하기

↓

8. 대상 아동의 솔직한 자기 표현 확장하기

↓

9. 대상 아동이 중재가에 대해 편안한 인식 형성하기

↓

10. 중재가의 나를 알리기

↓

11. 대상 아동이 중재가의 통제 수용하기

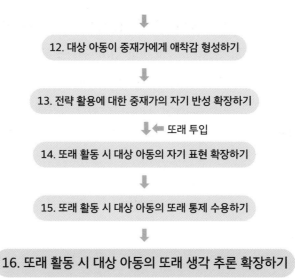

12. 대상 아동이 중재가에게 애착감 형성하기

13. 전략 활용에 대한 중재가의 자기 반성 확장하기

또래 투입

14. 또래 활동 시 대상 아동의 자기 표현 확장하기

15. 또래 활동 시 대상 아동의 또래 통제 수용하기

16. 또래 활동 시 대상 아동의 또래 생각 추론 확장하기

1) 2-추-간 간접 추론 돕기

또래에 대한 간접 추론 돕기 전략은 또래와 직접 추론하기 전에 여러 시청각 매체와 활동을 활용함으로써 다른 사람의 생각을 추론할 수 있도록 돕는 전략입니다. 또래 생각 추론은 또래 행동을 쳐다보거나 또래의 말을 듣고 생각해 보는 것에서 출발합니다. 간접 추론하기 전략을 활용해서 내가 아닌 또래, 혹은 상황에 대한 추론하기를 충분히 함으로써 또래 생각을 직접적으로 추론할 수 있는 능력을 높입니다.

2-추-간1 간접 추론 돕기 1 보고 추측하도록 돕기

물건의 일부분 혹은 상황의 일부분을 보여 주고 추측하여 맞히는 활동을 합니다. 게임의 형식으로 함께 활동할 수 있습니다. 처음에는 그림의 일부분을 보여 주다가 차츰 그림의 대부분을 보여 줌으로써 추측하도록 합니다. 대상 아동은 사람과의 직접 상호작용이 어려울 수 있으므로 시각적 매체를 활용하여 충분히 보고 추측하는 연습이 필요합니다. 또 대상 아동이 시각적 정보를 보고 추측하기를 할 때 지나치게 자신의 생각을 주장할 수도 있습니다. 이를 위해 또래의 생각을 들어 볼 수 있도록 기회를 주면서 진행하도록 합니다.

2-추-간2 간접 추론 돕기 2 **듣고 핵심 단어 찾도록 돕기**

듣고 핵심 단어 찾도록 돕기는 중재가 혹은 또래가 읽어 주거나 들려주는 간단한 이야기를 듣고 생각나는 핵심 단어를 찾도록 하는 전략입니다. 대상 아동은 상대방이 하는 말을 듣고 생각하는 동안 생각 추론 능력이 확장될 수 있습니다. 이 활동이 익숙해지도록 반복 활동이 필요합니다.

2-추-간3 간접 추론 돕기 3 **듣고 줄거리 찾거나 쓰도록 돕기**

듣고 줄거리 찾기 혹은 쓰기는 중재가 혹은 또래가 읽어 주거나 들려주는 이야기나 말 등을 듣고 줄거리를 찾는 활동입니다. 핵심 단어 찾기에 비해 좀 더 확장된 기억력을 요구하므로 필요시 중재가의 조력이 요구됩니다. 또래가 들려주는 이야기를 들을 때 또래의 이야기에 몰입함으로써 또래의 말을 더 잘 기억할 수 있습니다. 기억력의 확장은 또래의 생각을 추론하는 데 많은 도움을 줍니다.

2-추-간4 간접 추론 돕기 4 **책 읽고 줄거리 찾거나 쓰도록 돕기**

책 읽고 줄거리 찾기 혹은 쓰기는 책 이야기의 전체적인 맥락에 대한 추론 능력을 길러 줌으로써 대인관계에서의 상대방 생각 추론의 연습이 될 수 있습니다. 책을 읽을 수 있는 정도의 능력을 가진 대상 아동일 경우 듣고 줄거리 쓰기보다 스스로 읽고 줄거리 찾기 혹은 쓰기를 적용합니다. 이때 책의 선택은 대상 아동의 연령이나 인지 수준에 따라 다양하게 적용할 수 있습니다.

2-추-간5 간접 추론 돕기 5 **'때문에'가 포함된 문장 완성하도록 돕기**

'때문에'와 관련된 문장을 완성함으로써 원인과 결과에 관련된 추론 능력을 향상하도록 합니다. 중재 초기에는 그림 등 시각 매체를 활용해서 쉽게 접근할 수 있습니다. 또 매우 쉽거나 구체적인 사실을 활용해서 문장 완성하기를 할 수 있습니다. 혹은 중재가가 먼저 "우산을 써야 합니다."라고 선창을 한 후에 아동이 이어서 문장을 만들 수 있도록 진행할 수 있습니다. 점점 어려운 개념 혹은 상황에 관련한 문장을 완성하도록 자연스럽게 진행해 갑니다.

2-추-간6 간접 추론 돕기 6 **'그래서'가 포함된 문장 완성하도록 돕기**

'그래서'가 포함된 문장은 다음의 상황을 추론해 볼 수 있는 전략입니다. '그래서'와 관련된 문장을 완성함으로써 원인과 결과에 관련된 추론 능력을 향상하도록 합니다. 예를 들어, "아이가 배가 고파요"라고 선창을 한 후 그다음에 어떤 일이 일어나는지 예측해서 또래들과 차례로 대답할 수 있도록 합니다.

2-추-간7 간접 추론 돕기 7 **'~다면'이 포함된 문장 완성하도록 돕기**

'~다면'이 포함된 문장은 '때문에'와 '그래서'와 관련된 문장에 비해 현실적인 결과 외에도 대상 아동 고유의 자유롭고 확장된 사고를 유도할 수 있습니다. '~다면'이 포함된 문장을 완성함으로써 원인과 결과에 관련된 추론 능력을 확장하도록 합니다. 대상 아동의 연령, 인식 정도 등에 따라 다양한 상황을 예측해서 대답하도록 합니다.

2-추-간8 간접 추론 돕기 8 **주제 중심 글짓기하도록 돕기**

주제 중심 글짓기는 대상 아동의 생각 추론 능력을 높입니다. 중재가 혹은 또래가 주제를 제시하면 그 주제에 맞는 글짓기를 통해 생각을 추론할 수 있는 기회를 줍니다. 이때 연령, 혹은 인지적 수준에 따라 주제는 매우 가벼운 주제에서부터 심도 있는 주제로 다양하게 적용될 수 있습니다.

2-추-간9 간접 추론 돕기 9 **쉬운 연산하도록 돕기**

쉬운 연산하기는 생각 추론 능력을 도울 수 있는 전략인데 문제가 해결될 때까지 주의를 집중하고 유지하는 것을 연습할 수 있기 때문입니다. 이때 쉬운 연산하기는 받아올림과 받아내림이 없는 덧셈, 뺄셈, 곱셈, 나눗셈 정도를 포함합니다. 학령기 대상 아동들은 곱셈 연산을 위해 구구단을 암기할 수 있도록 돕습니다. 구구단 암기 역시 자연스럽게 생각 추론 능력 향상을 위한 주의집중과 주의유지에 큰 도움을 줄 수 있습니다.

2-추-간10 간접 추론 돕기 10 **받아올림과 내림이 있는 연산하도록 돕기**

받아올림과 내림이 있는 연산하도록 돕기 전략은 대상 아동 스스로 받아올림과 받아내림이 있는 연산을 하도록 돕는 전략입니다. 10 이상의 수가 포함된 덧셈, 뺄셈, 곱셈,

나눗셈은 좀 더 오랜 시간 주의를 집중하여 추론할 수 있는 기회를 제공합니다. 받아올림과 내림까지를 포함한 곱셈과 나눗셈의 경우 연산은 쉽지 않습니다. 답을 정확하게 맞히기보다는 대상 아동의 추론 능력을 위한 주의집중과 유지에 초점을 맞추도록 진행합니다.

2) **2-추-게** 게임하도록 돕기

게임 돕기 전략은 대상 아동이 재미있게 또래 생각 추론하기를 연습할 수 있도록 돕는 전략입니다. 심각하거나 복잡한 상호작용을 하기보다 가볍게 다른 사람의 생각에 대해 추측해 볼 수 있습니다. 게임하기를 통해 재미있는 상호작용을 하면서 동시에 추론 능력도 확장해 볼 수 있습니다. 추론 관련 게임하기는 재미를 잃지 않도록 중재가가 조심스럽게 설계하고 진행할 필요가 있습니다. 다음의 게임 종류는 기존에 많이 알려진 것들입니다. 중재가는 소개되는 게임 외에 비슷한 종류의 게임 혹은 게임을 개발해서 진행할 수 있습니다.

2-추-게1 게임 돕기 1 **눈치 게임하도록 돕기**

눈치 게임은 간단하고 쉬운 수준에서 또래의 생각을 추론할 수 있는 활동입니다. 눈치 게임은 매우 다양하게 적용할 수 있습니다. 예를 들어, 의자에 앉았다가 일어서면서 동시에 수 세기를 하지 않기 위해 또래 눈치 살피기 등이 이루어질 수 있습니다. 의자를 사용하거나 하지 않을 수도 있고 큰 행동이 아닌 작은 소리 내기로도 눈치 게임을 진행할 수 있습니다. 또래의 수가 많을수록 여러 가지 형태의 눈치 게임을 더 재미있게 진행할 수 있습니다.

2-추-게2 게임 돕기 2 **끝말잇기 게임하도록 돕기**

끝말잇기 게임은 또래 생각 추론 확장을 위한 언어적 추론 게임입니다. 끝말잇기 게임은 어느 정도 어휘가 확장된 대상 아동에게 진행할 수 있는 게임입니다. 또 이것은 상대방의 말과 상황에 대한 집중이 일어날 때 사용할 수 있는 게임입니다. 끝말잇기 게임을 미리 경험하지 못했을 경우 대상 아동은 또래 관계에서 당황하거나 부끄러움을 느낄 수 있으므로 미리 중재가와 개별 연습을 할 필요도 있습니다.

2-추-게3 게임 돕기 3 **'아이엠 그라운드' 게임하도록 돕기**

'아이엠 그라운드' 게임은 같은 주제어로 자기 순서나 시간에 맞춰 말해야 하는 게임입니다. 대상 아동의 연령이나 인식 정도, 언어 표현 능력 등에 맞춰 다양하게 적용할 수 있습니다. 이런 형태의 게임이 익숙하지 않은 대상 아동을 위해 가장 단순한 형태로, 반복적으로 이루어져야 할 수도 있습니다. 게임 진행 시 대상 아동의 자발성이 유지되거나 확대되는지 혹은 지루해하지 않는지 등을 살피면서 진행하도록 합니다.

2-추-게4 게임 돕기 4 **스무고개 게임하도록 돕기**

또래 생각 추론 확장을 위한 언어적 추론 게임입니다. 스무고개 게임을 통해 상대방의 세계 속으로 들어가는 연습을 할 수 있습니다. 스무고개 게임은 매우 쉬운 어휘에서 매우 어려운 어휘, 혹은 상황 등을 이용할 수 있습니다. 스무고개 게임은 두 사람 이상의 관계에서 충분히 이루어질 수 있습니다. 또래 관계에서의 스무고개 게임이 어렵다면 스무고개 게임을 미리 중재가와 충분히 연습한 후 또래와 하도록 합니다.

2-추-게5 게임 돕기 5 **보드게임하도록 돕기**

여러 가지 보드게임을 함께해 봄으로써 또래의 생각을 추론해 볼 수 있습니다. 대상 아동은 보드게임을 처음에는 복잡하고 어려운 것으로 인식할 수 있습니다. 또 보드게임과 관련해서 심리적으로 불편했던 이전 경험으로 인해 회피할 수도 있습니다. 대상 아동이 보이는 여러 상황을 감안하여 점진적으로 게임의 수준, 종류, 함께하는 상대방의 수 등을 확장해 가도록 합니다.

3) **2-추-직** 직접 추론 돕기

또래의 생각을 직접 추론하기는 기본적인 인식 능력과 이에 따른 표상 능력이 이루어져야 가능합니다. 대상 아동의 기본적인 인지 능력이 이루어졌다면 중재가는 전략을 활용하여 직접 추론 능력이 확장되도록 돕습니다. 비슷한 연령대인 또래를 통해 직접 추론하기를 연습할 수 있습니다.

2-추-직1 직접 추론 돕기 1 **감정 알아맞히도록 돕기**

또래와의 활동에서 나와 또래 감정 알아맞히기 활동을 함으로써 또래에 대한 생각 추론 능력을 확장하도록 돕습니다. 나의 감정 알아맞히기는 나의 얼굴 표정 혹은 표현 결과물을 보고 나의 감정을 또래가 알아맞히는 활동입니다. 또래의 감정 알아맞히기는 또래의 표정, 제스처, 표현 결과물을 보고 또래의 감정을 내가 알아맞히는 활동입니다. 나와 또래의 감정 알아맞히기 활동은 그림 그리기, 말하기, 감정카드 맞히기 등의 여러 가지 형태로 적용해 볼 수 있습니다.

2-추-직2 직접 추론 돕기 2 **생각 알아맞히도록 돕기**

또래와의 활동에서 또래 생각 알아맞히기 활동을 함으로써 또래의 생각을 추론해 보도록 합니다. 또래의 생각은 나와 비슷할 수도 있고 완전히 다를 수도 있습니다. 특정 사물, 경험, 개념 등에 대한 또래의 생각 알아맞히기 활동을 할 수 있습니다.

2-추-직3 직접 추론 돕기 3 **입장 알아맞히도록 돕기**

또래의 입장을 알아맞힘으로써 또래의 생각을 추론할 수 있습니다. 또래의 입장이 나와 얼마나 같고 다른지를 통해 나와 다른 또래를 인식할 뿐 아니라 그 또래의 입장까지 추론해 볼 수 있습니다. 또래의 입장 알아맞히기는 또래의 감정과 생각 알아맞히기를 충분히 연습한 후 효과적으로 사용할 수 있는 전략입니다. 여러 상황을 활용하거나 또래와 갈등 후에도 또래의 입장 알아맞히기 활동을 자연스럽게 해 볼 수 있습니다.

2-추-직4 직접 추론 돕기 4 **또래에게 맞춰 주는 활동하도록 돕기**

또래에게 맞춰 주기 활동은 또래의 감정, 생각, 입장 알아맞히기를 충분히 한 후 실행할 수 있습니다. 또래에게 맞춰 주는 활동은 또래의 감정, 생각, 입장 알아맞히기 자체에 중점을 둔 활동이라기보다는 알아맞힌 후 상대방의 상황에 맞춰 무엇인가를 해 주는 데 중점을 둔 활동입니다. 예를 들어, 상대방이 화가 난다고 보일 때 어떻게 해 주면 좋을지 추론하고 실행해 보도록 합니다. 활동 초기에는 또래의 감정, 생각, 입장을 직접 물어볼 수도 있지만 활동 회기가 진행되면서 또래의 생각을 추측하여 또래에게 맞춰 주기 활동을 해 봅니다. 연령을 고려하여 또래에게 맞춰 주는 활동을 진행할 필요가 있습니다.

2-추-직5 직접 추론 돕기 5 **상황 추측 활동하도록 돕기**

상황 추측 활동하기는 단편적인 그림을 보거나 단편적인 이야기를 듣고 그 전후의 상황을 추측하는 활동입니다. 연령 혹은 발달 수준에 따라 그림 혹은 이야기 등의 다양한 매체를 활용할 수 있습니다. 상황 추측을 통해 맞고 틀리고의 결론을 내리기보다 서로 간의 생각을 추측하는 데 중점을 두고 중재를 진행합니다.

4) 2-추-공 공동 활동 돕기

공동 활동하기는 또래와 좀 더 복잡하거나 깊은 상호작용이 유지되도록 돕는 전략입니다. 그러므로 이 전략은 대상 아동의 또래 생각 추론이 어느 정도 향상되었을 때 진행할 수 있습니다. 중재가는 자연스럽게 조력을 줄이면서 또래 안에서 대상 아동의 공동주의 유지와 타인 생각 추론 활동이 극대화되도록 돕습니다.

2-추-공1 공동 활동 돕기 1 **또래와 약속 있는 공동 활동하도록 돕기**

약속이 있는 공동 활동을 할 때 또래의 생각을 추론하기 쉽습니다. 이에 비해 또래와 함께 있더라도 개별적으로 행동하거나 약속이 없는 협동 활동을 할 때 또래의 생각을 추론하기는 어렵습니다. 여러 가지 보드게임, 혹은 몸 게임 등 또래와 약속 있는 협동 활동을 할 때 또래의 눈치를 살피면서 또래의 생각을 추론하기 위해 자연스럽게 노력하게 됩니다.

2-추-공2 공동 활동 돕기 2 **또래를 표현하는 활동하도록 돕기**

또래의 생각을 추론하기 위해 또래를 표현해 보는 활동을 할 수 있습니다. 또래를 그대로 표현해 보거나 자신이 생각하거나 상상하는 또래를 표현해 볼 수도 있습니다. 자신이 표현한 또래의 모습에 대해 또래의 생각을 들을 기회를 가짐으로써 또래와 자신의 생각이 어떻게 다른지 살펴볼 수도 있습니다. 그림, 글, 만들기 등 여러 가지 방법을 활용하여 여러 명의 또래가 한 명의 또래를 표현해 볼 수 있습니다.

2-추-공3 공동 활동 돕기 3 **함께 주제가 있는 이야기 만들도록 돕기**

함께 이야기 만들기는 또래의 이야기를 듣고 주제가 있는 이야기를 함께 만드는 활동입니다. 이때 중요한 것은 또래의 생각을 듣고 자신이 반응함으로써 함께 이야기를 만든다는 것입니다. 대상 아동 중에는 언어 표현 능력이 떨어지는 아이들이 많을 것입니다. 이때 그림을 선택함으로써 이야기를 이어 가는 방법을 사용할 수도 있고, 매우 간단한 제스처나 율동으로 함께 이야기를 만드는 방법을 사용할 수도 있습니다. 함께 이야기 만들기를 진행함으로써 또래의 생각을 추론해 볼 수 있는 기회를 가질 수 있습니다.

2-추-공4 공동 활동 돕기 4 **함께 역할극하도록 돕기**

함께 역할극하기는 또래와 간단하거나 어려운 역할극을 함께하는 활동입니다. 역할극은 주제가 있는 이야기를 함께 만들기와는 좀 다릅니다. 자신이 직접 어떤 역할을 해 봐야 하고 또 다른 역할을 하는 또래를 지켜볼 수 있어야 합니다. 이런 과정을 통해 극본상에 있는 다양한 사람에 대한 생각과 행동 추론을 해 보도록 도울 수 있습니다. 뿐만 아니라 역할극을 함께하는 또래와 맞추는 과정을 통해 또래 생각을 적극적으로 추론하는 기회를 가질 수 있습니다. 역할극하기는 초기에 중재가의 조력이 많이 필요할 수 있습니다. 시간을 충분히 가짐으로로써 역할극을 진행해 볼 수 있습니다.

2-추-공5 공동 활동 돕기 5 **함께 무언극하도록 돕기**

함께 무언극하기는 역할극하기와 유사하지만 역할극과는 달리 서로 말을 하지 않는 활동입니다. 그러므로 또래의 눈치를 더욱 살펴야 하고 또래와 맞춰야 하는 과정이 필요합니다. 언어 표현 능력이 부족한 대상 아동이라면 간단한 동물극, 가족극 등을 통해 도전해 볼 수 있습니다. 언어 능력이 높거나 고기능 발달을 보이는 대상 아동에게 좀 더 자주 사용해 볼 만한 전략이라고 할 수 있습니다.

☞ **적용**: 267쪽 또래 생각 추론 돕기 단계 에피소드 일지, 전략 모음, 점검 일지를 활용하여 중재를 진행해 주시기 바랍니다.

4. 2-대 또래와의 대화 돕기 단계

또래와 대화 돕기 단계는 대인 간 상호작용에서의 마지막 단계로서 또래와의 대화를 돕는 단계입니다. 중재가는 대상 아동이 또래와의 대화를 통해 또래와 감정, 생각, 입장 등을 서로 나눌 수 있도록 안내하고 조력합니다. 이때의 대화란 또래와 나누는 어느 정도 깊이 있는 대화로, 주제를 중심으로 서로 10번 이상의 말이 오가는 정도입니다.

또래와 대화하기 위해서는, 첫째, 또래에 대한 인식과 이해 능력이 어느 정도 필요합니다. 이를 위해 앞 단계의 또래 생각 추론하기 연습을 통해 또래에 대한 인식과 이해 능력을 어느 정도 높일 수 있습니다. 둘째, 또래와 대화가 되기 위해서는 어느 정도의 언어 표현 능력이 있어야 합니다. 보통 단어표현 수준 이상의 언어 표현 능력이 있다면 대화가 가능합니다. 셋째, 대화의 유지를 위해서는 또래와 상호작용하려고 하는 자발적인 동기 혹은 의도를 가져야 합니다. 자폐 범주성 아동에게 또래와 대화하기는 상호작용 중재의 가장 큰 목표입니다.

지금까지의 중재 단계를 잘 밟아 왔다면 또래와 대화하기도 가능합니다. 단, 여기서 또래와 대화하기는 한 명의 또래만을 뜻하지는 않습니다. 비자폐인 또래, 혹은 자폐 범주성 장애가 있는 또래 등 자신과 비슷한 연령의 모든 또래와 대화하기를 포함합니다. 그러므로 대화의 주제와 수준은 다양하게 적용될 수 있습니다. 단, 중재가는 언어 기술 혹은 문제해결에 초점을 두지 않고 대화하기에 집중된 중재를 진행하도록 합니다. 또래와의 대화 돕기 단계는 (1) 편안한 대화 돕기(6개 전략), (2) 활동 관련 대화 돕기(4개 전략), (3) 또래와 직접 대화 돕기(11개 전략), (4) 대화로 문제해결 돕기(4개 전략)의 총 25개 전략으로 구성되어 있습니다.

- 중재 목표: 또래와 주제 중심의 대화하기
- 중재 효과: 다양한 또래와 주제 중심의 대화하기
- 중재 방법: 또래와 다양한 주제 중심의 대화 경험하도록 돕기 / 또래와 대화 직접 경험하도록 돕기

길 찾기

1. 중재가의 감정 정리하기

2. 중재가의 판단 중지하기

 ← 중재가 투입

3. 중재가의 대상 아동 알기

4. 대상 아동을 완전 수용하기

5. 대상 아동의 자율성, 주도성 확장하기

6. 대상 아동의 욕구 해소하기

7. 중재가의 적절한 반응하기

8. 대상 아동의 솔직한 자기 표현 확장하기

9. 대상 아동이 중재가에 대해 편안한 인식 형성하기

10. 중재가의 나를 알리기

11. 대상 아동이 중재가의 통제 수용하기

12. 대상 아동이 중재가에게 애착감 형성하기

13. 전략 활용에 대한 중재가의 자기 반성 확장하기

 ← 또래 투입

14. 또래 활동 시 대상 아동의 자기 표현 확장하기

15. 또래 활동 시 대상 아동의 또래 통제 수용하기

16. 또래 활동 시 대상 아동의 또래 생각 추론 확장하기

17. 또래와 대화 확장하기

1) 2-대-편 편안한 대화 돕기 전략

대화하기는 대인관계의 적응과 언어 표현 능력이 어느 정도 이루어질 때 가능합니다. 대화하기를 위해서 먼저 편안한 대화하기를 연습할 필요가 있습니다. 편안한 대화하기는 이미 또래 인식과 또래의 통제를 어느 정도 수용하게 된 대상 아동이 또래와 편안한 대화를 하도록 돕는 전략입니다. 편안한 대화 돕기 전략을 통하여 대상 아동은 타인과의 대화가 어려운 것이 아님을 인식하게 됩니다. 단, 표현 언어를 매체로 활용하므로 실제적인 대화하기에 앞서 대상 아동의 개념 습득과 언어 표현 능력의 정도를 미리 알고 있을 필요가 있습니다.

2-대-편1 편안한 대화 돕기 1 이미 알고 있거나 좋아하는 주제로 대화하도록 돕기

대상 아동이 이미 알고 있거나 좋아하는 주제로 대화함으로써 대상 아동은 누군가와의 대화를 편안한 것이라고 인식할 수 있습니다. 대상 아동이 이미 알고 있거나 좋아하는 주제에 대한 이야기를 나누기 위해서는 대상 아동을 미리 잘 파악하는 것이 필요합니다. 자폐 범주성 아동이 알고 있거나 좋아하는 주제는 매우 단순하고 폭이 적을 가능성이 큽니다. 비자폐 아동과 대화하기를 할 경우 비자폐 아동들은 이미 알고 있는 반복된 주제와 관련해서 대화할 때 지루함을 느끼기 쉽습니다. 그러므로 자폐 범주성 또래들끼리 있을 때 대상 아동이 좋아하거나 이미 알고 있는 주제에 관련한 대화를 연습한 후 점차 비자폐 또래에게 확대해 볼 수 있습니다.

2-대-편2 편안한 대화 돕기 2 반복된 주제로 대화하도록 돕기

새로운 주제로 이어지는 대화는 자폐 범주성 아동을 불편하게 할 가능성이 많습니다. 새로운 주제로 대화 나누기 전에 가급적 반복된 주제로 충분히 대화를 나누도록 연습해 보도록 합니다. 반복된 주제로 대화를 나눔으로써 대상 아동이 대화하기에 충분히 편안해졌을 때 새로운 주제를 시도하도록 합니다. 대상 아동의 심리적 편안함은 눈빛, 행동, 언어 표현 등을 통해 알 수 있습니다.

`2-대-편3` 편안한 대화 돕기 3 **일상생활과 관련된 대화하도록 돕기**

일상생활과 관련한 주제 중심의 대화를 나누도록 합니다. 오늘 날씨라든지 오늘 먹은 음식 등이 여기에 속할 수 있습니다. 단순한 주제는 연령, 성별, 경험 등에 따라 매우 다양할 수 있습니다. 아동이 경험한 장소나 활동에 대한 사진 등도 대화하기의 좋은 매체로 활용될 수 있습니다. 중재가는 대상 아동 혹은 그 또래들이 경험할 수 있는 일상적인 이야기 주제를 준비해 둘 필요가 있습니다.

`2-대-편4` 편안한 대화 돕기 4 **편안한 활동하면서 대화하도록 돕기**

대화하면서 마음을 나눌 수 있는 활동들이 있습니다. 예를 들어, 점토 활동, 난화 활동 등의 자유로운 활동을 하면서 자신의 마음에 대해서도 편안하게 말로 표현할 수 있습니다. 활동을 완성하는 데 중점을 두지 말고 편안하게 대화하는 데 중점을 두면서 활동을 전개하도록 합니다. 중재가는 대상 아동이 또래와 자발적인 대화 시도 및 반응을 자연스럽게 나눌 수 있는 매체를 고민할 필요가 있습니다.

`2-대-편5` 편안한 대화 돕기 5 **점진적으로 어려운 주제로 대화하도록 돕기**

대상 아동이 대화를 편안하게 인식하기 위해서 점진적으로 어려운 주제로 접근합니다. 처음부터 어려운 주제의 대화하기는 대상 아동으로 하여금 대화를 어려운 것으로 인식하도록 만들기 쉽습니다. 점진적으로 어려운 주제로 접근함으로써 대상 아동은 대화 나누기를 편안하게 인식하게 됩니다. '과일' 같은 매우 쉬운 주제에서부터 점진적으로 어렵거나 추상적인 주제로 대화를 나누도록 진행합니다.

`2-대-편6` 편안한 대화 돕기 6 **점차 더 많은 또래와 대화하도록 돕기**

점차 더 많은 또래와 대화를 나눔으로써 대상 아동이 대화를 편안하게 인식하도록 합니다. 처음에는 한 명과 대화를 나누도록 하고 점차 좀 더 많은 명수의 또래와 대화를 나눌 수 있도록 환경을 설정합니다. 대인관계의 적응 능력이 낮은 대상 아동은 점진적으로 많은 상대방과 대화 나누기를 해 보는 과정이 필요합니다.

2) 2-대-활 활동 관련 대화 돕기 전략

중재가는 대화하기를 돕기 위해 대상 아동과 함께한 활동들을 매체로 사용할 수 있습니다. 활동의 종류는 매우 다양합니다. 연령과 발달 능력에 따라 다양한 활동을 시도해 볼 수 있습니다. 이미 경험했거나 현재 경험 중인 활동 등을 매체로 하여 또래 간 대화하기를 돕도록 합니다.

2-대-활1 활동과 관련된 대화 돕기 1 **활동 전 대화하도록 돕기**

활동 전에 활동에 대한 대화 나누기를 연습할 수 있습니다. 함께 활동하면서 대화 나누기는 '활동'이라는 주제가 구체적으로 정해져 있으므로 대상 아동에게는 좀 더 쉽게 접근할 수 있습니다. 정해진 활동에 대한 나의 감정, 생각, 입장 등을 표현하거나 활동에 대한 또래들의 말을 들음으로써 좀 더 구체적이고 실제적인 대화 나누기가 가능합니다.

2-대-활2 활동과 관련된 대화 돕기 2 **활동 후 대화하도록 돕기**

활동 후 대화하기는 활동에 대한 주제로 대화를 나누는 것입니다. 활동 후 대화하기는 자신의 경험에 근거한 실제적인 대화가 오갈 수 있으므로 대상 아동에게는 보다 쉬운 대화가 될 것입니다. 가급적 한 명의 또래보다는 여러 명의 또래와 대화하도록 기회를 만드는 것이 좋습니다. 다양한 또래의 생각을 듣고 대화를 확장하기 좋은 전략입니다.

2-대-활3 활동과 관련된 대화 돕기 3 **대화로 활동 결정하도록 돕기**

또래와 대화를 통해서 함께할 활동을 결정하도록 돕습니다. 대상 아동을 위해 활동의 종류나 범위를 중재가가 미리 준비하거나 계획해 놓을 수 있습니다. 이때 중요한 것은 활동의 종류나 범위를 결정하는 것이라기보다는 또래 간 대화가 일어나도록 하는 것입니다. 충분히 대화를 나누었으나 활동이 결정되지 않을 수도 있습니다. 서로의 생각과 입장이 오가는 대화를 나눌 수 있도록 대화로 활동 결정하기 전략을 사용할 수 있습니다.

`2-대-활4` **활동과 관련된 대화 돕기 4** **대화로 활동 관련한 약속 정하도록 돕기**

또래와 대화를 통해 활동에 필요한 약속을 정할 수 있습니다. 활동에 따라 단일 혹은 여러 개의 약속을 정할 수 있습니다. 또 활동을 하면서 필요한 부분이 있으면 약속을 다시 수정하거나 새로운 약속을 정할 수 있습니다. 여러 이유로 대상 아동은 아직 약속의 의미를 깨닫지 못할 수도 있습니다. 또래와 빈번히 약속을 정해 보거나 부정적 피드백을 받아 봄으로써 점점 약속에 대한 전제를 깨닫고 실행할 수 있도록 돕습니다.

3) `2-대-직` 또래와 직접 대화 돕기 전략

또래와 직접 대화하기는 자폐 범주성 아동에게 매우 어려운 과제입니다. 직접 대화하기는 연령과 지식에 따라 대화의 종류나 길이와 깊이 등이 다양해져야 합니다. 또래와 직접 대화하기의 목표는 또래와 직접 대화를 나누는 것입니다. 이를 위해서 대상 아동에게 적절한 개입이 필요합니다. 중재가는 자연스러운 상황을 만들거나 대상 아동의 수준을 고려한 적절한 조력 등을 통해 또래 간 대화가 직접적으로 이루어지도록 중재합니다.

`2-대-직1` 또래와 직접 대화 돕기 1 **타인의 감정을 듣고 자신의 감정 말하도록 돕기**

또래가 말하는 감정 언어를 들어 보고 자신의 감정을 말하도록 합니다. 이때 또래의 말은 일상적인 감정 언어일 수 있고, 갈등으로 인한 부정적인 감정 언어일 수도 있습니다. 이 전략은 감정의 이유 혹은 갈등 해결을 위한 것이 아닙니다. 중재가는 또래의 말을 듣고 자신의 감정을 직접 말할 수 있는 기회를 대상 아동에게 만들어 주는 것에 중점을 두고 중재를 진행합니다.

`2-대-직2` 또래와 직접 대화 돕기 2 **타인의 생각을 듣고 자신의 생각 말하도록 돕기**

또래의 말을 듣고 자신의 생각을 직접 말할 기회를 가지도록 돕습니다. 자신의 생각은 감정과는 다릅니다. 생각의 범위는 매우 단순한 개념에서부터 논리를 포함한 것일 수 있습니다. 이를 위해 중재가는 대상 아동의 연령, 관심도 등을 미리 파악하고 있어야 하며 자신의 생각을 직접적으로 표현하도록 중재를 진행합니다. 중재 초기에 중재가는 대신 말해 주기를 통해 또래에게 대상 아동의 생각을 전달할 수 있으나, 중재가 진행됨에 따라 대상 아동과 또래가 직접 대화할 수 있도록 돕습니다. 중재가의 생각이 중심이 되지 않도록 조심해야 합니다.

2-대-직3 또래와 직접 대화 돕기 3 **타인의 입장을 듣고 자신의 입장 말하도록 돕기**

또래의 입장은 자신의 감정, 생각과는 다소 다릅니다. 입장은 더 확장된 자기 표현의 방식으로 자신의 입장을 주장하고 관철하기 위해 주로 사용됩니다. 자신의 입장을 주장하기 위해서는 상대방의 입장에 대한 고려가 어느 정도 이루어져야 합니다. 상대방의 입장을 인정하지만 나의 입장을 주장, 관철하겠다는 의지가 매우 중요합니다. 대상 아동은 또래를 상대로 자신의 입장에 대한 주장을 하기가 어렵습니다. 그러므로 이 전략을 성공하기 위해서는 반복적인 연습이 필요합니다. 중재가는 점점 조력의 범위를 줄임으로써 자신의 입장을 또래에게 직접 말할 수 있도록 상황을 제공할 필요가 있습니다.

2-대-직4 또래와 직접 대화 돕기 4 **간단한 의문사를 포함한 대화를 하도록 돕기**

중재가는 대상 아동이 또래와 직접 대화를 나눌 때 간단한 의문사가 포함된 대화를 나누도록 상황을 조성할 필요가 있습니다. 간단한 의문사로는 '무엇, 누구, 어디' 등 구체적 답변이 가능한 의문사입니다. 간단한 의문사를 사용하여 대화함으로써 또래와 대화의 내용이 더 다양해질 수 있습니다. 또 간단한 의문사들을 함께 사용함으로써 어떤 주제에 대한 접근이 더 구체적으로 이루어질 수도 있습니다. 의문사가 포함된 대화하기는 상대방의 상황을 구체적으로 인식할 수 있다는 장점이 있습니다.

2-대-직5 또래와 직접 대화 돕기 5 **'어떻게'를 포함한 대화를 하도록 돕기**

'어떻게'는 내용 면에서 더 다양하고 깊은 주제를 끌어낼 수 있는 의문사입니다. '어떻게'에 대한 대답을 해야 할 때 깊은 생각을 해야만 합니다. 또 '어떻게'가 포함된 질문을 하고 나서 상대방의 답변을 유심히 들어 보게 됩니다. 중재가는 대상 아동이 또래와 직접 대화를 할 때 '어떻게'가 포함된 대화를 나눌 수 있도록 상황을 조성하도록 합니다. 중재가 주도의 충분한 연습이 이루어진 후에 또래와 직접 '어떻게'가 포함된 대화를 하도록 조력합니다.

2-대-직6 또래와 **직접** 대화 돕기 6 **'왜'를 포함한 대화를 하도록 돕기**

'왜'가 포함된 주제는 대화하는 사람들의 생각을 자극하게 됩니다. '왜'가 포함된 대화를 나눔으로써 더 생각을 필요로 하는 대화를 나눌 수 있습니다. 중재가는 자연스럽게 대상 아동이 또래와 직접 대화 상황에서 '왜'가 포함된 대화로 이야기 나누기를 하도록 환경 조정을 해 나갈 필요가 있습니다.

2-대-직7 또래와 **직접** 대화 돕기 7 **상대방이 원하는 주제로 대화하도록 돕기**

상대방이 원하는 주제를 듣고 그 주제를 중심으로 대화하도록 합니다. 상대방이 원하는 주제는 내가 생각하거나 원하는 주제가 아닐 가능성이 많습니다. 상대방이 원하는 주제의 대화이기 때문에 상대방이 대화의 주인공이 되거나 대화를 이끌어 나갈 수도 있습니다. 상대방이 원하는 주제로 대화하기를 통해 상대방의 입장을 잘 파악할 수 있고 상대방에 대해 기존에 형성된 인식이 변화될 수 있습니다.

2-대-직8 또래와 **직접** 대화 돕기 8 **상반된 의견으로 대화하도록 돕기**

상반된 의견을 말함으로써 말로 대화하는 것을 연습할 수 있습니다. 특히 이 전략은 구조화된 상황에서 중재가는 대상 아동이 상대방의 의견과 다른 자신의 의견을 말하거나 주장하도록 합니다. '내 생각은 달라요.' 혹은 '나는 다른 생각을 가지고 있습니다. 내 생각은~' 등의 게임을 연령이나 발달 수준에 맞춰 진행해 볼 수 있습니다. 이때 중재가는 주고받기 식으로 대화를 유지하도록 도울 수 있습니다.

2-대-직9 또래와 **직접** 대화 돕기 9 **말로 갈등하도록 돕기**

말로 갈등하기는 또래와 생각이 다르거나 감정이 상할 때 또래와 말로 갈등할 수 있는 전략입니다. 보통 갈등은 말보다는 감정적·신체적으로 표현되기 쉽습니다. 특히 대상 아동은 회피하거나 공격적인 표현으로 또래 간 갈등을 해결하려고 하므로, 말로 갈등을 해결하는 것을 어려워합니다. 말로 갈등하기는 자연스럽게 또래와 갈등이 일어나는 경우와 중재가가 서로의 감정을 표출시킴으로써 또래 간 갈등의 상황을 만드는 형태로 나눌 수 있습니다. 중재 초기에는 구조화된 상황에서 말로 갈등하도록 연습하다가 점차 실제적 갈등 상황에서 말로 갈등하도록 설계하고 조력할 수 있습니다. 단, 대상 아동의 인지와 언어 표현 수준에 따라 갈등 수준도 다양해집니다.

`2-대-직10` 또래와 직접 대화 돕기 10 **결론 없이 논쟁하도록 돕기**

결론 없이 논쟁하기는 말 그대로 어떤 주제에 대해 결론을 내리는 데 목적을 두지 않고 논쟁하는 데 중점을 두는 전략입니다. 이 전략은 중재가와 개별적인 에피소드에서도 사용할 수 있고 또래 간 갈등 상황에서도 사용할 수 있습니다. 대상 아동의 표현이 격렬해질 때 그 표현을 그대로 받아 주면서 중재가 혹은 또래의 반대 생각을 주장합니다. 서로 이유를 말하고 점점 격해지지만, 꼭 결론을 내리지는 않습니다. 결론을 내리더라도 결론의 중요성보다 주제에 대해 논쟁한 것에 좀 더 초점을 맞추도록 합니다. 이 전략을 통해 대상 아동은 어떤 주제에 대해 자신과 중재가 혹은 또래의 생각을 보다 더 선명하게 깨닫게 될 것입니다.

`2-대-직11` 또래와 직접 대화 돕기 11 **판단하지 않고 주장하도록 돕기**

이 전략은 서로의 생각이 다를 때 상대방의 생각이 옳고 그르다는 판단을 내리지 않은 채 자신의 생각을 주장하는 전략입니다. 이 전략을 위해 "알았어. 네 생각이 틀렸다는 것은 아니고 나는 이렇게 생각한다는 거야."라는 식의 어법을 사용할 수 있습니다. 대상 아동은 상대방이 나에게서 판단을 받게 되면 기분이 나빠져서 더 이상 자신과의 대화를 이어 가기 어려워진다는 것을 알게 될 것입니다. 중재가는 대상 아동과 또래가 서로의 생각을 판단하지 않고 자신의 의견만을 주장할 수 있도록 중재를 주도해 갑니다. 이때 판단하지 않아야 하는 이유를 적절히 설명해 주어야 할 필요가 있습니다. 이 전략을 통해 대상 아동은 상대방과 생각이 다를 때 쉽게 감정적이 되지 않고 대화를 길게 유지해 가는 방법을 배울 수 있을 것입니다.

4) `2-대-문` 대화로 문제해결 돕기 전략

대화로 문제해결하기는 매우 높은 수준의 대화하기 형태입니다. 앞서 여러 전략을 활용하여 충분히 대화하기를 연습해 왔다면 대화로 문제해결할 수 있는 수준까지 발전했을 것입니다. 중재가는 대상 아동에게 보다 쉬운 문제에서부터 어려운 문제에 이르기까지, 또 구체적인 상황과 관련된 문제에서부터 상상을 필요로 하는 문제에 이르기까지 대화로 문제해결하기를 연습하도록 돕습니다.

2-대-문1 대화로 문제해결 돕기 1 시청각 매체를 활용해서 대화로 문제해결 하도록 돕기

주변에 있는 여러 가지 시청각 매체를 활용함으로써 대화로 문제해결을 유도할 수 있습니다. 여러 상황에 대한 그림, 사진, 동영상 등을 보여 줌으로써 상황을 인지하게 한 다음, 문제해결하는 방법을 각자 찾아보도록 합니다. 또래가 말하는 다양한 문제해결에 대한 접근 방법을 듣고 대상 아동도 충분히 자신의 생각을 표현해 보도록 돕습니다. 또래와 가장 손쉽게 대화할 수 있는 전략으로 시청각 매체를 활용해서 타인의 문제를 함께 해결해 볼 수 있습니다.

2-대-문2 대화로 문제해결 돕기 2 활동 중 대화로 문제해결하도록 돕기

또래와 공동 활동을 하면서 문제가 발생할 수 있습니다. 이에 대해 중재가가 빨리 문제를 해결해 주기보다는 대상 아동이 또래와 함께 대화로 문제를 해결할 수 있도록 돕습니다. 활동은 현재 당면한 일로 대상 아동이 쉽게 문제해결에 대한 접근성을 가질 수 있습니다. 대상 아동이 활동에 주의를 돌리거나 산만해지지 않도록 환경을 정리하고 대상 아동이 당면하여 해결해야 할 문제에 집중하면서 대화하도록 조력합니다.

2-대-문3 대화로 문제해결 돕기 3 논리적으로 의논해 보도록 돕기

활동을 하거나 문제해결을 하기 위해 논리적으로 의논할 수 있습니다. 논리적으로 의논해 보기 전략은 결정하는 데 중요성을 두기보다는 '논리성'과 '의논하기' 자체에 중요성을 둔 전략입니다. 이때 논리성은 'A는 B' 'B는 C라면 A는 C'라는 정도의 관점으로 중재가는 이 전략으로 대상 아동의 논리적인 생각과 언어 표현을 도울 수 있습니다. 이 전략은 문제해결이라는 과제를 앞두고 있으므로 좀 더 분명하게 의논하기를 촉구할 수 있습니다. 의논하기 전략은 서로의 입장에 대한 자기 표현과 이로 인한 갈등이 발생하므로 대상 아동에게 어려울 수 있습니다. 반복적이고 충분한 연습을 통해 논리적으로 의논하기를 돕습니다.

2-대-문4 대화로 문제해결 돕기 4 **의논해서 결정하도록 돕기**

의논해서 결정하지 않아도 되는 문제도 있지만 의논해서 결정해야 하는 문제도 있습니다. 의논해서 결정하기에서 중요한 것은 대상 아동이 결정해야만 할 문제라고 인식하는 것입니다. 또 서로의 입장을 표현하고 갈등하고 의견을 모으는 과정을 통해 대상 아동은 또래에 대한 상호작용 능력뿐만 아니라 언어 표현 능력을 통합적으로 사용해야 합니다. 이를 위해 중재가는 대상 아동이 당면한 문제에 대해 의논해서 결정해 가도록 조력합니다. 의논해서 결정하기의 주제로는 단순하고 쉬운 것에서부터 복잡하고 어려운 것까지 폭넓습니다.

☞ **적용:** 270쪽 또래와의 대화 돕기 단계 에피소드 일지, 전략 모음, 점검 일지를 활용하여 중재를 진행해 주시기 바랍니다.

☞ **적용:** 273쪽 2차적 상호작용 종합편 에피소드 일지, 전략 모음, 점검 일지를 활용하여 중재를 진행해 주시기 바랍니다.

〈표 6-1〉 또래 간 자기 표현 돕기 에피소드 일지

* 에피소드 일지는 대상 아동과의 에피소드 상황을 기억하여 그대로 적어 보는 일지입니다. 대상 아동과의 에피소드에 대해 빈칸의 순서대로 완성해 보세요.

아동 이름		중재 일시		중재가 이름	(관계:)
상황	아이는 또래에게 어떤 행동을 했나요?	아이는 또래에게 어떤 말을 했나요?		아이는 어떤 마음이 었을까요?	나는 잘 판단하고 적절 한 도움을 주었을까요?

〈표 6-2〉 2차적 상호작용 중재-또래 간 자기 표현 돕기 전략

1점: 해당 전략을 전혀 사용하지 않았음.
2점: 해당 전략을 거의 사용하지 않았음.
3점: 해당 전략을 어느 정도 사용했음.
4점: 해당 전략을 거의 사용했음.
5점: 해당 전략을 대부분 사용했음.

		행동 준거	1	2	3	4	5
활동 제공 하기	2-표-활1	또래와 함께 머물도록 돕기					
	2-표-활2	실패하지 않는 활동하도록 돕기					
	2-표-활3	승패가 없는 활동하도록 돕기					
	2-표-활4	재미있는 활동하도록 돕기					
	2-표-활5	주도적인 행동할 기회 주기					
	2-표-활6	반복적인 환경 제공하기					
	2-표-활7	반복적인 활동 제공하기					
	2-표-활8	감정을 쉽게 표현할 수 있는 활동에 참여하도록 돕기					
	2-표-활9	생각을 쉽게 표현할 수 있는 활동에 참여하도록 돕기					
	2-표-활10	자신을 표현할 수 있는 상황 만들어 주기					
	2-표-활11	아동이 선택한 활동으로 에피소드 만들기					
	2-표-활12	최대한 조금씩 새로운 자극 주기					
	2-표-활13	새로운 활동 제공하기					
	2-표-활14	새로운 활동 제공 시 대상 아동에게 최대한 쉬운 단계의 활동 제공하기					
기다려 주기	2-표-기1	간섭하지 않고 살펴볼 기회 주기					
	2-표-기2	생각할 시간 주기					
	2-표-기3	표현할 때까지 기다리기					
	2-표-기4	이해와 납득할 때까지 기다리기					
	2-표-기5	반응을 강요하지 않는 분위기 만들기					

	2-표-기6	머뭇거릴 때 재촉하지 않기					
	2-표-기7	부정적인 피드백에 대해 생각할 기회 주기					
마음 확인 시켜 주기	2-표-마1	감정을 그대로 말해 줌으로써 감정 확인시켜 주기					
	2-표-마2	생각을 대신 말해 줌으로써 생각 확인시켜 주기					
	2-표-마3	선택형 질문을 통해 자신의 감정을 확인시켜 주기					
	2-표-마4	선택형 질문을 통해 자신의 생각을 확인시켜 주기					
표현 하도록 돕기	2-표-표1	대상 아동의 수준만큼 대신 표현해 주기					
	2-표-표2	대상 아동의 감정만큼 대신 표현해 주기					
	2-표-표3	대상 아동의 생각만큼 대신 표현해 주기					
	2-표-표4	대상 아동이 허락하면 도움 주기					
	2-표-표5	자신을 표현할 때 칭찬하기					
	2-표-표6	자신을 표현해야 하는 이유 설명해 주기					
표현할 때 도움 주기	2-표-도1	표현 시 즉각 반응해 주기					
	2-표-도2	도움을 요청할 때 즉각 도움 주기					
	2-표-도3	표현한 만큼 또래에게 반영해 주기					
	2-표-도4	표현한 만큼 도움 주기					
	2-표-도5	자신의 의도를 관철할 수 있도록 적절히 조력하기					
	2-표-도6	또래와 갈등 상황 시 확장된 자기 표현하도록 돕기					
	2-표-도7	상황에 맞지 않아도 끝까지 표현하도록 돕기					
언어 표현 기술 확장 하기	2-표-언1	단순하지만 핵심적인 언어 표현 모델 보여주기					
	2-표-언2	도움 없이 사용할 때까지 반복적으로 언어 모델링 들려주기					
	2-표-언3	상황에 맞는 언어 표현 대신 해 주기					
	2-표-언4	상황에 맞는 언어 표현 즉시 해 주기					
	2-표-언5	상황에 맞지 않아도 하고 싶은 언어 표현 대신 해 주기					

〈표 6-3〉 또래 간 자기 표현 돕기 점검 일지

* 점검 일지는 본인 혹은 다른 중재가가 진행한 상호작용 중재를 스스로 점검 혹은 모니터링하기 위해 사용합니다. 앞의 에피소드를 참고하여 중재를 점검해 보세요. 다음 표의 전략을 참고하여 중재 전략 칸을 완성하고 사용한 중재 매체와 결과 및 적용점을 기록해 보세요.

중재 일시		중재가	
대상 아동		연령	
중재 전략	활동 제공하기		
	기다려 주기		
	마음 확인시켜 주기		
	표현하도록 돕기		
	표현할 때 도움 주기		
	언어 표현 기술 확장하기		
중재 매체	활동 제공하기		
	기다려 주기		
	마음 확인시켜 주기		
	표현하도록 돕기		
	표현할 때 도움 주기		
	언어 표현 기술 확장하기		
중재 결과	활동 제공하기		
	기다려 주기		
	마음 확인시켜 주기		
	표현하도록 돕기		
	표현할 때 도움 주기		
	언어 표현 기술 확장하기		
적용점			

〈표 6-4〉또래 통제 수용 돕기 에피소드 일지

* 에피소드 일지는 본인 혹은 다른 중재가가 진행한 상호작용 중재를 스스로 점검 혹은 모니터링하기 위해 사용합니다. 대상 아동과의 에피소드에 대해 빈칸의 순서대로 완성해 보세요.

아동 이름		중재 일시		중재가 이름	(관계:)

상황	또래는 아이에게 어떤 통제를 했나요?	아이는 또래와 어떤 갈등을 했나요?	아이는 또래의 통제 를 수용했을까요?	나는 잘 판단하고 적절한 도움을 주었을까요?

〈표 6-5〉 2차적 상호작용 중재 – 또래 통제 수용 돕기 전략

1점: 해당 전략을 전혀 사용하지 않았음.
2점: 해당 전략을 거의 사용하지 않았음.
3점: 해당 전략을 어느 정도 사용했음.
4점: 해당 전략을 거의 사용했음.
5점: 해당 전략을 대부분 사용했음.

		행동 준거	1	2	3	4	5
활동 제공 하기	2-통-활1	미리 익숙한 활동을 또래와 함께하도록 돕기					
	2-통-활2	좋아하는 활동을 번갈아 가며 하도록 돕기					
	2-통-활3	또래와 한 가지 이상의 약속 있는 활동을 하도록 돕기					
	2-통-활4	대상 아동이 활동의 규칙을 충분히 알 수 있도록 돕기					
	2-통-활5	함께 새로운 약속 있는 활동을 하도록 돕기					
	2-통-활6	점진적으로 복잡한 규칙이 있는 활동을 하도록 돕기					
기회 주기	2-통-기1	자신과 다른 또래의 모습을 살펴볼 기회 주기					
	2-통-기2	또래의 말을 직접 들을 수 있는 기회 주기					
	2-통-기3	잘 모를 때 또래에게 확인해 볼 기회 주기					
또래 알도록 돕기	2-통-알1	알고 싶어 하는 만큼 또래의 감정, 생각, 입장에 대해 설명해 주기					
	2-통-알2	또래의 모습을 보고 그리거나 설명하도록 돕기					
	2-통-알3	또래가 표현하는 행동을 보고 모방하도록 돕기					
	2-통-알4	또래가 좋아하거나 싫어하는 것 알아보도록 돕기					
	2-통-알5	또래에게 직접 질문하도록 돕기					
	2-통-알6	또래의 말을 듣고 따르는 활동하도록 돕기					
	2-통-알7	또래의 감정이나 생각에 대한 말을 듣고 그리거나 쓰도록 돕기					

또래 간 갈등 간접 경험 하도록 돕기	2-통-간1	환경을 설정해 줌으로써 갈등 상황에 점진적으로 노출되도록 돕기					
	2-통-간2	갈등 상황에 노출될 때 미리 설명하기					
	2-통-간3	갈등 상황에 노출될 때 반복적으로 설명하기					
	2-통-간4	갈등 상황에 노출될 때 미리 약속함으로써 행동 문제 조절하도록 돕기					
	2-통-간5	갈등 상황을 이해하거나 납득할 때까지 기다리기					
	2-통-간6	또래를 통한 간접 경험으로 자기 행동 반성하도록 돕기					
또래 간 갈등 직접 경험 하도록 돕기	2-통-직1	점진적으로 또래 갈등 직접 경험하도록 돕기					
	2-통-직2	갈등 상황을 버티도록 돕기					
	2-통-직3	갈등 상황 인식하도록 돕기					
	2-통-직4	갈등에 대한 해결 방안 생각해 보고 표현하도록 돕기					
	2-통-직5	자신의 실수 혹은 잘못을 인지하도록 기존의 약속 등을 상기해 주기					
	2-통-직6	속상하지 않도록 대안 제시하기					
	2-통-직7	갈등 상황에서 잘못한 행동에 대해 분리 중재하기					
	2-통-직8	자신의 잘못이 있을 때 자신의 잘못에 대한 대가를 치르도록 돕기					
	2-통-직9	갈등 상황에서 잘잘못 점검하도록 돕기					
	2-통-직10	상대방의 잘못이 분명할 때 확실히 사과받도록 돕기					
	2-통-직11	갈등에 대한 또래의 직접적인 입장 듣기					
	2-통-직12	자신의 잘못을 지적받기보다 생각해 보도록 돕기					
	2-통-직13	자신의 잘못을 말로 표현하도록 돕기					
	2-통-직14	당장 이해되지 않는 것도 수용하도록 돕기					
	2-통-직15	자신의 잘못된 행동을 자발적으로 바꿀 기회 주기					
	2-통-직16	갈등에 대한 해결 방안을 생각해 보고 실행하도록 돕기					

〈표 6-6〉 또래 통제 수용 돕기 점검 일지

* 점검 일지는 본인 혹은 다른 중재가가 진행한 상호작용 중재를 스스로 점검 혹은 모니터링하기 위해 사용합니다. 앞의 에피소드를 참고하여 중재를 점검해 보세요. 앞 표의 전략을 참고하여 중재 전략 칸을 완성하고 사용한 중재 매체와 결과 및 적용점을 기록해 보세요.

중재 일시		중재가	
대상 아동		연령	
중재 전략	활동 제공하기		
	기회 주기		
	또래 알도록 돕기		
	또래 간 갈등 간접 경험하도록 돕기		
	또래 간 갈등 직접 경험하도록 돕기		
중재 매체	활동 제공하기		
	기회 주기		
	또래 알도록 돕기		
	또래 간 갈등 간접 경험하도록 돕기		
	또래 간 갈등 직접 경험하도록 돕기		
중재 결과	활동 제공하기		
	기회 주기		
	또래 알도록 돕기		
	또래 간 갈등 간접 경험하도록 돕기		
	또래 간 갈등 직접 경험하도록 돕기		
적용점			

〈표 6-7〉 또래 생각 추론 돕기 에피소드 일지

* 에피소드 일지는 본인 혹은 다른 중재가가 진행한 상호작용 중재를 스스로 점검 혹은 모니터링하기 위해 사용합니다. 대상 아동과의 에피소드에 대해 빈칸의 순서대로 완성해 보세요.

아동 이름		중재 일시		중재가 이름	(관계:)
상황	또래는 아이에게 어떤 행동을 했나요?	또래는 아이에게 어떤 말을 했나요?	아이는 또래의 생각 을 어떻게 추론했을 까요?	나는 잘 판단하고 적절한 도움을 주었을까요?

〈표 6-8〉 2차적 상호작용 중재 – 또래 생각 추론 돕기 전략

1점: 해당 전략을 전혀 사용하지 않았음.
2점: 해당 전략을 거의 사용하지 않았음.
3점: 해당 전략을 어느 정도 사용했음.
4점: 해당 전략을 거의 사용했음.
5점: 해당 전략을 대부분 사용했음.

		행동 준거	1	2	3	4	5
간접 추론 돕기	2-추-간1	보고 추측하도록 돕기					
	2-추-간2	듣고 핵심 단어 찾도록 돕기					
	2-추-간3	듣고 줄거리 찾거나 쓰도록 돕기					
	2-추-간4	책 읽고 줄거리 찾거나 쓰도록 돕기					
	2-추-간5	'때문에'가 포함된 문장 완성하도록 돕기					
	2-추-간6	'그래서'가 포함된 문장 완성하도록 돕기					
	2-추-간7	'~다면'이 포함된 문장 완성하도록 돕기					
	2-추-간8	주제 중심 글짓기하도록 돕기					
	2-추-간9	쉬운 연산하도록 돕기					
	2-추-간10	받아올림과 내림이 있는 연산하도록 돕기					
게임 하도록 돕기	2-추-게1	눈치 게임하도록 돕기					
	2-추-게2	끝말잇기 게임하도록 돕기					
	2-추-게3	'아이엠 그라운드' 게임하도록 돕기					
	2-추-게4	스무고개 게임하도록 돕기					
	2-추-게5	보드게임하도록 돕기					
직접 추론 돕기	2-추-직1	감정 알아맞히도록 돕기					
	2-추-직2	생각 알아맞히도록 돕기					
	2-추-직3	입장 알아맞히도록 돕기					
	2-추-직4	또래에게 맞춰 주는 활동하도록 돕기					
	2-추-직5	상황 추측 활동하도록 돕기					
공동 활동 돕기	2-추-공1	또래와 약속 있는 공동 활동하도록 돕기					
	2-추-공2	또래를 표현하는 활동하도록 돕기					
	2-추-공3	함께 주제가 있는 이야기 만들도록 돕기					
	2-추-공4	함께 역할극하도록 돕기					
	2-추-공5	함께 무언극하도록 돕기					

〈표 6-9〉 또래 생각 추론 돕기 점검 일지

* 점검 일지는 본인 혹은 다른 중재가가 진행한 상호작용 중재를 스스로 점검 혹은 모니터링하기 위해 사용합니다. 앞의 에피소드를 참고하여 중재를 점검해 보세요. 앞 표의 전략을 참고하여 중재 전략 칸을 완성하고 사용한 중재 매체와 결과 및 적용점을 기록해 보세요.

			중재가	
중재 일시			중재가	
대상 아동			연령	
중재 전략	간접 추론 돕기			
	게임하도록 돕기			
	직접 추론 돕기			
	공동 활동 돕기			
중재 매체	간접 추론 돕기			
	게임하도록 돕기			
	직접 추론 돕기			
	공동 활동 돕기			
중재 결과	간접 추론 돕기			
	게임하도록 돕기			
	직접 추론 돕기			
	공동 활동 돕기			
적용점				

〈표 6-10〉 또래와의 대화 돕기 에피소드 일지

* 에피소드 일지는 본인 혹은 다른 중재가가 진행한 상호작용 중재를 스스로 점검 혹은 모니터링하기 위해 사용합니다. 대상 아동과의 에피소드에 대해 빈칸의 순서대로 완성해 보세요.

아동 이름		중재 일시		중재가 이름		(관계:)
상황	아이는 또래와 어떤 말을 했나요?		또래는 아이에게 어떤 말을 했나요?	대화의 주제는 무엇이었나요?	나는 잘 판단하고 적절한 도움을 주었을까요?	

〈표 6-11〉 2차적 상호작용 중재 – 또래와의 대화 돕기 전략

1점: 해당 전략 사용을 전혀 하지 않았음.
2점: 해당 전략을 거의 사용하지 않았음.
3점: 해당 전략을 어느 정도 사용했음.
4점: 해당 전략을 거의 사용했음.
5점: 해당 전략을 대부분 사용했음.

행동 준거			1	2	3	4	5
편안한 대화 돕기	2-대-편1	이미 알고 있거나 좋아하는 주제로 대화하도록 돕기					
	2-대-편2	반복된 주제로 대화하도록 돕기					
	2-대-편3	일상생활과 관련된 대화하도록 돕기					
	2-대-편4	편안한 활동하면서 대화하도록 돕기					
	2-대-편5	점진적으로 어려운 주제로 대화하도록 돕기					
	2-대-편6	점차 더 많은 또래와 대화하도록 돕기					
활동 관련 대화 돕기	2-대-활1	활동 전 대화하도록 돕기					
	2-대-활2	활동 후 대화하도록 돕기					
	2-대-활3	대화로 활동 결정하도록 돕기					
	2-대-활4	대화로 활동 관련한 약속 정하도록 돕기					
또래와 직접 대화 돕기	2-대-직1	타인의 감정을 듣고 자신의 감정 말하도록 돕기					
	2-대-직2	타인의 생각을 듣고 자신의 생각 말하도록 돕기					
	2-대-직3	타인의 입장을 듣고 자신의 입장 말하도록 돕기					
	2-대-직4	간단한 의문사를 포함한 대화를 하도록 돕기					
	2-대-직5	'어떻게'를 포함한 대화를 하도록 돕기					
	2-대-직6	'왜'를 포함한 대화를 하도록 돕기					
	2-대-직7	상대방이 원하는 주제로 대화하도록 돕기					
	2-대-직8	상반된 의견으로 대화하도록 돕기					
	2-대-직9	말로 갈등하도록 돕기					
	2-대-직10	결론 없이 논쟁하도록 돕기					
	2-대-직11	판단하지 않고 주장하도록 돕기					
대화로 문제 해결 돕기	2-대-문1	시청각 매체를 활용해서 대화로 문제해결하도록 돕기					
	2-대-문2	활동 중 대화로 문제해결하도록 돕기					
	2-대-문3	논리적으로 의논해 보도록 돕기					
	2-대-문4	의논해서 결정하도록 돕기					

〈표 6-12〉 또래와의 대화하기 점검 일지

* 점검 일지는 본인 혹은 다른 중재가가 진행한 상호작용 중재를 스스로 점검 혹은 모니터링하기 위해 사용합니다. 앞의 에피소드를 참고하여 중재를 점검해 보세요. 앞 표의 전략을 참고하여 중재 전략 칸을 완성하고 사용한 중재 매체와 결과 및 적용점을 기록해 보세요.

중재 일시		중재가	
대상 아동		연령	
중재 전략	편안한 대화 돕기		
	활동 관련 대화 돕기		
	또래와 직접 대화 돕기		
	대화로 문제해결 돕기		
중재 매체	편안한 대화 돕기		
	활동 관련 대화 돕기		
	또래와 직접 대화 돕기		
	대화로 문제해결 돕기		
중재 결과	편안한 대화 돕기		
	활동 관련 대화 돕기		
	또래와 직접 대화 돕기		
	대화로 문제해결 돕기		
적용점			

〈표 6-13〉 2차적 상호작용 중재 일지-종합편

* 본 2차적 상호작용 에피소드 일지는 2차적 상호작용 모든 단계의 전략을 적용한 종합편입니다. 에피소드 일지는 본인 혹은 다른 중재가가 진행한 상호작용 중재를 스스로 점검 혹은 모니터링하기 위해 사용합니다. 대상 아동과의 에피소드에 대해 칸의 순서대로 완성해 보세요.

아동 이름		중재 일시		중재가 이름		(관계:)
상황	아이는 또래에게 자신을 어떻게 표현했을까요?	아이는 또래의 통제를 수용했을까요?	아이는 또래의 생각을 어떻게 추론했을까요?	아이는 또래와 어떤 주제의 대화를 나누었을까요?	나는 잘 판단하고 적절한 도움을 주었을까요?

〈표 6-14〉 2차적 상호작용 중재 – 종합 전략편

1점: 해당 전략을 전혀 사용하지 않았음.
2점: 해당 전략을 거의 사용하지 않았음.
3점: 해당 전략을 어느 정도 사용했음.
4점: 해당 전략을 거의 사용했음.
5점: 해당 전략을 대부분 사용했음.

행동 준거				1	2	3	4	5
또래 간 자기 표현 돕기	활동 제공하기	2-표-활1	또래와 함께 머물도록 돕기					
		2-표-활2	실패하지 않는 활동하도록 돕기					
		2-표-활3	승패가 없는 활동하도록 돕기					
		2-표-활4	재미있는 활동하도록 돕기					
		2-표-활5	주도적인 행동할 기회 주기					
		2-표-활6	반복적인 환경 제공하기					
		2-표-활7	반복적인 활동 제공하기					
		2-표-활8	감정을 쉽게 표현할 수 있는 활동에 참여하도록 돕기					
		2-표-활9	생각을 쉽게 표현할 수 있는 활동에 참여하도록 돕기					
		2-표-활10	자신을 표현할 수 있는 상황 만들어 주기					
		2-표-활11	아동이 선택한 활동으로 에피소드 만들기					
		2-표-활12	최대한 조금씩 새로운 자극 주기					
		2-표-활13	새로운 활동 제공하기					
		2-표-활14	새로운 활동 제공 시 대상 아동에게 최대한 쉬운 단계의 활동 제공하기					
	기다려 주기	2-표-기1	간섭하지 않고 살펴볼 기회 주기					
		2-표-기2	생각할 시간 주기					
		2-표-기3	표현할 때까지 기다리기					
		2-표-기4	이해와 납득할 때까지 기다리기					
		2-표-기5	반응을 강요하지 않는 분위기 만들기					
		2-표-기6	머뭇거릴 때 재촉하지 않기					
		2-표-기7	부정적인 피드백에 대해 생각할 기회 주기					
	마음 확인시켜 주기	2-표-마1	감정을 그대로 말해 줌으로써 감정 확인시켜 주기					
		2-표-마2	생각을 대신 말해 줌으로써 생각 확인시켜 주기					
		2-표-마3	선택형 질문을 통해 자신의 감정을 확인시켜 주기					
		2-표-마4	선택형 질문을 통해 자신의 생각을 확인시켜 주기					
	표현하도록 돕기	2-표-표1	대상 아동의 수준만큼 대신 표현해 주기					
		2-표-표2	대상 아동의 감정만큼 대신 표현해 주기					

		2-표-표3	대상 아동의 생각만큼 대신 표현해 주기					
		2-표-표4	대상 아동이 허락하면 도움 주기					
		2-표-표5	자신을 표현할 때 칭찬하기					
		2-표-표6	자신을 표현해야 하는 이유 설명해 주기					
또래 통제 수용 돕기	표현할 때 도움 주기	2-표-도1	표현 시 즉각 반응해 주기					
		2-표-도2	도움을 요청할 때 즉각 도움 주기					
		2-표-도3	표현한 만큼 또래에게 반영해 주기					
		2-표-도4	표현한 만큼 도움 주기					
		2-표-도5	자신의 의도를 관철할 수 있도록 적절히 조력하기					
		2-표-도6	또래와 갈등 상황 시 확장된 자기 표현하도록 돕기					
		2-표-도7	상황에 맞지 않아도 끝까지 표현하도록 돕기					
	언어 표현 기술 확장하기	2-표-언1	단순하지만 핵심적인 언어 표현 모델 보여 주기					
		2-표-언2	도움 없이 사용할 때까지 반복적으로 언어 모델링 들려주기					
		2-표-언3	상황에 맞는 언어 표현 대신 해 주기					
		2-표-언4	상황에 맞는 언어 표현 즉시 해 주기					
		2-표-언5	상황에 맞지 않아도 하고 싶은 언어 표현 대신 해 주기					
	활동 제공 하기	2-통-활1	미리 익숙한 활동을 또래와 함께하도록 돕기					
		2-통-활2	좋아하는 활동을 번갈아 가며 하도록 돕기					
		2-통-활3	또래와 한 가지 이상의 약속 있는 활동을 하도록 돕기					
		2-통-활4	대상 아동이 활동의 규칙을 충분히 알 수 있도록 돕기					
		2-통-활5	함께 새로운 약속 있는 활동을 하도록 돕기					
		2-통-활6	점진적으로 복잡한 규칙이 있는 활동하도록 돕기					
	기회 주기	2-통-기1	자신과 다른 또래의 모습을 살펴볼 기회 주기					
		2-통-기2	또래의 말을 직접 들을 수 있는 기회 주기					
		2-통-기3	잘 모를 때 또래에게 확인해 볼 기회 주기					
	또래 알도록 돕기	2-통-알1	알고 싶어 하는 만큼 또래의 감정, 생각, 입장에 대해 설명해 주기					
		2-통-알2	또래의 모습을 보고 그리거나 설명하도록 돕기					
		2-통-알3	또래가 표현하는 행동을 보고 모방하도록 돕기					
		2-통-알4	또래가 좋아하거나 싫어하는 것 알아보도록 돕기					
		2-통-알5	또래에게 직접 질문하도록 돕기					
		2-통-알6	또래의 말을 듣고 따르는 활동하도록 돕기					
		2-통-알7	또래의 감정이나 생각에 대한 말을 듣고 그리거나 쓰도록 돕기					
	또래 간 갈등 간접 경험 하도록 돕기	2-통-간1	환경을 설정해 줌으로써 갈등 상황에 점진적으로 노출되도록 돕기					
		2-통-간2	갈등 상황에 노출될 때 미리 설명하기					
		2-통-간3	갈등 상황에 노출될 때 반복적으로 설명하기					

		2-통-간4	갈등 상황에 노출될 때 미리 약속함으로써 행동 문제 조절하도록 돕기					
		2-통-간5	갈등 상황을 이해하거나 납득할 때까지 기다리기					
		2-통-간6	또래를 통한 간접 경험으로 자기 행동 반성하도록 돕기					
	또래 간 갈등 직접 경험 하도록 돕기	2-통-직1	점진적으로 또래 갈등 직접 경험하도록 돕기					
		2-통-직2	갈등 상황을 버티도록 돕기					
		2-통-직3	갈등 상황 인식하도록 돕기					
		2-통-직4	갈등에 대한 해결 방안 생각해 보고 표현하도록 돕기					
		2-통-직5	자신의 실수 혹은 잘못을 인지하도록 기존의 약속 등을 상기해 주기					
		2-통-직6	속상하지 않도록 대안 제시하기					
		2-통-직7	갈등 상황에서 잘못한 행동에 대해 분리 중재하기					
		2-통-직8	자신의 잘못이 있을 때 자신의 잘못에 대한 대가를 치르도록 돕기					
		2-통-직9	갈등 상황에서 잘잘못 점검하도록 돕기					
		2-통-직10	상대방의 잘못이 분명할 때 확실히 사과받도록 돕기					
		2-통-직11	갈등에 대한 또래의 직접적인 입장 듣기					
		2-통-직12	자신의 잘못을 지적받기보다 생각해 보도록 돕기					
		2-통-직13	자신의 잘못을 말로 표현하도록 돕기					
		2-통-직14	당장 이해되지 않는 것도 수용하도록 돕기					
		2-통-직15	자신의 잘못된 행동을 자발적으로 바꿀 기회 주기					
		2-통-직16	갈등에 대한 해결 방안을 생각해 보고 실행하도록 돕기					
또래 생각 추론 돕기	간접 추론 돕기	2-추-간1	보고 추측하도록 돕기					
		2-추-간2	듣고 핵심 단어 찾도록 돕기					
		2-추-간3	듣고 줄거리 찾거나 쓰도록 돕기					
		2-추-간4	책 읽고 줄거리 찾거나 쓰도록 돕기					
		2-추-간5	'때문에'가 포함된 문장 완성하도록 돕기					
		2-추-간6	'그래서'가 포함된 문장 완성하도록 돕기					
		2-추-간7	'~다면'이 포함된 문장 완성하도록 돕기					
		2-추-간8	주제 중심 글짓기 하도록 돕기					
		2-추-간9	쉬운 연산하도록 돕기					
		2-추-간10	받아올림과 내림이 있는 연산하도록 돕기					
	게임 하도록 돕기	2-추-게1	눈치 게임하도록 돕기					
		2-추-게2	끝말잇기 게임하도록 돕기					
		2-추-게3	'아이엠 그라운드' 게임하도록 돕기					
		2-추-게4	스무고개 게임하도록 돕기					
		2-추-게5	보드게임하도록 돕기					

	직접 추론 돕기	2-추-직1	감정 알아맞히도록 돕기					
		2-추-직2	생각 알아맞히도록 돕기					
		2-추-직3	입장 알아맞히도록 돕기					
		2-추-직4	또래에게 맞춰 주는 활동하도록 돕기					
		2-추-직5	상황 추측 활동하도록 돕기					
	공동 활동 돕기	2-추-공1	또래와 약속 있는 공동 활동하도록 돕기					
		2-추-공2	또래를 표현하는 활동하도록 돕기					
		2-추-공3	함께 주제가 있는 이야기 만들도록 돕기					
		2-추-공4	함께 역할극하도록 돕기					
		2-추-공5	함께 무언극하도록 돕기					
또래와의 대화 돕기	편안한 대화 돕기	2-대-편1	이미 알고 있거나 좋아하는 주제로 대화하도록 돕기					
		2-대-편2	반복된 주제로 대화하도록 돕기					
		2-대-편3	일상생활과 관련된 대화하도록 돕기					
		2-대-편4	편안한 활동하면서 대화하도록 돕기					
		2-대-편5	점진적으로 어려운 주제로 대화하도록 돕기					
		2-대-편6	점차 더 많은 또래와 대화하도록 돕기					
	활동 관련 대화 돕기	2-대-활1	활동 전 대화하도록 돕기					
		2-대-활2	활동 후 대화하도록 돕기					
		2-대-활3	대화로 활동 결정하도록 돕기					
		2-대-활4	대화로 활동 관련한 약속 정하도록 돕기					
	또래와 직접 대화 돕기	2-대-직1	타인의 감정을 듣고 자신의 감정 말하도록 돕기					
		2-대-직2	타인의 생각을 듣고 자신의 생각 말하도록 돕기					
		2-대-직3	타인의 입장을 듣고 자신의 입장 말하도록 돕기					
		2-대-직4	간단한 의문사를 포함한 대화를 하도록 돕기					
		2-대-직5	'어떻게'를 포함한 대화를 하도록 돕기					
		2-대-직6	'왜'를 포함한 대화를 하도록 돕기					
		2-대-직7	상대방이 원하는 주제로 대화하도록 돕기					
		2-대-직8	상반된 의견으로 대화하도록 돕기					
		2-대-직9	말로 갈등하도록 돕기					
		2-대-직10	결론 없이 논쟁하도록 돕기					
		2-대-직11	판단하지 않고 주장하도록 돕기					
	대화로 문제 해결 돕기	2-대-문1	시청각 매체를 활용해서 대화로 문제해결하도록 돕기					
		2-대-문2	활동 중 대화로 문제해결하도록 돕기					
		2-대-문3	논리적으로 의논해 보도록 돕기					
		2-대-문4	의논해서 결정하도록 돕기					

〈표 6-15〉 2차적 상호작용 중재 점검 일지-종합편

* 점검 일지는 본인 혹은 다른 중재가가 진행한 상호작용 중재를 스스로 점검 혹은 모니터링하기 위해 사용합니다. 앞의 에피소드를 참고하여 중재를 점검해 보세요. 앞 표의 전략을 참고하여 중재 전략 칸을 완성하고 사용한 중재 매체와 결과 및 적용점을 기록해 보세요.

중재 일시			중재가	
대상 아동	.		연령	
중재 전략	또래 간 자기 표현 돕기			
	또래 통제 수용 돕기			
	또래 생각 추론 돕기			
	또래와의 대화 돕기			
중재 매체	또래 간 자기 표현하기			
	또래 통제 수용 돕기			
	또래 생각 추론 돕기			
	또래와의 대화 돕기			
중재 결과	또래 간 자기 표현하기			
	또래 통제 수용 돕기			
	또래 생각 추론 돕기			
	또래와의 대화 돕기			
적용점				

부록

◎ 상호작용 행동 평가

　　이 상호작용 행동 평가는 자폐 범주성 아동을 비롯한 상호작용의 어려움을 가지고 있는 아동의 상호작용 행동을 진단하기 위해 만들어진 평가 체크리스트입니다. 이 평가를 진행할 수 있는 사람은 주 양육자, 교사, 또래로서 대상 아동을 알고 문항을 이해할 수 있는 사람입니다. 이 평가는 평점 검사로서 평점 기준과 점수 산출 방법을 검사지 앞 장에 제시하였습니다. 평가는 약 10분 안에 마칠 수 있는 간단한 검사입니다. 이 평가를 활용하여 중재 시작 전 대상 아동의 상호작용 행동 정도를 살펴볼 수 있으며, 일정 시간(보통 6개월 이상)이 지난 후 상호작용 중재의 효과성을 확인해 볼 수 있습니다. 평가의 결과는 대상 아동의 상호작용 능력의 개선 여부를 살펴보는 데 이용할 수 있을 뿐 아니라, 중재가로서 나의 상호작용 중재 능력의 향상을 살펴보기 위해서도 사용할 수 있습니다.

　　이 평가 결과 해석상의 유의점은 다음과 같습니다.

- 이 평가는 발달 수준이나 생활 연령에 관계없이 상호작용 능력을 살펴보도록 합니다.
- 이 평가는 간단하게 상호작용 행동의 대략적인 단계와 수준을 알 수 있습니다.
- 이 평가는 현재로서는 객관적인 자료로 사용되기 어렵습니다.
- 아동 주변의 주 양육자와 교사, 또래 등 여러 명에게 이 평가를 적용함으로써 대상 아동의 상호작용 수준이나 특성에 대한 좀 더 깊이 있는 정보를 도출해 볼 수 있습니다.
- 이 평가는 3단계의 상호작용 행동으로 나누어 살펴볼 수 있습니다. 각 단계는 다음과 같은 특성을 가지고 있습니다.

　　1단계 상호작용 행동 평가 결과를 통해 (1) 중간점수(28점)를 기준으로 초보적 상호작용의 표현 행동과 반응 행동의 출현 정도를 살펴볼 수 있습니다. (2) 상호작용 영역 중에서 더 우세한 영역을 살펴볼 수 있습니다. 주로 몸짓을 이용하여 상호작용을 하는 대상의 상호작용 능력을 살펴볼 수 있습니다.

2단계 상호작용 행동 평가 결과를 통해 (1) 중간점수(28점)를 기준으로 확장된 상호작용의 표현 행동과 반응 행동의 출현 정도를 살펴볼 수 있습니다. (2) 상호작용 영역 중에서 더 우세한 영역을 살펴볼 수 있습니다. (3) 언어 사용을 포함한 상호작용 행동의 출현 여부를 살펴볼 수 있으므로 1단계 비언어적 상호작용 행동과 비교해 볼 수 있습니다. 어느 정도 언어 능력이 발달되어 있는 대상 아동의 상호작용 능력을 살펴볼 수 있습니다.

3단계 상호작용 행동 평가 결과를 통해 (1) 중간점수(28점)를 기준으로 타인 생각 추론과 타인과의 대화 행동 출현 정도를 살펴볼 수 있습니다. (2) 타인 생각 추론과 대화 행동 중에서 더 우세한 영역을 살펴볼 수 있습니다. (3) 1단계와 2단계의 상호작용 행동과 비교하여 상대방의 말을 듣고 생각하거나 대화하는 능력을 살펴볼 수 있습니다.

이 상호작용 행동 평가의 결과를 통해 적용해야 할 적용점은 다음과 같습니다.

첫째, 상호작용 행동에서 표현 행동과 반응 행동의 균형입니다. 우세한 영역을 좀 더 완화하고 약한 영역을 향상하도록 도움으로써 양자 간의 균형을 맞추도록 이후의 상호작용 중재를 진행합니다. 예를 들어, 1차적 상호작용 중재에서 표현 행동이 더 낮게 나타난다면 '알아 가기'와 '반응하기' 단계의 전략을 더 사용할 수 있으며 반응 행동이 더 낮게 나타난다면 '나를 알리기' 단계의 전략을 더 사용할 수 있습니다.

둘째, 1단계에서 3단계까지 모든 상호작용 능력이 점차 향상되도록 하는 것입니다. 상호작용 중재를 통해 대상 아동의 전반적인 상호작용 능력이 점차 높은 수준으로 발전하도록 돕습니다. 즉, 몸짓을 이용한 1단계의 상호작용 능력이 향상되었다면 언어를 이용한 2단계의 상호작용 능력이 향상되도록 중재합니다. 또 2단계의 상호작용 수준이 향상되었다면 3단계의 추론과 대화하기 능력이 향상되도록 중재를 진행합니다.

단, 1단계와 2단계의 검사 결과, 보통 2단계보다 1단계의 상호작용 행동이 더 낮게 나타나지만 반대의 경우가 발생할 수 있습니다. 상호작용 능력이 낮지만 언어적 능력이 높을 경우, 언어 능력을 필요로 하는 2단계 상호작용 행동이 더 높게 나타날 수 있기 때문입니다. 이 경우 중재가는 1단계 결과에 더 초점을 맞추어 중재를 진행하도록 합니다.

부록 1

◎ 상호작용 행동 평가지(부모 대상, 교사 대상, 또래 대상)
Interaction Behavior Rating Scale for Autistic Children

· 대상자명: · 실시 날짜: · 검사자: · 대상자와 관계:

1. 부모, 교사, 또래 중 상호작용 대상을 선택하여 동그라미 해 주세요.

2. 약 10분 정도 아동 행동을 살펴보고 체크해 주세요.

3. 대상 아동의 선호물을 이용하여 검사 가능합니다.

4. 주양육자 혹은 교사가 또래 대상으로 검사할 경우, 각 항목의 "나(내)"를 또래로 대입해서 진행해 주세요.

· 평점 기준:

  8점: 행동이 자발적으로 계속 나타날 경우

  7점: 행동이 자발적으로 빈번하게 나타날 경우

  6점: 행동이 자발적으로 가끔 나타날 경우

  5점: 도움을 주었을 때 행동이 계속 나타날 경우

  4점: 도움을 주었을 때 행동이 빈번하게 나타날 경우

  3점: 도움을 주었을 때 행동이 가끔 나타날 경우

  2점: 도움을 주었을 때 행동이 거의 나타나지 않을 경우

  1점: 도움을 주었을 때 행동이 전혀 나타나지 않을 경우

· 점수 산출:

1. 상호작용 행동에 대해 평점란에 체크 표시를 한다.

2. 체크 표시된 점수를 모두 합한다.

3. 점수를 아래 점수란에 기입한다.

4. 상호작용 행동 평가 결과지에 점수를 점으로 표시하여 연결한다.

초보적 표현 행동

* 상대방에게 주로 눈 맞춤, 몸짓을 이용해서 자신의 요구나 제시 등을 표현하는 행동입니다.

	상호작용 행동	1	2	3	4	5	6	7	8
1	요구를 위해 나를 쳐다보는가?								
2	요구를 위해 손으로 가리키는가?								
3	요구를 위해 내 손을 끄는가?								
4	보여 주기 위해 나를 쳐다보는가?								
5	보여 주기 위해 손으로 가리키는가?								
6	보여 주기 위해 내 손을 끄는가?								
7	요구, 제시 등을 위해 시선교대(사물을 바라보았다가 나를 바라보는 동작)를 하는가?								

(점수:)

초보적 반응 행동

* 상대방의 간단한 요구나 제시 등에 주로 눈 맞춤, 몸짓을 이용해서 반응하는 행동입니다.

	상호작용 행동	1	2	3	4	5	6	7	8
1	내가 요구할 때 물건을 쳐다보는가?								
2	내가 제시할 때 물건을 쳐다보는가?								
3	내가 제시할 때 나를 쳐다보는가?								
4	내가 요구할 때 나를 쳐다보는가?								
5	내가 제시할 때 지적한 곳을 바라보는가?								
6	내가 호명할 때 나를 쳐다보는가?								
7	내가 바라보는 곳을 따라서 쳐다보는가?								

(점수:)

확장된 표현 행동

* 상대방에게 주로 언어, 눈 맞춤, 몸짓으로 표현하는 행동입니다.

	상호작용 행동	1	2	3	4	5	6	7	8
1	자신의 의사를 표현할 때 나를 쳐다보는가?								
2	내가 싫음, 좋음에 대해 물어볼 때 나에게 표현하는가? (질문 예: 이거 좋아요?)								
3	내가 자신의 감정이나 생각을 물어볼 때 나에게 행동(언어 포함)으로 표현하는가? (감정 질문 예: 그래서 기분이 좋아요?; 생각 질문 예: 이것은 무엇일까요?)								
4	내가 자신의 의도나 입장을 물어볼 때 나에게 행동(언어 포함)으로 표현하는가? (질문 예: 어떻게 하려고 해요?)								
5	내가 싫음, 좋음에 대해 물어보지 않을 때 먼저 나에게 싫음, 좋음을 행동(언어 포함)으로 표현하는가?								
6	내가 자신의 감정이나 생각을 물어보지 않을 때 먼저 나에게 행동(언어 포함)으로 표현하는가?								
7	자신의 의도나 입장을 관철할 때까지 끝까지 행동(언어 포함)으로 표현하는가?								

(점수:)

확장된 반응 행동

* 상대방의 행동이나 말에 언어, 눈 맞춤, 몸짓으로 반응하는 행동입니다.

	상호작용 행동	1	2	3	4	5	6	7	8
1	나를 살피기 위해 나를 쳐다보는가?								
2	내가 두 가지 이상의 문장으로 이루어진 말을 할 때 나를 쳐다보고 있는가?								
3	내가 물어보거나 제시할 때 행동으로 적절하게 반응하는가?								
4	내가 물어보거나 제시할 때 말로 적절하게 반응하는가?								
5	나의 간단한 제안 또한 지시를 듣고 따르는가?								
6	한 가지 이상의 '조건'이 포함된 약속을 나와 함께하고 지키는가?								
7	나의 설명을 듣고 한 가지 이상의 규칙이나 약속을 지키면서 활동에 참여하는가?								

(점수:)

타인 생각 추론 행동

* 상대방의 말에 생각해서 반응하는 행동입니다.

	상호작용 행동	1	2	3	4	5	6	7	8
1	나의 설명을 듣고 언어적 추론 게임(스무고개 등)을 하는가?								
2	내가 하는 주제 있는 이야기를 듣고 내용을 이해하는가?								
3	내가 하는 주제 있는 이야기를 듣고 요약 설명하는가?								
4	나의 설명을 듣고 두 가지 이상의 규칙으로 이루어진 게임이나 활동에 참여하는가?								
5	'왜'가 포함된 나의 질문에 생각해서 말하는가?								
6	'어떻게'가 포함된 나의 질문에 생각해서 말하는가?								
7	나의 말을 듣고 상반된 자신의 생각을 말로 표현하는가?								

(점수:)

타인과 대화 행동

* 상대방과 언어로 대화하는 행동입니다.

	상호작용 행동	1	2	3	4	5	6	7	8
1	일상생활에 대한 주제 유지를 하며 나와 10번 이상의 주고받기 대화를 하는가?								
2	책을 보고 주제 유지를 하며 나와 10번 이상의 주고받기 대화를 하는가?								
3	나와 '라면(조건)'이 포함된 10번 이상의 주고받기 대화를 하는가?								
4	나와 '어떻게(방법)'가 포함된 10번 이상의 주고받기 대화를 하는가?								
5	나와 '왜(이유)'가 포함된 10번 이상의 주고받기 대화를 하는가?								
6	내가 입장을 말할 때 자신의 입장을 말하면서 10번 이상의 주고받기 대화를 나와 하는가?								
7	나와 10번 이상의 주고받기 대화를 통해 함께 규칙을 만들어 활동하는가?								

(점수:)

부록 2

◎ 상호작용 행동 평가 결과지(부모 대상, 교사 대상, 또래 대상)

• 아동 이름:
• 평가자:

• 일시:
• 아동과의 관계:

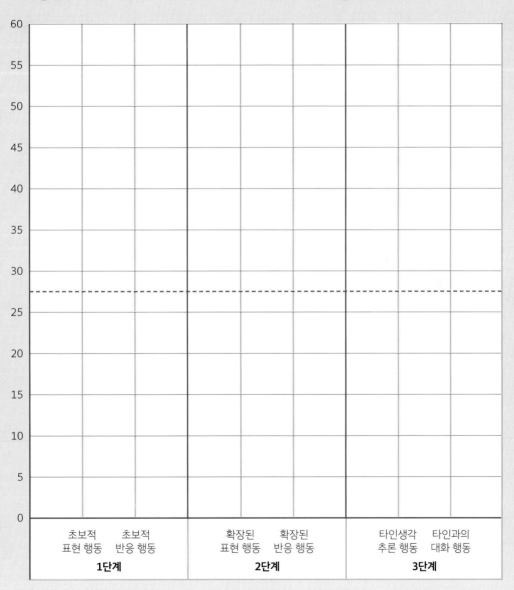

부록 3

◎ 상호작용 행동 평가 결과 및 적용점(부모 대상, 교사 대상, 또래 대상)

상호작용 행동	평 가
1단계	(1) (2)
2단계	(1) (2) (3)
3단계	(1) (2) (3)
적용점	

부록 4

◎ 사례 1 상호작용 행동 평가지 / 결과지 / 적용점 / 1차적 상호작용 중재 적용 일지

1. 상호작용 행동 평가지

· 대상자명: 이○○ · 실시 날짜: **2024.07.04** · 평가자: ○○○ · 대상자와 관계: **엄마**

1. 부모, 교사, 또래 중 상호작용 대상을 선택하여 동그라미 해 주세요.
2. 약 10분 정도 아동 행동을 살펴보고 체크해 주세요.
3. 대상 아동의 선호물을 이용하여 평가 가능합니다.
4. 주양육자 혹은 교사가 또래 대상으로 검사할 경우, 각 항목의 "나(내)"를 또래로 대입해서 진행해 주세요.

· 평점 기준:

8점: 행동이 자발적으로 계속 나타날 경우

7점: 행동이 자발적으로 빈번하게 나타날 경우

6점: 행동이 자발적으로 가끔 나타날 경우

5점: 도움을 주었을 때 행동이 계속 나타날 경우

4점: 도움을 주었을 때 행동이 빈번하게 나타날 경우

3점: 도움을 주었을 때 행동이 가끔 나타날 경우

2점: 도움을 주었을 때 행동이 거의 나타나지 않을 경우

1점: 도움을 주었을 때 행동이 전혀 나타나지 않을 경우

· 점수 산출:

1. 상호작용 행동에 대해 평점란에 체크 표시를 한다.
2. 체크 표시된 점수를 모두 합한다.
3. 점수를 아래 점수란에 기입한다.
4. 상호작용 행동 평가 결과지에 점수를 점으로 표시하여 연결한다.

초보적 표현 행동

* 상대방에게 주로 눈 맞춤, 몸짓을 이용해서 자신의 요구나 제시 등을 표현하는 행동입니다.

	상호작용 행동	1	2	3	4	5	6	7	8
1	요구를 위해 나를 쳐다보는가?								∨
2	요구를 위해 손으로 가리키는가?							∨	
3	요구를 위해 내 손을 끄는가?					∨			
4	보여 주기 위해 나를 쳐다보는가?							∨	
5	보여 주기 위해 손으로 가리키는가?							∨	
6	보여 주기 위해 내 손을 끄는가?					∨			
7	요구, 제시 등을 위해 시선교대(사물을 바라보았다가 나를 바라보는 동작)를 하는가?						∨		

(점수: 45)

초보적 반응 행동

* 상대방의 간단한 요구나 제시 등에 주로 눈 맞춤, 몸짓을 이용해서 반응하는 행동입니다.

	상호작용 행동	1	2	3	4	5	6	7	8
1	내가 요구할 때 물건을 쳐다보는가?								∨
2	내가 제시할 때 물건을 쳐다보는가?								∨
3	내가 제시할 때 나를 쳐다보는가?						∨		
4	내가 요구할 때 나를 쳐다보는가?							∨	
5	내가 제시할 때 지적한 곳을 바라보는가?							∨	
6	내가 호명할 때 나를 쳐다보는가?								∨
7	내가 바라보는 곳을 따라서 쳐다보는가?							∨	

(점수: 51)

확장된 표현 행동

* 상대방에게 주로 언어, 눈 맞춤, 몸짓으로 표현하는 행동입니다.

	상호작용 행동	1	2	3	4	5	6	7	8
1	자신의 의사를 표현할 때 나를 쳐다보는가?							V	
2	내가 싫음, 좋음에 대해 물어볼 때 나에게 표현하는가? (질문 예: 이거 좋아요?)							V	
3	내가 자신의 감정이나 생각을 물어볼 때 나에게 행동(언어 포함)으로 표현하는가? (감정 질문 예: 그래서 기분이 좋아요?; 생각 질문 예: 이것은 무엇일까요?)						V		
4	내가 자신의 의도나 입장을 물어볼 때 나에게 행동(언어 포함)으로 표현하는가? (질문 예: 어떻게 하려고 해요?)					V			
5	내가 싫음, 좋음에 대해 물어보지 않을 때 먼저 나에게 싫음, 좋음을 행동(언어 포함)으로 표현하는가?						V		
6	내가 자신의 감정이나 생각을 물어보지 않을 때 먼저 나에게 행동(언어 포함)으로 표현하는가?							V	
7	내가 자신의 의도나 입장을 관철할 때까지 끝까지 행동(언어 포함)으로 표현하는가?							V	

(점수: 45)

확장된 반응 행동

* 상대방의 행동이나 말에 언어, 눈 맞춤, 몸짓으로 반응하는 행동입니다.

	상호작용 행동	1	2	3	4	5	6	7	8
1	나를 살피기 위해 나를 쳐다보는가?							V	
2	내가 두 가지 이상의 문장으로 이루어진 말을 할 때 나를 쳐다보고 있는가?							V	
3	내가 물어보거나 제시할 때 행동으로 적절하게 반응하는가?					V			
4	내가 물어보거나 제시할 때 말로 적절하게 반응하는가?					V			
5	나의 간단한 제안 또한 지시를 듣고 따르는가?							V	
6	한 가지 이상의 '조건'이 포함된 약속을 나와 함께하고 지키는가?						V		
7	나의 설명을 듣고 한 가지 이상의 규칙이나 약속을 지키면서 활동에 참여하는가?							V	

(점수: 44)

타인 생각 추론 행동

* 상대방의 말에 생각해서 반응하는 행동입니다.

	상호작용 행동	1	2	3	4	5	6	7	8
1	나의 설명을 듣고 언어적 추론 게임(스무고개 등)을 하는가?				∨				
2	내가 하는 주제 있는 이야기를 듣고 내용을 이해하는가?					∨			
3	내가 하는 주제 있는 이야기를 듣고 요약 설명하는가?			∨					
4	나의 설명을 듣고 두 가지 이상의 규칙으로 이루어진 게임이나 활동에 참여하는가?				∨				
5	'왜'가 포함된 나의 질문에 생각해서 말하는가?			∨					
6	'어떻게'가 포함된 나의 질문에 생각해서 말하는가?		∨						
7	나의 말을 듣고 상반된 자신의 생각을 말로 표현하는가?		∨						

(점수: 23   )

타인과 대화 행동

* 상대방과 언어로 대화하는 행동입니다.

	상호작용 행동	1	2	3	4	5	6	7	8
1	일상생활에 대한 주제 유지를 하며 나와 10번 이상의 주고받기 대화를 하는가?			∨					
2	책을 보고 주제 유지를 하며 나와 10번 이상의 주고받기 대화를 하는가?			∨					
3	나와 '라면(조건)'이 포함된 10번 이상의 주고받기 대화를 하는가?		∨						
4	나와 '어떻게(방법)'가 포함된 10번 이상의 주고받기 대화를 하는가?		∨						
5	나와 '왜(이유)'가 포함된 10번 이상의 주고받기 대화를 하는가?		∨						
6	내가 입장을 말할 때 자신의 입장을 말하면서 10번 이상의 주고받기 대화를 나와 하는가?		∨						
7	나와 10번 이상의 주고받기 대화를 통해 함께 규칙을 만들어 활동하는가?		∨						

(점수: 16   )

2. 상호작용 행동 평가 결과지(부모 대상, 교사 대상, 또래 대상)

- 아동 이름: 김○○
- 평가자: 이○○
- 일시: 2024. 07. 31.
- 아동과의 관계: 엄마

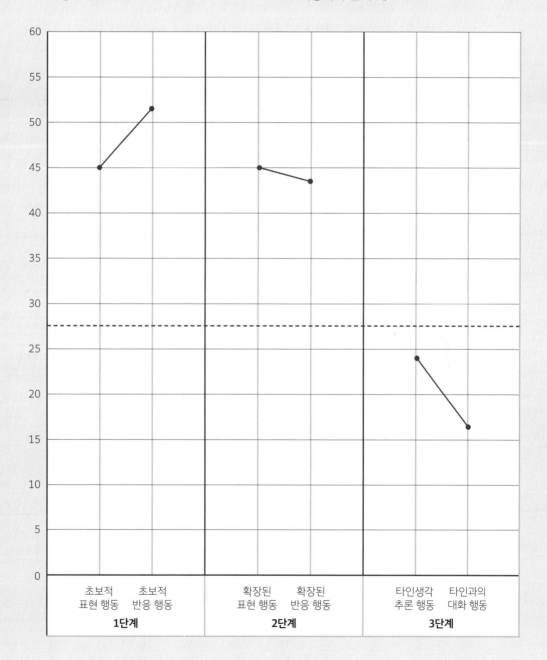

3. 상호작용 행동 평가 결과 및 적용점(부모 대상, 교사 대상, 또래 대상)

상호작용 행동	평가
1단계	(1) 초보적 표현 행동과 초보적 반응 행동이 높게 나타나고 있음. (2) 초보적 반응 행동이 초보적 표현 행동에 비해 더 낮게 나타나고 있음.
2단계	(1) 확장된 표현 행동과 확정된 반응 행동이 높게 나타나고 있음. (2) 확장된 표현 행동과 반응 행동이 균형 있게 잘 나타나고 있음. (3) 1단계의 상호작용 행동에 비해 2단계의 상호작용 행동이 비교적 낮게 나타나고 있음.
3단계	(1) 타인 생각 추론 행동과 타인과의 대화 행동이 낮게 나타나고 있음. (2) 타인 생각 추론 행동이 타인과의 대화 행동에 비해 더 높게 나타나고 있음. (3) 1단계와 2단계의 상호작용 행동에 비해 3단계의 상호작용 행동이 매우 낮게 나타나고 있음.
적용점	나와의 상호작용에서 반응 행동이 더 높게 나타나므로 표현 행동을 높이기 위해 '알아 가기'와 '반응하기' 단계의 전략을 활용할 필요 있음. 가급적 언어를 포함한 자기 표현 행동이 나타나도록 중재 전략을 활용할 필요 있음.

4. 1차적 상호작용 중재 적용 일지

사례 1. 이○○ 에피소드 일지

1) 1차적 상호작용 에피소드 일지

* 에피소드 일지는 본인 혹은 다른 중재가가 진행한 상호작용 중재를 스스로 점검 혹은 모니터링하기 위해 사용합니다. 대상 아동과의 에피소드를 기억하여 칸의 순서대로 완성해 보세요.

아동 이름	이○○		중재 일시	2024. 07. 06.		중재가 이름	○○○ (관계: 모)	
상황	아이는 어떤 행동을 했나요?	아이는 어떤 말을 했나요?	아이는 어떤 마음이었을까요?	나는 어떻게 반응했나요?	아이는 어떻게 반응했나요?	어떻게 나를 알렸나요?	아이는 어떻게 반응했나요?	나는 잘 판단하고 반응했을까요?
고속도로 휴게소 화장실에서 들렀다가 주유하고 고속도로로 진입하려고 할 때 (남편이 운전하고 나는 조수석에 있었음)	갑자기 소리를 지르고 주먹으로 자기 이마를 두드림.	이마를 두드리며 "사자가 나타났다." 소리 지름 (아이가 화가 많이 날 때 하는 말)	휴게소 편의점에 들러 사고 싶은 간식이 있어서 기다리고 있었는데 아빠가 운전하여 그냥 가려고 하자 화났을 듯함.	사자가 나타났다는 말에 얼른 왜 화가 났냐고 물었으나 대답을 하지 못하는 모습을 보고 유추하여 질문함. "음료수, 과자 사러 편의점 가고 싶었어?"	편의점 가고 싶냐는 질문에 대해 대답을 빨리 못하고 눈빛이나 얼굴 표정 등으로 자기 의사를 알려줌. 내가 대신 말해 주기를 할 때 얼른 따라 말하며 자기 의사를 표현함.	빨리 알겠다고 함. 아이에게 "편의점 가서 과자와 음료수 사기 전에 화를 내면 무엇을 해 달라 하는지 엄마와 아빠는 모르겠어. 다음부터는 꼭 말로 '음료수' '과자'라고 말해 달라고 함.	아이는 편의점에 빨리 가지 않는다고 화내지 않고 내가 말할 때 내 눈을 쳐다보고 알아듣는 반응을 보임. "말해요."라고 내 말을 따라 말함.	네.

2) 1차적 상호작용 중재 전략 – 종합편

1점: 해당 전략을 전혀 사용하지 않았음.
2점: 해당 전략을 거의 사용하지 않았음.
3점: 해당 전략을 어느 정도 사용했음.
4점: 해당 전략을 거의 사용했음.
5점: 해당 전략을 대부분 사용했음.

		행동 준거	1	2	3	4	5
마음 준비 단계	1–마1	대상 아동의 인간성 존중하기					○
	1–마2	나와 상호작용 욕구가 있는 대상으로 아동 인식하기					○
	1–마3	중재가의 부정적인 감정 정리하기					○
	1–마4	대상 아동에 대한 중재가의 감정 일관성 유지하기					○
	1–마5	대상 아동에 대한 중재가의 태도 일관성 유지하기					○
	1–마6	대상 아동을 가르치기보다 상호작용하려고 하기					○
	1–마7	매체보다 대상 아동과의 상호작용에 더 집중하려고 하기					○
	1–마8	제한해야 하는 대상 아동의 행동 미리 점검하기					
	1–마9	미리 중재 환경 재조정하기					
	1–마10	중재 후 나의 생각을 글로 기록하기					○
알아 가기 단계	1–알1	중재가의 말수를 줄이고 대상 아동의 감정, 생각, 의도 살펴보기					○
	1–알2	대상 아동이 스스로 표현할 수 있는 환경 만들기					○
	1–알3	대상 아동이 표현할 때 즉시 알아차리기					○
	1–알4	에피소드에서 대상 아동의 마음 기록하기					○
	1–알5	대상 아동의 생각 행동이 나올 때까지 기다려 주기					○
	1–알6	대상 아동의 행동을 그대로 모방하면서 대상의 표현 의도 살펴보기					
	1–알7	대상 아동이 표현하는 것을 인정하고 지지해 주기					○
	1–알8	대상 아동이 하고 싶어 하는 활동 허용하기					
	1–알9	대상 아동의 주도적인 행동 함께해 보기					
	1–알10	대상 아동과 재미있게 활동하기					
	1–알11	대상 아동에게 선택할 수 있는 기회 주기					
	1–알12	살펴보고 대상 아동의 속도에 맞추기					○
	1–알13	잘 모르겠으면 대상 아동에게 확인해 보기					○
	1–알14	새로운 자극을 주고 대상 아동의 반응 살펴보기					
	1–알15	대상 아동이 허락하면 참여하기					
반응하기 단계	1–반1	부드럽게 말하기					○
	1–반2	작은 목소리로 말하기					○

	1-반3	부드럽게 쳐다보면서 반응하기					○
	1-반4	대상 아동의 감정 그대로 반영하기					○
	1-반5	대상 아동의 생각 그대로 반영하기					○
	1-반6	대상 아동의 의도 그대로 반영하기					○
	1-반7	대상 아동 안심시키기				○	
	1-반8	어려워하면 모델링 보여 주기					○
	1-반9	대상 아동이 원하면 즉시 반응하기					○
	1-반10	대상 아동이 하고 싶은 말 즉시 해 주기					○
	1-반11	대상 아동이 하고 싶은 말 대신 해 주기					○
	1-반12	대상 아동이 알고 싶은 것에 대해 이유 설명해 주기					○
	1-반13	대상 아동이 원하면 반복적으로 말해 주기				○	
	1-반14	성공 경험 높이기					
	1-반15	구체적으로 칭찬하기				○	
	1-반16	결과보다 과정 칭찬하기					
	1-반17	행동보다 마음 칭찬하기					
나를 알리기 단계	1-나1	기다리도록 돕기				○	
	1-나2	주고받도록 돕기					
	1-나3	차례 지키도록 돕기					
	1-나4	대상 아동이 약속을 지킬 수 있도록 환경 정리하기		○			
	1-나5	최소한 한 가지 이상의 규칙이나 약속이 있는 활동하도록 돕기					
	1-나6	일관성 있게 약속이나 규칙 지키도록 돕기					
	1-나7	약속을 지키지 않을 때 부정적인 결과를 경험함으로써 자발적으로 약속 지키도록 돕기					
	1-나8	중재가의 행동 모방하도록 돕기					
	1-나9	중재가가 제안한 활동을 함께하도록 돕기					
	1-나10	중재가가 주도하는 활동에 끝까지 참여하도록 돕기					
	1-나11	간단한 제안이나 지시 주기				○	
	1-나12	'내 차례야' '나는 싫어' 등의 내 입장을 대상 아동에게 단호하게 말하기					
	1-나13	'내 생각은 달라.' 등의 대상 아동과 다른 내 입장 설명하기					
	1-나14	대상 아동이 이해할 수 있는 수준에서 설명하기					○
	1-나15	새로운 것, 상황에 대해 천천히 설명하거나 반복적으로 알려 주기					○
	1-나16	비전형적인 행동 포함한 행동 문제를 제한하기 위한 이유 설명해 주기					○
	1-나17	부정적인 피드백 발생 전에 미리 설명해 주기				○	
	1-나18	부정적인 피드백을 줄 때, 부드럽게 쳐다보면서 작은 목소리로 이유 설명해 주기					
	1-나19	부정적인 피드백을 대상 아동이 수용할 수 있도록 여러 관점에서 설명해 주기					
	1-나20	대상 아동의 주의를 환기시키기 위해 상과 벌주기					

3) 1차적 상호작용 중재 점검 일지

* 점검 일지는 본인 혹은 다른 중재가가 진행한 상호작용 중재를 스스로 점검 혹은 모니터링하기 위해 사용합니다. 앞의 에피소드 일지를 참고하여 내가 진행한 중재를 점검해 보세요. 앞 표의 전략을 참고하여 중재 전략 칸을 완성하고, 사용한 중재 매체와 결과, 적용점을 기록해 보세요

중재 일시	2024. 07. 09.		중재가	○○○ (관계: 모)
대상 아동	이○○		연령	17세
중재 전략	마음 준비	1, 2, 3, 4, 5, 6, 7, 10		
	알아 가기	1, 2, 3, 4, 5, 7, 12, 13		
	반응하기	1, 2, 3, 4, 5, 6, 7		
	나를 알리기	1, 4, 11, 14, 15, 16, 17		
중재 매체	알아가기	고속도로 휴게소에서 갑자기 아이가 화를 낸 상황		
	반응하기	고속도로 휴게소에서 갑자기 아이가 화를 낸 상황		
	나를 알리기	고속도로 휴게소에서 갑자기 아이가 화를 낸 상황		
중재 결과	알아 가기	고속도로 휴게소에서 화내는 일이 종종 있었는데 화장실 가기, 더워서 차 타기(지난번) 등등 외에도 아이의 의사 표현이 다양해지고 있으므로 좀 더 민감하게 아이의 마음을 알아 갈 필요가 있을 듯하다.		
	반응하기	지난번 중재에 비해 빨리 아이의 마음을 그대로 반영해 준 것 같다. 빨리 그대로 반영해 줄 때 아이도 그것을 자기 의사 표현으로 인식한 듯 빨리 화를 내리고 더 분명하게 자신의 의사를 표현했다. 전체적으로 반응하기 전략을 가장 많이 사용했다.		
	나를 알리기	아이의 의사를 빨리 반영하기 위해 편의점에 다녀온 후 아이의 화내는 행동에 대해 설명을 해 줄지, 편의점에 들어가기 전에 해 줄지 망설였다. 혹시나 하고 편의점 가기 전에 자신의 화 행동에 대해 설명해 주고 다음부터 말로 표현해 줄 것을 약속했는데 더 이상 화내지 않고 내 말을 들어주어 너무 기뻤다. 아이가 내 말에 좀 더 잘 통제되고 수용하는 마음도 보이는 듯하다.		
적용점	1. 아이가 나에게 표현하고자 하는 것이 많아진다는 것을 자꾸 의식하고 민감하게 아이의 마음을 알아보려고 노력해야겠다. 2. 반응하기와 나를 알리기 전략 중에서 보통 나를 알리기 전략을 많이 사용했는데 반응하기 전략을 많이 사용해 보니 결과적으로 아이의 행동도 더 잘 통제된 것 같다. 통제해야 하는 다음 상황에서도 나를 알리기보다 반응하기 전략을 더 많이 사용해 보고 아이 행동을 살펴봐야겠다. 3. 아이가 나의 제한이나 통제를 수용할 수 있는 정도가 높아지는 것 같으니 잘 살펴보고 수준을 올려야겠다. * 남편은 내 중재를 잘 이해하지 못해서 설명해 주기가 필요하다. 아이의 중재에 대해 논의할 시간을 가지도록 해야겠다(남편은 아이가 화낼 때 엄마 금방 올 거야. 더우면 차 타고 있어. 등으로 아이 마음을 알아주고 반응했으나 아이가 계속 화를 내자 본인도 화나는 마음이 생기더라고 함)			

부록 5

◎ 사례 2 상호작용 행동 행동 평가지 / 결과지 / 1차적 상호작용 중재 적용 일지

1. 상호작용 행동 평가지

• 대상자명: **김○○** • 실시 날짜: **2024. 07. 31.** • 평가자: ○○○ • 대상자와 관계: **엄마**

    1. 부모, 교사, 또래 중 상호작용 대상을 선택하여 동그라미 해 주세요.

    2. 약 10분 정도 아동 행동을 살펴보고 체크해 주세요.

    3. 대상 아동의 선호물을 이용하여 평가 가능합니다.

    4. 주양육자 혹은 교사가 또래 대상으로 검사할 경우, 각 항목의 "나(내)"를
       또래로 대입해서 진행해 주세요.

• 평점 기준:

    8점: 행동이 자발적으로 계속 나타날 경우

    7점: 행동이 자발적으로 빈번하게 나타날 경우

    6점: 행동이 자발적으로 가끔 나타날 경우

    5점: 도움을 주었을 때 행동이 계속 나타날 경우

    4점: 도움을 주었을 때 행동이 빈번하게 나타날 경우

    3점: 도움을 주었을 때 행동이 가끔 나타날 경우

    2점: 도움을 주었을 때 행동이 거의 나타나지 않을 경우

    1점: 도움을 주었을 때 행동이 전혀 나타나지 않을 경우

• 점수 산출:

    1. 상호작용 행동에 대해 평점란에 체크 표시를 한다.

    2. 체크 표시된 점수를 모두 합한다.

    3. 점수를 아래 점수란에 기입한다.

    4. 상호작용 행동 평가 결과지에 점수를 점으로 표시하여 연결한다.

초보적 표현 행동

* 상대방에게 주로 눈 맞춤, 몸짓을 이용해서 자신의 요구나 제시 등을 표현하는 행동입니다.

	상호작용 행동	1	2	3	4	5	6	7	8
1	요구를 위해 나를 쳐다보는가?								V
2	요구를 위해 손으로 가리키는가?							V	
3	요구를 위해 내 손을 끄는가?							V	
4	보여 주기 위해 나를 쳐다보는가?							V	
5	보여 주기 위해 손으로 가리키는가?							V	
6	보여 주기 위해 내 손을 끄는가?							V	
7	요구, 제시 등을 위해 시선교대(사물을 바라보았다가 나를 바라보는 동작)를 하는가?							V	

(점수:　50　)

초보적 반응 행동

* 상대방의 간단한 요구나 제시 등에 주로 눈 맞춤, 몸짓을 이용해서 반응하는 행동입니다.

	상호작용 행동	1	2	3	4	5	6	7	8
1	내가 요구할 때 물건을 쳐다보는가?						V		
2	내가 제시할 때 물건을 쳐다보는가?							V	
3	내가 제시할 때 나를 쳐다보는가?							V	
4	내가 요구할 때 나를 쳐다보는가?							V	
5	내가 제시할 때 지적한 곳을 바라보는가?						V		
6	내가 호명할 때 나를 쳐다보는가?							V	
7	내가 바라보는 곳을 따라서 쳐다보는가?							V	

(점수:　47　)

확장된 표현 행동

* 상대방에게 주로 언어, 눈 맞춤, 몸짓으로 표현하는 행동입니다.

	상호작용 행동	1	2	3	4	5	6	7	8
1	자신의 의사를 표현할 때 나를 쳐다보는가?								V
2	내가 싫음, 좋음에 대해 물어볼 때 나에게 표현하는가? (질문 예: 이거 좋아요?)								V

〈계속

3	내가 자신의 감정이나 생각을 물어볼 때 나에게 행동(언어 포함)으로 표현하는가? (감정 질문 예: 그래서 기분이 좋아요?; 생각 질문 예: 이것은 무엇일까요?)								V
4	내가 자신의 의도나 입장을 물어볼 때 나에게 행동(언어 포함)으로 표현하는가? (질문 예: 어떻게 하려고 해요?)								V
5	내가 싫음, 좋음에 대해 물어보지 않을 때 먼저 나에게 싫음, 좋음을 행동(언어 포함)으로 표현하는가?							V	
6	내가 자신의 감정이나 생각을 물어보지 않을 때 먼저 나에게 행동(언어 포함)으로 표현하는가?							V	
7	내가 자신의 의도나 입장을 관철할 때까지 끝까지 행동(언어 포함)으로 표현하는가?							V	

(점수: 53)

확장된 반응 행동

* 상대방의 행동이나 말에 언어, 눈 맞춤, 몸짓으로 반응하는 행동입니다.

	상호작용 행동	1	2	3	4	5	6	7	8
1	나를 살피기 위해 나를 쳐다보는가?								V
2	내가 두 가지 이상의 문장으로 이루어진 말을 할 때 나를 쳐다보고 있는가?								V
3	내가 물어보거나 제시할 때 행동으로 적절하게 반응하는가?							V	
4	내가 물어보거나 제시할 때 말로 적절하게 반응하는가?						V		
5	나의 간단한 제안 또한 지시를 듣고 따르는가?							V	
6	한 가지 이상의 '조건'이 포함된 약속을 나와 함께하고 지키는가?								V
7	나의 설명을 듣고 한 가지 이상의 규칙이나 약속을 지키면서 활동에 참여하는가?								V

(점수: 52)

타인 생각 추론 행동

* 상대방의 말에 생각해서 반응하는 행동입니다.

	상호작용 행동	1	2	3	4	5	6	7	8
1	나의 설명을 듣고 언어적 추론 게임(스무고개 등)을 하는가?							∨	
2	내가 하는 주제 있는 이야기를 듣고 내용을 이해하는가?							∨	
3	내가 하는 주제 있는 이야기를 듣고 요약 설명하는가?							∨	
4	나의 설명을 듣고 두 가지 이상의 규칙으로 이루어진 게임이나 활동에 참여하는가?						∨		
5	'왜'가 포함된 나의 질문에 생각해서 말하는가?							∨	
6	'어떻게'가 포함된 나의 질문에 생각해서 말하는가?							∨	
7	나의 말을 듣고 상반된 자신의 생각을 말로 표현하는가?							∨	

(점수: 48)

타인과 대화 행동

* 상대방과 언어로 대화하는 행동입니다.

	상호작용 행동	1	2	3	4	5	6	7	8
1	일상생활에 대한 주제 유지를 하며 나와 10번 이상의 주고받기 대화를 하는가?							∨	
2	책을 보고 주제 유지를 하며 나와 10번 이상의 주고받기 대화를 하는가?							∨	
3	나와 '라면(조건)'이 포함된 10번 이상의 주고받기 대화 를 하는가?							∨	
4	나와 '어떻게(방법)'가 포함된 10번 이상의 주고받기 대화를 하는가?							∨	
5	나와 '왜(이유)'가 포함된 10번 이상의 주고받기 대화를 하는가?							∨	
6	내가 입장을 말할 때 자신의 입장을 말하면서 10번 이상 의 주고받기 대화를 나와 하는가?							∨	
7	나와 10번 이상의 주고받기 대화를 통해 함께 규칙을 만들어 활동하는가?						∨		

(점수: 47)

2. 상호작용 행동 평가 결과지(부모 대상, 교사 대상, 또래 대상)

- 아동 이름: 김○○
- 평가자: 이○○
- 일시: 2024. 07. 31.
- 아동과의 관계: 엄마

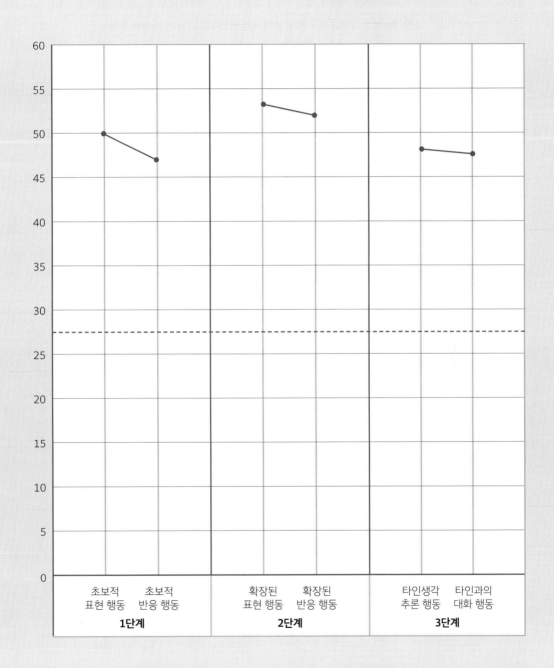

3. 상호작용 행동 평가 결과 및 적용점(부모 대상, 교사 대상, 또래 대상)

상호작용 행동	평가
1단계	(1) 초보적 표현 행동과 초보적 반응 행동이 높게 나타나고 있음. (2) 초보적 반응 행동에 비해 초보적 표현 행동이 좀 더 높게 나타나고 있음.
2단계	(1) 확장된 표현 행동과 확정된 반응 행동이 높게 나타나고 있음. (2) 확장된 표현 행동과 반응 행동이 균형 있게 잘 나타나고 있음. (3) 1단계의 상호작용 행동에 비해 2단계의 상호작용 행동이 다소 더 높게 나타나고 있음.
3단계	(1) 타인 생각 추론 행동과 타인과의 대화 행동이 높게 나타나고 있음. (2) 타인 생각 추론 행동과 타인과의 대화 행동이 균형 있게 나타나고 있음. (3) 2단계의 상호작용 행동에 비해 3단계의 상호작용 행동이 비교적 낮게 나타나고 있음.
적용점	나(엄마)와 상호작용에서 반응 행동, 타인 생각 추론, 타인과의 대화하기 행동을 좀 더 높이기 위해 '나를 알리기' 단계의 전략을 활용할 필요 있음.

4. 2차적 상호작용 중재 적용 일지

사례 2. 김○○ 에피소드 일지

1) 1차적 상호작용 에피소드 일지

* 에피소드 일지는 본인 혹은 다른 중재가가 진행한 상호작용 중재를 스스로 점검 혹은 모니터링하기 위해 사용합니다. 대상 아동과의 에피소드를 기억하여 칸의 순서대로 완성해 보세요.

아동이름	김○○		중재일시	2024. 07. 10.		중재가이름	○○○ (관계: 모)	
상황	아이는 어떤 행동을 했나요?	아이는 어떤 말을 했나요?	아이는 어떤 마음이었을까요?	나는 어떻게 반응했나요?	아이는 어떻게 반응했나요?	어떻게 나를 알렸나요?	아이는 어떻게 반응했나요?	나는 잘 판단하고 반응했을까요?
아이와 생일선물에 대해 대화를 나누는 상황	자신이 받고 싶은 생일선물에 대해 표현하며 엄마가 잘 들어 주기를 요청함.	친구들도 생일선물로 핸드폰이나 태블릿이나 장난감을 선물로 받을 수 있죠? 진지하게 들어 주세요. 태블릿은 있으니까. 음~ 장난감은 아니고~ 아하~ 핸드폰이 필요하구나…….	휴대폰을 생일선물로 받고 싶다.	아 그랬어? 하면서 아이의 정확한 의사를 내가 대신 표현해 주지 않고 아이가 표현하도록 기다렸다.	엄마는 내일 늦어요? 아빠랑 사러 가라고요? 아빠가 사 줄까요? 화 안 낼까요? 등 명확한 말을 하지 못하고 에둘러 표현했다.	"○○아, 그렇게 말하면 엄마는 네가 어떤 선물을 받고 싶은지 정확히 잘 모르겠어. 네가 진짜 받고 싶은 것을 확실히 이야기해 주면 좋겠어."라고 말한 후 아이의 반응을 기다렸다.	또 횡설수설하는 말을 잠시 하더니 나를 잠시 주시함. 그 후 자기 방으로 들어갔다. 선물 이야기는 더 이상 하지 않았다.	그런 것 같다.

2) 1차적 상호작용 중재 전략 –종합편

1점: 해당 전략을 전혀 사용하지 않았음.
2점: 해당 전략을 거의 사용하지 않았음.
3점: 해당 전략을 어느 정도 사용했음.
4점: 해당 전략을 거의 사용했음.
5점: 해당 전략을 대부분 사용했음.

	행동 준거		1	2	3	4	5
마음 준비 단계	1-마1	대상 아동의 인간성 존중하기					○
	1-마2	나와 상호작용 욕구가 있는 대상으로 아동 인식하기					○
	1-마3	중재가의 부정적인 감정 정리하기					○
	1-마4	대상 아동에 대한 중재가의 감정 일관성 유지하기					○
	1-마5	대상 아동에 대한 중재가의 태도 일관성 유지하기					○
	1-마6	대상 아동을 가르치기보다 대상 아동과 상호작용 하려고 하기					○
	1-마7	매체보다 대상 아동과의 상호작용에 더 집중하려고 하기					○
	1-마8	제한해야 하는 대상 아동의 행동 미리 점검하기					
	1-마9	미리 중재 환경 재조정하기					○
	1-마10	중재 후 나의 생각을 글로 기록하기					○
알아 가기 단계	1-알1	중재가의 말수를 줄이고 대상 아동의 감정, 생각, 의도 살펴보기					○
	1-알2	대상 아동이 스스로 표현할 수 있는 환경 만들기					○
	1-알3	대상 아동이 표현할 때 즉시 알아차리기					○
	1-알4	에피소드에서 대상 아동의 마음 기록하기					○
	1-알5	대상 아동의 생각 행동이 나올 때까지 기다려 주기					○
	1-알6	대상 아동의 행동을 그대로 모방하면서 대상의 표현 의도 살펴보기					
	1-알7	대상 아동이 표현하는 것을 인정하고 지지해 주기					○
	1-알8	대상 아동이 하고 싶어 하는 활동 허용하기					○
	1-알9	대상 아동의 주도적인 행동 함께해 보기					○
	1-알10	대상 아동과 재미있게 활동하기					○
	1-알11	대상 아동에게 선택할 수 있는 기회 주기					○
	1-알12	살펴보고 대상 아동의 속도에 맞추기					○
	1-알13	잘 모르겠으면 대상 아동에게 확인해 보기			○		
	1-알14	새로운 자극을 주고 대상 아동의 반응 살펴보기					
	1-알15	대상 아동이 허락하면 참여하기					
반응 하기 단계	1-반1	부드럽게 말하기					○
	1-반2	작은 목소리로 말하기					○
	1-반3	부드럽게 쳐다보면서 반응하기					○

	1-반4	대상 아동의 감정 그대로 반영하기				○	
	1-반5	대상 아동의 생각 그대로 반영하기				○	
	1-반6	대상 아동의 의도 그대로 반영하기				○	
	1-반7	대상 아동 안심시키기				○	
	1-반8	어려워하면 모델링 보여 주기					
	1-반9	대상 아동이 원하면 즉시 반응하기					
	1-반10	대상 아동이 하고 싶은 말 즉시 해 주기					
	1-반11	대상 아동이 하고 싶은 말 대신 해 주기					
	1-반12	대상 아동이 알고 싶은 것에 대해 이유 설명해 주기					
	1-반13	대상 아동이 원하면 반복적으로 말해 주기					
	1-반14	성공 경험 높이기					
	1-반15	구체적으로 칭찬하기					
	1-반16	결과보다 과정 칭찬하기					
	1-반17	행동보다 마음 칭찬하기					
나를 알리기 단계	1-나1	기다리도록 돕기				○	
	1-나2	주고받도록 돕기				○	
	1-나3	차례 지키도록 돕기					
	1-나4	대상 아동이 약속을 지킬 수 있도록 환경 정리하기					
	1-나5	최소한 한 가지 이상의 규칙이나 약속이 있는 활동하도록 돕기					
	1-나6	일관성 있게 약속이나 규칙 지키도록 돕기					
	1-나7	약속을 지키지 않을 때 부정적인 결과를 경험함으로써 자발적으로 약속 지키도록 돕기					
	1-나8	중재가의 행동 모방하도록 돕기					
	1-나9	중재가가 제안한 활동을 함께하도록 돕기					
	1-나10	중재가가 주도하는 활동에 끝까지 참여하도록 돕기					
	1-나11	간단한 제안이나 지시 주기				○	
	1-나12	'내 차례야' '나는 싫어' 등의 내 입장을 대상 아동에게 단호하게 말하기					
	1-나13	'내 생각은 달라.' 등의 대상 아동과 다른 내 입장 설명하기				○	
	1-나14	대상 아동이 이해할 수 있는 수준에서 설명하기					○
	1-나15	새로운 것, 상황에 대해 천천히 설명하거나 반복적으로 알려 주기					○
	1-나16	비전형적인 행동 포함한 행동 문제를 제한하기 위한 이유 설명해 주기					
	1-나17	부정적인 피드백 발생 전에 미리 설명해 주기				○	
	1-나18	부정적인 피드백을 줄 때, 부드럽게 쳐다보면서 작은 목소리로 이유 설명해 주기					○
	1-나19	부정적인 피드백을 대상 아동이 수용할 수 있도록 여러 관점에서 설명해 주기					○
	1-나20	대상 아동의 주의를 환기시키기 위해 상과 벌주기					

3) 1차적 상호작용 중재 점검 일지

* 점검 일지는 본인 혹은 다른 중재가가 진행한 상호작용 중재를 스스로 점검 혹은 모니터링하기 위해 사용합니다. 앞의 에피소드 일지를 참고하여 내가 진행한 중재를 점검해 보세요. 앞 표의 전략을 참고하여 중재 전략 칸을 완성하고, 사용한 중재 매체와 결과, 적용점을 기록해 보세요.

중재 일시	2024. 07. 09.		중재가	○○○ (관계: 모)
대상 아동	김○○		연령	13세
중재 전략	마음 준비	1, 2, 3, 4, 5, 6, 7, 9, 10		
	알아 가기	1, 2, 3, 4, 5, 7, 8, 9, 10, 11, 12, 13		
	반응하기	1, 2, 3, 4, 5, 6, 7		
	나를 알리기	1, 2, 11, 13, 14, 15, 17, 18, 19		
중재 매체	알아가기	대화, 생일 선물		
	반응하기	대화, 생일 선물		
	나를 알리기	대화, 생일 선물		
중재 결과	알아 가기	많이 좋아지기는 했지만 아이가 나(엄마)에게도 자신의 속마음을 솔직하게 표현하는 것이 아직도 어려운 것 같다. 자기 마음을 솔직하게 표현하지 못해서 자기가 원하는 것을 확실하게 가지는 것이 어려울 것 같고 속상할 것 같다.		
	반응하기	아이가 표현할 때까지 충분히 기다렸는데 쉽지 않았다. 아이가 속상해할 것 같아서 대신 말해 주기 등으로 아이 요구를 내가 먼저 들어주고 싶은 마음이 많았다. 또 아이의 마음을 뻔히 알면서 빨리 들어주지 않으려니 죄책감도 들었다.		
	나를 알리기	그동안 아이의 요청을 빨리 수용해 주느라 나를 알리기를 잘 하지 못했는데 이번에는 아이에게 자신과 다른 내 입장을 편안하게 설명해 준 듯하다. 이 기회를 통해 아이가 타인에게 위축되어 자신을 잘 표현하지 못하는 행동에서 분명하게 표현할 수 있도록 개선되었으면 좋겠다. 나를 알리기 전략을 가장 많이 사용했다.		
적용점	1. 아이가 확실하게 표현하기 전에 반응해 주는 태도를 반성해야겠다. 2. 아이가 좀 횡설수설하더라도 타인에게 자신을 확실하게 표현하는 것의 필요성을 알도록 기회를 더 많이 주어야 할 것 같고 이때 먼저 반응해 주고 싶은 내 감정을 더 잘 조절해야겠다. 3. 혹시 아이가 지나치게 위축되어 자기 표현이 더 어려워지는지도 살펴볼 필요가 있을 것 같다. 잘 분별해야겠다.			

참고문헌

강영희(2008). 생명과학대사전. 아카데미서적.

곽금주, 성현란, 장유경, 심희옥, 이지연, 김수정, 배기조(2005). 한국영아발달연구. 학지사.

교육과학기술부(2012). 인간발달.

교육부(2007). 장애인 등에 대한 특수교육법.

김기수, 장사형(2013). 교육의 역사와 철학 탐구. 양서원.

김덕건(1997). Scaffolding 유형과 집단형태가 유아의 ZPD 이행수준에 미치는 효과. 계명대학교 대학원 박사학위 논문.

김시애, 김태련, 박랑규, 남민(2002). 자폐 아동과 어머니의 사회적 상호작용에 관한 연구. 자폐성 장애 연구, 3(1), 75-97.

김억환(1984). Piaget 인지발달론. 성원사.

김연수, 정윤경, 곽금주(2009). 영아기 공동주의와 아동 초기 마음이해 능력 간의 관계. 한국심리학회지: 발달, 22(4), 125-139.

김영태(2014). 아동언어장애의 진단 및 치료(2판). 학지사.

김용태(2010). 사회-심리적 특성으로서 수치심의 이해와 해결. 상담학연구, 11, 59-73.

김은경(2001). 자폐성 장애 유아의 사회적 상호작용 특성. 유아특수교육연구, 1(2), 79-94.

김은경, 김은경(2006). 국내 자폐 교육 관련 연구의 동향분석: 1996-2005년 특수교육학술지 수록 연구를 중심으로. 특수교육학연구, 41(1), 79-108.

김은실(2008). 장애아동의 애착안정성에 영향을 주는 관련변인들. 한국심리학회지: 발달, 21(1). 137-157.

김정미(2003). 어머니의 반응적 상호작용 특성이 발달장애 아동의 포괄적 발달행동에 미치는 긍정적 효과. 한국심리학회지: 발달, 17(3), 25-41.

김정미, 성옥련(2002). 발달장애아동과 부모의 반응성 상호작용 증진 프로그램의 효과 검증. 한국심리학회지:임상, 21(2), 293-311.

김정미, 제럴드 마호니(2009). 부모-아동 상호작용 행동 평가(K-MBRS와 K-CBRS). 박학사.

김진호, 김려원, 김성희, 민용아, 오자영, 이성용, 차재경(2018). 최신 특수아 진단 및 평가. 학지사.

김현경(2008). 영아의 공동 주의 행동유형에 따른 언어 발달에 관한 연구. 열린유아교육연구, 13(2), 119-136.

노진형(2005). 반성적 사고 중심의 모자 상호작용 증진 프로그램 개발 및 발달지체유아 모자에 대한 적용 연구. 부산대학교 대학원 박사학위논문.

미국정신분석학회(2002). 정신분석용어사전. (이재훈 역). 한국심리치료연구소.

민용아, 김진호(2013). 자폐성장애 아동과 부모의 상호작용 중재 특성에 관한 국내 실험연구 고찰. 특수아동교육연구, 15(3), 337-361.

민용아, 김진호(2018). 반응적 상호작용 중재가 자폐성장애 아동의 공동관심 기술과 상호작용 기술, 그리고 어머니의 상호작용 기술에 미치는 영향. 정서·행동장애학회, 34(2), 93-114.

민정원, 황복선 (2005). The generalized changes in maternal interactive behaviors effected by the parent-implemented enhanced milieu teaching. 특수교육 저널: 이론과 실천, 6(1), 293-314.

박동섭(2016). 레프 비고츠키. 커뮤니케이션북스.

박성연, 서소정, Bornstein M. (2005). 어머니-영아 간의 상호작용방식이 영아발달에 미치는 영향. 아동학회지, 26(5), 15-30.

박하윤, 마지순, 안라리, 천은영(2007). 부모-자녀관계 증진을 위한 부모교육. 창지사.

박현옥(2001a). 다른 사람의 믿음에 대한 이해를 중심으로 일반학생과 정신지체 학생 및 자폐 학생의 생각의 원리 발달. 특수교육학연구, 35(4), 99-120.

박현옥(2001b). 자폐아동의 다른 사람에 대한 인식의 발달과 모방의 사회적 역할. 특수교육연구, 8, 119-136.

박현옥(2008). 마음이해 능력에서의 개인차 관련 요인에 대한 선행연구 고찰. 자폐성장애연구, 8(1), 155-173.

박현옥(2011). 자폐성 장애 아동을 위한 마음이해 향상 프로그램. 학지사.

박현옥(2017). 자폐스펙트럼장애 아동의 제한된 행동과 관심에 대한 교사의 경험과 인식. 자폐성장애연구, 12(2), 131-157.

박현옥, 김은경, 방명애(2016). 자폐성장애 학생의 연령 및 지능에 따른 제한적 반복행동 분석. 자폐성장애연구, 16(1), 77-106.

박현옥, 이소현(2010). 마음이해 향상 프로그램이 자폐성 장애 아동의 정서-믿음 과제 수행 및 심리적 상태 관련 표현 어휘와 사회성에 미치는 효과. 특수교육학연구, 45, 73-99.

박현옥, 장지연, 김은주(2017). 자폐성 장애 학생의 제한된 특별한 관심을 활용한 선호도와 강점 중심의 교육 모델 개발. 자폐성장애연구, 17(1), 21-45.

박현주, 전병운(2009). 자폐유아의 공동주의(joint attention)의 개시 발달과 가치에 관한 이론적 고찰. 특수아동교육연구, 11(4), 285-305.

박혜성, 이소현(2012). 자폐 범주성 장애 유아를 위한 자연적 교수 전략의 중재요소 고찰. 자폐성장애연구, 12(2), 37-58.

방명애(2000). 자폐아동의 인지특성과 교수전략. 정서·행동장애연구, 16(1), 139-157.

방명애, 박현옥, 김은경, 이효정(2018). 자폐성 장애학생 교육. 학지사.

서경희(2006). 자폐아의 관심공유 중재. 특수교육 재활과학연구 45(4), 1-25.

서경희(2013). 고기능 자폐장애 청소년과 아스퍼거장애 청소년의 비언어적 의사소통 특성. 정서·행동장애연구, 29(1), 73-106.

서경희, 김미경(2004). 고기능 자폐아의 중앙응집. 정서·행동장애연구, 20(1), 315-336.

서귀남, 송영혜(2004). 발달장애아동의 부모-아동 상호작용 증진 프로그램 효과. 놀이치료연구, 8(1), 57-73.

선우현(2008). 모와의 상호작용 놀이가 자폐성 유아의 사회적 관계 맺기에 미치는 영향. 한국기독교상담학회지, 5, 35-54.

성경선, 방명애(2012). 정신연령을 통제한 자폐장애 아동과 비장애 아동의 생각의 원리와 실행능력의 과제수행 능력 비교. 특수아동교육연구, 14(2), 53-71.

송명자(2008). 발달심리학. 학지사.

송인섭, 성수연, 최지혜, 육진경, 김은영, 김수란, 최보라, 정유선(2019). 교육심리학. 휴먼북스.

엄태동(1998). 교육적 인식론 탐구. 교육과학사.

오경민, 강현정, 전숙희(2007). 자폐성향을 보이는 발달지체아동의 상호주의하기 훈련 효과. 정서 행동장애연구, 23(4), 119-150.

원대영, HyeKyeng, S., & Jennifer, E. (2005). 자폐아동을 위한 어머니 훈련 프로그램이 가정에서의 사회적 상호작용에 미치는 효과. 아동간호학회지, 11(4), 444-455.

유효순(2012). 어머니 자신의 애착표상, 양육행동 및 유아의 기질과 유아애착 간의 구조모형 분석. 한국영유아교원교육학회, 유아교육학논집, 16(3), 49-79.

윤숙경, 여광응(2001). 어머니와 다운증 아동의 상호작용 및 비계설정(Scaffolding)에 관한 고찰. 발달장애학회지, 5(2), 107-124.

이경숙, 정석진, 신의진(2000). 반응성 애착장애와 자폐아의 사회인지 능력 비교: 사회적 참조와 공동주의를 중심으로, 한국심리학회지, 19(4), 793-805.

이선영(2006). 교사의 상호작용 행동과 영아의 사회·정서적 행동 간의 관계. 성신여자대학교 대학원 석사학위논문.

이성봉, 방명애, 김은경, 박지연(2014). 정서 및 행동장애(2판). 학지사.

이성태(2007). 아동발달이론. 학현사.

이소영(2008). 자폐 범주성 장애 아동의 공동관심 중재에 대한 연구 동향. 자폐성장애 연구, 8(1), 105-121.

이소현, 박은혜, 김영태(2000). 단일대상연구. 학지사.

이숙, 김수빈 (2011). 발달장애유아를 위한 부모놀이치료 효과. 놀이치료연구, 16(1), 67-81.

이승희(2009). 자폐스펙트럼장애의 이해. 학지사.

이하나(2012). 영아의 또래 상호작용과 관련변인 연구. 경희대학교 대학원 박사학위논문.

이혜련, 이귀옥, 이영주(2007). 영아의 공동 주의와 초기 언어 발달의 관계, 아동학회지 28(5), 298-307.

이화도(2009). 유아인지발달. 창지사.

이효신(1999). 자폐유아의 관심공유 능력과 언어 발달. 정서 · 학습장애연구, 5(2), 205-224.

이효신(2002). 자폐스펙트럼장애와 실행기능: 신경심리학적 접근. 한국특수교육학회 추계 학술대회 자료집.

임숙빈, 이소우, 홍강의(2000). 자폐아동을 위한 모-아 애착증진 프로그램의 효과. 소아청소년정신의학, 11(2), 198-208.

임지영, 류혜원, 문영경, 배기조, 송혜영(2014). 영아발달. 공동체.

장상호(1991). 발생적 인식론과 교육(교육이론지맥 PS 1). 교육과학사.

정경희, 배소영(2006). 한국 영유아의 제스츄어 및 의미 발달. 언어청각장애연구, 11(1). 1-13.

정계숙, 윤갑정(2001). 어머니의 발달지체아에 대한 유관적 상호작용 행동 중재 효과 연구. 영유아보육연구, 7(1), 75-97.

미국정신분석학회(2002). 정신분석용어사전. (이재훈 외 공역). 한국심리치료연구소.

정옥남(2000). 자폐성 아동과 부모의 애착행동 발달을 위한 중재 전략, 정서 · 학습 장애연구, 16(2), 113-146.

정옥분(2002). 아동발달의 이해. 학지사.

정옥분(2012). 영아발달. 학지사.

정옥분, 정순화, 임정화(2007). 정서발달과 정서지능. 학지사.

정윤경, 곽금주(2005). 영아기 공동 주의 발달에 대한 단기 종단연구; 어머니와 자유놀이에서의 주의 상태와 가리키기 행동을 중심으로. 한국심리학회지, 18(1), 137-154.

정윤경, 곽금주, 성현란, 심희옥, 장유경(2005). 영아의 타인의 주의적 관계에 대한 이해와 협응적 공동 주의와의 관계: 선별적 응시 모방 과제를 중심으로. 한국심리학회지:발달, 18(3), 165-180.

정이비(2014). 마리아 몬테소리 관찰의 즐거움. 한울림.

정희영(2008). 피아제와 교육. 교육과학사.

진보교육연구소 비고츠키교육학실천연구모임(2015). 관계의 교육학, 비고츠키. 살림터.

채유선, 이소현(2008). 가정에서 어머니가 실행한 중심축 반응훈련이 자폐 범주성 장애영유아의 공동관심 행동에 미치는 영향. 한국 유아특수교육연구, 8(3), 41-66.

최경숙, 송하나(2010). 발달심리학: 전 생애(아동 청소년 성인). 교문사.

최외선, 박충선, 김갑숙, 도미향, 최선남, 김영희(2006). 부모교육. 양서원.

최윤희, 이소현(2007). 발달지체유아의 의사소통 행동에 대한 어머니의 반응적 행동 지원 전략이 상호작용의 참여시간과 참여수준에 미치는 영향. 유아특수교육연구, 7(2), 179-207.

특수교육학 용어사전(2009). 국립특수교육원.

한순미(2007). 비고츠키와 교육: 문화-역사적 접근. 교육과학사.

한은숙(1996). Vygotsky이론에 의한 성인과 유아의 상호작용과 유아의 문제해결과의 관계. 중앙
　　대학교 대학원 박사학위논문.

허승희, 이영만, 김정섭(2020). 교육심리학(2판). 학지사.

허은정, 주세진(2011). 자폐 스펙트럼 장애 아동 대상의 공동관심 중재연구에 관한 문헌 분석. 자
　　폐성장애연구, 11(2), 49-75.

홍정애, 성영혜(2007). 가족치료놀이가 발달장애아동과 부모의 상호작용에 미치는 효과. 한국놀
　　이치료학회지, 10(3), 1-15

황복선(2006). 자폐아동과 어머니의 사회성 기술 증진에 미치는 어머니-매개 사회적 상호 훈련방
　　법의 습득 및 일반화 효과. 특수교육학 연구, 41(3), 1-27.

황복선(2010). 사회적 상호훈련방법이 자폐스펙트럼장애 아동의 공동관심 행동에 미치는 영향.
　　자폐성장애연구, 10(2), 1-24.

황희정(2006). 또래상호작용 증진에 대한 교사신념과 유아의 또래 상호작용과의 관계. 연세대학
　　교 교육대학원 석사학위논문.

Adamson, L. B., & Bakeman, R. (1984). Coordinating attention to people and objects in mother-
　　infant and peer-infant interaction. *Child Development, 55*(4), 1278-1289.

Adrien, J. (1991). Autism and family home movies: Preliminary finds. *Journal of Autism and
　　Developmental Disorders, 21,* 43-49.

Adrien, J. L., Lenoir, P., Martineau, J., Pettor, A., Hameury, L., Larmande, C., & Sauvage, D.
　　(1993). Blind ratings of early symptoms of autism based upon home movies. *Journal of the
　　American Academy of Child and Adolescent Psychiatry, 32*(3), 617-626.

American Psychiatric Association (1968). *Diagnostic and statistical manual of mental disorders*
　　(2nd ed.). American Psychiatric Association.

American Psychiatric Association (1980). *Diagnostic and statistical manual of mental disorders*
　　(3nd ed.). American Psychiatric Association.

American Psychiatric Association (1994). *Diagnostic and statistical manual of mental disorders*
　　(4nd ed.). American Psychiatric Association.

American Psychiatric Association (2000). *Diagnostic and statistical manual of mental disorders*
　　(4nd ed., text rev.). American Psychiatric Association.

American Psychiatric Association (2013). *Diagnostic and statistical manual of mental disorders*
　　(5nd ed.). American Psychiatric Association.

American Psychiatric Association (2015). DSM-5 정신질환의 진단 및 통계 편람(제5판) (*Diagnostic and Statistical Manual of Mental Disorders: DSM-5th*). (권준수 외 공역). 학지사. (원저는 2013년에 출판).

Baboz, T., Rpboms. D., & Fein, D. (2007). Differentiating between autism spectrum disorders and oter developmental disabilities in children who failed a screening instrument for ASD. *Journal of Autism and Developmental Disorders, 37*, 425-436.

Bakeman, R., & Adamson, L. B. (1984). Coordinating attention to people and objects in mother-infant and peer-infant interactions. *Child Development, 55*, 1278-1289.

Baldwin, D. A. (1995). Understanding the link between joint attention and language. In C. Moore & P. J. Dunham (Eds.), *Joint attention: Its orgins and role in development* (pp. 131-158). Erlbaum.

Baldwin, D. A. (1995). Understanding the link between joint attention and language. In C. Moore & P. J. Dunham (Eds.), *Joint attention: Its orgins and role in development* (pp. 131-158). Erlbaum.

Baron-Cohen, S. (1994). How to build a baby that can read minds. Cognitive mechanisms in mindreading. *Current Psychology of Cognition, 13*, 513-552.

Baron-Cohen, S. (1995). *Mind blindness: An essay on autism and theory of mind.* MIT Press.

Belsky, J. (1984). The determinants of parenting: A porcess model. *Child Development, 55*, 83-96.

Berk, L. E., & Winsler, A. (1995). 어린이들의 학습에 비계설정: 비고츠키와 유아교육 (*scaffolding children's learning: Vygotsky and Early Childhood Education*). (홍용희 역). 창지사.

Bodrova, E. (1998). 정신의 도구: 비고츠키 유아교육 (*Tools of the mind: The vygotskian approach to early childhood education*). (김억환, 박은혜 공역). 이화여자대학교출판부. (원저는 1996년에 출판).

Bowlby, J. (1958). The nature of the child's tie to his mother. *International Journal of Psychoanalysis, 39*, 350-373.

Brenner, C. (1976). *Psychoanalytic Technique and psychic conflict.* Int. Univ. Press.

Bronfenbrenner, U. (1979). *The ecology of human developemnt.* Harvard University Press.

Brune, W. C. (2004). *The origins of Joint attention: Relations between social knowledge, social responsiveness, and attentional control, Unpublished Dissertation*, University of Chicago.

Charman, T. (2003). Why is joint attention a pivotal skill in autism? In U. Frith, & E. Hill (Eds.), *Autism: Mind and brain* (pp. 67-87). Oxford University Press.

Charman, T., & Stone, W. (2009). 자폐 범주성 장애 아동의 사회성 및 의사소통 발달: 조기진단 및 중재 (*Social and communication development in autism spectrum disorders*). (이소현, 이은

정 공역). 시그마프레스. (원저는 2006년에 출판).

Charman, T., Swettenham, J., Baron-Cohen, S., Cox, A., Baird, et al. (1997). Infants with autism: An investigation of empathy, pretend play, joint attention, and imitaion. *Developmental psycholoty, 22*, 781-789.

Chawarska, K., & Volkmar, F.R. (2005). Autism in infancy and early childhood. In F. R. Volkmar, R. Paul, A. Klin, & D. Cohen (Eds.), *Handbook of autism and pervasive developmental disorders* (3rd ed., pp. 223-246). John Wiley & Sons, Inc.

Courchesne, E., Townsend, J., Akshoomoff, N. A., Saitoh, O., Yeung-Courchesne, R., Lincoln, A. J., James, H. E., Haas, R. H., Schreibman, L., & Lau, L. (1994). Impairment in shifting attention in autistic and cerebellar patients. *Behavioral Neuroscience, 108*, 848-865.

Cronin, P., Hemmeter, M. L., & Kaiser, A. P. (1990). *Environmental rating scale.* Unpublished manuscript, Vanderbilt University.

Cursio, F. (1978). Sensorimotor functioning and communication in mute autistic children. *Journal of Autism and Childhood Schizophrenia, 8*, 281- 292.

Dawson, G., & Galpert, L. (1986). A developmental model for facilitating the social behavior of autistic children. In E. Schopler & G. Mesibov (Eds.), *Social behavior in autism* (pp. 237-264) Plenum Press.

Dawson, G., & Adams, A. (1984). Imitation and social responsiveness in autistic children. *Journal of Abnormal Child Psychology, 12*, 209-226.

Dawson, G., Toth, K., Abbott, R., Osterling, J., Munson, J., Esters, A., et al. (2004). Early social attention impairments in autism: Social orienting, joint attention. and attention to distress. *Developmental Psychology, 40*, 271-283.

DeMyer, M. K. (1976). Motor, perceptual-motor, and intellectual disabilities of autistic children. In L. Wing (Ed.), *Early childhood autism* (2nd ed.). Pergamon Press.

Doehring, P., Benaroya, S., Llaiman, C., & Scuccimarri, C (1995). *Using joint attention, play and imitation skills in the differential diagnosis of young children with autism and with developmental disorders.* Paper presented at the Conference for the Society of Research in Child Development. Dunham (Eds.), *Joint attention: Its origins and role in development* (pp. 103-130). Erlbaum.

Donna, S. W., & Sandra, H. P. (2011). 영아발달과 반응적 교육: 관계중심 접근법. (이승연, 김은영, 간재희, 문혜련, 이성희 공역). 학지사. (원저는 2006년에 출판).

Dunst, C. J., Trivette C. M., & Jodry, W (1997). Influences of social support on children with disabiliteis and their families. In M. J. Guralnick (Ed.), *The effectiveness of early intervention.*

Brooks Publishing Co.

Erikson, E. H. (1963). *Childhood and Society*. New York: Norton.

Erikson, E. H. (1968). *Identity: Youth and Crisis*. New York: Norton.

Fewell, R. R., & Deutscher, B. (2004). Contributions of early language and maternal facilitation variables to later language and reading abilities. *Journal of Early Intervention, 26*(2), 132–145.

Flavell, J. H. (2000). Development of children's knowledge about the mental world. *Journal of Behavioral Development, 24*, 15–23.

Flavell, J. H., & Miller, P. H. (1998). Social cognition. In D. Kuhn & R. S. Siegler (Eds.), W. Damon (Series Ed.), *Handbook of child psychology; Vol. 2. cognition, perception, and language* (5th ed., pp. 851–898). Wiley.

Freud, S. (1926). *Inhibitions, symptoms, and anxiety*. SE, 20: 75–174.

Freud, S. (1933). *New introductory lectures on psychoanalysis*. SE, 22: 1–182.

Gillette, Y., & MacDonald, J. D. (1989). *ECO resources*. Special Press Publications.

Girolametto, L., Sussman, F., & Weitzman, E. (2007). Using case study methods to investigate the effects of interactive intervention for children with autism spectrum disorders. *Journal of Communication Disorders, 40*, 470–492.

Heflin, L. J., & Alaimo, D. (2010). 자폐 범주성 장애아동 교육과 실제 (*Students with Autism Spectrum Disorders: Effective Instructional Practices*). (신현기, 이성봉, 이병혁, 이경면, 김은경 공역). 시그마프레스. (원저는 2006년에 출판).

Heward, W. L. (2013). *Exceptional Children: An Introduction to special education* (10th ed.). Pearson Education Inc.

Heward, W. L., Alber-Morgan, S. R., & Konrad, M. (2017). 최신특수교육(11판) (*Exceptional chldren: An introduction to special education, 11th edition*). (김진호, 박재국, 방명애, 유은정, 윤치연, 이효신, 한경근 공역). 시그마프레스.

Hollander, E, Cartwright, C., Wong, C. M., DeCaria, C. M., DelGiudice-Asch, F.,Buchs-baum, M.S., et al. (1998). *A dimensional approach to the autism spectrum*. CNS Spectrums, 3, 22–26, 33–39.

Holt, J. (2007). 아이들은 어떻게 배우는가 (*How children learn*). (공양희, 해성 공역). 도서출판 아침이슬. (원저는 1967년에 출판).

Howlin P. (1986). An overview of social behavior in autism. In E. Schopler & G. Mesivov (Eds.), *Social behavior in autism* (pp. 103–126.) Plenum Press.

Ingersoll, B., Dvortcsak, A., Whalen, C., & Sikora., D. (2005). The Effects of a Developmental, Social-Pragmatic Language Intervention on Rate of Expressive Language Production in Young Children With Autistic Spectrum Disorders. *Focus of Autism and Other Developmental*

Disabilities, 213–222.

Isaksen, J., Holth, P. (2009). An operant approach to teaching joint attention to c hildren with autism. *Behavioal Interventions, 24,* 215–236.

Jernberg, A. M. (2001). *Theraplay: helpig parents and children build better relationships through attachment-based play.* Jossey-Bass Publishers.

Johnson, J. E., Fieler, V. K., & Jones, L. S. (1997). *Self-regulation theory: Applying theory to your practice.* Oncology Nursing Press, Inc.

Jones, E. A., Carr, E. G., & Feeley, K. M. (2006). Multiple effects of joint attention intervention for children with autism. *Behavior Madification, 30,* 782–834.

Jones, E. J., & Carr, E. G. (2004). Joint Attention in Children with Autism: theory and intervention. *Focus on Autism and Other Developmental Disabilities, 19*(1),13–26.

Kaiser, A. P., Hemmeter, M, L., Ostrosky, M. M., Fischer, R., Yoder, P., & Keefer, M. (1996). The effects of teaching parents to use responsive interaction strategies. *Topics in Early Childhood Special Education, 16*(3), 375–406.

Kamii, C., & DeVries, P. (1978). *Physical knowledge in preschool education: Implications of piaget's theory.* Prentice-Hall.

Kanner, L. (1943). *Autistic disturbances of affective contact, The Nervous Child, 2,* 217–250.

Kassari, C., Freeman, S. F., & Paparella, T. (2001). Early intervention in autism: Joint attention and symbolic play. *International Review of Research in mental retardation, 23,* 207–237.

Kassari, C., Freeman, S. F., & Paparella, T. (2006). Early intervention in autism: Joint attention and symbolic play. *International Reveiw of Research in mental retardation, 23,* 207–237.

Kauffman, J. M., & Landrum, T. J. (2011). 정서행동장애(9판) (*Characteristics of emotional and behavioral disorders of children and youth*). (김진호, 노진아, 박지연, 방명애, 황복선 공역). 시그마프레스. (원저는 1993년에 출판).

Kaya, K. (1976). Infant's effects on their mothers' teaching strategies. In J. Glidwell (Ed.), *The social context of learning and development.* Gardner Press.

Kim, J., & Mahoney, G. (2004). The effects of Mother's Style of Interaction on Children's Engagement. *Topics in Early Childhood Education, 24,* 31–38.

Koegel, R. L., Koegel, L. K., & Carter, C. M. (1999). Pivotal teaching unteractions for children with autism. *School Psychology Review, 28*(4). 576–594.

Koegel, R. L., Koegel, L. K., & McNerney, E. K. (2001). Pivotal areas in intervention for autism. *Journal of Clinical Child Psychology, 30*(1), 19–32.

Kuder, S. J. (2010). 언어장애와 의사소통장애: 학령기 아동 가르치기. (김화수 역). 시그마프레스.

(원저는 2008년에 출판).

Landa, R, J., Holman, K, C., O'Neill, A. H., & Stuart, E. A. (2011). Intervention targeting development of socially synchronous engagement in toddlers with autism spectrum disorder: a randomized controlled trial. *Journal of Child Psychology and Psychiatry, 52*(1), 13–21.

Leekam, S. R., & Ramsden, C. A. H. (2006). Dyadic orienting and joint attention in preschool children with autism. *Journal of Autism and Developmental Disorders, 36*, 185–197.

Lewis, H. B. (1971). *Shame and Guilt in Neurosis.* International Universities press.

Lewy, A., & Dawson, G. (1992). Social stimulation and joint attention in young autistic children. *Journal of Abnormal Child Psychology, 20*, 555–566.

Lord, C., Cook, E. H., Leventhal, B., & Amaral, D. G. (2000). Autism spectrum disorders. *Neuron, 28*, 355–363

MacDonald, J., & Gillette, Y. (1986). Communicating with persons with severe handicaps: Roles of parents and professionals. *Journal of the Association of Severe Handicaps, 11*(4), 255–265.

Mahoney, G. (1999). *Family/Child Curriculum: A Relationship focused approach to parent Educational Early Intervention.* Family Child Learning Center.

Mahoney, G. J., & Perales, F. P. (2002). *Pivotal developmental behaviors: Implications for early development and intervention.* Presented at the Conference on Research Innovations in Early Intervention.

Mahoney, G., & MacDonald, J. D. (2008). 부모와 교사를 위한 반응성 교수 교육과정. (김정미 역). 학지사.

Mahoney, G., & McDonald, J. (2003). *Responsive Teaching: Parent-Mediated Development Intervention.* Bookes Publishing. [In print]

Mahoney, G., & Perales, F. (2003). Using relationship-focused intervention to enhance the social-emotional functioning of young children with autism spectrum disorder. *The Effects of Relationship, 22*(2), 74–86.

Mahoney, G., & Powell, A. (1988). Modifying parent-child interaction: Enhancing the development of handicapped children. *Journal of Special Education, 22*, 82–96.

Mahoney, G., Kim, J. M., & Lin, C. S. (2007). Pivotal Behavior Model of Developmental Learning. *Infants & Young Children, 20*(4). pp. 311–325.

Mahoney, G., Kim, J., & Lin, C. (2007). Parental responsiveness and children's pivotal behavior: The keys to intervention effectivenss. *Infants and Young Children.*

Mahoney, G., Robinson, C., & Powell, A. (1992). Focusing on parent-child interaction: The bridge to develpmentally appropriate practices. *Topics in Eealy Childhood Special Education,*

12(1), 105–120.

Maslow, A. H. (1965). A Theory of Human Motivation. In D. E. Hamachek (Ed.), *The self in growth, Teaching, and Learning.* Prentice–Hall.

McCollum, J. A. Ree, Y., & Chen, Y. (2000). Interpreting Parent–Infant Interactions: Cross-Cutural Lessons. *Infant and Young Children, 12,* 22–33.

McCollum, J. A., & Hemmeter, M. L. (1997). Parent–child interaction intervention when children have disabilities. In M. J. Guralnick (Ed.), *The effectiveness of early intervention* (pp. 549–576). Brooks.

Meissner, W. W., Mack, J. E., & Semrad, E. V. (1975). Classical psychoanalysis. In A. M. Freedman, H. I. Kaplan, & B. J. Sadock (Eds.), *Comprehensive Textbook of Psychiatry* (pp. 482–565). Williams & Wilkins.

Mesibov, G. B., Adams, L. W., & Klinger, L. G. (1997). *Autism; Understanding the disorder.* Plenum Press.

Moorek C., & Dunham. P. J. (1995). *Joint attention: Its origins and role in development.* Erlbaum.

Muller, E. C., & Cooper, C. R. (1986). *On conceptualizing peer research.* In E. C. Muller & C. R. Cooper (Eds.), *Process and outcome in peer relationships.* Academic Press.

Mundy, P., & Neal, R. (2001). Neural plasticity, joint attention and a transactional social–orienting model of autism. *International Review of Research in Mental Retardation, 23,* 139–168.

Mundy, P., Sigman, M. D., & Kasari, C. (1990). A longitudinal study of joint attention and language development in autistic children. *Journal of Autism and Developmental Disorders, 20,* 115–128

National Autism Center. (2009). *National Standard Report: National Standard Project–Addressing the need for evidence–based practice guidelines for autism spectrum disorders.* Nationl Autism Center.

National Reserch Council. (2001). *Education children with autism Committee on Educational Interventions for Children with Autism.* In C. Lord & J. P. McGee (Eds.), *Division of behavioral and social sciences and education.* National Academy Press.

Odom, S. L., & Strain, P. S. (2003). Evidence–based practice in early intervention/early childhood special education: Single–Subject design research. *Journal of Early Intervention, 25*(2), 151–160.

O'Neil, R. E., McDonnell, J. J., Billingsley, F. F., & Jenson, W. R. (2011). *Single case r research designs in educational and community settings.* Pearson Education.

Piaget, J. (1962). *Play, Dreams and Imitation in Childhood.* Norton.

Piaget, J. (1963a). *The Child's Conception of the World*. Littlefield, adams.

Piaget, J. (1963b). *The Psycology of Intelligence*. Littlefield, Adams.

Piaget, J. (1969). *The Mechanisms of Perception*. Basic Books.

Piaget, J. (1971). The theory of stages in cognitive development. In D. Green, M. Ford & G. Flamer (Eds.), *Measurement & Piaget* (pp. 1-7). Basic Books.

Piaget, J. (1976). Social-Cognitive understanding: A Guide to Educational and Clinical Practice. In T. Lickona (Ed.), *Moral development and behavior: Theory, research, and social issues* (pp. xx-xx). Holt, Rinehart and Winston.

Piaget, J. (1977). *The Development of Thought : Equilibrium of Cognitive structures*. Viking.

Raver, C. C., & Leadbeater, B. J. (1995). Factors influencing joint attention between socio-economically disadvantaged adolescent mothers and their infants. In C. Moore & P. Dunham (Eds.), *Joint Attention: Its origins and role in development* (pp. 251-271). Earbaum.

Reyles, D. Z. (2007). The ability to go about without shame: A proposal for intentionally comparable indicators of shame and humiliation. *Oxford Development Studies, 35*(4), 405-430.

Rocha, M. L., Schreibman, L., & Stahmer, A. C. (2007). Effectiveness of training parents to teach joint attention in children with autism. *Journal of Early Intervention, 29*(2), 154-172.

Ross D. P., Peter A. O., John J. R., & Carolyn, Z. (2004). 발달심리학 거장들의 핵심이론 연구 (*A Century of Developmental Psychology*). (이민희, 정태연 공역). 학지사. (원저는 1994년에 출판).

Runco, M. A., Charlop, M. H., & Schreibman, L. (1986). The occurrence of autistic children's self-stimulation as a function of familiar versus unfamiliar stimulus conditions. *Journal of Autism and Developmental Disorders, 16*(1), 31-44.

Rutter, M., & Schopler, S. (1987). Early person knowledge as expressed in gestural and verbal communication: When do infants acquire a "theory of mind". In M. E. Lamb & L. R. Shored (Eds.), *Infant social cognition*. Press.

Sanefuji, W., Yamashita, H., & Ohgami, H. (2009). Shared Minds: Effects of a mother's Imaitation of Her Child on the Mother-Child Interaction. *Infant Mental Health Journal, 30*(2), 125-157.

Saxon, T. F., & Reilly, J.T. (1999). Joint attention and toddler characteristics competencies: Race, sex and socioeconomics status. *Early Child Development and Care, 149*, 59-69.

Schertz, H. H. (2005a). Promoting joint attention in toddlers with autism: A parent-mediatied developmental model. (Doctoral dissertation, Indiana University, 2005), *Dissertation Abstracts International, 66*, 3982.

Schertz, H. H., & Odom, S. L. (2007). Joint attention and early intervention with autism: a conceptual framework and promising approaches. *Journal of Early Intervention, 27*(1), 42–54.

Schopler, E. (1989). Principles for directing both educational treatment and research. In C. Gillberg (Ed.), *Diagnosis and treatment of autism.* Plenum Press.

Seibert, J., Hogan A., & Mundy, P. (1982). Assessing interactional competencies: The early social communication scales. *Infant Mental Health Journal, 3,* 244–259.

Senju, A., Tojo, Y., Dairoku, H., & Hasegawa, T. (2004). Reflective orienting in response to response gaze and an arrow in children with and without autism. *Journal of Child Psychology and Psychiatry, 45,* 445–458.

Sigel, I. E., & Hooper, F. H. (Eds.). (1968). *Logical thinking in children: Reserch basd on Piatet's Theory.* Holt, Rinehart and Winston.

Siller, M., & Sigman, M. (2002). The behaviors of parents of children with autism predict the subsequent development of their children's communication. *Journal of Autism and Developmental Disorders, 32,* 77–89.

Sinclair, H. (1987). *Conflict and Congruence in Development and Learning.* In. L. Liven (Ed.), *Developmental learning: Conflict or congruence* (pp. 1–17). Erlbaum.

Solomon, M., Ono, Michele., Timmer, S., & Goodlin–Jones, B. (2008). The Effectiveness of Parent–Child Interaction Therapy for Families of Children on the Autism Spectrum. *Journal of Autism Development Disorder, 38,* 1768–1776.

Solomon, R., Necheles, J., Ferch, C., & Bruckman D. (2007). Pilot study of a parent training program for young children with autism. *SAGE Publications and The National Autistic Society, 11*(3), 205–224.

Spiker, D., Ferguson, J., & Brooks–Gunn, J. (1993). Enhancing matenal interactive behavior and child social competence in low birth weith, premature infants. *Child Development, 64,* 754–768.

Stone, W. L. (1998). Autism in infancy and early childhood. In D. Cohen & F. Volkmar (Eds.), *Handbook of autism and pervasive developmental disorders* (pp. 26–282). Wiley & Sons.

Sullivan, M., finelli, J., Marvin, A., Garrett–Mayer, E., Bauman, M., & Landa, R. (2007). Response to joint attention in toddlers at risk for autism spectrum disorder: A prospective study. *Journal of Autism and Developmental Disorders, 37*(5), 781–789.

Townsend, J., & Courchesne, E. (1994). Parietal damate and narrow "spotlight" spatial attention. *Journal of Cognitive Neuroscience, 6,* 220–232.

Ventola, P., Kleintoan, J., Pandey, J., Wilson, L., Esser, E., Boorstin, H., Dumont–Mathieu, T.,

Marshia, G., Barton, M., Hodgson, S., Green, J., Volkmar, F., Chawarsk, K., Taylor, B. A., & Hoch, H. (2008). Teaching children with autism to respond to and initiate bids for joint attention. *Journal of Applied Behavior Analysis, 41,* 377–391.

Vismara, L. A., & Lyons, G. L., (2007). Using perseverative interests to elicit joint attention behaviors in young children with autism: theoretical and clinical implications for understanding motivation. *Journal of Positive Behavior Intervention, 9*(4), 214–228.

Vygotsky, L. (1978). *Mind in society.* Harvard University Press.

Waterhouse, L., Fein, D., & Modahl, C (1996). Neurofunctional mechanisms in autism. *Psychological Review, 103,* 457–489.

Wetherby, A. M., Woods, J., Allen, L., Cleary, J., Dickinson, H., & Lord, C. (2004). Early indicators of autism spectrum disorders in the second year of life. *Journal of Autism and Developmental Disorders, 34,* 473–493.

Whalen, C., & Schreibman, L. (2003). Joint attention training for children with autism using behavior modification procedures. *Journal of Child Psychology and Psychiatry, 44,* 456–468.

Wiklander, M., Samuelsson, M., & Asberg, M. (2003), Shame reactions after suicide attempt. *Scand Journal of Caring Science, 17,* 293–300.

Wilson, M. (2000). Creativity and shame reduction in sex addiction treatment. *Sexual Addiction & Compulsivity, 7,* 229–248.

Wimpory, D. C., Hobson, R. P., Williams, J. M., & Nash, S. (2000). Are infants with autism social engaged? A study of recent retrospective parental reports. *Journal of Autism and Developmental Disorders, 30,* 524–536.

Wordsworth, B. J. (1995). '삐아제'의 인지적 · 정의적 발달 (*Piaget's Theory of Cognitive and Affective Development*). (성옥련, 김수정, 이지연 공역). 중앙적성출판사. (원저는 1971년에 출판).

Wright, K., & Gudjonsson, G. H. (2007). The development of a scale for meaning offence-related feelings of shame and guilt. *The Journal of Forensic Psychiatry & Psychology, 18*(3), 307–316.

Yoder, P., & Stone, W. L. (2006). Randorized comparison of two communication interventions for preschoolers with autism spectrum disorders. *Journal of Consulting & Clinical Psychology, 74*(3), 426–435.

Zirpoli, T. J. (2004). *Behavior management: Applications for teacher* (4th ed.). Pearson.

국립국어원. www.korean.go.kr

찾아보기

저자 소개

민용아(Min Yong Ah)

순천향대학교 교육학 박사
대구대학교 특수교육학 석사
대구대학교 특수교육 학사
현 무지개발달과심리지원연구소 소장
  사회성 전문 교육기관 고운마음아카데미 대표
  무지개 돌봄 지역아동센터 대표
  발달장애인 마음연구회 대표
  발달장애인 상호작용 중재가 민간자격과정 운영

〈주요 저서 및 논문〉
『최신 특수아 진단 및 평가』(공저, 학지사, 2018)
「자폐성장애 아동과 부모의 상호작용 중재 특성에 관한 국내 실험연구 고찰」(공동, 2013)
「반응적 상호작용 중재가 자폐성장애 아동의 공동관심과 상호작용 그리고 어머니의 상호
 작용 기술에 미치는 영향」(공동, 2018)

이메일: mya164@hanmail.net

자폐 범주성 아동의 마음과 재활에 답하다

자폐 범주성 아동을 위한
상호작용 중재

Answering for Mind and Rehabilitation of Autism Spectrum Children
Social Interaction Intervention for Autism Spectrum Children

2025년 2월 15일 1판 1쇄 인쇄
2025년 2월 20일 1판 1쇄 발행

지은이 • 민용아
펴낸이 • 김진환
펴낸곳 • (주) **학지사**
　　　　　04031 서울특별시 마포구 양화로 15길 20 마인드월드빌딩
대표전화 • 02)330-5114　　　팩스 • 02)324-2345
등록번호 • 제313-2006-000265호

홈페이지 • http://www.hakjisa.co.kr
인스타그램 • https://www.instagram.com/hakjisabook

ISBN 978-89-997-3309-3 93370

정가 24,000원

저자와의 협약으로 인지는 생략합니다.
파본은 구입처에서 교환해 드립니다.

출판미디어기업 **학지사**

간호보건의학출판 **학지사메디컬** www.hakjisamd.co.kr
심리검사연구소 **인싸이트** www.inpsyt.co.kr
학술논문서비스 **뉴논문** www.newnonmun.com
교육연수원 **카운피아** www.counpia.com
대학교재전자책플랫폼 **캠퍼스북** www.campusbook.co.kr